Phishing for Fools

GEORGE A. AKERLOF
ROBERT J. SHILLER

*Manipulation und Täuschung in
der freien Marktwirtschaft*

Aus dem Amerikanischen
von Stephan Gebauer

Econ

Die Originalausgabe erschien 2015
unter dem Titel *Phishing for Phools*
bei Princeton University Press, Princeton

Econ ist ein Verlag der Ullstein Buchverlage GmbH

ISBN: 978-3-430-20206-0

Gesetzt aus der Quadraat Pro
Satz: Pinkuin Satz und Datentechnik, Berlin
Druck und Bindearbeiten: GGP Media GmbH, Pößneck
Printed in Germany

Inhalt

Vorwort

»It's the economy, stupid!«, sagte Bill Clintons Wahlkampf-
berater James Carville im Jahr 1992. Er hatte die Schwachstelle von Präsident George H. W. Bush erkannt, in dessen
Amtszeit eine Rezession begonnen hatte. Aber es gibt noch
eine allgemeinere Interpretation von Carvilles Aussage:
Viele unserer Probleme haben ihren Ursprung in der Natur
unseres Wirtschaftssystems. Wenn sich die Unternehmer so
selbstsüchtig und eigennützig verhalten, wie die Wirtschaftstheorie annimmt, bringt der freie Markt Manipulation und
Täuschung hervor. Das Problem ist nicht, dass die Welt voller
schlechter Menschen ist. Die meisten von uns halten sich an
die Regeln und versuchen einfach, genug Geld für ein gutes
Leben zu verdienen. Aber da sich die Unternehmen auf dem
freien Markt im Wettbewerb behaupten müssen, nutzen sie
Täuschung und Manipulation, um uns dazu zu bewegen,
überteuerte Produkte zu kaufen, die wir nicht brauchen, und
Tätigkeiten nachzugehen, in denen wir wenig Sinn finden.
Und am Ende müssen wir uns fragen, was in unserem Leben
schiefgelaufen ist.
  Wir sind Anhänger der freien Marktwirtschaft. Dieses
Buch haben wir geschrieben, um Ihnen dabei zu helfen, in
diesem Wirtschaftssystem nicht die Orientierung zu verlieren. In der Wirtschaft ist Trickserei allgegenwärtig, und das
müssen die Menschen wissen. Wir alle müssen lernen, uns
in diesem System so zu bewegen, dass wir unsere Würde und
Integrität wahren können, und wir brauchen Halt inmitten

all des Wahnsinns rund um uns. Wir haben dieses Buch für die Konsumenten geschrieben, die sich vor einer Vielzahl von Tricks hüten müssen, mit denen sie hinters Licht geführt werden sollen. Wir haben es für Geschäftsleute geschrieben, die unter dem Zynismus einiger ihrer Kollegen leiden, sich aus wirtschaftlicher Notwendigkeit jedoch nicht dagegen wehren können. Wir haben es für Politiker und Beamte geschrieben, denen die undankbare Aufgabe obliegt, dafür zu sorgen, dass sich die wirtschaftlichen Akteure an die Regeln halten. Wir haben es für Freiwillige, Philanthropen und Meinungsführer geschrieben, die sich für Integrität einsetzen. Und wir haben es für junge Menschen geschrieben, die am Anfang ihres Berufslebens stehen und sich fragen, wie sie in ihrer Arbeit einen persönlichen Sinn finden können. Eine Studie über das Phishing-Gleichgewicht – über die wirtschaftlichen Kräfte, die Manipulation und Täuschung in das System einschleusen, sofern wir nicht mutig genug sind, sie zu bekämpfen – nutzt all diesen Menschen. Wir brauchen auch Geschichten von Helden, von Menschen, die aus persönlicher Integrität die Täuschung in unserem Wirtschaftssystem auf ein erträgliches Maß verringern. Wir werden zahlreiche Geschichten solcher Helden erzählen.

Die Produkte des freien Marktes

Ende des 19. Jahrhundert hatten die Investoren viel zu tun: Sie mussten sich entscheiden, ob sie in das Automobil, das Telefon, das Fahrrad oder das elektrische Licht investieren wollten. Eine weitere Erfindung jener Zeit hat sehr viel weniger Aufmerksamkeit erhalten: die »Slot Machine«. Der Terminus *Slot Machine* (Münzautomat), der im Englischen mittlerweile mit »Spielautomat« gleichgesetzt wird, hatte anfangs noch nicht die heutige Konnotation. Zu jener Zeit war mit der Slot

Machine jede Art von Münzautomat gemeint: Man steckte
eine Münze in den Schlitz und konnte etwas aus dem Automaten ziehen. In den neunziger Jahren des 19. Jahrhunderts
konnte man an den Münzautomaten Kaugummi, Zigarren
und Zigaretten, Operngläser, einzeln verpackte Schokorie-
gel und sogar einen kurzen Blick auf die Adressverzeichnis-
se kaufen, die ein Vorläufer des Telefonbuchs waren. Man
konnte alle möglichen Dinge aus dem Automaten ziehen. Die
grundlegende Innovation war ein Schloss, das durch den Ein-
wurf einer Münze geöffnet wurde.

Aber dann wurde ein neues Einsatzgebiet für den Münzautomaten entdeckt: Es dauerte nicht lange, bis auch Spielautomaten aufgestellt wurden. In einem zeitgenössischen
Zeitungsartikel wird das Auftauchen dieser Slot Machines auf
das Jahr 1893 datiert.[1] Einer der ersten Automaten belohnte
den Gewinner nicht mit Geld, sondern mit Süßigkeiten, und
es dauerte nicht lange, bis alle Welt einem seltenen Zufall
eine besondere Bedeutung beimaß: dem Auftauchen von drei
Kirschen.

Das Jahrhundert war noch nicht vorüber, da war ein neues
Suchtverhalten aufgetaucht: die Abhängigkeit vom Glücksspielautomaten. Im Jahr 1899 berichtete die *Los Angeles Times*:
»In fast jedem Saloon findet man zwischen einem und einem
halben Dutzend dieser Maschinen, an denen sich von mor-
gens bis abends eine Schar Spieler drängt. [...] Hat man sich
das Spielen einmal angewöhnt, so wird es beinahe zu einer
Manie. Man kann junge Männer beobachten, die stundenlang
ohne Unterbrechung an diesen Automaten stehen. Fest steht,
dass sie am Ende als Verlierer nach Hause gehen.«[2]

Der Gesetzgeber schaltete sich ein. Die Spielautomaten
ruinierten das Leben so vieler Menschen, dass sie verboten
oder zumindest strikten Vorschriften unterworfen werden
mussten, und dasselbe galt für das Glücksspiel im Allgemeinen. Die Automaten verschwanden aus dem öffentlichen Le-

ben und wurden fast vollkommen marginalisiert: Sie durften nur noch an speziellen Orten, die als Kasinos bezeichnet wurden, aufgestellt werden, und zwar im Staat Nevada, wo die Vorschriften lockerer waren und Spielautomaten mittlerweile in Supermärkten, Tankstellen und an Flughäfen zu finden sind. In Nevada gibt der durchschnittliche Erwachsene vier Prozent seines Einkommens für Glücksspiele aus, neunmal so viel wie im nationalen Durchschnitt der USA.[3] Aber selbst in Nevada gibt es gewisse Grenzen: Im Jahr 2010 lehnte es die Glücksspielbehörde des Staates ab, zu erlauben, dass Kunden von Nachbarschaftsläden statt des Wechselgelds Kredit für Glücksspielautomaten erhielten.[4]

Mit der Computerisierung ist das Glücksspiel in eine neue Entwicklungsphase eingetreten. In Anlehnung an den Titel eines 2012 erschienen Buchs von Natasha Schüll kann man sagen, dass die neuen Spielautomaten per Design süchtig machen.[5] Am Beispiel von Mollie, einer Spielerin, die Schüll bei Gamblers Anonymous in Las Vegas kennenlernte, kann man die menschliche Seite dieser Sucht veranschaulichen. Mollie zeichnete für die Forscherin eine Karte, die zeigt, wie sie sich selbst sieht:[6] Sie ist ein einsames Strichmännchen, das an einem Spielautomaten steht, der sich im Mittelpunkt einer Ringstraße befindet – Molly ist gefangen. Die Straße verbindet sechs der wichtigsten Orte in ihrem Leben miteinander: das MGM Grand, wo sie in der Reservierungsabteilung arbeitet, drei Lokale, in denen sie spielt,[7] den Standort von Gamblers Anonymous, wo sie versucht, sich von ihrer Spielsucht zu befreien, und den Ort, an dem sie sich das Medikament holt, das sie braucht, um ihre Angststörung unter Kontrolle zu halten. Molly ist sich ihres Problems vollkommen bewusst: Wenn sie spielen geht, erwartet sie nicht zu gewinnen.[8] Sie weiß, dass sie verlieren wird. Sie leidet unter einem Zwangsverhalten. Und wenn sie ihrer Spielsucht nachgibt, ist sie einsam. Das Spiel ist schnell und regelmäßig. Mollie tritt in »die

Zone« ein. Sie drückt auf den roten Knopf. Sie gewinnt oder verliert. Sie drückt erneut den roten Knopf. Und noch einmal. Und noch einmal. Wieder und wieder ... so lange, bis sie kein Geld mehr hat.

Mollie ist kein Einzelfall. Vor zehn Jahren waren Todesfälle durch Herzstillstand ein großes Problem der Kasinos. Die Notärzte hatten Schwierigkeiten, sich einen Weg durch die Menge der Spieler zu bahnen. Die Kasinos reagierten, indem sie eigene, speziell geschulte Defibrillationstrupps aufstellten. Auf einem Überwachungsvideo ist zu sehen, warum diese spezielle Schulung nötig ist: Während das Nothilfeteam des Kasinos versucht, einen Spieler mit Herzstillstand zu retten, spielen die Gäste rundherum weiter. Sie wachen nicht aus ihrer Trance auf, obwohl das Opfer buchstäblich vor ihren Füßen liegt.[9]

Was der Markt für uns tut

Die Geschichte des »guten« und der »bösen« Münzautomaten von 1890 bis in die Gegenwart illustriert, warum die Marktwirtschaft für uns ein zweischneidiges Schwert ist. Grundsätzlich begrüßen wir den freien Markt. Er ist ein Produkt von Frieden und Freiheit und gedeiht in Zeiten der Stabilität, wenn die Menschen nicht in Furcht leben. Aber dasselbe Gewinnstreben, das die Automaten hervorbrachte, in deren Fächern etwas liegt, das wir brauchen, hat auch Automaten hervorgebracht, die uns nach der Drehung der Walze süchtig machen und uns für die Befriedigung dieser Sucht unser Geld abnehmen. Im Großteil dieses Buches geht es im übertragenen Sinn nicht um die guten, sondern um die bösen Münzautomaten, denn als Reformer des ökonomischen Denkens und der Wirtschaft wollen wir nicht ändern, was richtig, sondern was falsch ist. Aber bevor wir damit beginnen, sollten wir uns Klarheit darüber verschaffen, was der Markt für uns tut.

Dazu müssen wir weit ausholen und in die Zeit Ende des 19./Anfang des 20. Jahrhunderts zurückkehren. Im Dezember 1900 beteiligte sich der Bauingenieur John Elfreth Watkins Jr. an dem beliebten Spiel, das darin besteht, vorauszusagen, wie das Leben in hundert Jahren sein würde. Er prognostizierte, dass »heiße und kalte Luft aus Hähnen« kommen werde. Schnelle Schiffe würden die Menschen »in zwei Tagen nach England bringen«. Es werde Luftschiffe geben, die vor allem für militärische Zwecke genutzt würden, aber auch Passagiere und Fracht transportieren könnten. »Opern werden per Telefon an Privathäuser übertragen und so harmonisch klingen, als genösse man sie in der Loge.«[10] Er hatte noch weitere derartige Voraussagen auf Lager.

Watkins räumte ein, seine Zukunftsprognosen klängen »sonderbar und beinahe unmöglich«, aber bemerkenswerterweise hat der freie Markt, der Anreize dafür gibt, zu erzeugen, was die Menschen wollen – sofern Gewinn damit erzielt werden kann –, dafür gesorgt, dass diese Voraussagen und noch vieles mehr wahr geworden sind.

Aber der freie Markt liefert eben nicht nur Überfluss an den Dingen, die wir wirklich wollen. Er erzeugt auch ein wirtschaftliches Gleichgewicht, das günstige Bedingungen für wirtschaftliche Unternehmungen schafft, die unser Urteil manipulieren oder verzerren. Dazu setzen sie Geschäftspraktiken ein, die Ähnlichkeit mit Krebsgeschwüren haben, die sich im normalen Gleichgewicht des menschlichen Körpers einnisten. Der Glücksspielautomat ist ein besonders krasses Beispiel dafür. Es ist kein Zufall, dass die Spielautomaten derart verbreitet waren, dass man ihnen nicht aus dem Weg gehen konnte, bis sie strengen Vorschriften unterworfen und teilweise verboten wurden. Wenn wir nicht wissen, was wir wirklich wollen, und wo solche Schwächen mit Gewinn ausgenutzt werden können, werden sich Marktakteure finden, die versuchen werden, diese Schwächen auszunutzen. Sie werden uns ins Visier nehmen und uns ausnutzen. Sie werden uns als »Dummköpfe phischen«.

Über Phish und Fool

Der Neologismus »Phishing« wurde nach Angabe des Oxford English Dictionary im Jahr 1996 geprägt, als sich das Internet etablierte. Das Wörterbuch definiert Phishing so: »Betrug im Internet, um Personen persönliche Informationen zu entlocken, insbesondere, indem sich der Betrüger als angesehenes Unternehmen ausgibt; Online-Betrug durch ›Angeln‹ persönlicher Information.«[11] In diesem Buch weiten wir die Bedeutung des Worts Phishing aus.

Wir betrachten die Definition, die das Phishing auf betrügerische Aktivitäten im Internet beschränkt, als Metapher. Anstatt Phisching als illegal zu betrachten, schlagen wir vor, es als Aktivität zu definieren, die sehr viel verbreiteter und sehr viel älter ist: als Aktivität, die dazu dient, Menschen dazu zu bewegen, etwas zu tun, was nicht in ihrem Interesse, sondern nur in dem der Phischer ist. Es geht ums Angeln, darum, einen künstlichen Köder ins Wasser zu werfen und zu warten, bis ängstliche Fische vorbeischwimmen, einen Fehler machen und anbeißen. Es gibt so viele Phischer, und sie sind so erfinderisch darin, immer neue Köder zu entwickeln, dass wir aufgrund der Gesetze der Wahrscheinlichkeit früher oder später alle in ihr Netz gehen, so vorsichtig wir auch sind. Niemand ist vor den Phischern sicher.

Den Fool definieren wir als einen Menschen, der aus irgendeinem Grund erfolgreich gephischt wird. Es gibt zwei Arten solcher »Dummköpfe«: die psychologischen und die Informations-»Dummen«. Die psychologischen »Dummen« können wiederum in zwei Typen unterteilt werden: Beim ersten Typus überwältigen die Emotionen den gesunden Menschenverstand: Dieser lässt sich durch kognitive Verzerrungen, die optischen Illusionen vergleichbar sind,[12] zu einer falschen Interpretation der Realität verleiten und handelt entsprechend. Mollie ist ein Beispiel für eine emotionale »Dumme«, aber sie ist kein kognitiver »Dummkopf«. Sie ist sich ihres Verhaltens an den Spielautomaten durchaus bewusst, kann sich jedoch nicht dagegen wehren.

Informations-»Dumme« lassen sich in ihrem Handeln von Informationen leiten, die absichtlich irreführend gestaltet sind. Ein Beispiel sind die Aktionäre von Enron. Der Aufstieg des Unternehmens beruhte auf einer irreführenden (und später betrügerischen) Buchführung. Enrons außergewöhnliche Gewinne waren das Ergebnis einer »Mark-to-Market«-Buchführung, bei der die erwarteten zukünftigen Gewinne aus einer Investition zum Zeitpunkt dieser Investition verbucht wurden.[13] Die übliche Praxis besteht darin, zu warten, bis die Gewinne tatsächlich realisiert sind. Von 1995 bis 2000 war Enron nach Ansicht von *Fortune* das innovativste Unternehmen der Vereinigten Staaten.[14] Und *Fortune* hatte Recht – nur verstanden die Redakteure die Natur dieser Innovationen nicht.

Die Frage, ob Geschäftsleute moralisch integer (oder verwerflich) handeln, ist nicht Thema dieses Buches, obwohl wir manchmal auf beide Seiten der Medaille stoßen werden. Stattdessen besteht das grundlegende Problem in unseren Augen darin, dass der vom Wettbewerb beherrschte freie Markt die Akteure unter Druck setzt, sich unanständig zu verhalten. Der Markt versteht es, unternehmerischen Helden Anreize zu geben, innovative Produkte zu entwickeln, die wirklich gebraucht werden, und sie dafür zu belohnen. Aber eine andere Art von Heldentum honoriert der nicht regulierte freie Markt nur selten: Er kümmert sich nicht um jene, die darauf verzichten, die psychologischen Schwächen oder den

Informationsmangel ihrer Kunden auszunutzen. Aufgrund des Wettbewerbsdrucks werden Manager, die Zurückhaltung an den Tag legen, eher durch solche ersetzt, die weniger moralische Bedenken haben. Die Zivilgesellschaft und die gesellschaftlichen Normen bremsen ein solches Phischen teilweise, aber wenn sich im Marktgleichgewicht eine Gelegenheit zum Phischen bietet, werden auch Unternehmen, die von moralisch integren Managern geleitet werden, normalerweise zu einem solchen Verhalten übergehen müssen, wenn sie sich im Wettbewerb behaupten und überleben wollen.

Woher wissen wir das?

Wir gehen davon aus, dass dieses Buch, gelinde gesagt, wenig Begeisterung bei denen wecken wird, die überzeugt sind, dass die Menschen im Grunde immer die Entscheidungen fällen, die für sie am besten sind. Sie werden fragen: Wie können Bob und George sich anmaßen zu behaupten, dass der einzelne Mensch nicht – *immer* und *ausnahmslos* – am besten entscheiden kann, was gut für ihn ist? Wie viele ökonomische Prinzipien ist auch dieses theoretisch einleuchtend. Aber wenn wir dieses Prinzip auf reale Menschen anwenden, die reale Entscheidungen fällen (genau das werden wir in diesem Buch tun), stellen wir fest, dass sie bemerkenswert oft als »Dumme« gephischt werden und Entscheidungen fällen, die nicht zu ihrem Vorteil sind – was sie erkennen würden, wenn sie ihren gesunden Menschenverstand nutzen würden.

Es ist keineswegs anmaßend zu behaupten, dass Menschen falsche Entscheidungen fällen. Wir wissen, dass sie das tun, weil wir sehen, wie Menschen Entscheidungen fällen, die unmöglich jemand wollen kann. Henry David Thoreau erklärte, die meisten Menschen führten »ein Leben in stiller Verzweiflung«.[15] Bemerkenswert ist, dass anderthalb Jahrhunderte später in den Vereinigten Staaten, einem der reichsten Länder der Welt, immer noch allzu viele Menschen ein Leben in stiller Verzweiflung führen. Man denke nur an die arme Mollie in Las Vegas.

Dinge, die unmöglich jemand wollen kann

In vier Bereichen können wir sehen, wie verbreitet Dinge sind, die unmöglich jemand wollen kann. Diese Bereiche sind: persönliche finanzielle Sicherheit, makroökonomische Stabilität (die Stabilität der Wirtschaft insgesamt), Gesundheit und Qualität der Regierung. In jedem dieser vier Bereiche werden wir sehen, dass sich das Phischen nach »Dummen« erheblich auf unser Leben auswirkt.

PERSÖNLICHE FINANZIELLE SICHERHEIT. Es gibt eine grundlegende Tatsache des Wirtschaftslebens, die nie in den Wirtschaftslehrbüchern auftaucht: Selbst in den reichen Ländern legen sich die meisten Erwachsenen nachts mit der Sorge schlafen, dass sie ihre Rechnungen nicht bezahlen können. Die Ökonomen sind der Meinung, es sei für Privathaushalte einfach, ihre Ausgaben dem verfügbaren Einkommen anzupassen. Dabei lassen sie außer Acht, dass wir uns selbst dann, wenn wir 99 Prozent der Zeit in finanziellen Dingen umsichtig sind, im verbleibenden ein Prozent so verhalten, als »spiele das Geld keine Rolle«. Und diese kleinen Ausreißer können die Selbstbeherrschung, die wir normalerweise an den Tag legen, zunichtemachen. Die Wirtschaft ist sich dieser Ein-Prozent-Momente vollkommen bewusst. Unternehmen konzentrieren sich auf die Augenblicke in unserem Leben, in denen Liebe oder andere Beweggründe unsere budgetäre Umsicht aushebeln. Bei manchen Menschen ist es ein alljährlicher Ausgabenrausch zu Weihnachten. Bei

anderen passiert es bei Übergangsritualen wie Hochzeiten
(die Hochzeitsmagazine versichern den Bräuten, die »durchschnittliche Hochzeit« koste fast die Hälfte des jährlichen
Pro-Kopf-BIP)[16], bei Beerdigungen (wo der Leiter des Bestat-
tungsinstituts die Särge richtig präsentiert, um die Wahl der
Hinterbliebenen zu beeinflussen; beispielsweise sollen sie
zum Kauf des Modells *Monaco* bewegt werden, »mit Meeres-
dunst-Hochglanzlackierung, ausgekleidet mit vollendet wat-
tiertem und gekräuseltem Aqua Supreme Cheney-Samt«)[17],
oder bei Geburten (wo Babies »R« Us einen »Personal Registry Advisor« anbietet).[18]

Aber Übergangsriten sind nicht die einzigen Momente im
Leben, in denen uns eingeredet wird, es sei erbärmlich, auf
das Budget zu achten. Daher ist es kein Zufall, dass die meisten amerikanischen Erwachsenen trotz des historisch unver-
gleichlichen Reichtums, in dem sie leben, sich immer noch
mit der Sorge schlafen legen, ihre Rechnungen möglicherweise nicht bezahlen zu können. Die Hersteller sind ebenso
erfinderisch in dem Bemühen, uns das Gefühl zu geben, wir
brauchten ihre Produkte, wie in dem Bemühen, unsere tatsächlichen Bedürfnisse zu erfüllen. Niemand möchte sich mit
Geldsorgen ins Bett legen. Und doch tun die meisten Leute
genau das.[19]

Ein Grund dafür, dass wir uns Sorgen über unsere Rechnungen machen müssen, ist die *Abzocke*: Wenn wir unsere
Sicherheitszone als Konsumenten verlassen und einen außergewöhnlichen, teuren Kauf machen, sind wir besonders
anfällig dafür, zu viel zu bezahlen.[20] In rund 30 Prozent der
Hausverkäufe an neue Käufer in den Vereinigten Staaten machen die Transaktionskosten (für Käufer und Verkäufer) mehr
als die Hälfte der vom Käufer üblicherweise aufzubringenden
Eigenmittel aus.[21] Die Autoverkäufer haben eigene Techniken
entwickelt, um uns mehr Zubehör zu verkaufen, als wir wirklich wollen, und um uns dazu zu verleiten, viel zu viel für un-

ser Auto zu bezahlen. Niemand will abgezockt werden. Aber es passiert uns – und das sogar bei den Käufen, über die wir besonders gründlich nachdenken.

FINANZIELLE UND MAKROÖKONOMISCHE INSTABILITÄT.

Das Phischen nach »Dummen« auf den Finanzmärkten ist die Hauptursache für die Finanzkrisen, die zu den schwersten Rezessionen führen. In Bezug auf Finanzkrisen ist der berühmte Satz »Diesmal ist es anders« zugleich zutreffend und falsch.[22] Im Aufschwung, der dem Crash vorausgeht, überzeugen die Phischer, die Wertpapiere verkaufen wollen, deren Käufer davon, dass es »diesmal anders ist«. Beispiele dafür sind die schwedischen Streichhölzer in den zwanziger Jahren (Ivar Kreuger von Kreuger und Toll), Dotcoms der neunziger Jahre, die Subprime-Hypotheken zu Beginn des 21. Jahrhunderts (Angelo Mozilo von Countrywide). Und es ist tatsächlich jedes Mal anders: Die Geschichten unterscheiden sich, die Akteure sind andere, und sie bieten andere Dinge an. Gleichzeitig ist es jedes Mal dasselbe: Es gibt Phischer, und es gibt »Dumme«. Und kommt die angehäufte Masse an zunächst nicht entdeckten Täuschungen (der Ökonom John Kenneth Galbraith bezeichnete sie als »Unterschlagung«)[23] schließlich zum Vorschein, so brechen die Vermögenspreise ein. Die Investmentmanager, die im Vorfeld der Finanzkrise von 2008 Pakete minderwertiger Hypotheken gekauft hatten, konnten diese wertlosen Papiere *unmöglich gewollt haben*. Und als der Schwindel aufgedeckt wurde, stellten sich furchtbare Nebenwirkungen ein: In der gesamten Wirtschaft ging das Vertrauen verloren, die Aktienkurse sanken um die Hälfte, Beschäftigte verloren ihre Arbeit, und Arbeitslose konnten keine neuen Jobs finden. Die Langzeitarbeitslosigkeit stieg auf ein seit der Great Depression in den dreißiger Jahren nicht mehr gesehenes Niveau.

GESUNDHEIT. Die Gesundheit ist vermutlich das Wichtigste für jene Menschen, die bereits gut genährt, gut gekleidet und angemessen untergebracht sind. Aber selbst die Anbieter von Medikamenten phischen die »Dummen« unter uns. In den achtziger Jahren des 19. Jahrhunderts, als Daniel Pinkham bei einem Besuch in New York auffiel, dass sich die Frauen dort große Sorgen über Nierenprobleme machten, schrieb er nach Hause, diese Probleme sollten der Liste der Leiden hinzugefügt werden, die angeblich von den Pinkham Pills aus der Fabrik seiner Familie geheilt wurden.[24] Der Rat wurde sofort angenommen. Heute ist es nicht mehr damit getan, dass ein Pharmaunternehmen der Liste der Indikationen für sein Medikament einfach eine weitere Krankheit hinzufügt. In den Vereinigten Staaten müssen die Pharmaunternehmen zwei Hindernisse überwinden: Sie müssen für ihre Arzneimittel eine Zulassung der Lebensmittel- und Medikamentenbehörde FDA (Food and Drug Administration) einholen, die randomisierte, kontrollierte Studien vorschreibt, und sie müssen die Ärzte vom Nutzen ihrer Medikamente überzeugen. Aber sie haben auch mehr als ein Jahrhundert Zeit gehabt, um zu lernen, wie sie diese Hindernisse umgehen können. Manche Medikamente, die beide Prüfungen bestehen, haben lediglich einen marginalen Zusatznutzen. Viel schlimmer ist jedoch, dass einige tatsächlich schädlich sind. Ein Beispiel dafür ist Vioxx, ein entzündungshemmendes Mittel, das zwischen 1999 und 2004 in Hormonersatztherapien eingesetzt wurde. In dieser Zeit verursachte Vioxx in den Vereinigten Staaten schätzungsweise 26 000 bis 56 000 Todesfälle durch Herzversagen,[25] und da es Ärzte und Pharmaunternehmen unterließen, die Patientinnen über die Zweifel an der Hormonersatztherapie aufzuklären, wird vermutet, dass Vioxx etwa 94 000 Brustkrebsfälle hervorgerufen hat.[26] Und wir dürfen annehmen, dass niemand an schädlichen Medikamenten interessiert ist.

Die Auswirkungen auf die Gesundheit gehen weit über die Schäden durch schlechte Medikamente hinaus. Nehmen wir den Schwindel mit Nahrungsmitteln und seine Folgen. 69 Prozent der amerikanischen Erwachsenen sind übergewichtig, mehr als die Hälfte von ihnen (36 Prozent) sogar fettleibig.[27] Eine Kohortenstudie mit mehr als 120 000 Teilnehmern liefert ein überraschend präzises Bild:[28] Die gesundheitliche Entwicklung der Befragten, die überwiegend Krankenschwestern und -pfleger waren, wurden von Ende der siebziger Jahre bis 2006 in Abständen von jeweils vier Jahren kontrolliert. Sie nahmen durchschnittlich 1,5 Kilo in vier Jahren zu, was einer Gewichtszunahme von gut 7,5 Kilo in 20 Jahren entsprach. Nach einer statistischen Analyse entspricht die Gewichtszunahme von 1,5 Kilo dem Verzehr von 0,76 Kilo Kartoffelchips, 0,6 Kilo Pommes frites und 0,45 Kilo Erfrischungsgetränken. Diese Krankenschwestern und -pfleger konnten nicht aufhören, an Kartoffelchips (Salz und Fett) zu knabbern, Pommes frites (Fett und Salz) zu verschlingen und Coca-Cola (Zucker) zu schlürfen. Sie wählten diese Lebensmittel freiwillig. Aber wir wissen, dass die Lebensmittelindustrie Forschungslabore beauftragt, »sensorische Profile« zu erstellen, die dem Geschmack der Konsumenten am besten entsprechen – und diese Profile weisen einen hohen Gehalt an Zucker, Salz und Fett auf.[29] Das ändert nichts daran, dass niemand fettleibig sein *will*.

Tabak und Alkohol sind weitere Produkte, mit denen »Dumme« gephischt und gesundheitlich geschädigt werden. Es gibt jedoch einen bemerkenswerten Unterschied zwischen ihnen: Niemand glaubt, dass es klug ist zu rauchen. Während George diesen Absatz schreibt, sitzt er in einem großen Bürogebäude in Washington, dem HQ I (Headquarters I) des Internationalen Währungsfonds. Im Gebäude ist das Rauchen verboten. Wenn George am Morgen zur Arbeit kommt, geht er an einer Schar von Rauchern vorbei, die draußen vor dem

Gebäude stehen und alle seinem Blick ausweichen. Ohne dass er ein Wort verlieren müsste, wissen sie, was er denkt: Sie setzen ihr Leben für einen Genuss aufs Spiel, der das kaum wert sein kann. Infolge dieser Zensur und Selbstzensur ist der Anteil der Raucher in den Vereinigten Staaten um mehr als die Hälfte gesunken, seit in der schlechten alten Zeit Leute, die es besser hätten wissen müssen, behaupteten, das Rauchen sei gut für die Gesundheit,[30] weil man dadurch Gewicht verliere.[31]

Neben dem Tabak gibt es eine weitere legale Droge, die durchaus noch größeren Schaden anrichten könnte, aber auf sehr viel weniger Ablehnung stößt. Der britische Forscher David Nutt und seine Kollegen und die Niederländer Jan van Amsterdam und Willem van den Brink richteten Expertengruppen ein, um den relativen Schaden zu bewerten, den verschiedene Drogen in ihren Ländern anrichteten.[32] Berücksichtigt man neben dem Schaden, den der Süchtige selbst erleidet, auch den Schaden, den seine Sucht den Menschen in seiner Umgebung zufügt, so ist der Alkohol nach Erkenntnis von Nutt und Kollegen die zerstörerischste aller Drogen; van Amsterdam und seine Kollegen gelangten zu dem Ergebnis, dass der Alkohol den zweiten Rang direkt hinter Crack einnimmt.[33] Wir werden an lebensbegleitenden Studien sehen, dass der Alkoholmissbrauch vermutlich den größten Schaden im Leben der Amerikaner anrichtet. Trotzdem drängen uns Bars, Restaurants, Fluglinien und unsere Freunde bei Partys, doch ein Glas zu trinken, und dann noch eines, und noch eines ... Dabei wird kaum bedacht, dass ein weiterer Drink eine Entscheidung ist, die uns bereits zu leicht fällt. Niemand will ein Alkoholiker sein. Aber anstatt uns vom Trinken abzuhalten, werden wir dazu verleitet.

SCHLECHTE REGIERUNG. So wie der freie Markt funktioniert auch die Demokratie unter idealen Bedingungen zumindest annehmbar gut. Aber die Wähler sind mit ihrem eigenen Leben beschäftigt, weshalb es ihnen praktisch unmöglich ist, herauszufinden, wann ein Politiker ihre wahren Wünsche in Bezug auf die Gesetzgebung missachtet. Und da wir menschlich sind, neigen wir dazu, die Person zu wählen, die es uns am leichtesten macht. Das führt dazu, dass die Politik für die einfachste Form des Phischens anfällig ist: Politiker sammeln in aller Stille Spendengelder bei Interessengruppen ein und verwenden dieses Geld anschließend, um den Wählern zu zeigen, dass sie »einer von ihnen sind«. Im Kapitel »Phischen in der Politik« beschreiben wir den Wahlkampf des Senators Charles Grassley aus Iowa, der im Jahr 2004 Vorsitzender des Finanzausschusses des US-Senats war und in seinem Heimatstaat dank einer mit mehreren Millionen Dollar gefüllten Kriegskasse Wahlspots im Fernsehen bezahlen konnte, in denen er als »ganz normaler Bürger« zu sehen war, der auf dem Rasenmäher Runden auf dem Rasen vor seinem Haus dreht. Das Geld spielte in diesem Wahlkampf keine ungewöhnliche Rolle. Im Gegenteil, wir haben dieses Beispiel gewählt, weil es so typisch ist. Dabei möchte (fast) niemand eine Demokratie, in der Wahlen auf diese Art gekauft werden.

Das Ziel von *Phishing for Fools*

Wir wollen in diesem Buch eine Reihe von Beispielen für das Phischen nach »Dummen« beschreiben, die zeigen, wie nachhaltig sich diese Praxis auf unser Leben auswirkt: auf unser Handeln, unser Denken, unsere Ziele und unsere Fähigkeit, diese Ziele zu erreichen. Einige Fallbeispiele stammen aus dem täglichen Leben und betreffen unsere Autos, unsere Nahrung, unsere Medikamente und die Eigenheime, die wir kaufen und verkaufen. Andere sind technischer und betreffen Systeme wie die Finanzmärkte. Aber all diese Beispiele sind bedeutsam für die Sozialpolitik und für die Funktion des Staates, der den freien Markt nicht behindern soll, aber ergänzen muss, denn so wie wir unsere Computer vor Schadsoftware schützen müssen, müssen wir uns auch ganz allgemein davor schützen, dass in unserer Gesellschaft nach »Dummen« gephischt wird.

Einleitung

Rechnen Sie damit, manipuliert zu werden: Das Phishing-Gleichgewicht

Im Lauf von mehr als hundert Jahren haben uns Psychologen verschiedenster Denkschulen, deren Vertreter von Sigmund Freud bis zu Daniel Kahneman reichen, gelehrt, dass die Menschen häufig Entscheidungen fällen, die nicht in ihrem Interesse sind. Um es schonungslos auszudrücken: Sie tun nicht, was wirklich gut für sie ist, und entscheiden sich nicht für das, was sie wirklich wollen. Solche schlechten Entscheidungen machen es möglich, dass sie als »Dumme« gephischt werden. Diese grundlegende Tatsache ist schon Thema der ersten Geschichte in der Bibel: Die Schlange verleitet die unschuldige Eva zu einer dummen Entscheidung, die sie sofort und für immer bereuen wird.[34]

Das Grundkonzept der Ökonomie besagt etwas ganz anderes. Gemeint ist die Vorstellung vom Marktgleichgewicht.[35] Für unsere Erklärung dieses Konzepts wollen wir das klassische Beispiel der Schlange an der Supermarktkasse abwandeln.[36] Wenn wir im Supermarkt an die Kasse kommen, brauchen wir normalerweise einen Moment, um uns zu entscheiden, in welcher Schlange wir uns anstellen sollen. Diese Entscheidung ist nicht ganz einfach, denn die Warteschlangen sind immer in etwa gleich lang – es besteht die Tendenz zur Herstellung eines Gleichgewichts. Dieses Gleichgewicht entsteht einfach, weil die Kunden, die

an die Kasse kommen, die jeweils kürzeste Warteschlange
wählen.

Das Gleichgewichtsprinzip, das wir an den Supermarktkassen beobachten können, gilt auch für die Wirtschaft im
Allgemeinen. Wenn sich Unternehmer entscheiden, welchem
Geschäft sie nachgehen sollen – und wo sie ihr bestehendes
Geschäft ausweiten oder einschränken sollen –, wählen sie
(wie die Supermarktkunden, die sich der Kasse nähern) die
besten Chancen aus. Auch hier entsteht ein Gleichgewicht.
Alle Gelegenheiten, ungewöhnlich hohe Gewinne zu erzielen, werden rasch ergriffen, was zu einer Situation führt,
in der sich kaum noch solche Gelegenheiten bieten. Dieses
Prinzip ist ein zentraler Bestandteil der Ökonomie.

Dasselbe Prinzip gilt auch für das Phischen nach »Dummen«. Das bedeutet, dass sich, wenn wir eine Schwachstelle
haben – wenn man uns auf eine bestimmte Art für dumm verkaufen kann, um einen ungewöhnlich hohen Profit aus uns
herauszuholen –, im Phishing-Gleichgewicht jemand finden
wird, der diese Schwäche nutzen wird. Unter all den Ge-
schäftsleuten, die im übertragenen Sinn an der Supermarktkasse eintreffen und sich umsehen, um zu entscheiden, in
welches Geschäft sie ihr Kapital investieren sollen, wird es einige geben, die nach Gelegenheiten suchen, uns für dumm zu
verkaufen, um einen außergewöhnlichen Profit zu erzielen.
Und wenn sie eine solche Gewinnchance sehen, werden sie
sich, um bei unserem Bild zu bleiben, für die entsprechende
»Warteschlange« entscheiden.

So entsteht in Ökonomien ein Phishing-Gleichgewicht, in
dem jede Chance auf einen ungewöhnlichen Profit genutzt
wird. Um besser zu verstehen, wie das funktioniert, wollen
wir uns drei »Fingerübungen« zuwenden, in denen wir das
Konzept des Phishing-Gleichgewichts anwenden können.

Fingerübung 1: Cinnabon®

Im Jahr 1985 gründeten Rich Komen und sein Sohn Greg in Seattle Cinnabon® Inc. mit einer Marketingstrategie. Sie eröffneten Läden, in denen »die besten Zimtrollen der Welt« gebacken würden.[37] Der Duft von Zimt lockt die Kunden an wie Pheromone die Motten. Die Komens erzählen von »zahlreichen Reisen nach Indonesien«, deren Zweck es gewesen sei, »edlen Makara-Zimt zu erwerben«.[38] Ein Cinnabon® wird mit Margarine gemacht, hat 880 Kalorien und ist mit einem Zuckerguss überzogen. Das Motto von Cinnabon® Inc. lautet: »Das Leben braucht eine Glasur«. Die Filialen wurden in Flughäfen und Einkaufszentren samt Plakaten und Mottos sorgfältig auf dem Weg von Menschen platziert, die für diesen Geruch und die Geschichte der besten Zimtrolle der Welt empfänglich waren und ein wenig Zeit hatten. Die Information über den hohen Kaloriengehalt war natürlich vorhanden, aber sie war nicht leicht zu finden. Cinnabon® war ein großer Erfolg, was nicht nur mit dem köstlichen Gebäck, sondern auch mit der Strategie der Komens zu tun hatte. Mittlerweile gibt es über 750 Cinnabon®-Bäckereien in mehr als 30 Ländern.[39] Die meisten von uns betrachten es vermutlich als selbstverständlich, dass wir genau dort, wo wir auf unseren verspäteten Flug warten, zufällig auf einen solchen Laden stoßen. Aber wir übersehen, wie viel Arbeit und Sachkenntnis aufgewandt wurde, um unsere Augenblicke der Schwäche zu verstehen und eine Strategie zu entwickeln, um sie auszunutzen.

Kaum jemand betrachtet die Gegenwart von Cinnabon®, das unsere Bemühungen um eine gesunde Ernährung durchkreuzt, als natürliches Ergebnis eines Gleichgewichts auf dem freien Markt. Aber genau das ist es: Hätten Rich und Greg Komen unsere Schwäche nicht ausgenutzt, so wäre früher oder später jemand auf eine ähnliche – wenn auch mit einiger Sicherheit nicht identische – Idee gekommen. Das marktwirtschaftliche System nutzt unsere Schwächen automatisch aus.

Fingerübung 2: Fitness-Studios

Im Frühjahr 2000 studierten Stefano DellaVigna und Ulrike Malmendier in Harvard[40] und belegten am MIT einen Kurs für Psychologische Ökonomie. Sie entschlossen sich, ein Beispiel für jene Art von schlechten Entscheidungen zu suchen, die der Untersuchungsgegenstand dieser neuen Disziplin waren. Sie fanden eines in ihrer Nachbarschaft: Fitness-Studios. Wir interessieren uns für Fitnesscenter, weil sie ein Beispiel für das Phischen nach »Dummen« sind. Aber sie sind auch an sich interessant: Im Jahr 2012 setzten Fitness-Studios in den Vereinigten Staaten 22 Milliarden Dollar um und hatten mehr als 50 Millionen Kunden.[41]

DellaVigna und Malmendier sammelten Daten über mehr als 7500 Fitness-Studios im Großraum Boston.[42] Wenn angehende Sportskanonen zum ersten Mal ein Fitnesscenter betraten, waren sie übermäßig optimistisch in Bezug auf ihre Trainingspläne und unterzeichneten überteuerte Mitgliedschaftsverträge. Normalerweise konnten sie zwischen drei verschiedenen Zahlungsmethoden wählen: pro Besuch, monatlicher Vertrag mit automatischer Verlängerung, sofern nicht gekündigt wurde, oder Jahresmitgliedschaft. Die meisten Kunden, die keine finanzielle Unterstützung für das Training erhielten, hatten sich für den Monatsvertrag entschieden. Aber 80 Prozent von ihnen hätten weniger bezahlt, wenn sie jedes einzelne Training bezahlt hätten, und die Einbußen durch diese falsche Entscheidung waren beträchtlich: 600 Dollar im Jahr bei einer durchschnittlichen Zahlung von 1400 Dollar.[43] Und wie zum Hohn legten die Fitness-Studios

Mitgliedern, die kündigen wollten, obendrein Hindernisse in den Weg: Alle 83 Fitnesscenter in der Stichprobe, die eine automatische monatliche Verlängerung anboten, akzeptierten eine persönliche Kündigung, aber nur sieben gaben ihre Kunden die Möglichkeit, telefonisch zu kündigen. Nur 54 akzeptierten eine schriftliche Kündigung, und von diesen Studios verlangten 25 eine notarielle Beglaubigung des Kündigungsschreibens.[44]

Natürlich war es kein Zufall, dass die Fitness-Studios Mitgliedschaften anboten, bei denen die Kunden»dafür bezahlten, nicht ins Fitness-Studio zu gehen«.[45] Da die Kunden bereit waren, Verträge zu unterschreiben, die einträglicher waren als einzelne Besuche, war im Phishing-Gleichgewicht zu erwarten, dass solche Verträge angeboten wurden. Andernfalls hätten sich die Fitness-Studios eine Chance entgehen lassen, Geld zu verdienen.

Fingerübung Nr. 3:
Die Vorlieben des Affen auf der Schulter

Welche Probleme ein Gleichgewicht auf einem vollkommen freien Markt verursacht, können wir uns besser vorstellen, indem wir eine Metapher für ein solches Phishing-Gleichgewicht heranziehen. Dem Ökonomen Keith Chen und den Psychologen Venkat Lakshminarayanan und Laurie Santos ist es gelungen, Kapuzineraffen beizubringen, wie sie Geld verwenden können, um Handel zu treiben.[46] Hier haben wir ein bemerkenswertes Beispiel für den Beginn einer freien Marktwirtschaft: Die Affen lernten Preise und zu erwartende Gewinne einzuschätzen und tauschten sogar Sex gegen Geld.[47]

Wir wollen in Gedanken über die bereits durchgeführten Experimente hinausgehen. Nehmen wir an, wir geben den Kapuzineraffen die Möglichkeit, mit Menschen Handel zu treiben. Wir gestehen einer großen Affenpopulation ein beträchtliches Einkommen zu und erlauben ihnen, als Kunden bei gewinnorientierten, von Menschen geführten Unternehmen einzukaufen, ohne sie durch Vorschriften zu schützen. Es ist zu erwarten, dass der freie Markt mit seiner Vorliebe für den Profit alles bereitstellen wird, was die Affen kaufen wollen. Also wird ein wirtschaftliches Gleichgewicht mit Angeboten entstehen, die den sonderbaren Vorlieben der Kapuzineraffen entsprechen. Dieser Überfluss gibt den Affen die Möglichkeit zu wählen, aber das, was sie wählen können, ist etwas ganz anderes als das, was sie glücklich macht. Wir wissen bereits von Chen, Lakshminarayanan und Santos, dass die Affen mit Marshmallow gefüllte Fruchtgummirollen lieben.[48] Kapuzineraffen sind nur begrenzt in der Lage, Versuchungen zu widerstehen. Es ist anzunehmen, dass sie bald unter Angst, Ernährungsstörungen, Erschöpfung, Suchtverhalten und Streitlust leiden würden.

Damit sind wir beim Zweck dieses Gedankenexperiments. Wir sehen, was es uns über den Menschen verrät. Wir haben das Verhalten der Affen so analysiert, als hätten sie zwei Arten von dem, was die Ökonomen als »Präferenzen« bezeichnen. Die erste Art von »Präferenz« wäre jene, die den Kapuzineraffen zu einer Entscheidung bewegt, die gut für ihn ist. Die zweite Art von »Präferenz« – die Vorliebe für Fruchtgummi – ist jene, die sein tatsächliches Verhalten steuert. Natürlich sind Menschen klüger als Affen. Aber wir können unser Verhalten genauso betrachten: Wir können uns vorstellen, dass wir wie die Kapuzineraffen zwei verschiedene Arten von Präferenzen haben: solche, die wirklich gut für uns sind, die jedoch wie bei den Kapuzineraffen nicht immer die Grundlage für unsere Entscheidungen sind. Die zweite Art von Präferenzen sind jene, die entscheiden, wie wir tatsächlich unsere Entscheidungen fällen. Und diese Entscheidungen sind möglicherweise nicht »gut für uns.«

Die Unterscheidung zwischen den beiden Arten von Präferenzen und das Beispiel der Kapuzineraffen liefern ein lehrreiches Bild: Wir können uns unsere Wirtschaft so vorstellen, dass wir alle einen Affen auf der Schulter sitzen haben, wenn wir einkaufen gehen oder wirtschaftliche Entscheidungen fällen. Diese Affen auf unseren Schultern sind die Präferenzen, die von den Verkäufern seit Ewigkeiten ausgenutzt werden. Aufgrund dieser Schwächen entsprechen viele unserer Entscheidungen nicht dem, was wir »wirklich wollen«; anders ausgedrückt, sie weichen von dem ab, was gut für uns ist. Im Allgemeinen wissen wir nicht, dass wir einen Affen auf der Schulter sitzen haben. Daher entsteht in Ermangelung bestimmter Beschränkungen der Marktkräfte ein wirtschaftliches Gleichgewicht, in dem im Wesentlichen die Affen auf unseren Schultern die Entscheidungen fällen.

Das angeblich optimale Gleichgewicht des freien Marktes

Im Herzen der Wirtschaftstheorie verbirgt sich eine möglicherweise überraschende Erkenntnis. Im Jahr 1776 schrieb der Vater der Ökonomie, Adam Smith, in seinem Werk The Wealth of Nations, dass jeder Mensch, indem er sein eigenes Interesse verfolge, auf einem freien Markt auch zum Gemeinwohl beitrage.[49] Es dauerte mehr als ein Jahrhundert, bis die Welt diese Aussage richtig verstand. In der modernen ökonomischen Theorie, die den Wirtschaftsstudenten schon im Grundstudium vermittelt wird, ist das Wettbewerbsgleichgewicht auf einem freien Markt »pareto-optimal«.[50] Daher ist es, wenn eine Marktwirtschaft einmal im Gleichgewicht ist, nicht mehr möglich, das wirtschaftliche Wohlergehen aller Marktteilnehmer zu verbessern. Jeder Eingriff wird die Lage irgendeines Akteurs verschlechtern. Für die Volkswirtschaftsstudenten wird diese Erkenntnis in einen eleganten mathematischen Lehrsatz übersetzt: So wird der optimale Zustand des freien Markts zu einer bedeutsamen wissenschaftlichen Erkenntnis erhoben.[51]

Natürlich ist in der Theorie Platz für einige Faktoren, die das Gleichgewicht auf dem freien Markt verzerren können. Dazu zählen wirtschaftliche Aktivitäten einer Person, die sich direkt auf eine andere Person auswirken (sogenannte »externe Effekte« oder »Externalitäten«), sowie eine ungleiche Einkommensverteilung. Und natürlich wissen die Ökonomen seit langem, dass große Unternehmen den umfassenden Wettbewerb auf dem Markt beeinträchtigen können.[52] Aber wenn man von diesen schädlichen Faktoren absieht, wäre es nach Ansicht vieler Ökonomen dumm, in die Abläufe auf dem freien Markt einzugreifen.

Diese Vorstellung lässt jedoch gravierende Probleme außer Acht. Diesen Problemen widmen wir uns in diesem Buch. Wenn der Markt vollkommen frei ist, haben die Akteure nicht nur die Freiheit der Wahl, sondern auch die Freiheit zum Phishen. Das Gleichgewicht ist nach Adam Smith weiterhin optimal, aber es ist nicht optimal, gemessen an dem, was wir wirklich wollen. Vielmehr ist es ein optimales Gleichgewicht, gemessen an der Befriedigung der Bedürfnisse, die uns vom Affen auf unserer Schulter eingeflüstert werden. Und das bringt sowohl für uns selbst als auch für den Affen zahlreiche Probleme mit sich.

Die herkömmliche Wirtschaftswissenschaft lässt dies außer Acht, weil die meisten Ökonomen davon ausgehen, dass die Menschen im Grunde wissen, was sie wollen. Wenn man so denkt, bringt es wenig, zu untersuchen, ob die Wünsche, die man uns einredet, dem entsprechen, was wir wirklich wollen. Aber die Ökonomie lässt die Psychologie, die sich mit dem Einfluss des Affen auf unserer Schulter beschäftigt, links liegen.

Eine Ausnahme ist die Verhaltensökonomie, die sich seit 40 Jahren eingehend mit der Beziehung zwischen Psychologie und wirtschaftlichem Handeln beschäftigt. Diese Disziplin beleuchtet, welche Folgen es für uns hat, dass der Affe auf unserer Schulter sitzt. Aber sonderbarerweise haben die Verhaltensökonomen (soweit wir wissen) ihre Erkenntnisse nie mit Adam Smith' grundlegender Vorstellung von der unsichtbaren Hand des Marktes verknüpft. Vielleicht war der Zusammenhang einfach zu offenkundig. Nur ein Kind – oder ein Idiot – würde darauf hinweisen und erwarten, dass das irgendwen interessiert. Aber wie wir sehen werden, hat diese Beobachtung, so offenkundig sie scheinen mag, bedeutsame Konsequenzen. Um es mit Adam Smith zu sagen: Es wird sich jemand finden, der von der unsichtbaren Hand des Marktes gesteuert diese eingeflüsterten Bedürfnisse aus Eigeninteresse befriedigen wird.

Wir werden die herkömmliche Wirtschaftstheorie also nur geringfügig abwandeln (indem wir auf den Unterschied zwischen dem Optimum, gemessen an unseren wirklichen Wünschen, und dem Optimum, gemessen an unseren eingeflüsterten Wünschen hinweisen). Aber diese geringfügige Abwandlung der Wirtschaftstheorie hat erhebliche Auswirkungen auf unser Leben. Denn sie zeigt uns, dass wir, indem wir den Menschen *frei wählen lassen* – diese Freiheit ist zum Beispiel für Milton und Rose Friedman eine Grundvoraussetzung guter Politik –, erhebliche wirtschaftliche Probleme heraufbeschwören.[53]

Die Psychologie und der Affe auf der Schulter

Die Psychologie befasst sich nicht nur mit der Frage, warum Menschen »dysfunktionale« Entscheidungen fällen. Sie beschreibt auch die Funktionsweise des gesunden menschlichen Verstands. Aber ein Großteil der psychologischen Forschung ist Entscheidungen gewidmet, mit denen sich Menschen nicht das verschaffen, was sie wirklich wollen, sondern das, was sie zu wollen glauben. Ein Beispiel dafür ist das Einsatzgebiet jener Psychologie, die Mitte des 20. Jahrhunderts praktiziert wurde. Damals beruhte die Psychologie im Wesentlichen auf Freud, insbesondere auf seinen durch Experimente bestätigten Erkenntnissen zum Einfluss des Unterbewusstseins auf unsere Entscheidungen. Vance Packard beschrieb in seinem 1957 erschienenen Buch *Hidden Persuaders** die Marketing- und Werbeexperten als »verborgene Überzeuger«: Diese Leute manipulieren unser Unterbewusstsein. Die Autoren erinnern sich noch an eines der Beispiele, die Packard vor mehr als einem Jahrhundert nannte: Die Hersteller von Kuchenmischungen gingen auf den Wunsch der Hausfrauen nach Kreativität ein, indem sie vorschrieben, ein Ei unterzurühren, das vollkommen überflüssig war. Ein weiteres Beispiel war das der Versicherungsgesellschaften, die dem Wunsch nach Unsterblichkeit Rechnung trugen, indem sie in der Werbung einen verstorbenen Vater auf Familienfotos zeigten, die nach seinem Tod entstanden waren.[54]

Der Psychologe und Marketingexperte Robert Cialdini liefert in einem Buch zahlreiche beeindruckende Beispiele für kognitive Verzerrung.[55] Seiner »Liste« zufolge sind wir anfällig für Betrug, weil wir Geschenke und Gefälligkeiten erwidern wollen, weil wir nett zu Menschen sein wollen, die wir mögen, weil wir Autoritäten nicht widersprechen wollen, weil wir dazu neigen, uns in unserem Verhalten nach anderen zu richten, weil wir uns um konsequente Entscheidungen bemühen und weil wir eine Abneigung gegen Verluste haben.[56] Cialdini erklärt, dass jede dieser Neigungen mit einem gewöhnlichen Verkäufertrick ausgenutzt werden kann. Als

---

*   Auf Deutsch erschienen als: *Die geheimen Verführer* (1958).

Beispiel beschreibt Cialdini, wie sein Bruder Richard sein Studium finanzierte: Er kaufte jede Woche zwei oder drei Gebrauchtwagen, die in der Lokalzeitung annonciert wurden. Er reinigte die Autos und bot sie wieder zum Verkauf an. Sein Trick bestand darin, die »Verlustabneigung« der Menschen zu nutzen. Anders als es die meisten von uns tun würden, lud Richard die potentiellen Käufer nicht zu unterschiedlichen Zeiten zur Besichtigung eines Autos ein. Stattdessen achtete er darauf, dass sich die Besichtigungstermine überschnitten. Unabhängig davon, wie viel das angebotene Auto tatsächlich wert war, mussten die Interessenten nun fürchten, dass sie das Auto an den anderen potentiellen Käufer verlieren würden.[57]

Informations-»Dummköpfe«

Ein Großteil des Phishing beruht auf einer anderen Methode: Man gibt uns falsche oder irreführende Informationen. Hier spielen die Phischer mit dem, was ihre Kunden zu bekommen glauben. Es gibt zwei Arten, Geld zu verdienen. Da ist zunächst die anständige Art: Man gibt dem Kunden etwas, das für ihn einen Dollar wert ist, und produziert es für weniger. Und es gibt die unanständige Art: Man gibt dem Kunden falsche Information oder verleitet ihn dazu, einen falschen Schluss zu ziehen. Er denkt, etwas zu bekommen, das einen Dollar wert ist, obwohl es in Wahrheit weniger wert ist.

In diesem Buch werden wir eine Vielzahl solcher Beispiele beschreiben, vor allem aus dem Bereich der Finanzen. Die Finanzoptimisten glauben, in komplexen finanziellen Transaktionen gehe es darum, die Risiken und erwarteten Erträge möglichst gerecht auf Marktteilnehmer mit unterschiedlichen Vorlieben zu verteilen, so wie bei Kindern, die Murmeln und Fußballkarten tauschen. Die Theorie besagt, die Menschen

seien klug, vor allem im Finanzsektor. Und um die Finanzmärkte zu regulieren, lässt man sie sich am besten selbst regulieren. Ein bemerkenswertes Beispiel für die Anwendung
dieses Mantras auf die Politik ist der Commodity Futures
Modernization Act, mit dem im Jahr 2000 grünes Licht für
den Handel mit außergewöhnlich komplexen Finanzproduk-
ten gegeben wurde. Der amerikanische Staat überließ es den
Märkten, sich selbst zu beaufsichtigen. Aber das Mantra wird
nicht wahr, nur weil wir es ständig wiederholen.

Eine weitere Methode, im Finanzsektor Geld zu verdienen,
besteht darin, den Leuten nicht zu verkaufen, was sie wirklich wollen. Erinnern wir uns an den beliebten Zaubertrick:
Der Zauberer legt eine Münze unter einen von drei Bechern,
die er herumschiebt und schließlich umdreht:[58] Die Münze
ist verschwunden. Aber wo ist sie? Voilà: Sie ist in der Hand
des Zauberers. Genau dasselbe passiert in komplizierten Finanztransaktionen: Wir kaufen ein Wertpapier, mit dem wir
einen Anspruch auf die Münze erwerben, die zum Vorschein
kommen wird, wenn die Becher umgedreht werden. Aber
im Wirbel der komplexen Finanztransaktionen wechselt die
Münze irgendwie in die Hand des Zauberers – und wenn die
Becher umgedreht werden, stehen wir mit leeren Händen da.
Wir werden uns in drei Kapiteln dieses Buches mit Finanz-
manipulationen beschäftigen und viele Tricks erklären, mit
denen der Finanzmagier die Münze aus den auf dem Tisch
umherflitzenden Bechern holt. Wir werden über Manöver wie
durchtriebene Finanzbuchhaltung und übertrieben optimis-
tische Ratings sprechen. In diesen Fällen wissen die Leute,
was sie wollen, aber durch schlaue Manipulation der Information wird ihnen suggeriert, dass sie bekommen, was sie
wollen, obwohl man ihnen etwas vollkommen anderes gibt.
Abschließend werden wir feststellen, dass es Zauberer geben
wird, solange man mit solchen Zaubertricks Geld verdienen
kann. Das liegt in der Natur des wirtschaftlichen Gleichge-

wichts. Und es ist der wesentliche Grund dafür, dass die Finanzmärkte genau überwacht werden müssen.

Aber wir eilen unserer Geschichte ein wenig voraus.

Theorie und Praxis

Bisher haben wir die Theorie des Phishing-Gleichgewichts aufgestellt und mit einigen Beispielen illustriert. Diese Theorie besagt, dass im realen Marktgleichgewicht sehr viel nach »Dummen« gephischt wird. Das Gleichgewicht ergibt sich aus demselben Grund, der dafür sorgt, dass die Schlangen an verschiedenen Supermarktkassen selten unterschiedlich lang sind: Die aufeinander folgenden Kunden wählen jene Schlange aus, die ihnen am kürzesten scheint. Auf einem Markt, auf dem Wettbewerb herrscht, nutzen die Phischer ihre Chancen, »Dumme« hinters Licht zu führen, um Profit zu machen. Wir wenden uns nun dem restlichen Buch zu, in dem wir anhand zahlreicher Beispiele zeigen werden, warum dieses Prinzip eine wichtige Rolle in unserem Leben spielt.

Welche Richtung wir von hier aus einschlagen: Ein Überblick über *Phishing for Fools*

Das Buch ist in diese Einleitung und drei Teile gegliedert.

EINLEITUNG: DAS PHISHING-GLEICHGEWICHT. Diese Einleitung dient vor allem dazu, das Konzept des Phishing-Gleichgewichts und die daraus folgende Unvermeidlichkeit des Phischens zu erklären. Um noch einmal auf das Beispiel von Cinnabon® zurückzugreifen, bedeutet diese Unvermeidlichkeit, dass in Abwesenheit der Komens irgendjemand anders ihren Platz eingenommen hätte. Selbstverständlich gilt das, was für die Komens gilt, in jedem Phishing-Gleichgewicht: Wird eine Profitchance nicht von einem Akteur wahrgenommen, so wird ein anderer sie nutzen.

TEIL 1: UNBEZAHLTE RECHNUNGEN UND EIN FINANZCRASH. Es ist eine Sache, das Bild des Affen auf der Schulter zu verwenden, in Worten das *f* durch *ph* zu ersetzen und abstrakt über die Gleichgewichtstheorie zu sprechen. Eine andere Sache ist es, zu zeigen, dass dieses *ph* und dieses Gleichgewicht tatsächlich eine wichtige Rolle in unserem Leben spielen. In den folgenden beiden Kapiteln, die Teil I bilden, unternehmen wir einen ersten Versuch, das zu zeigen. In Kapitel 1 erklären wir, warum es vielen Konsumenten am Monatsende schwerfällt, ihre Rechnungen zu bezahlen. Wir alle sind imstande, Fehler zu begehen, und viele dieser Fehler werden von denen begünstigt und gefördert, die uns »etwas verkaufen wollen«. In Kapitel 2 zeigen wir, welche Rolle das Phischen nach »Dummen« in der Finanzkrise von 2008 spielte, die verheerende Auswirkungen auf die Weltwirtschaft hatte. Ein zentraler Bestandteil dieser Geschichte ist das »Reputation Mining« durch Firmen und Berater, die mehr oder weniger absichtlich die Position von Marktteilnehmern ausbeuten, die sich mühsam den Ruf der Rechtschaffenheit erworben haben. Während wir dieses Buch schreiben, ist die Finanzkrise noch nicht vollkommen überwunden, und dieselben Kräfte, die diese Krise ausgelöst haben, sind Bestandteile unseres wirtschaftlichen Gleichgewichts. Diese Kräfte sind schwer zu bändigen, und wir müssen sie verstehen, um die Wahrscheinlichkeit von Krisen zu verringern und sie, wenn sie doch eintreten, besser bewältigen zu können.

TEIL 2: DAS PHISCHEN IN ZAHLREICHEN KONTEXTEN. Im zweiten Teil beleuchten wir die Rolle des Phischens nach »Dummen« in bestimmten Bereichen. Dies sind: Werbung und

Marketing, Immobilien, Autohandel, Kreditkarten, Lobbying und Politik, Lebensmittel und Medikamente, Innovation und Wirtschaftswachstum, Alkohol und Tabak sowie zwei spezifische Finanzmärkte. Wenn wir zu diesem Abschnitt gelangen, werden wir einen Überblick über diesen Abschnitt geben.

In Teil II werden wir genauer sehen, dass das Phischen nach »Dummen« eine wichtige Rolle in unserem Leben spielt. Aber wir können noch weitere wichtige Lehren aus den Geschehnissen ziehen. Die zahlreichen Beispiele, die wir in diesem Buch beschreiben, dienen als praktische Anleitung, um das Phischen nach »Dummen« zu erkennen und zu verstehen. In Teil II beschreiben wir neue Beispiele für Phishing-Gleichgewichte und damit für die Unvermeidlichkeit des Phischens. Das bedeutet, dass wir es bei den Phischern nicht unbedingt mit schlechten Menschen zu tun haben, sondern dass das Phischen Teil der natürlichen Funktionsweise unseres Wirtschaftssystems ist. Und was vielleicht am wichtigsten ist: Die Erfahrung, die wir aus der Beschreibung des Phischens in verschiedenen Kontexten sammeln, liefert uns neue Erkenntnisse zum Wo und Wie seiner Anwendung. Beginnend mit einem Kapitel über die Praktiken der Werbe- und Marketingbranche, deren Aufgabe es ist, uns dazu zu bewegen, zu kaufen, was sie zu verkaufen haben, werden wir eine neue, umfassendere Deutung (die über Cialdinis Liste und über die Lehren der Verhaltensökonomie hinausgeht) dessen anbieten, was die Menschen manipulierbar macht: Die Menschen denken, indem sie sich selbst Geschichten erzählen und sich einen Platz darin suchen. Eine der wichtigsten Manipulationsstrategien besteht darin, den vorhandenen Geschichten im Denken der Menschen neue Erzählungen aufzupfropfen, die das enthalten, was die Phischer den »Dummen« weismachen wollen. (Eine der wichtigsten Aufgaben der Psychologen – von Freud bis Kahneman – besteht darin, herauszufinden, welche Geschichten sich die Menschen selbst erzählen. Die Psychologen verwenden technische Begriffe für diese Narrationen: Sie bezeichnen sie als »Deutungsrahmen«.)[59]

TEIL 3: SCHLUSS UND NACHWORT. Damit sind wir bei den »Schlussfolgerungen«. In den Teilen I und II haben wir uns ganz allgemein angesehen, wie das Phischen nach »Dummen« auf den Konsum- und Finanzmärkten funktioniert, um anschließend im Einzelnen zu untersuchen, wie es bei Kongresswahlen abläuft und wie die Pharmaindustrie die Vorschriften manipuliert und Ärzte phischt, damit diese ihre Medikamente verschreiben. Ausgehend von diesen sehr unterschiedlichen Beispielen und unserer Theorie des Phischens werden wir unsere neue Einschätzung beschreiben, die uns – und hoffentlich auch Ihnen – ein neues Verständnis der Wirtschaft ermöglicht: Anhand dieses Verständnisses können wir erkennen, wo und wann nach »Dummen« gephischt wird. Im Schlussteil, der die Überschrift »Die neue Erzählung und ihre Folgen« trägt, werden wir anhand von Beispielen aus drei verschiedenen Bereichen der Wirtschaftspolitik ein neues Verständnis der gegenwärtigen Wirtschafts- und Gesellschaftspolitik entwickeln.

Das Nachwort richtet sich insbesondere an potentielle Kritiker, die mit Sicherheit die Frage stellen werden, ob *Phishing for Fools* etwas wirklich Neues enthält. In diesem Nachwort begründen wir, wo und wie dieses Buch das Verständnis der wirtschaftlichen Zusammenhänge erweitert.

In diesem Buch geht es um ein sehr ernstes Thema. Aber es soll auch unterhaltsam sein. Wir hoffen, dass Sie jenseits von der »Botschaft«, die wir über das »Phischen nach Dummen« verbreiten wollen, Spaß an den Geschichten und den Erkenntnissen haben werden, die wir daraus ziehen.

Teil 1

Unbezahlte Rechnungen und ein Finanzcrash

1

Unser Weg ist mit
Versuchungen gepflastert

Fast jeder Amerikaner kennt Suze (ausgesprochen als »Suzie«) Orman. Als George einen befreundeten Ökonomen nach ihr fragte, kam die erwartete Reaktion: Der Freund hatte ihre Fernsehshow nach zehn Sekunden wieder weggeschaltet. Unsere Freunde in den Wirtschaftswissenschaften finden Ormans Tonfall unerträglich: Sie klingt wie eine Mutti, die ihr Kind zurechtweist: »Ich habe dir gesagt, dass du das nicht tun solltest.« Fachleute finden Ormans Investmentratschläge allzu simpel. Und was bei Ökonomen, denen es ja um solche Dinge geht, überraschend ist: Sie sind der Meinung, in Ormans Ratschlägen ginge es zu sehr ums Geld.

Aber eine der klügsten Personen, die wir kennen, zeigte genau die entgegengesetzte Reaktion. Teodora Villagra arbeitete als Kassiererin in der Cafeteria des Internationalen Währungsfonds. Sie war aus dem sandinistischen Nicaragua geflüchtet und hatte sich ein eigenes Haus auf dem Capitol Hill gekauft. Ihr Sohn hatte gerade schuldenfrei sein Elektrotechnik-Studium abgeschlossen, und was besonders bemerkenswert war: Sie führte Gespräche mit hunderten Gästen der Cafeteria, während sie zusammenrechnete, was sie ihr schuldeten, und das Wechselgeld zählte. »Suze Orman geht es nicht ums Geld, sondern um die Menschen«, erklärte uns Teodora. Sie besaß selbst ein Exemplar von Ormans Geldratgeber, und sie hatte einer Kollegin eines geschenkt.

Als wir Teodora und Suze Orman selbst zuhörten, begannen wir zu verstehen, was uns zuvor ein Rätsel gewesen war. Wir begriffen, warum ihr Publikum jedes ihrer Worte verschlingt. Wenn man die Teile dieses Puzzles zusammensetzt, gewinnt man ein klareres Bild von einem großen wirtschaftlichen Problem, das Auswirkungen auf Milliarden Menschen in aller Welt hat.

Suze Orman gegen die Grundsätze der Ökonomie

Ormans mit mehr als drei Millionen verkauften Exemplaren erfolgreichstes Buch trägt den Titel *The 9 Steps to Financial Freedom: Practical and Spiritual Steps So You Can Stop Worrying.*[60] Ihr Verständnis von Konsum- und Sparverhalten unterscheidet sich grundlegend von dem der Ökonomen und von den Beschreibungen in den Lehrbüchern. Im typischen grundlegenden Volkswirtschaftslehrbuch werden wir zu einem Ausflug in den Supermarkt eingeladen. Wir haben einen bestimmten Geldbetrag vorgesehen, den wir eher phantasielos für Äpfel und Orangen ausgeben sollen. Da die Preise der beiden Produkte unterschiedlich sind, können wir mit diesem Budget verschiedene Kombinationen davon kaufen und werden jene Kombination wählen, die uns am glücklichsten macht. Davon, so erklärt man uns, hängt es ab, wie viele Äpfel und Orangen wir zum jeweiligen Preis kaufen werden; und diese Entsprechung zwischen dem Preis und der Menge, die der Konsument kaufen möchte, ist seine »Nachfrage nach Äpfeln« und seine »Nachfrage nach Orangen«.[61]

Diese absichtlich blasse Geschichte ist keineswegs so harmlos, wie sie scheint. Sie ist nicht wissenschaftlich. Aber sie macht rhetorischen Eindruck. Die Studienanfänger, das Zielpublikum des Lehrbuchs, empfangen eine Verkündigung, und von nun an lautet die unausgesprochene Annahme, dass nicht nur der Kauf von Äpfeln und Orangen, sondern *alle* wirtschaftlichen Entscheidungen auf diese Art gefällt werden: Der Entscheider hat ein Budget (wie im Beispiel von den Äpfeln und Orangen), fällt abhängig von den Preisen unterschiedliche Entscheidungen, die zum bevorzugten Ergebnis führen. Das ist ein überzeugendes Bild, weil es kaum vorstellbar ist, dass sich jemand in der Obstabteilung des Supermarkts anders verhalten könnte.

Und die Geschichte klingt noch aus einem weiteren Grund überzeugend. Die Studienanfängerin, die das Lehrbuch liest, wird sich kaum dagegen zur Wehr setzen, weil sie sich nicht vorstellen kann, dass diese Parabel von den Äpfeln und Orangen auf den restlichen Seiten ihres Lehrbuchs, in den folgenden Studienjahren und für den Fall, dass sie die Wirtschaftswissenschaft zu ihrem Beruf machen möchte, auch im Doktoratsstudium verwendet werden wird, ohne dass sie je wirklich hinterfragt würde. Aber das Lehrbuch hat sie dazu verleitet, einen großen Brocken zu schlucken: So denken die Menschen im Allgemeinen, wenn sie Entscheidungen fällen. Aber tun sie das wirklich? Mit einiger Sicherheit tun sie es in bestimmten Situationen, zum Beispiel in der Obstabteilung eines Supermarkts. Aber das Beispiel wäre sehr viel weniger überzeugend, ginge es um eine Braut, die sich Hochzeitskleider ansieht. Sie bereitet sich auf den wichtigsten Tag in ihrem Leben vor, an dem das Budget und der Preis eher zweitrangig sind. Und damit sind wir wieder bei Suze Orman und der Frage, warum ihr Publikum ihr zu Füßen liegt. Aber es geht auch darum, dass das Verhalten dieses Publikums für unsere Untersuchung durchaus relevant ist.

Die Leute, die sich von Suze beraten lassen

Wie könnten sich die Verbraucher anders verhalten als in den Lehrbüchern beschrieben? Orman sagt uns, dass die Menschen ein emotionales Problem haben, wenn es ums Geld und um die Frage geht, wie sie es ausgeben sollen. Sie sind nicht ehrlich zu sich selbst, und die Folge ist, dass sie keine rationale Budgetpolitik betreiben. Woher weiß sie das? Nun, sie ist eine Finanzberaterin, und sie hat einen Test entwickelt. Sie bittet neue Klienten, ihre Ausgaben zusammenzurechnen, und das Ergebnis dieser Rechnung entspricht fast nie dem, was eine Aufstellung anhand der Aufzeichnungen später zu Tage fördert.[62] Um das Bild des Einkaufs im Supermarkt zu verwenden: Es ist, als gäben die Leute zu viel Geld in der Obstabteilung aus, und wenn sie bei den Milchprodukten ankommen, ist nichts mehr für Butter und Joghurt übrig. Im wirklichen Leben hat ein solcher Budgetierungsfehler zur Folge, dass nach der Bezahlung der laufenden Einkäufe am Monatsende kein Geld übrig ist, um etwas zurückzulegen. Noch schlimmer ist, dass man in Krisenzeiten nicht auf das Sparschwein zurückgreifen kann. Heute führt das zumeist dazu, dass die Kreditkartenrechnung steigt, und für Überziehungen werden sogar inmitten unseres langen Abschwungs Zinsen von fast zwölf Prozent berechnet.[63] (Vor einigen Jahren waren sie sogar noch höher.)

Diese Unfähigkeit, den Umgang mit Geld kognitiv und emotional zu bewältigen, führt nach Ansicht von Orman zu den unbezahlten Rechnungen. Sie hat es sich zur Aufgabe gemacht, diese Rechnungen zu verringern, damit ihre Klienten und Leser nachts ruhig schlafen können. Sie müssen sich keine *Sorgen* mehr machen. Das ist die Aufgabe der Mutti, und deshalb verzeiht das Publikum Orman ihren altklugen Ton. Es lohnt sich, darauf hinzuweisen, dass *Sorgen* wie im Untertitel von Ormans Buch (*So You Can Stop Worrying*) ein zentrales

Thema von Finanzratgebern sind, während man lange suchen muss, um dieses Wort in Zusammenhang mit den Finanzen und Emotionen der Menschen in einem Wirtschaftslehrbuch zu finden.

Die statistische Geschichte

Aber wir müssen uns nicht auf Ormans Wort verlassen, sondern können anhand von Statistiken nachweisen, dass sich ein beträchtlicher Teil der Verbraucher Sorgen macht, nicht über die Runden zu kommen. Eine direkte Beobachtung stammt von den Wirtschaftswissenschaftlern Annamaria Lusardi und Peter Tufano und dem Soziologen Daniel Schneider. Sie stellten in einer Umfrage folgende Frage: *»Wie sicher sind Sie, dass Sie 2000 Dollar aufbringen könnten, wenn Sie diesen Betrag unerwartet innerhalb eines Monats brauchen würden?«*[64] Fast 50 Prozent der Befragten antworteten, dass sie einen solchen Betrag nicht oder vermutlich nicht aufbringen könnten. In einem Gespräch mit uns wies Lusardi darauf hin, dass die Befragten einen ganzen Monat Zeit gehabt hätten, um das Geld zu beschaffen: Das wäre genug Zeit, um eine Hypothek auf das Haus aufzunehmen, sich eine neue Kreditkarte zu bestellen oder die Eltern, Geschwister oder Freunde anzupumpen.

Die Statistiken zum Verbraucherverhalten liefern Hinweise darauf, warum es so vielen Teilnehmern an dieser Umfrage so schwerfällt, 2000 Dollar aufzubringen. Laut einer neueren Studie zum »Hand-in-den-Mund-Konsum« hat die amerikanische Durchschnittsfamilie im erwerbsfähigen Alter weniger als ein Monatseinkommen in bar, auf Giro-, Spar oder Geldmarktkonten zur Verfügung; dazu kommt, dass das direkte Aktien- und Anleihevermögen im Mittel genau bei null liegt.[65] Eine Studie, für die britische Haushaltsbücher ausgewertet wurden, liefert weitere Hinweise darauf, dass viele

Leute einfach mit den Rechnungen jonglieren: Bei Personen, die ihr Einkommen monatlich beziehen, sinken die Ausgaben in der letzten Woche des Monats um 18 Prozent gegenüber denen in der ersten Woche nach dem Zahltag.[66] Wir wissen auch, dass ein beträchtlicher Teil der Haushalte dies nicht schafft. Rund 30 Prozent der befragten Haushalte geben an, in den letzten fünf Jahren mindestens einmal auf »alternative Kreditformen« zurückgegriffen zu haben, die mit extrem hohen Zinsen verbunden sind. Hierher gehören zum Beispiel Pfandleihen, Car-Title-Loans (Kredite, für die das Auto als Sicherheitsgegenstand dient) oder kurzfristige Überbrückungskredite.[67] Im Jahr 2009 gaben nicht weniger als 2,5 Prozent aller Hauseigentümer an, in den letzten zwei Jahren in Konkurs gegangen zu sein (die meisten von ihnen vor der Finanzkrise).[68] 2,5 Prozent mögen wie eine kleine, relativ ungefährliche Zahl wirken, aber diese Zahl deutet darauf hin, dass ein beträchtlicher Teil der Bevölkerung im Lauf seines Lebens in Konkurs gehen wird. Niemand kennt die Rate der wiederholten Insolvenzen, aber wenn beispielsweise Personen, die einmal zahlungsunfähig geworden sind, im Lauf ihres etwa 50 Jahre dauernden Erwachsenenlebens zwei weitere Konkurse erleben, dann werden etwas mehr als 20 Prozent der amerikanischen Bevölkerung irgendwann im Lauf ihres Lebens pleitegehen.[69]

Ein weiteres Resultat des finanziellen Scheiterns ist die Zwangsräumung. Der Soziologe Matthew Desmond hat die Gerichtsakten von Milwaukee ausgewertet und ähnlich hohe statistische Werte ermittelt: Die jährliche Rate der Zwangsräumungen lag in den Jahren 2003 bis 2007 (also vor der Finanzkrise) bei 2,7 Prozent.[70] Die Zahl der Konkurse und Zwangsräumungen ist lediglich die Spitze des Eisbergs; unter der Oberfläche verbirgt sich in den Statistiken ein sehr viel größeres Problem des freien Markts. Sogar in den Vereinigten Staaten der Gegenwart, wo die große Mehrheit der Bevölkerung ein in der Geschichte beispielloses Maß an Konsum genießt, machen sich die meisten Menschen Sorgen darüber, ob sie mit ihrem Geld über die Runden kommen können. Und einige gehen tatsächlich über die Klippe, das heißt in die Pleite oder in die Zwangsräumung.

Eine andere Perspektive

Eine weitere Analyse rückt Suze Ormans schwer nachzuvollziehenden Erfolg in ein anderes Licht. Die Meisten von uns glauben, unser Leben wäre leicht, wenn sich unser Einkommen verfünffachte. Finanzielle Probleme würden der Vergangenheit angehören. Genau das dachte auch John Maynard Keynes, einer der scharfsinnigsten Ökonomen aller Zeiten, als er im Jahr 1930 in die Zukunft blickte. In einem Essay, der bei seinen Zeitgenossen kaum Beachtung fand, beschrieb Keynes, wie das Leben hundert Jahre später, das heißt im Jahr 2030, »für unsere Enkelkinder« aussehen werde.[71] In einer Hinsicht hätte er fast ins Schwarze getroffen: Er nahm an, der Lebensstandard werde in hundert Jahren achtmal höher sein als im Jahr 1930. In den Vereinigten Staaten stieg das Pro-Kopf-Realeinkommen bis zum Jahr 2010 auf das 5,6-Fache.[72] Keynes' Prognose dürfte ziemlich genau eintreten, wenn das Pro-Kopf-Einkommen in den verbleibenden 20 Jahren wie im historischen Durchschnitt weiterhin zwischen 1,5 und zwei Prozent steigen wird.

In anderer Hinsicht lag Keynes jedoch vollkommen daneben. Wie Sie wahrscheinlich vermutet haben, sagte er nicht voraus, dass sich die Enkel seiner Generation mit Geldsorgen schlafen legen würden. Stattdessen erklärte er, sie würden sich Sorgen darüber machen, wie sie ihre überschüssige Freizeit nützen könnten, da sie nur noch 15 Stunden in der Woche arbeiten würden.[73] Männer und Frauen, prognostizierte er, würden »jene Art von Nervenzusammenbruch erleiden, die in England und den Vereinigten Staaten bereits bei den Ehefrauen der wohlhabenden Klassen üblich ist, denn viele dieser unglücklichen Frauen wurden durch ihren Wohlstand ihrer traditionellen Aufgaben und Beschäftigungen beraubt und finden es in Ermangelung der wirtschaftlichen Notwendigkeit nicht ausreichend unterhaltsam, zu kochen, zu putzen und Kleidung auszubessern, sind jedoch nicht im Stande, etwas Unterhaltsameres zu finden«.[74] (Wir möchten ergänzen, dass diese Aussage heute politisch unkorrekt klingen kann, aber sie kündigte auch das »namenlose Problem« an, das im Mittelpunkt von Betty Friedans *Der Weiblichkeitswahn* stand, jenes Buches, das rund 30 Jahre später die zweite Welle der Frauenbewegung auslöste.) Zu einem solchen Überfluss an Freizeit ist es nicht gekommen, obwohl die Einkommen in den Vereinigten Staaten um mehr als das Fünffache gestiegen sind. Im Gegenteil: Das Leben der Hausfrau, die wir kennen, einer Hausfrau, die nach der ersten Schicht erschöpft mit der zweiten beginnt, hat wenig mit dem zu tun, was Keynes erwartete.[75]

Keynes lag mit seiner Prognose deutlich daneben, aber sie zeigt uns, wie fast alle Ökonomen (nicht jedoch Suze Orman) über Konsum und Freizeit denken. Aus diesem Denken resultiert eine weitere Voraussage, die gleichermaßen falsch ist: Die Leute würden nicht nur mehr Freizeit haben, sondern einen beträchtlichen Teil ihres Einkommens zur Seite legen, um ihre Rechnungen am Monatsende problemlos bezahlen zu können. Wie wir gesehen haben, ist auch das nicht eingetreten.

Der Grund

Der Grund für die Erschöpfung der Hausfrau und dafür, dass die Leute nicht genug Ersparnisse haben, ist das Thema dieses Buches: Der freie Markt produziert nicht nur, was wir wirklich wollen, sondern auch, was wir nur wollen, weil es uns eingeflüstert wird. Der freie Markt erzeugt auch Wünsche, damit wir kaufen, was er anzubieten hat. In den Vereinigten Staaten ist es das Ziel fast jedes Geschäftsmanns (mit Ausnahme jener, die Aktien, Anleihen und Bankkonten verkaufen und mit denen wir uns später befassen werden), uns dazu zu bewegen, unser Geld auszugeben. Der freie Markt produziert unablässig Versuchungen. Das Leben ist ein sprichwörtlicher Ausflug auf einen Parkplatz, auf dem man ständig an Plätzen vorbeikommt, die für Behinderte frei gehalten werden.

Sie müssen nur einmal durch eine Straße im Stadtzentrum gehen. Die Schaufenster sind dazu da, Sie in die Läden zu locken. In der guten alten Zeit, als wir (Bob und George) noch jünger waren, gab es in den Einkaufsstraßen normalerweise eine Tierhandlung, in deren Schaufenster tapsige Hundewelpen umhertollten. Es gab sogar ein bekanntes Lied darüber, das von einer jungen Frau handelt, die an einem solchen Schaufenster vorübergeht:

> *How much is that doggie in the window? (arf, arf)*
> *The one with the waggley tail.*
> *How much is that doggie in the window? (arf, arf)*
> *I do hope that doggie's for sale.*[76]

Natürlich war es kein Zufall, dass diese Welpen im Schaufenster spielten. Sie sollten Passanten dazu bewegen, hineinzukommen und zu kaufen. Im weiteren Sinn ist das »Hündchen im Schaufenster« eine Metapher für jegliche Aktivität auf dem freien Markt. Wo wir auch hinkommen, treffen wir auf den »wedelnden Schwanz«. Im Einkaufszentrum, im Supermarkt, beim Autohändler, bei der Suche nach einem Haus: Überall werden wir mit Versuchungen konfrontiert. Nur ein Beispiel: Eier und Milch, Grundnahrungsmittel, die besonders oft gekauft werden, sind strategisch so platziert, dass man den ganzen Supermarkt durchqueren muss, um sie zu erreichen. Auf dem Weg zur Kasse werden wir an all die anderen Bedürfnisse erinnert, die wir vielleicht vergessen haben.[77] Und wenn wir an der Kasse ankommen – wo wir warten müssen –, ist es kein Zufall, dass wir (und unsere Kinder) dort auf Süßigkeiten und Zeitschriften stoßen. Früher einmal lagen hier die Zigaretten, eine hilfreiche Erinnerungshilfe für Raucher.

Das sind die Phishes für Süßigkeiten und Zigaretten. Im Supermarkt gibt es tausende weitere Phishes, die in die verschiedenen Produkte auf den Regalen eingebaut sind. Hinter jedem dieser Produkte steht ein Team von Marketingexperten, und jedes von ihnen wird von einer Werbekampagne begleitet, die das Produkt von Experimenten mit vielen anderen möglichen Vermarktungsformen ist. Und das Phishen ist nicht auf den Supermarkt beschränkt, sondern erstreckt sich auf fast alles, was wir kaufen. Elizabeth Warren hat sich auf die Kreditkarte konzentriert.[78] Kreditkarten sind verlockend, und wir werden ihnen später einen Teil eines Kapitels widmen. Wir teilen Warrens Einschätzung. Aber die Idee, die Konsumentin in Versuchung zu führen, damit sie kauft und ihr Geld ausgibt, liegt in der Natur des freien Marktes. Sie ist nicht auf die Kreditkarte beschränkt. Der Verkäufer wird nicht dafür bezahlt, seines Bruders Hüter zu sein oder darauf zu achten, dass dem Kunden nach dem Kauf seiner Äpfel und Orangen genug Geld bleibt, um am Monatsende seine Rechnungen begleichen zu können. Und wie Suze Orman sehr gut weiß, braucht man sehr viel Selbstbeherrschung, um das Budget ausgeglichen zu halten. Man braucht eine innere

Stimme, die unablässig mahnt: Dies solltest du nicht tun, jenes solltest du nicht tun. Hier haben wir den Grund dafür, dass sich die Voraussage von Keynes als vollkommen falsch erwiesen hat. Wir sind tatsächlich fünfeinhalb Mal so reich wie im Jahr 1930. Aber seit damals hat der freie Markt auch zahlreiche neue »Bedürfnisse« für uns erfunden und neue Methoden entwickelt, um uns die Dinge zu verkaufen, die wir brauchen, um diese »Bedürfnisse« zu befriedigen. Alle diese Verlockungen erklären, warum es vielen Konsumenten so schwerfällt, über die Runden zu kommen. Die Meisten von uns sind zu vernünftig, in den Laden zu gehen und das Hündchen zu kaufen – zumindest sind wir zu vernünftig, um das aus einer Laune heraus zu tun. Aber nicht jeder von uns kann – in jedem Augenblick – so vernünftig sein, wenn die Straßen und Supermarktregale und die Einkaufszentren und mittlerweile auch das Internet bis zum Platzen mit Versuchungen gefüllt sind.

Manche sind der Meinung, unsere missliche Lage sei ein Produkt des Konsumismus der modernen Welt. Sie sagen, wir seien zu materialistisch und hätten unsere Seele an den Teufel des Kommerzes verkauft. Aber in unseren Augen ist das zentrale Problem das Gleichgewicht. Das Gleichgewicht des freien Marktes bringt ein unerschöpfliches Angebot an Phishes hervor, die auf alle menschlichen Schwächen zugeschnitten sind. Unser Pro-Kopf-BIP kann noch einmal um das Fünfeinhalbfache steigen, und dann noch einmal, und wir werden uns trotzdem in derselben misslichen Lage wiederfinden.

2

Reputation Mining
und Finanzkrise

Die Geschichte der weltweiten Finanzkrise in den Jahren
2008 und 2009 ist hunderte, wenn nicht tausende Male geschrieben und umgeschrieben worden. Viele Darstellungen haben die Form von Berichten über ein Unternehmen
oder eine Regierungsbehörde, sei es J. P. Morgan Chase,
Goldman Sachs, Bear Stearns, Lehman Brothers, Bank of
America, Merrill Lynch, die Federal Reserve, das amerikanische Finanzministerium, Fannie Mae oder Freddie Mac.
Die unausgesprochene Botschaft lautet immer: »Mein Arbeitgeber stand im Mittelpunkt der Krise.«[79] Und für die Fi-
nanzjournalisten ist die Finanzkrise eine Goldgrube. Aber in
diesem Kapitel haben wir nicht vor, eine der üblichen Detail-
beschreibungen der Krise zu geben. Wir wollen es auf das
Wesentliche reduzieren: Uns geht es um die zentrale Rolle
einer Form des Phischens, die wir als Reputation Mining bezeichnen.

Minderwertige (und möglicherweise verfaulte) Avocados

Wenn ich in dem Ruf stehe, schöne, reife Avocados zu verkaufen, bietet sich mir die Chance, Ihnen eine minderwertige
Avocado zu dem Preis zu verkaufen, den Sie für eine gute,
reife Frucht akzeptieren würden. Ich habe meine Reputation

ausgeschöpft. Das ist Reputation Mining. Und ich habe Sie als »Dummkopf« gephischt.

Genau dieser Vorgang – in dem es jedoch um sehr viel mehr geht als um den Kauf einer Avocado – ist der Kern der anhaltenden Finanzkrise, die das gegenwärtige Wirtschaftsleben beherrscht. Für das Reputation Mining wurde hier das Ansehen verschiedener Finanzinstitutionen ausgeschöpft. Vor allem wurde das System zur Bewertung festverzinslicher Wertpapiere untergraben. Die großen amerikanischen Ratingagenturen galten als verlässlich, bewerteten sie doch seit fast hundert Jahren die Kreditwürdigkeit von Staaten und Unternehmen. Die Märkte verließen sich bei der Beurteilung der Wahrscheinlichkeit von Zahlungsausfällen auf die Ratings dieser Firmen. Ende der neunziger Jahre und zu Beginn des 21. Jahrhunderts übernahmen die Ratingagenturen eine neue Aufgabe: Sie beschränkten sich nicht mehr auf die Bewertung von Anleihen, sondern begannen, auch komplexere Schuldtitel einzustufen: die neuen und komplexen Derivate. Um auf unsere Analogie zurückzukommen: Es war eine neue Sorte von Avocados auf den Markt gekommen. Weil sie neu waren, vor allem aber, weil sie komplex waren, konnten sich die Käufer nur schwer ein Bild davon machen, ob diese Papiere richtig bewertet wurden. Aber da die Ratingagenturen sich in der Vergangenheit bei der Bewertung der alten Avocados (der einfacheren alten Wertpapiere) als vertrauenswürdig erwiesen hatten, sahen die Käufer keinen Grund, dieses Vertrauen nicht auch auf die Ratings der komplexen neuen Schuldtitel auszuweiten.

Aber die Öffentlichkeit, die Avocados (Wertpapiere) kaufen wollte, verstand das Phishing-Gleichgewicht nicht. Da die neuen Avocadozüchter (die Erzeuger der neuen Wertpapiere) selbst nicht in der Lage waren, die guten Avocados (Wertpapiere) von den minderwertigen und teilweise wirklich verfaulten zu unterscheiden, hatten sie kaum einen Anreiz, gute neue Avocados zu züchten. Dann war es billiger für sie, schlechte neue Avocados (komplexe Derivate, die durch Wertpapiere mit hohem Ausfallrisiko besichert waren) zu erzeugen und den Ratingagenturen zur Bewertung vorzulegen. Die Agenturen nutzten ihre Reputation, um diese Papiere mit der höchsten Bonitätsnote AAA zu bewerten. Genau das geschah mit den hypothekarisch besicherten Wertpapieren. Und in einem Phishing-Gleichgewicht ist das zu erwarten. Ein Züchter köstlicher Avocados ist in einem solchen Gleichgewicht nicht wettbewerbsfähig. Er müsste seine perfekten Avocados zum selben Preis verkaufen wie die überbewerteten minderwertigen. Sind die Kosten der Produktion perfekter Avocados höher als die Kosten der Erzeugung minderwertiger Früchte, so kann er seine Anbaufläche mit einer anderen Pflanzung rentabler nutzen. Er kann zulassen, dass sein Betrieb von einem Produzenten minderwertiger Avocados übernommen wird, oder er kann in Konkurs gehen. Der Ökonom Carl Shapiro beschrieb ein solches Gleichgewicht im Jahr 1982 und gelangte zu dem Schluss, dass dieses Marktgleichgewicht auf einem freien Markt zur Ausbreitung relativ minderwertiger Produkte führt.[80] Und in seltenen Fällen, wie im Finanzsektor im Vorfeld der Krise, werden tatsächlich faule Produkte verkauft.

Nun stellt sich die Frage, wie der Anbau und die falsche Bewertung der neuen Avocados (der neuen überbewerteten Wertpapiere) eine allgemeine Finanzkrise auslösen konnte. Auch hier ist die Antwort grundlegend. Große Finanzinstitute – Geschäftsbanken, Hedgefonds, Investmentbanken und so weiter – liehen sich das nötige Geld. Im Fall der Investmentbanken waren es üblicherweise mehr als 95 Prozent ihrer gesamten Vermögenswerte, die auch neue Avocados beinhalteten (die komplexen hypothekarisch besicherten Derivate).[81] Als irgendwann das Unvermeidliche geschah und sich herausstellte, dass einige der neuen Avocados im Inneren vollkommen verfault waren, fiel der Wert dieser Wertpapiere ins Bodenlose. Und es zeigte sich, dass die Schulden dieser Finanzinstitute den Wert ihrer Wertpapiere deutlich überstiegen. Genau das geschah im Jahr 2008 in Frankfurt, London und New York, ja sogar im winzigen Reykjavik (nur dass natürlich keine Avocados, sondern derivative, hypothekarisch besicherte Wertpapiere einen großen Teil ihres Werts verloren). Nur mit Notkrediten der Federal Reserve und der Europäischen Zentralbank, die von massiven Rettungspaketen zum Aufkauf »notleidender Assets« in Europa und den Vereinigten Staaten begleitet wurden, konnten ein Zusammenbruch des globalen Finanzsystems und eine Wiederholung der Weltwirtschaftskrise der dreißiger Jahre des 20. Jahrhunderts verhindert werden.[82]

Das Phischen trug wesentlich zur Entstehung und zum Platzen dieser Spekulationsblase bei. Da es die Marktteilnehmer an vernünftigem Misstrauen mangeln ließen, war die Tragödie von 2008 unvermeidlich, so wie wir zwangsläufig die Konsequenzen tragen müssten, wenn wir vor der Möglichkeit des Phishing über unseren Computer die Augen verschlössen.

Sieben Fragen

Sehen wir uns genauer an, was geschah. Wir müssen die folgenden sieben Fragen beantworten, um die Geschichte zu verstehen:

1. Warum konnte der Markt in den fünfziger, sechziger und siebziger Jahren darauf vertrauen, dass die Investmentbanken korrekt bewertete Wertpapiere (»Avocados«) ausgeben würden?
2. Warum bewerteten die Ratingagenturen diese »Avocados« zu jener Zeit richtig?

3. Wie veränderten sich die Geschäftsanreize für die Investmentbanken, so dass sie glaubten, das Vertrauen sei keine unerlässliche Voraussetzung mehr für ihr Geschäft?
4. Wie kam es, dass die Ratingagenturen die veränderten Anreize übernahmen und die Wertpapiere falsch bewerteten?
5. Warum war das Reputation Mining so lukrativ?
6. Warum waren die Käufer der faulen Wertpapiere (»Avocados«) so leichtgläubig?
7. Warum erschütterte die Entdeckung, dass die »Avocados« verfault waren, das Finanzsystem in seinen Grundfesten?

Warum waren die Investmentbanken anfangs vertrauenswürdig?

Die Institutionen, die in den Vereinigten Staaten und überall auf der Erde Wertpapiere begaben, veränderten sich zwischen 1970 und 2005. Wäre ein Investmentbanker im Jahr 1970 ins Koma gefallen und wie durch ein Wunder im Jahr 2005 wieder aufgewacht, so wäre er aus dem Staunen nicht mehr herausgekommen: Er hätte das Finanzsystem nicht wiedererkannt. Er hätte die Firma, für die er seinerzeit gearbeitet hatte, vollkommen verändert vorgefunden. Sie wäre viel, viel größer gewesen. Nehmen wir an, der Arbeitgeber dieses Investmentbankers wäre Goldman Sachs gewesen (diese Firma werden wir wiederholt als Beispiel verwenden). Das Kapital von Goldman Sachs schwoll zwischen 1970 und 2005 um mehr als das Fünfhundertfache an. Im Jahr 1970 verfügte die Bank über 50 Millionen Dollar an Kapital;[83] bis 2005 wurden daraus 28 Milliarden Dollar (bei Assets von mehr als 700 Milliarden Dollar).[84] Das Bruttoinlandsprodukt der Vereinigten Staaten (wie die anderen Zahlen nicht inflationsbereinigt) stieg im selben Zeitraum lediglich um das Zwölffache.[85]

Wenn wir in diese scheinbar einfachere Zeit zurückkehren,

sehen wir eine andere Welt, in der das Investmentbanking anders funktionierte. In jener Zeit waren die Investmentbanken sehr daran interessiert, dass die Wertpapiere korrekt bewertet wurden. Im Jahr 1970 fungierte die typische Investmentbank – Goldman Sachs, Lehman Brothers – als Bankier großer Unternehmen. Sie hatte die Aufgabe, ihre Unternehmenskunden zu beraten. Der Investmentbanker wusste, wie die Wall Street funktionierte, und klärte seine Kunden über die finanziellen Fakten des Lebens auf. Er war ihr »verlässlicher Freund«: Er war im übertragenen Sinn (und manchmal buchstäblich) ein an der Wall Street gelandeter Schul- oder Studienfreund des Finanzchefs des Unternehmens. Er gab kluge Ratschläge zu wichtigen Fragen und erklärte seinem Kunden, wie man mit den Zahlen jonglieren konnte, um Steuern zu sparen, oder wie man die Vorschriften umgehen konnte.

Dieser verlässliche Freund war geduldig, aber nicht ganz uneigennützig. Als Belohnung erwartete er, mit der Ausgabe neuer Aktien oder Anleihen des Unternehmens betraut zu werden. Ein Beispiel dafür ist der Börsengang der Ford Motor Company nach dem Tod des Unternehmensgründers Henry Ford im Jahr 1956.[86] Die Emissionsbank war Goldman Sachs. Der Börsengang war eine komplexe Angelegenheit, und zwar aus steuerlichen Gründen und weil die Interessen der Familie Ford und der Ford Foundation berücksichtigt werden mussten. Die Familie besaß sämtliche Stimmrechte, aber nur wenige Unternehmensanteile, während die Stiftung den Großteil der Aktien besaß, ohne stimmberechtigt zu sein.[87] Sidney Weinberg, der Seniorpartner von Goldman Sachs, arbeitete für ein dürftiges persönliches Entgelt von 250 000 Dollar zwei Jahre lang an den Details der Regelung.[88] Aber Goldman wurde großzügig belohnt: Die Firma durfte den Börsengang von Ford betreuen.

Ende der siebziger Jahre hatte Co-Partner John Whitehead die düstere Vorahnung, dass die Vertrauenswürdigkeit des verlässlichen Freundes beim rasanten Wachstum von Goldman Sachs auf der Strecke bleiben würde. Also entwarf er die vierzehn Prinzipien für die Partnerschaft, die der Firma in der Zukunft als Bezugsrahmen dienen sollten. Prinzip 1 begann mit folgenden Worten: »Die Interessen unseres Klienten stehen immer an erster Stelle.« Es folgte eine Erklärung dafür, warum es hier keinen Interessenkonflikt geben musste: »Unsere Erfahrung zeigt, dass wir selbst Erfolg haben werden, wenn wir unseren Klienten gut dienen.«[89] Der Börsengang von Ford zeigt, wie sich ein solcher Erfolg einstellte. Aber diese Prinzipien erwiesen sich nicht wie erhofft als Orientierungshilfe für die Zukunft, sondern wirken heute wie Relikte aus einer verlorenen Welt.

Zu Whiteheads Zeiten brauchte eine Investmentbank Ansehen, um Kunden anlocken zu können. Außerdem erfüllte die Reputation eine wichtige Funktion in den Beziehungen zu anderen Investmentbanken. Wenn eine Anleihe oder Aktie auf dem Markt platziert werden sollte, wurde die Emission mit anderen Investmentbanken geteilt, die ein Emissionskonsortium bildeten. Eine solche Zusammenarbeit war nötig, da die federführenden Banken das Vertriebsnetz der anderen Konsortialmitglieder brauchten.[90] Wie in der Beziehung zwischen dem »verlässlichen Freund« und seinem Kunden war auch dies eine Beziehung von Geben und Nehmen. In der Ära des »Relational Banking« war Vertrauen unerlässlich.

Warum bewerteten die Ratingagenturen die »Avocados« seinerzeit korrekt?

In jenen einfacheren Zeiten hatten nicht nur die Investmentbanken einen Anreiz, gute Wertpapiere zu konstruieren. Auch die Ratingagenturen hatten einen Anreiz, diese Papiere richtig zu bewerten. Die Agenturen – besonders aufschlussreich ist die Geschichte von Moody's – bemühten sich seit jeher, jegliche Interessenkonflikte zu vermeiden. Moody's lebte vom Verkauf seiner Bewertungshandbücher und von anderen kleinen Gebühren. Das Geschäft der Firma war wenig einträglich, aber sie arbeitete gewissenhaft.[91]

Wie wir gesehen haben, war die Reputation damals von größter Bedeutung für die großen Emissionsbanken. Ein Vorfall, von dem erneut Goldman Sachs betroffen war, verdeutlicht, warum das so war: Im Jahr 1969 betreute Goldman eine Emission von Anleihen von Penn Central im Umfang von 87 Millionen Dollar.[92] Ein Jahr später war Penn Central pleite. Sämtliche Vermögenswerte der Gesellschaft waren bedroht. Goldman wurde von Anleihekäufern vor Gericht gezerrt, die der Firma vorwarfen, sie habe Informationen über den kritischen Zustand der Eisenbahngesellschaft nicht offengelegt. Goldman hielt dem entgegen, man habe zwar von Penn Centrals betrieblichen Verlusten gewusst, sei jedoch überzeugt gewesen, der umfassende Immobilienbesitz der Gesellschaft sei eine mehr als ausreichende Sicherheit für die Anleihe. Goldman zog sich mit Zahlungen von weniger als 30 Millionen Dollar aus der Affäre und kam mit einem blauen Auge davon, aber mit ein wenig Pech hätte die Gesellschaft ihr gesamtes Vermögen einbüßen können.[93] Die Episode machte allen Investmentbanken bewusst, dass ihre Tätigkeit über jeden Zweifel erhaben sein musste. Und das beinhaltete auch die Beziehung zu den Ratingagenturen.

Wie veränderten sich die Geschäftsanreize für die Investmentbanken, so dass sie glaubten, das Vertrauen sei keine unerlässliche Voraussetzung mehr für ihr Geschäft?

Aber dann wandelte sich das System, und es änderte sich nicht nur das Geschäft der Investmentbanken, sondern, wie wir im folgenden Abschnitt sehen werden, auch das der Ratingagenturen. Das ist, was unser aus dem Koma erwachter Bankier im Jahr 2005 zu Gesicht bekommen hätte. Einmal mehr eignet sich Goldman als Beispiel. Im Jahr 1970 gehörte noch das gesamte Kapital der Firma den Partnern. Im Jahr 1999 ging Goldman an die Börse, so dass sich jetzt die meisten Partner nicht mehr vor Prozessen fürchten mussten, in denen sie mit dem Großteil ihres persönlichen Vermögens haften würden.[94] Während Goldman früher hauptsächlich im Emissionsgeschäft tätig gewesen war, war die Firma mittlerweile in einer Vielzahl von Geschäftsbereichen aktiv. Sie handelte auf eigene Rechnung (in einem Trading Room von der Größe eines Footballfelds), verwaltete Hedgefonds und entwickelte neue komplexe Derivate, die sie selbst zu Paketen schnürte. Die Firma hatte ihren Sitz längst nicht mehr in einem überfüllten Bürogebäude an der Broad Street Nr. 20, das für seine Telefonhandelszentrale mit 1920 Leitungen zu den Händlern bekannt war.[95] Und Goldman war jetzt ein globales Unternehmen: Es hatte nicht nur Büros in New York, London und Tokio, sondern eröffnete auch Niederlassungen an neuen finanziellen Brennpunkten wie Bangalore, Doha, Shanghai und sogar im winzigen Princeton in New Jersey.[96] Und das Symbol der neuen Macht dieser Firma war ihre »schicke« neue Zentrale, die im Jahr 2009 in Betrieb genommen wurde:[97] Sie war 43 Stockwerke hoch, nahm die Fläche von zwei Häuserblöcken ein und wurde vom Architekturkritiker Paul Goldberger als »Palazzo mit Understatement« bezeichnet. Goldman Sachs war jetzt ein Imperium.[98]

Finanziell ist Goldman so wie die übrigen Investmentbanken heute eine »Schattenbank«. Ein beträchtlicher Teil seiner Verbindlichkeiten wird jede Nacht verlängert. Die Firma nimmt »Einlagen« großer Investoren entgegen, die einen Aufbewahrungsort für riesige Mengen an liquiden Mitteln brauchen. Diese Investoren können Geschäftsbanken, Geldmarktfonds, Hedgefonds, Rentenfonds, Versicherungsgesellschaften oder andere große Unternehmen sein. Jeden Abend überlassen sie den Investmentbanken buchstäblich Milliarden Dollar (man könnte auch sagen, sie »deponieren« sie) gegen das Versprechen, dass dieses Geld am nächsten Morgen zurückgezahlt wird. Man spricht hier von »Repos« (kurz für »Sale and Repurchase Agreements«, Rückkaufvereinbarungen). Der Einleger ist doppelt abgesichert. Abgesehen davon, dass er sein Geld am nächsten Tag zurückfordern kann, wäre es kein Problem für ihn, sollte die Investmentbank ihrer Verpflichtung nicht nachkommen. Warum? Weil die Repo-Geschäfte mit Vermögenswerten besichert sind, die etwa denselben Wert haben wie die Einlage. Sollte der Investor im Fall eines Ausfalls seine Einlage nicht zurückbekommen, so holt er sich einfach den Sicherungsgegenstand.

Dieses neue Verfahren, das ein fester Bestandteil der Tätigkeit der Investmentbanken geworden ist, wird angewandt, weil sich die Eigentümer großer Einlagen davor fürchten, ihr Geld bei einer regulären Geschäftsbank zu parken. Sie befürchten hohe Verluste im Fall eines Zusammenbruchs der Bank.[99] Worauf diese Furcht beruht, verdeutlicht der Fall der kalifornischen IndyMac Bank. Als die Bank im Juli 2008 pleiteging, wurden all jene Kunden, die ihr bis zu 100 000 Dollar anvertraut hatten, von der Einlagenversicherung FDIC (Federal Deposit Insurance Corporation) entschädigt. Aber alle Beträge, die diesen Betrag überschritten, waren in Gefahr, und die FDIC sagte anfangs lediglich eine Rückzahlung von 50 Prozent zu.[100] Solche Fälle zeigen, dass es für Investoren, die über hohe liquide Mittel verfügen, sicherer ist, ihr Geld über Nacht einer großen Investmentbank anzuvertrauen, in dem Wissen, dass sie im Fall eines Zahlungsausfalls einfach den Sicherungsgegenstand in Besitz nehmen können.

Es gibt noch einen weiteren Grund dafür, dass die Investmentbanken solche Übernacht-Einlagen entgegennehmen. Zur Verdeutlichung wollen wir uns einmal mehr Goldman Sachs ansehen. Ende der siebziger Jahre begann die Firma zu entdecken, dass sie hohe Gewinne erzielen konnte, indem sie mit geliehenem Geld auf eigene Rechnung handelte. Eine Investmentbank wie Goldman war eine Schaltzentrale für die Finanztransaktionen eines Landes – und später der ganzen Welt. Und da sie mitten im Geschehen an der Wall Street saß, hatte sie einen Vorteil. Abgesehen davon, dass die Bank die mehr oder weniger öffentlich zugängliche Information automatisch ernten konnte, konnte sie diese Information auch interpretieren. Sie konnte vieles verstehen, ohne etwas sagen zu müssen, was gegen die Gesetze gegen den Insiderhandel verstoßen hätte. Der geschickte Teenager hat einen sechsten Sinn dafür, wann er diesen ersten Kuss anbieten oder akzeptieren soll.

Ende der sechziger und Anfang der siebziger Jahre erkannte Gus Levy, der später die Nachfolge Sidney Weinbergs als Seniorpartner antreten sollte, dass die Firma als Zwischenhändler im Geschäft der institutionellen Investoren mit großen Aktienpaketen viel Geld verdienen konnte.[101] Da Goldman viele dieser Investoren betreute, konnte die Firma einen potentiellen Anbieter eines großen Pakets identifizieren und dank ihrer Verbindungen einen Abnehmer dafür finden. Aber zunächst übernahm Goldman das Aktienpaket selbst, um es später weiterzuverkaufen. Auf diese Art begann die Investmentbank auf eigene Rechnung zu handeln. Aber indem sie als Mittelsmann auftrat, begab sie sich auch in einen potentiellen Interessenkonflikt: Welchen Gewinn durfte die Bank selbst einstreichen? Welchen Preis sollte der Käufer bezahlen, welchen Preis sollte der Verkäufer erhalten, wenn die Differenz zwischen beiden Goldmans Gewinn sein würde?

Diese Sorge über mögliche Interessenkonflikte war es, die John Whitehead dazu bewegte, die »Prinzipien« zu formulieren. Er befürchtete, Goldman werde sein Ethos des Dienstes am Kunden verlieren, das die Firma mit wenigen Ausnahmen stets ausgezeichnet hatte, seit Marcus Goldman im Jahr 1869 den Betrieb aufgenommen hatte. Marcus verlieh gegen Zinsen Geld an jüdische Juwelen- und Lederhändler in Manhattan und akzeptierte Schuldscheine, die er sich hinter das Hutband klemmte und mit kleinem Gewinn an respektable Bankiers verkaufte, die ihm diese Scheine in dem Wissen abnahmen, dass sie sich darauf verlassen konnten, dass Goldman über ihre Interessen wachen würde.[102]

Aber im 21. Jahrhundert kann das Ethos, »das Interesse des Klienten über alles zu stellen«, nicht länger als selbstverständlich betrachtet werden. William Cohan zitiert in Money and Power einen Hedgefonds-Manager, der die gegenwärtige Praxis von Goldman beschreibt: »Die Frage, die Goldman stellte, war: Tür 1 oder Tür 2? Welche hat gegenwärtig den höchsten Wert für mich? Man wollte nicht durch die Tür mit dem niedrigeren Dollar-Betrag gehen.«[103] Hier wird nicht das alte Goldman als »verlässlicher Freund« beschrieben; die Firma, für die der Klient an erster Stelle steht und die als Gegenleistung für finanzielle Beratung gelegentlich einen Auftrag für die Emission von Anleihen des Kunden erwartet.

Wie kam es, dass die Ratingagenturen die veränderten Anreize übernahmen?

Aber nicht nur die Investmentbanken haben sich seit den Zeiten, in denen der Bankier der Freund seines Kunden war, verändert. Auch die Beziehung zwischen Investmentbanken und Ratingagenturen ist mittlerweile eine andere. Im Verlauf des Booms, der zur Finanzkrise führte, hatten die Ratingagenturen Anreize, den Wertpapieren die Bewertungen zu geben, die den Vorstellungen des Emittenten entsprachen, und diese Einstufung war nicht zwangsläufig auch die richtige. Seinen Ursprung hatte diese Veränderung in den siebziger Jahren, als Moody's begann, den Investmentbanken die Ratings in Rechnung zu stellen.[104] Damals blieb dieser behutsame Vorstoß fast unbemerkt, denn in der Ära des Relational Banking hing das Geschäfts des Bankiers als »verlässlicher Freund« vor allem von seiner Reputation ab: Es war in seinem Interesse, dass die Ratings seiner Emissionen vollkommen korrekt waren.

Aber seit damals haben sich die Anreize geändert. Da es in der Beziehung zum Kunden mittlerweile darum geht, zwischen »Tür 1 und Tür 2« zu wählen, zahlen die Kunden, deren Wertpapiere emittiert werden sollen, die Gefälligkeit mit gleicher Münze zurück. So funktionieren kompetitive Märkte. Und was erwarten sich solche Kunden von einem Geschäft? Sie erwarten sich ein gutes Rating für ihre Emission, denn vom Rating hängen die Zinsen ab, die sie für ihre Anleihen zahlen müssen. Also müssen die Investmentbanken heute ein gutes Rating liefern, weil sich ihre »Kunden« andere Partner für ihre Emissionen suchen werden. Die Folge ist, dass die Investmentbanken Druck auf die Ratingagenturen ausüben. Natürlich ist es wie bei jenem ersten Kuss nicht nötig, viele Worte darüber zu verlieren, damit die Ratingagenturen die Bedürfnisse und Wünsche der Investmentbanken verstehen, die schließlich ihre Gebühren bezahlen. Sie verstehen es auch ohne dass man das offen aussprechen müsste: Ein schlechtes Rating, und es gibt keine Ratingaufträge mehr. (Und selbstverständlich ist das doppelt wahr, wenn die Investmentbank, was heute oft der Fall ist, eine Anleihe nicht nur auf dem Markt platziert, sondern auch selbst begibt.)[105] Das Machtverhältnis ist also umgekehrt worden: Die Investmentbanken schauen nicht länger den Ratingagenturen auf die Finger, um sicherzugehen, dass diese die Wertpapiere gewissenhaft bewerten. Heute interessieren sich die Investmentbanken bei jeder Emission nur noch für ein möglichst hohes Rating, egal, welches Papier sie gerade auf dem Markt platzieren wollen. Und die Ratingagenturen wissen, was geschehen wird, wenn sie nicht tun, was man von ihnen erwartet.

Warum war das Reputation Mining so einträglich?

Hier können wir einen Blick auf den wahren Zauber komplexer Finanzstrukturen erhaschen. Zum Teil ist dieser Zauber real, aber zum Teil ist er eine Täuschung und erleichtert das Phischen. Vor der Erfindung der modernen Derivate teilten die Unternehmen die Erträge normalerweise zwischen Anleihebesitzern und Aktionären auf (wobei die Zahlung an die Aktionäre als »einbehaltener Gewinn« im Unternehmen bleiben konnte). Den Anleihebesitzern wurden feste Zinserträge versprochen, die Aktionäre erhielten den verbleibenden Gewinn. Aber der moderne Finanzsektor entdeckte, dass die Erträge und die verschiedenen Risiken auf sehr viele verschiedene Arten aufgeteilt werden konnten. Diese neuen Aufteilungen wären nützlich, würden sie die Erträge richtig aufteilen zwischen denen, die geringe Risiken eingehen wollen (z. B. Anleihekäufer), und denen, die bereit sind, höhere

Risiken zu akzeptieren (z. B. Aktionäre). Aber diese Aufteilung kann auch missbraucht werden, denn sie eignet sich, um die Investoren zu verwirren. Nehmen wir an, eine Bank, eine Investmentbank oder eine andere Firma könnte einen Haufen minderwertiger Vermögenswerte nehmen und auf so komplizierte Art verpacken, dass die Ratingagenturen die meisten dieser Papiere irrtümlich hoch bewerteten. Auf diese Art würden die minderwertigen Vermögenswerte in Gold verwandelt. Die Kunst des Zauberers bestünde in der richtigen Verpackung. Den Erfolg würde er der Tatsache verdanken, dass sich die Ratingagenturen zum falschen Zeitpunkt auf die falschen Dinge konzentrieren.

Genau das ist geschehen. Besonders deutlich haben wir es auf dem Subprime-Markt gesehen. Früher wurden Hypothekenkredite vor allem von den Banken vergeben. Sie kannten den örtlichen Markt und die Kunden am besten, und nachdem sie einen Kredit vergeben hatten, aßen sie selbst, was sie gekocht hatten: Die Hypotheken landeten in ihrem eigenen Portfolio von Vermögenswerten. Aber dann entdeckten sie, dass sie sich gegen die Risiken der in einem einzigen Gebiet vergebenen Kredite absichern konnten, indem sie die Hypotheken in riesigen Paketen zusammenfassten und anschließend Anteile an diesen Paketen verkauften. So konnten die Risiken breiter gestreut werden. So hielten die Banken in Delaware nicht länger nur Hypothekenkredite, die sie in ihrem Bundesstaat abgeschlossen hatten, und die Banken in Idaho mussten nicht mehr allein das Risiko einer auf Idaho beschränkten Krise tragen. Stattdessen konnten die Banken aus den beiden Bundesstaaten Pakete halten, in denen Hypotheken aus Idaho und Delaware gemischt waren. (Und allgemein konnten alle Banken des Landes Pakete halten, die Hypotheken aus dem ganzen Land enthielten.) Die Banken, die die Kredite vergaben, hielten sie nun nicht mehr selbst, sondern strichen die Gebühren für die Vergabe ein und verkauften die Kredite in Hypothekenpaketen. Diese Pakete waren das moderne Gegenstück zu Marcus Goldmans Hutband, in dem er die von ihm ausgestellten Schuldscheine beförderte, um sie an die Banken zu verkaufen.

Aber die Gewinne aus dieser Aufteilung der Risiken waren nur der Anfang. Mit diesen großen Hypothekenpaketen konnten hohe Gewinne erzielt werden. Wenn man das Paket hübsch verpackte und gut verschnürte, so dass die Ratingagenturen nicht merkten, was drinsteckte, dann konnte man sogar mit Hypothekenkrediten für arbeitslose Hauskäufer ohne Einkommen oder Vermögen Geld verdienen. Was taten die Banken nun, um die Pakete hübsch zu verpacken? Wie versteckten sie die Kredite mit hohem Ausfallrisiko? Nun, sie machten einen finanziellen Zaubertrick, der es den Ratingagenturen erlaubte, sich nicht darum zu kümmern, woher die Kredite stammten: Anstatt die Wertpapiere direkt zu verkaufen, boten sie die Pakete in Einzelteilen an. Die Käufer der verschiedenen Teile – oder »Tranchen«, wie sie genannt wurden – erhielten unterschiedliche Anteile an den Erträgen. Die Tranchen konnten sehr kompliziert sein, aber zur Verdeutlichung wollen wir uns ein einfaches Beispiel ansehen: Eine Tranche konnte die Zinszahlungen auf die gebündelten Kredite enthalten, während eine andere die Rückzahlungen auf den Darlehensbetrag enthielt. Aber dieses Beispiel vermittelt uns nur einen groben Eindruck von Transaktionen, die ungeheuer kompliziert sein konnten. So wie ein Kind ein Blatt Papier mit einer Schere in unzählige verschiedene Formen zerschneiden kann, konnte man auch die Erträge der Hypothekenpakete unendlich zerstückeln. Und diese Stücke konnten ihrerseits als separate Pakete verkauft werden.

An diesem Punkt, an dem man viele Schritte von den ursprünglichen Hypothekenkrediten entfernt war, war es sehr schwierig, wenn nicht sogar unmöglich, die Wertpapiere – die sogenannten hypothekarisch besicherten Tranchen – zu überprüfen. Die Hypotheken steckten in riesigen Paketen, die Erträge der Papiere waren auf komplizierte Art zerstückelt worden, und die Zahlungen waren weit von den monatlichen Tilgungsraten der Hauseigentümer entfernt, welche die Kredite aufgenommen hatten. Diese Schwierigkeiten gaben den Ratingagenturen eine Ausrede, um auf eine angemessene Prüfung der zugrunde liegenden Hypotheken zu verzichten.[106] Moderne statistische Techniken, die an den Wirtschaftsuniversitäten unterrichtet werden, lieferten eine weitere Ausrede. Die statistischen Schätzungen der Kreditausfallraten konnten ausgehend von den vergangenen Ausfällen angestellt werden. Die hohen Ratings der hypothekarisch besicherten Wertpapiere machten die Hypotheken sehr viel leichter zugänglich, und das wiederum führte zu einem beispiellosen Anstieg der Hauspreise. Und der starke Anstieg der Hauspreise führte in Verbindung mit einer hohen Arbeitslosigkeit zu einem Rekord an Kreditausfällen.[107]

Es spielte keine Rolle, dass die zur Schätzung des Ausfallrisikos herangezogenen statistischen Datenreihen nur Zeiträume beinhalteten, in denen die Hauspreise gestiegen waren, weshalb es nur selten vorgekommen war, das Hauseigentümer zahlungsunfähig geworden waren. Es war gleichgültig, dass diese »Finanzprodukte«, wie sie genannt wurden, konstruiert worden waren, um die Illusion eines geringen Ausfallrisikos zu erzeugen. Und es störte niemanden, dass die falschen Ratings eine Zeitlang selbst wesentlich zum Anstieg der Hauspreise beitrugen, weil sie die Nachfrage nach Häusern deutlich erhöhten. All das spielte keine Rolle, weil das Interesse der Ratingagenturen nicht länger darin bestand, die Risiken richtig zu bewerten. Stattdessen hatten sie jetzt einen Anreiz, Ratings vorzunehmen, welche die Emittenten kaufen wollten. Ihr Geschäft bestand nun darin, ihre in der Vergangenheit erworbene Reputation zu nutzen. Ihr Geschäft war es, nach »Dummen« zu phischen.

Woher wissen wir, dass die Ratings künstlich aufgeblasen wurden? Die Ratingagentur Moody's allein bewertete im Zeitraum 2000 bis 2007 nicht weniger als 45 000 hypothekarisch besicherte Wertpapiere mit Triple A; wie großzügig die Benotung derartiger Papiere war, zeigt sich daran, dass im Jahr 2010 nur sechs amerikanische Unternehmen die Bestnote AAA erhielten.[108] Dass die Ratings aufgeblasen wurden, beweist auch ein überraschend offenherziges Bekenntnis eines Spitzenmanagers von Moody's, der nach einem »Townhall-Meeting« der Belegschaft kurz nach Ausbruch der Krise erklärte: »Warum sahen wir nicht voraus, dass die Kredite nach der Lockerung wieder knapper werden würden und dass die Hauspreise nach dem Anstieg wieder fallen würden? ... Aufgrund dieser Fehler wirken wir, als verstünden wir nichts von der Kreditanalyse oder als hätten wir für den Profit unsere Seele an den Teufel verkauft – oder ein bisschen von beidem.«[109]

Warum waren die Käufer der faulen Wertpapiere (»Avocados«) so leichtgläubig?

Die Amerikaner und die Investoren in der übrigen Welt hatten keinen Grund, misstrauisch zu sein. Man hatte ihnen erklärt, dass der freie Markt Wunder wirkt. Sie wussten nicht, dass auf dem Finanzmarkt Phischen betrieben wurde und welche Folgen es haben würde. Erst im Nachhinein wurde klar, dass die Derivatepakete verfaulte Avocados enthielten. Aber wie wir gesehen haben, hatten weder die Zauberer, die diese Pakete schnürten, noch diejenigen, die sie bewerten sollten, einen Anreiz, den Zaubertrick zu durchschauen. Wir neigen dazu, das zu sehen, was in unserem Interesse ist, und nicht zu sehen, was unserem Interesse widerspricht. Der Produzent eines Pakets, normalerweise eine Investmentbank, wurde mit hohen Ratings für seine Angebote belohnt. Und die Ratingagentur hätte einen Kunden verloren, hätte sie dem Produkt der Investmentbank keine gute Note gegeben. Weder die Investmentbanken noch die Ratingagenturen hatten ein Interesse daran, die extrem schwierige, ja vielleicht sogar unmögliche Arbeit auf sich zu nehmen, die Pakete aufzuschnüren und ihren Inhalt sorgfältig zu überprüfen.

Jene, denen es doch gelang, zu verstehen, was da wirklich geschah – darunter die extrem scharfsinnigen, aber auch extrem sonderbaren Figuren, die Michael Lewis in *The Big Short* verewigt hat, konnten gewaltige Gewinne erzielen, indem sie Leerverkaufskontrakte auf die hypothekenbesicherten Pakete abschlossen (das heißt, indem sie darauf wetteten, dass der Wert dieser Pakete sinken würde).[110] Aber was in den Paketen steckte, wurde absichtlich versteckt. So konnten die Tranchen-Wertpapiere mit ausgezeichneten Ratings versehen werden. Lewis' Leerverkäufer waren nicht die Regel, sondern seltene Ausnahmen.

Wenden wir uns wieder Goldman Sachs zu. Überraschend spät im Spielrausch, im Sommer 2006, durchschaute ein schlauer junger Experte für hypothekarisch besicherte Wertpapiere namens Josh Birnbaum den Zaubertrick und begriff, dass sie eine Gefahr für Goldman Sachs waren.[111] Als einer der Ersten sah Birnbaum, dass sich die Kreditausfälle häuften, und kannte sich mit Modellen aus, die detailliert genug waren, um zu verstehen, welche Risiken von der Zahlungsunfähigkeit von Eigenheimbesitzern ausgingen. Birnbaum überzeugte seine Vorgesetzten bis hinauf zur Unternehmensspitze mit seinen Argumenten, und Goldman schaffte es, sein Portfolio bemerkenswert schnell umzustrukturieren und bei hypothekenbesicherten Wertpapieren Long- durch Short-Positionen zu ersetzen. Der Kurswechsel bewahrte Goldman vor Milliardenverlusten. Ende Oktober 2009 hatte Birnbaums Gruppe, die alles auf Leerverkäufe gesetzt hatte, Gewinne von 3,7 Milliarden Dollar erzielt.[112] Das machte die 2,4 Milliarden Dollar, die das übrige Unternehmen mit Hypotheken verlor, mehr als wett. Im Jahr darauf erhielt Birnbaum angeblich eine Prämie von zehn Millionen Dollar – und verließ Goldman. »Ich nehme an, es hängt davon ab, wie man Fairness definiert?«, erklärte er. »Wenn Sie ein Stahlarbeiter sind, werden Sie vermutlich denken, dass ich ziemlich gut bezahlt wurde. Wenn Sie ein Hedgefondsmanager sind, werden Sie das wahrscheinlich nicht denken.«[113]

Warum erschütterte die Entdeckung, dass die »Avocados« verfault waren, das Finanzsystem in seinen Grundfesten?

Das Finanzsystem war und ist ausgesprochen anfällig für das Phischen von »Dummen«. Vor dem Crash war es besonders verwundbar, weil die Investmentbanken, die Billionen Dollar an Vermögenswerten hielten, einen beträchtlichen Teil ihrer Investments buchstäblich Tag für Tag refinanzierten. Und das Problem der Investmentbanken war, dass sich plötzlich riesige Finanzierungslücken auftun würden, wenn der Wert ihrer Vermögenswerte über Nacht unter den Wert ihrer Verbindlichkeiten fiele. Das wäre ihr Ende.

Ein normales Unternehmen hat langfristige Verbindlichkeiten. Als United Airlines im Herbst 2002 feststellte, dass seine Vermögenswerte weniger wert waren als seine Verbindlichkeiten, meldete die Fluglinie sofort Insolvenz an und beantragte Gläubigerschutz. Sie nahm Verhandlungen mit den Gewerkschaften über jährliche Gehaltskürzungen im Umfang von mehr als drei Milliarden Dollar an, bewegte nicht versicherte Gläubiger dazu, die Hälfte ihrer Forderungen abzuschreiben, und wälzte ihren Ruhestandsplan auf die United States Pension Guarantee Corporation ab, was die Renten der

Mitarbeiter deutlich verringerte. Und das Unternehmen setzte den Rotstift bei den Betriebskosten an. Viele Leute mussten bluten, aber die meisten Mitarbeiter behielten ihren Arbeitsplatz. Es wurden keine geplanten Flüge gestrichen, und mehr als ein Jahrzehnt später fliegen ihre Maschinen immer noch.[114]

Eine Investmentbank kann nicht wie ein normales Unternehmen Insolvenz anmelden und ihre Geschäftstätigkeit fortsetzen. Der Grund dafür ist, dass ihre Finanzierung anders funktioniert. Sie finanziert einen großen Teil ihrer billionenschweren Verbindlichkeiten über Nacht. Zur Erinnerung: In den Refinanzierungsvereinbarungen ist auch festgeschrieben, welche Sicherheitsgegenstände die Bank zu übergeben hat, sollte sie nicht am nächsten Tag zahlen. Leiht sie sich 300 Milliarden Dollar pro Tag, aber das Kapital und die Vermögenswerte genügen nicht, um für diese Schulden aufzukommen, so kann die Bank nicht wie United Airlines mit einem mehrjährigen Gläubigerschutz weiterarbeiten. Warum nicht? Ganz einfach deshalb nicht, weil ihre Gläubiger eine sehr viel bessere Option haben, als zu warten, bis ein Konkursgericht entscheidet, auf welchen Teil ihrer Forderungen sie verzichten müssen: Sie können einfach den Sicherheitsgegenstand in Besitz nehmen. Aber das bedeutet, dass die Bank am folgenden Morgen nicht öffnen kann, weil es ihr immer noch an Geld fehlen wird. Und niemand wird so dumm sein, ihr den Kredit zu gewähren, den sie braucht, um ihre Geschäfte fortsetzen zu können.

Das zeigt uns, warum das neue Finanzsystem, das vollkommen von der kurzfristigen Finanzierung abhängt, plötzlich zu implodieren drohte, als entdeckt wurde, dass ein Großteil seiner Vermögenswerte überbewertet und minderwertig war. Die hypothekenbesicherten Wertpapiere mochten von den Ratingagenturen hohe Noten bekommen haben, aber sie waren überwiegend mit Subprime-Hypotheken besichert, die ein hohes Ausfallrisiko hatten. Als ans Licht kam, dass diese Kredite sehr viel weniger wert waren als angenommen, waren die Investmentbanken über Nacht pleite.

Bis zur Krise dachten Ökonomen, die Käufer großer Wertpapierpakete würden sich absichern. Sie würden jene Frage stellen, die für Sidney Weinberg in einem Andenken verkörpert war, das er als junger Mann von einer Reise zu den Niagarafällen mitgebracht hatte und in seinem Büro aufbewahrte: Es war ein Kieselstein in einem Säckchen, den er einem Trickbetrüger für 50 Cent abgekauft hatte. Der Betrüger hatte ihm erklärt, er habe einen Weg gefunden, unter die Wasserfälle zu gelangen und Diamanten einzusammeln.[115] Weinberg fragte sich: Soll ich diesem Burschen die Diamanten abkaufen, die er unter dem Wasserfall gefunden hat? Ein wichtiger Aspekt des Phischens von »Dummen« ist die Absicherung gegen derart peinliche Fragen. Ein Mythos der New Economy besagte, die komplexen hypothekenbesicherten Wertpapiere seien so gestaltet, dass jegliches Risiko beseitigt sei. Die hohen Bonitätseinstufungen durch die Ratingagenturen sicherten den Mythos ab. Solange er unangetastet blieb, war es ungemein lukrativ, »Dumme« zu phischen.

Zusammenfassung

Wie wir gezeigt haben, war das ein Phishing-Gleichgewicht. Solange ein erheblicher Teil der Anleihekäufer bereit war, den Köder des Mythos zu schlucken, hatten die Investmentbanken einen Anreiz, verfaulte Avocados auf den Markt zu werfen und die Ratingagenturen dazu zu bewegen, diese verdorbenen Früchte mit Bestnoten zu bewerten, die ihre Mängel vertuschten. Leider geschah genau das.

Im Jahr 2008 leitete Andrew Cuomo, der damalige Generalstaatsanwalt und heutige Gouverneur des Staats New York, eine Untersuchung der Tätigkeit der Ratingagenturen ein und erlegte ihnen die Verpflichtung auf, von den Investmentbanken genaue Informationen über Wertpapiere zu verlangen, die mit Hypotheken auf Eigenheime besichert worden waren, und klare Bewertungskriterien zu entwickeln. Um die Investmentbanken davon abzuhalten, auf der Suche nach vorteilhaften Einstufungen »shoppen« zu gehen, wurde zudem vorgeschrieben, dass die Ratingagenturen auch dann für ihre Dienste bezahlt wurden, wenn ihre Einstufungen nicht verwendet wurden.[116] Mit dem 2010 erlassenen Dodd-Frank Act wurde die Haftung der Ratingagenturen für falsche Bewertungen ausgeweitet.[117] Die Cuomo-Vereinbarungen sind mittlerweile ausgelaufen, und es ist nicht klar, ob die Probleme der Kreditratings wieder auftauchen werden, wenn sich der Markt für hypothekenbesicherte Wertpapiere erholt. Der Interessenkonflikt bleibt bestehen, da die Bewertungen von den Emittenten bezahlt werden.

In Teil II werden wir auf das Phishen nach »Dummen« auf den Finanzmärkten zurückkommen. Dort werden wir uns zwei weitere Beispiele für Verzerrungen aus der amerikanischen Finanzgeschichte ansehen. Wir werden das Konzept der finanziellen »Plünderung« von Unternehmen einführen und uns ansehen, wie damit Gewinne erzielt werden und wie relativ unbedeutende Chancen zur Gewinn bringenden Plünderung große Gefahren für das Finanzsystem heraufbeschwören können.

Nachtrag:
Die Nebenattraktion der Kreditausfall-Swaps

Wenn Sie mit Ihren Kindern in den Zirkus gehen, werden Sie vielleicht feststellen, dass ihre bevorzugten Attraktionen nicht die im großen Zelt, sondern eher die Nebenvorstellungen sind. Gehen wir also in das Zelt hinüber, in dem die Kreditausfall-Swaps gezeigt werden.

Im großen Zelt, in dem wir eben gewesen sind, hatten die Banken entdeckt, dass sie in der Lage waren, Hypotheken- kredite zu vergeben und diese anschließend mit einer Art von Alchemie unter Unterstützung der Ratingagenturen in Gold zu verwandeln: Sie schufen Vermögenswerte, die so kompli- ziert waren, dass die Ratingagenturen sie, weil sie nicht ver- standen, was sie da zu bewerten hatten – oder so taten, als würden sie es nicht verstehen –, hohe Bonitätseinstufungen für diese Papiere vergeben konnten. Wenn der Gesamtwert dieser Derivate höher war als der Betrag, den sich die Banken borgten, um ihre Pakete von Hypothekenkrediten zusam- menzustellen, konnte man Geld damit verdienen.

Dass dieses Zauberkunststück funktionierte, war auch einer neuen Form von Kreditderivaten zu verdanken: den Kreditausfall-Swaps (Credit Default Swaps, CDS). Ein sol- ches Derivat kann für jedes verzinsliche Wertpapier gestaltet werden, etwa für eine Anleihe oder ein hypothekarisch besi- chertes Wertpapier. Bei einem Zahlungsausfall erhält der In- haber des Swaps den Nennwert des Wertpapiers ausgezahlt, tritt es jedoch an den Verkäufer ab (d. h. er »tauscht« es, daher »Swap«). Es ist eine Form von Versicherung. Man könnte für den Zahlungsausfall die Analogie eines Feuers verwenden: Es ist so, als erhielte der Eigentümer eines abgebrannten Hauses dessen Versicherungswert ausgezahlt, überließe dafür jedoch die Reste des Hauses an den Versicherer.

Man könnte meinen, der Verkauf von CDS sei ein un- geheuer riskantes Geschäft: Der Versicherer kann auf einem fast wertlosen Vermögenswert sitzenbleiben. Man könnte meinen, dass kaum jemand bereit sein sollte, ein solches Ri- siko einzugehen. Aber im Vorfeld der Finanzkrise von 2008 waren die Investoren nur zu gerne dazu bereit, und das sogar für eine sehr geringe Belohnung. In dieser Zeit der Euphorie hielten sie die Wahrscheinlichkeit eines Zahlungsausfalls für so gering, dass sie glaubten, leichtes Geld zu verdienen. Ein gutes Anschauungsbeispiel ist der CDS-Handel von AIG Financial Products in London. Die American International Group war eine sehr große, angesehene, globale Versicherungsgesellschaft.[118] AIG Financial Products war eine ihrer Tochtergesellschaften. Joseph Cassano, der diese AIG-Tochter Anfang des 21. Jahrhunderts leitete, erkannte, dass er CDS-Versicherungskontrakte verkaufen und mit einem sehr kleinen Risikopool absichern konnte. Er gab ein ökonometrisches Modell in Auftrag, das zeigte, dass die Wahrscheinlichkeit beträchtlicher Verluste bei den am besten bewerteten Tranchen hypothekenbesicherter Wertpapiere (den sogenannten »Super-Senior-Tranchen«) selbst in einer Rezession, die so schlimm wäre wie jene nach dem Zweiten Weltkrieg, lediglich bei 0,15 Prozent lag.[119] Die AIG-Revisoren bestätigten dieses Ergebnis und Cassanos Schlussfolgerung, AIG könne unbesorgt Kreditausfall-Swaps auf solche Vermögenswerte verkaufen, ohne Rücklagen für hypothetische Verluste zu schaffen.[120] Das bedeutete, dass die Einnahmen aus dem Verkauf solcher Swaps als schneller Gewinn betrachtet werden konnten. Also begann Cassano, diese Papiere aggressiv zu verkaufen, und zwar mit Aufschlägen von nur 0,12 Prozent.[121] So kam es, dass AIG im Jahr 2007 Kreditausfallversicherungen im Wert von 533 Milliarden Dollar in ihren Büchern hatte.[122]

Ob Cassano nun wirklich von den CDS überzeugt war oder nicht, die wirklichen Dummköpfe waren die Leute in der AIG-Zentrale, die sich dagegen sträubten, an der Gans zu zweifeln, die die goldenen Eier legte. (Cassano gewährte sich von 2002 bis 2007 ein Jahreseinkommen von mehr als 38 Millionen Dollar.[123]) Die Last dieser Swaps konnte das Unternehmen ruinieren, selbst wenn Cassano recht mit der Behauptung hatte, Zahlungsausfälle würden AIG überhaupt nichts kosten. Denn in diesen Kontrakten, insbesondere in denen, die mit Goldman Sachs geschlossen wurden, gab es kleingedruckte Bestimmungen.[124] Diese besagten, dass AIG, sollte der Wert der Swaps um mehr als einen bestimmten Betrag fallen, Sicherheitsgegenstände anbieten musste, um zu beweisen, dass sie ihren Verpflichtungen nachkommen konnte. Solange alles wie geschmiert lief, war das Kleingedruckte nebensächlich: Der nicht verwässerte Wert der CDS und AIGs exzellente Bonitätseinstufung (natürlich ein AAA) waren Versicherung genug. Und die Zentrale gab sich damit zufrieden, die Gewinne verbuchen zu können. Das Kleingedruckte hatte nicht einmal der Risikomanager in der Konzernzentrale gelesen.[125]

Doch dann geschah es: Im September 2008 brach Lehman Brothers zusammen, und in den folgenden Turbulenzen gelang es AIG nicht, sich das für die Sicherheiten benötigte Geld zu beschaffen. Das Finanzministerium und die Federal Reserve begriffen, dass all diese CDS rechtlich in der Schwebe hängen würden, sollte AIG einen Konkursantrag stellen. Also griffen sie ein und retteten AIG mit 182 Milliarden Dollar.[126] Bemerkenswert ist, dass die Steuerzahler am Ende einen Gewinn erzielten, da das Unternehmen 205 Milliarden Dollar an die öffentliche Hand zurückzahlte.[127] Aber das war das glückliche Ende einer traurigen Geschichte: Ohne diese Intervention wäre die Welt in eine verheerende Wirtschaftskrise geschlittert.

Die CDS leisteten verschiedene Beiträge zur Finanzkrise. Das Swap-Portfolio von AIG machte trotz seiner Größe lediglich ein Prozent eines rund 57 Billionen Dollar großen Markts aus.[128] Das gewaltige Ausmaß der potentiellen Verbindlichkeiten trug in der Krise wesentlich dazu bei, das Vertrauen der Marktteilnehmer zu untergraben. Schließlich hatte selbst eine Bank, die vollkommen abgesichert war – beispielsweise eine Bank, die bei einem massiven Zahlungsausfall jemandem eine Billion Dollar schuldete –, der gleichzeitig jedoch eine

Billion Dollar geschuldet wurde –, immer noch ein Eine-Billion-Dollar-Problem. Selbst wenn sie sämtlichen Zahlungsverpflichtungen nachkam, würde sie sich unter Umständen
an die Konkursgerichte wenden müssen, um ihre Schulden
einzutreiben.[129]

Aber abgesehen davon, dass die Kreditausfall-Swaps ein
solches »Kontrahentenrisiko« heraufbeschworen, erfüllten
sie noch eine weitere Funktion. Wenn ein Investor ein hypothekenbesichertes Wertpapier hielt und die Rückzahlung
mit einem CDS zum Beispiel von AIG absicherte, hatte er ein
möglicherweise vollkommen verfaultes Wertpapier in ein
vollkommen sicheres verwandelt – solange AIG zahlungsfähig blieb. Die Bereitschaft von AIG und anderen, Kreditausfall-Swaps zu Schnäppchenbedingungen auszugeben,
machte sowohl die Käufer als auch die Urheber hypothekenbesicherter Wertpapiere mutig. Nachdem sie sich diesen Fallschirm umgeschnallt hatten, konnten sie unbesorgt aus dem
Flugzeug springen. Cassano und viele andere boten solche
Fallschirme zu Schnäppchenpreisen an. Und es gab viele Fallschirmspringer.

Teil 2

Phischen in zahlreichen Kontexten

Teil II umfasst neun Kapitel, in denen jeweils das Phischen nach »Dummen« in einem bestimmten Kontext behandelt wird. Man könnte sagen, dass wir das Phischen hier auf »mikroökonomischer Ebene« untersuchen. In diesen Kapiteln werden wir sehen, dass das Phischen das ansonsten sehr gute Leben der meisten Menschen in den entwickelten Ländern erheblich beeinträchtigt. Es kann unser allgemeines Lebensglück ebenso sehr verringern wie die »makroökonomischen« Probleme mangelnder Ersparnisse und der bereits behandelten Finanzkrise.

Aber diese schädliche Wirkung des Phischens ist nur eines der Themen dieses Abschnitts. Bei der fünfjährigen Arbeit an diesem Buch haben die beiden Autoren viel über das Phischen von »Dummen« gelernt und unser Bild von diesem Phänomen verfeinert. Wir glauben, im Lauf unserer Arbeit einen sechsten Sinn für das Phischen nach »Dummen« entwickelt zu haben, so wie Hunde einen besonders empfindlichen Geruchssinn und Elefanten ein extrem feines Gehör besitzen. Dieser sechste Sinn stützt sich auf eine Einschätzung des menschlichen Denkens, die um folgende Frage kreist: Was macht uns so anfällig für Dummheiten? Im Kapitel über Werbung und Marketing werden wir uns ansehen, wie sich die Experten auf diesen Gebieten unsere mentalen Rahmen zu Nutze machen, um uns zu manipulieren.

KAPITEL 3: DIE WERBEBRANCHE ENTDECKT, WIE SIE UNSERE SCHWACHSTELLEN NUTZEN KANN. Wenn es einen Bereich gibt, in dem man das Phischen nach »Dummen« in Reinform beobachten kann, so ist es der von Werbung und Marketing. Wir werden sehen, dass die Menschen dazu neigen, in Form von Geschichten zu denken, und dieses Denkschema trägt wesentlich dazu bei, uns manipulierbar zu machen. Wenn es uns gelingt, die Geschichte, die sich jemand erzählt, zu unseren, jedoch nicht zu seinen Gunsten zu verändern, dann ist dieser Mensch reif dafür, gephischt zu werden. Diese Umlenkung von Geschichten ist eine der wichtigsten Techniken von Werbung und Marketing. In diesem Kapitel werden wir auch untersuchen, wie statistische Methoden in der modernen Werbung eingesetzt werden, um ein Phishing-Gleichgewicht zu erzeugen. Diese Techniken werden angewandt, weil sie sich als rentabel erwiesen haben. Es ist kein Zufall, dass die Werbebanner, die bei einer Google-Suche auftauchen, scheinbar Ihre Gedanken gelesen haben.

KAPITEL 4: ABZOCKE BEI AUTOS, HÄUSERN UND KREDITKARTEN. In diesem Kapitel werden wir drei Phishing-Schauplätze besuchen, an denen man die verschiedenen Techniken der Phischer sehr gut beobachten kann. An zwei dieser Schauplätze haben wir es mit den kostspieligsten Kaufentscheidungen zu tun, mit denen Konsumenten in ihrem Leben konfrontiert werden: Es geht um Autos und Häuser. Diese Entscheidungen sind also nicht unbedeutend. Außerdem werden wir uns mit Kreditkarten befassen, einer kleinen Annehmlichkeit, die uns bemerkenswert teuer zu stehen kommt.

KAPITEL 5: PHISCHEN IN DER POLITIK. Die Theorie der demokratischen Politik weist Parallelen zur Theorie des freien Markts auf. Das ist kein Zufall: In der Demokratie liefern sich die Politiker einen Wettbewerb um unsere Stimmen, so, wie sich die Anbieter auf dem freien Markt einen Wettbewerb um unser Geld liefern. Wir werden sehen, dass im Gleichgewicht das Phischen nach »Dummen« die Demokratie untergräbt.

KAPITEL 6: PHISHING MIT NAHRUNGSMITTELN UND MEDIKA-
MENTEN. Die Nahrungsmittelindustrie verdient Geld, indem
sie Menschen dazu bewegt, zu essen, was sie anzubieten hat.
Die Pharmaunternehmen verdienen Geld, indem sie die Menschen dazu bewegen, die von ihr entwickelten Tabletten zu
schlucken. Die Unternehmen, die sich in diesen Wirtschaftszweigen durchsetzen müssen, haben viele Asse im Ärmel.
Eine Antwort auf das Phischen sind Rechtsvorschriften. In
diesem Kapitel werden wir uns ansehen, wie eine Konsumen-
tenbewegung zu Beginn des 20. Jahrhunderts die Regulierung
der Nahrungsmittel- und Pharmaindustrie durchsetzte. Aber
wir werden auch sehen, wie es den Phischern mittlerweile gelingt, diese Vorschriften auszuhebeln, denn sie haben Wege
gefunden, um statt in der Öffentlichkeit nun in den Regulierungsbehörden nach »Dummen« zu phischen.

KAPITEL 7: INNOVATION: DER GUTE, DER BÖSE UND DER
HÄSSLICHE. Die meisten Ökonomen sind mittlerweile der
Ansicht, dass das Wirtschaftswachstum in erster Linie von
technologischem Wandel und Innovation abhängt. Dieses
Urteil trifft mit einiger Sicherheit zu. Aber im Widerspruch zu
den meisten ökonomischen Theorien führen neue Ideen und
technische Neuerungen nicht zwangsläufig zu wirtschaftlichem Fortschritt: Einige von ihnen eröffnen lediglich neue
Möglichkeiten für das Phischen nach »Dummen«.

KAPITEL 8: TABAK UND ALKOHOL. Am Anfang des Vorworts
sind wir der spielsüchtigen Mollie begegnet. Glücksspiel und
Drogensucht – vor allem Tabak- und Alkoholmissbrauch –
bedrohen unser Wohlergehen. Für viele, viele Menschen ist
diese Bedrohung zur Realität geworden.

KAPITEL 9: GEWINNBRINGENDE INSOLVENZEN, und **KAPITEL
10:** MICHAEL MILKEN SETZT BEIM PHISCHEN JUNK BONDS

ALS KÖDER EIN. In diesen Kapiteln kehren wir auf die Finanzmärkte zurück. Am Beispiel der Krise der amerikanischen
Sparkassen werden wir uns ansehen, dass anscheinend geringfügige Abweichungen von den Normen der Finanzbuchhaltung (eine Form von Informationsphishing) erhebliche
Auswirkungen haben können.

KAPITEL: DER WIDERSTAND UND SEINE HELDEN. Zum Abschluss von Teil II stellen wir eine Frage, die manche Leser
beschäftigen dürfte: Warum ist das Leben in einer modernen
Marktwirtschaft alles in allem trotzdem gut? Warum macht
ein Gleichgewicht auf dem freien Markt das Leben nicht unmöglich? Unsere Antwort: Die Annahme, die den meisten
Wirtschaftsanalysen und unserer Theorie des Phischens zu
Grunde liegt – das heißt, die Annahme, dass es keine Hindernisse für eigennützige Opportunisten gibt –, trifft nicht vollkommen zu. Es gibt Idealisten, die unsere Aufmerksamkeit
auf das Phischen lenken, Bürgerbewegungen gründen und
Korrekturmaßnahmen einleiten.

3

Die Werbebranche entdeckt, wie sie unsere Schwachstellen nutzen kann

Wenden wir uns der Werbung zu. So wie von Rechtsanwälten erwartet wird, dass sie ihre Mandanten auch dann verteidigen, wenn diese schuldig sind, wird von Werbefachleuten erwartet, dass sie die Verkaufszahlen der Unternehmen, die ihre Dienste in Anspruch nehmen, auch dann erhöhen, wenn diese Verkäufe das Wohlergehen der Konsumenten verringern. Dieser Aspekt der Werbung macht sie zu einem guten Angelrevier für Phischer.

In diesem Kapitel werden wir einige Beispiele aus der Geschichte der Werbung beschreiben, um zwei Aspekte des Phischens nach »Dummen« zu beleuchten. Erstens werden wir uns ansehen, wie die Werbeexperten – und die Marketingfachleute im Allgemeinen – eine Facette des menschlichen Denkens nutzen, die uns anfällig für das Phischen macht. Zweitens werden wir uns ansehen, wie die Werbebranche Methoden entwickelt hat, um unsere Anfälligkeit für das Phischen systematisch auszunutzen und die Wirksamkeit dieser Methoden statistisch zu messen. Das bedeutet, dass diese Experten selbst dann, wenn sie unsere Reaktionen nicht genau einschätzen können, ihre Aufmerksamkeit auf unsere für das Phischen anfälligen Schwachstellen richten können. So wie Thomas Edison mehr als 1600 Materialien für den Leuchtdraht der Glühbirne testete,[130] stellen die Werbeexperten systematisch anhand von Versuch und Irrtum fest, was uns dazu bewegt, zu kaufen, was sie uns verkaufen wollen.

Die Funktion von Erzählungen im menschlichen Denken und die Rolle der Werbung

Der menschliche Verstand denkt von Natur aus in Erzählungen. Ein Großteil unserer Gedanken folgt einem Muster, das Ähnlichkeit mit dem des Gesprächs hat.[131] In einem Gespräch spricht jemand (vielleicht wir selbst) in der ersten Person. Dann sagt eine andere Person, was sie denkt, und wir – oder andere – beantworten ihre Aussage. Während sich das Gespräch natürlich entwickelt, wechselt vielleicht jemand das Thema, und das unter Umständen abrupt. Wie in unseren Gesprächen können wir auch in unseren Gedanken unsere Meinung ändern. Und das nicht nur, weil wir neue »Informationen« erhalten, sondern auch, weil wir unseren Standpunkt ändern und die Information anders interpretieren.[132] Wichtig ist, dass unsere Meinungen und die Entscheidungen, die wir abhängig davon fällen, aufgrund dieser Entwicklung unseres Denkens einigermaßen unstet sein können.

Wenn das menschliche Denken eine Erzählung ist oder der Erzählung ähnelt – was bedeutet, dass es nicht von Natur aus und unvermeidlich folgerichtig ist –, hat die Werbung die Möglichkeit, die Geschichte, die wir uns erzählen, zu ändern. Wenn wir auf die Analogie zwischen unserem Denken und unseren Gesprächen zurückgreifen, können wir die meiste Werbung als Versuch betrachten, den Erzählungen in unserem Verstand ihre eigenen Geschichten aufzupfropfen.[133] Ziel dieses Pfropfens ist es, uns dazu bewegen, das beworbene Produkt zu kaufen.

Ein früheres Beispiel – der Song »How Much Is That Dog-

gie in the Window« – verdeutlicht, wie das gemacht wird.
Als die Sängerin (die im richtigen Leben Patti Page war) an
der Tierhandlung vorbeigeht, fällt ihr Blick auf den Hundewelpen im Schaufenster, und im weiteren Verlauf des Lieds
entschließt sie sich, hineinzugehen und den Hund zu kaufen,
um ihn ihrem Freund zu schenken, bevor sie nach Kalifornien
aufbricht.[134] Wie in einer Geschichte ist unser geistiges Leben
eine Wanderung. Andere, in diesem Fall der Eigentümer der
Tierhandlung, der das Hündchen ins Schaufenster gesetzt
hat, greifen absichtlich in dieses geistige Leben ein. Genau
das tun auch die Werbe- und Marketingexperten in einem
sehr viel allgemeineren Sinn. Wenn ihre Abwandlung dessen,
was wir denken, ihren, nicht jedoch unseren Interessen dient,
sind wir ihnen ins Netz gegangen.

Im weiteren Verlauf des Buchs werden wir immer wieder
auf das Geschichtenerzählen zurückkommen. Wenn dies
unser Denkmodus ist – oder wenn es sich als Metapher für
die Beschreibung unseres Denkens eignet –, ist leicht zu verstehen, warum es anderen leichtfällt, in unseren Verstand
einzudringen, um ihre Ziele zu erreichen. Wir werden sehen,
welche Funktion »Geschichten« in Wahlkämpfen und Lob-
byingkampagnen, beim Verkauf von Medikamenten, beim
Verkauf von Tabak und im Widerstand gegen das Rauchen
und im Verkauf minderwertiger Anleihen erfüllen. Aber wie
wir alle wissen, ist unser gegenseitiges Geschichtenerzählen
sehr viel bedeutsamer. Es ist ein unverzichtbarer Bestandteil unserer Menschlichkeit. Denn um es mit Jane Austen zu
sagen: Wozu leben wir, wenn nicht dazu, uns dem Gespött
unserer Nachbarn preiszugeben und unsererseits über sie zu
lachen?[135]

Werbung als Geschichtenerzählen

Unsere Darstellung der Lehren, die aus der Werbung gezogen werden können, beginnt mit dem Leben von drei großen Werbeexperten des 20. Jahrhunderts.[136] Ihr Werdegang verdeutlicht, dass die Weiterentwicklung der Werbung eine Weiterentwicklung der Methoden zur Erzählung von Geschichten ist. Aber wir werden uns auch noch einen anderen Aspekt der Werbung ansehen: Sie ersetzt die »Geschichten« durch moderne statistische Methoden, die ebenso »wissenschaftlich« sind wie jene, die in medizinischen Tests und in den Wirtschaftswissenschaften zum Einsatz kommen.

ALBERT LASKER. Laskers Vater Morris, ein deutscher Jude, wanderte im 19. Jahrhundert in die Vereinigten Staaten ein. Er begann als ambulanter Händler, stieg in den Handel mit Restposten auf und machte schließlich ein Vermögen mit Lebensmittelgroßhandel, Getreidemühlen und Immobilien.[137] Sein Sohn Albert wurde am 1. Mai 1880 geboren. In der Highschool begann er als Reporter für die Lokalzeitung von Galveston (Texas) zu arbeiten. Später berichtete er, wie er sich als Teenager einen Exklusivbericht in dieser Zeitung gesichert hatte:[138] Eugene Debs, der Parteichef der amerikanischen Sozialisten, nahm in Galveston am Jahrestreffen der Feuerwehrleute teil. Er wollte sich gegen den Vorwurf der Unaufrichtigkeit verteidigen. Lasker schlüpfte in eine Western-Union-Uniform und klopfte mit dem Vorwand, ein Telegramm übergeben zu müssen, bei dem Haus an, in dem Debs untergebracht war. Er wurde durchgelassen und übergab Debs eine Notiz: »Ich bin kein Bote. Ich bin ein Zeitungsreporter. Irgendwem müssen Sie ein erstes Interview geben. Warum nicht mir? Es würde meine Karriere in Gang bringen.« Debs war einverstanden. – Das ist eine nette Geschichte, aber Laskers Biographen sahen sich die Quellen genauer an. In der vermutlich von Lasker geschriebenen Reportage, die in der *Galveston Times* erschien, wurde eine kurze und ereignislose Begegnung mit Debs beschrieben.[139] Lasker hatte einfach etwas für gute Geschichten übrig, was zu einem Werbefachmann passt.

Man sollte meinen, dass der in der Geschichte beschriebene Einfallsreichtum und die Aggressivität des jungen Reporters, seien sie nun real oder eingebildet gewesen, Lasker zu einem herausragenden Schüler hätten machen müssen. Aber er schaffte nur mit Ach und Krach den Schulabschluss. Zum Glück wusste sein Vater, was das Richtige für einen solchen Jungen war. Er nutzte seine Verbindungen und schickte den 18-jährigen Albert nach Chicago, wo er in der Werbeagentur Lord and Thomas anfangen sollte.[140]

Eine von Laskers ersten Kampagnen zeigt uns die Werbung in den Kinderschuhen. Die Wilson Ear Drum Company war in Schwierigkeiten. Eines ihrer Werbeplakate liefert uns einen Hinweis darauf, woran das liegen konnte: Auf der einen Seite war ein Ohr samt dem dazu passenden Hörgerät abgebildet.[141] Die Überschrift des Werbetextes lautet »Wilsons Hörgerät hilft gegen Taubheit und störende Geräusche«, gefolgt von einer dünn gedruckten Botschaft: »Neue wissenschaftliche Erfindung, vollkommen anders gebaut als alle anderen Geräte.« Laskers überarbeitete den Text und stellte gewagtere Behauptungen auf: »Taubheit geheilt. Erfinder aus Louisville entwickelt ein einfaches kleines Gerät, das die Hörfähigkeit augenblicklich wiederherstellt – sitzt perfekt und angenehm, nicht zu sehen. 190 Seiten langes Gratis-Buch erklärt alles.« Der Aufbau der folgenden Darstellung ähnelte dem eines Zeitungsartikels (erinnern wir uns daran, dass Lasker als Reporter angefangen hatte): »Seit der Entdeckung des Erfinders aus Louisville muss kein tauber Mensch mehr einen Schalltrichter oder ein ähnliches altmodisches Gerät mit sich herumtragen, denn jetzt kann jedermann dank einer einfachen Erfindung, die ins Ohr passt und nicht zu sehen ist, perfekt hören. Die

Ehre gebührt George H. Wilson aus Louisville, der selbst taub war und jetzt so gut hört wie jeder andere Mensch.« Neben der verbesserten Überschrift und dem Text war die Zeichnung eines Mannes zu sehen, der sich die Hand ans Ohr hielt und den Gesichtsausdruck »des taubsten Mannes hatte, den man je gesehen hatte«.[142] Tatsächlich erwachte die dahinsiechende Wilson Ear Drum Company zu neuem Leben. Laskers Karriere entwickelte sich in die richtige Richtung. Er schrieb Werbetexte in einer neuen Form, die Zeitungsberichten nachempfunden war. Diese Werbung trug der natürlichen Skepsis der Konsumenten gegenüber Werbebotschaften Rechnung und erklärte ihnen, warum sie sich für das Produkt interessieren sollten. Das wird als »Reason Why«-Werbung bezeichnet. Es mag den Anschein haben, dass solche Werbung etwas Gutes ist: Sie erklärt den Menschen, warum sie vom Kauf eines Produkts profitieren werden. Aber natürlich muss solche Werbung nicht unbedingt an die Vernunft des Konsumenten appellieren. Vielleicht ist sie eher an den Affen auf seiner Schulter gerichtet. Der Fall des Hörgeräts von Wilson Ear Drums ist ein ausgezeichnetes Beispiel dafür. Im Jahr 1913 stellte das *Journal of the American Medical Association* fest, dieses Gerät sei »als Heilmittel für Taubheit keine fünf Cent wert«.[143]

CLAUDE HOPKINS. Claude Hopkins, der zweite unserer drei »Großen der Werbung«, dehnte das Wirkungsgebiet der »Werbung« erheblich aus und stieß in den Bereich des modernen Marketing vor. Sein Vater, ein Zeitungsredakteur, war im Jahr 1876 gestorben, als Claude zehn Jahre alt war.[144] Er begann seine Berufslaufbahn als Buchhalter bei der Bissell Carpet Sweeping Company. Als ein berühmter Werbetexter aus Philadelphia nichts Besseres zu Wege brachte als »Mit dem richtigen Teppichroller brauchen Sie eigentlich keine Streichhölzer mehr«,[145] wurde stattdessen ein Alternativvorschlag von Hopkins angenommen. Als Nächstes überzeugte er seinen Chef Melville Bissel, die Teppichroller als Weihnachtsgeschenk zu bewerben. Den Händlern wurden kostenlose »Queen-of-Christmas-Presents«-Schaukästen angeboten. Hopkins verschickte 5000 Briefe, in denen Teppichroller als Weihnachtsgeschenk beworben wurden – und erhielt 1000 Bestellungen. Und dann überredete er Bissell, Teppichroller mit Stangen aus zwölf verschiedenen Holzsorten zu produzieren, von hellem Ahorn bis zu dunkler Walnuss. Innerhalb von drei Wochen wurden 250 000 Stück verkauft.[146]

Für ein solches Talent wurden Bissell und das Provinznest Grand Rapids in Michigan bald zu klein, und Hopkins brach auf, um die große Stadt zu erobern. In Chicago fand er einen Job bei der Fleischverpackungsfirma Swift and Company. Zwar weigerte sich Louis Swift, sein *Geld* für Werbung auszugeben, aber Hopkins feierte einen bemerkenswerten Erfolg: Cotosuet war ein Backfett, nicht besser und nicht schlechter als das Konkurrenzprodukt Cottolene. Aber Hopkins machte es zu etwas Besonderem. In der Lebensmittelabteilung von Rothschilds Kaufhaus[147] stellte er den größten Kuchen der Welt aus, der mit Cotosuet gebacken worden war.[148] Wer einen Tiegel Cotosuet kaufte, nahm an einem Preisausschreiben teil und erhielt ein Stück von dem historischen Kuchen. Mehr als 105 000 Schaulustige stiegen in den vierten Stock des Kaufhauses hinauf, um sich die Attraktion anzusehen. Die Aktion wurde auf das ganze Land ausgeweitet, und der Absatz von Cotosuet stieg rasant an.

Nachdem er eine Weile mit beträchtlichem Erfolg für verschiedene Unternehmen gearbeitet hatte, wurde Hopkins im Jahr 1907 von Lasker, der sich innerhalb weniger Jahre in den jungen Star von Lord and Thomas verwandelt hatte, entdeckt und engagiert. Lasker hatte in einem Zug zufällig gegenüber von Cyrus Curtis gesessen, dem Verleger des *Ladies' Home Journal* und der *Saturday Evening Post*. Da Curtis eigentlich nicht trank, wunderte sich Lasker, als er in den Speisewagen ging, um sich ein Bier zu holen. Curtis erklärte ihm, eine Werbeanzeige habe ihn auf den Geschmack gebracht:. Den Werbetext für Schlitz Beer hatte Hopkins geschrieben.[149]

Die Anzeige erzählte eine Geschichte, in der Lasker dem Konsumenten klarmachte, warum er dieses Produkt brauchte, wenn auch mit einer neuen Wendung. Sämtliche Behauptungen waren unanfechtbar. Allerdings taten alle wichtigen Konkurrenten von Schlitz dasselbe – sie ließen ihre Biere genauso reifen, produzierten ebenfalls unter sterilen Bedingungen und wählten die Zutaten genauso sorgfältig aus wie Schlitz. Aber Hopkins war der Einzige, der es wagte, sich der Produktionsmethoden zu brüsten, die bei allen Brauereien selbstverständlich waren.[150] (Es sollte darauf hingewiesen werden, dass sich die vielleicht widerwärtigste Werbung aller Zeiten, jene für Anacin, eines ähnlichen Tricks bediente. Anacin, so die Werbebotschaft, enthielt »das Schmerzmittel, das am häufigsten von Ärzten empfohlen wird«. Aber dasselbe galt für die anscheinend minderwertige »Marke X«, die ebenfalls in dieser Werbung genannt wurde. Die Marke X war reines Aspirin.)[151]

Nachdem Lasker noch einige zusätzliche Informationen eingeholt hatte, entschloss er sich, Hopkins zu engagieren. Hopkins hatte bereits einen guten Job, aber Lasker machte sich seine Schwäche zu Nutze. Hopkins' Frau wünschte sich ein Auto, aber er hielt das für zu extravagant. Lasker bot an, das Auto für Hopkins zu bezahlen, wenn dieser sich bereiterklärte, für ihn zu arbeiten. Vielleicht fand Hopkins Gefallen daran, dass dieser Bauernfängertrick direkt aus seinem Werkzeugkasten kam. Kurze Zeit später nahm er eine Festanstellung bei Lasker an.[152]

Die beiden Männer begannen gemeinsam an Werbekampagnen zu arbeiten. Die B. J. Johnson Soap Company wandte sich an Lord and Thomas, weil sie Hilfe brauchte, um den

Absatz einer ihrer Seifen anzukurbeln. Die Seife bestand aus Palm- und Olivenöl und hieß Palmolive. Lasker und Hopkins entschieden, dass dieses Produkt Potential hatte. Sie erfanden die »Schönheitsseife«, für die sie mit der ansprechenden, wenn auch etwas dubiosen Behauptung warben, dass Frauen durch die Verwendung dieser Seife sehr viel schöner würden. Die Kampagne wurde zunächst nur im Versuchsmaßstab gestartet. In Benton Harbor (Michigan) wurden Kupons verteilt, die man gegen eine kostenlose Seife eintauschen konnte. Die örtlichen Einzelhändler wurden im Voraus darüber informiert, dass die Kunden bald mit ihren Kupons in den Läden auftauchen würden, um sich ihre Palmolive abzuholen. Die Händler erhielten zehn Cent für jeden eingelösten Kupon, das heißt, mehr als den Großhandelspreis der Seife. Innerhalb kürzester Zeit hatten sämtliche Läden in der Gegend Palmolive auf Lager.[153]

Aber die Kupons hatten noch einen weiteren, subtileren Nutzen. Indem Lasker und Hopkins die Kupons mit verschiedenen Werbeanzeigen verknüpften, konnten sie feststellen, welche Anzeigen funktionierten und welche nicht: Sie mussten nur die eingelösten Kupons zählen. In diesem kleinen Versuch mochte es um die Werbung für Palmolive in Benton Harbor gehen, aber die empirische Methode von Hopkins und Lasker hatte weit reichende Auswirkungen auf das Feld der Werbung insgesamt, zeigte sie doch, wie man ein Experiment (zur Wirksamkeit von Werbung) in kleinem Maßstab durchführen und die Ergebnisse auf dem nationalen Markt anwenden konnte.[154]

Sehen wir uns als Nächstes die von Hopkins beeinflusste Werbung Laskers für Orangen an, die ein weiterer Schritt in Richtung der Markenbildung und des Marketing war. Lord and Thomas riefen die »Sunkist«-Orange ins Leben, einen Markennamen, der aus der phonetischen Verschmelzung von »Sun Kissed« entstand. Aber diese Markenbildung war nur der Anfang von Marketingkampagnen, die Elemente wie Werbebanner auf Zugwaggons, eine »Orangenwoche« in Iowa (als Entsprechung zu einer inexistenten »Orangenwoche« in Kalifornien) und Vorträge zum gesundheitlichen Nutzen von Orangen umfasste. Anfang des 20. Jahrhunderts war Orangensaft eine Rarität. Normalerweise wurden diese Früchte in der Hälfte aufgeschnitten und mit einem Löffel gegessen. Der Orangensaft hielt in der Ernährung der Amerikaner erst Einzug, als Lord and Thomas und die California Fruit Growers Exchange elektrische und Handsaftpressen entwickelten und auf den Markt brachten: Man musste nur 16 Cent in Briefmarken einschicken und erhielt direkt von Sunkist eine Presse.[155] In einer weiteren Marketingkampagne konnte man zwölf Sunkist-Papierumschläge und zwölf Cent für das Porto gegen einen Obstlöffel eintauschen. Diese Kampagne war so erfolgreich, dass sie ausgeweitet wurde: Bald konnte man die Umschläge gegen einen von vierzehn Artikeln aus einem versilberten Besteckset eintauschen.

Das Beispiel der Orangen haben wir bewusst gewählt, weil es zeigt, dass man die Konsumenten sogar beim Kauf von ein paar Orangen beeinflussen kann, indem man ihnen die Geschichte erzählt, dass diese Früchte »von der Sonne geküsst« sind und dass die Verbraucher an den allgemeineren Geschichten teilhaben werden, die durch Marketingkampagnen konstruiert werden. (Sammle die Umschläge, hol dir den Löffel; schick die Marken ein und hol dir die Saftpresse.)

Die herkömmliche Wirtschaftswissenschaft betrachtet den Kauf von Orangen und Äpfeln als exemplarisch für die Natur wirtschaftlicher Entscheidungen (siehe Kapitel 1). Aber diese Darstellung lässt außer Acht, dass sogar der Kauf einer unbedeutenden kleinen Orange von den Geschichten in unserem Kopf abhängt. Des Weiteren lässt sie außer Acht, wie andere diese Geschichten beeinflussen. Die Geschichten wirken sich sogar auf einige unserer wichtigsten Entscheidungen aus:

darauf, wen wir heiraten, welche Schule wir besuchen und, wenn wir Außenminister sind, auf die Entscheidung zwischen Krieg und Frieden.

DAVID OGILVY. Sehen wir uns den Werdegang eines anderen Pioniers der Werbung an, bevor wir weitere Verallgemeinerungen vornehmen oder uns der gegenwärtigen Situation zuwenden. Mit einigen biographischen Daten können wir David Ogilvy in seinen Kontext einordnen. Er besuchte das Fettes College, eine strenge schottische Privatschule, die ihn auf das College vorbereiten sollte, arbeitete anschließend jedoch im ersten Studienjahr in Oxford so wenig, dass seine akademische Laufbahn endete, noch bevor sie richtig begonnen hatte.[156] Nachdem er das Jahr 1931 im Hotel Majestic in Paris als Konditor gearbeitet hatte, kehrte er nach Großbritannien zurück, um hochwertige Aga-Herde zu verkaufen. Das Pamphlet, in dem er seine Verkaufstechniken beschrieb und das immer noch als Klassiker des Marketing gilt, sicherte ihm einen Posten bei der Werbeagentur Mather and Crowther in London.[157] Aber nach wenigen Jahren ging er in die Vereinigten Staaten, um als Meinungsforscher für George Gallup zu arbeiten. Nach dem Krieg, im Jahr 1948, gründete er praktisch ohne Kapital seine eigene Agentur Ogilvy and Mather.[158] Zu jener Zeit träumte er von fünf Klienten: General Foods, Bristol-Myers, Campbell's Soup, Lever Brothers und Shell. Zu gegebener Zeit sollte er sie alle für sich gewinnen.[159]

Zwei seiner Werbeanzeigen geben Aufschluss über Ogilvys charakteristischen Stil: Er konnte Atmosphäre erzeugen und suggestive Bilder heraufbeschwören. In seiner Rolls-Royce-Werbung ist eine elegante junge Mutter am Steuer eines Silver Cloud zu sehen. Sie wendet sich zwei gleichermaßen eleganten Kindern zu, die gerade aus einem schicken Lebensmittelladen kommen und auf das Auto zugehen. Der lange Werbetext trägt folgende Überschrift: »Bei 100 km/h stammt das lauteste Geräusch in diesem neuen Rolls-Royce von der elektrischen Uhr.«[160]

Bekannt ist Ogilvy vor allem für den »Mann im Hathaway-Hemd«. Diese Kampagne lief von den fünfzigern bis in die siebziger Jahre. Auf einem großen Farbfoto ist ein eleganter Mann mit Augenklappe in verschiedenen Situationen zu sehen.[161] Der *New Yorker* zeigte den Mann mit der Augenklappe jahrelang jede Woche in einer anderen Verkleidung: Einmal dirigierte er die Philharmoniker, ein anderes Mal malte er oder spielte Oboe. Von der Geschichte gefesselt, gewöhnten sich die Abonnenten der Zeitschrift daran, jede Woche nachzuschauen, was der Mann mit der Augenklappe in den letzten Tagen getrieben hatte.[162]

Es ist aufschlussreich, was Ogilvy selbst über diese Anzeigenkampagne sagte. Er wusste nicht, ob sie funktionieren würde.[163] Aber er versuchte es, und der Absatz von Hathaway-Hemden stieg rasant. Ogilvy wählte denselben empirischen Zugang wie Hopkins: Er probierte Neues aus und sah sich an, was funktionierte.

Phischen nach »Dummen«

Die Geschichte der »großen drei« – Lasker, Hopkins und Ogilvy – zeigt uns am Beispiel der Welt der Werbung, wie das Verkaufen auf freien Märkten funktioniert. Und die Reaktion der Konsumenten auf die Werbung gibt Aufschluss über ihre Motive und ihre Manipulierbarkeit. Konsumenten sind von Natur aus skeptisch gegenüber Werbung: Sie wissen, dass hier ein eigennütziger Versuch unternommen wird, sie zum Kaufen zu bewegen. Um dieser Skepsis Rechnung zu tragen, wurde die »Reason Why«-Werbung entwickelt. Aber das bedeutete nicht, dass hier keine Tricks angewandt wurden. Lasker und Hopkins verwandelten Orangen in »von der Sonne geküsste« Früchte, die Kosten für die Produktion des Biers waren bei Schlitz »doppelt so hoch wie nötig«. Die Werbeexperten in Ogilvys Generation erzeugten eine Atmosphäre, die den potentiellen Käufer dazu bewegte, sich mit der jungen Mutter im Rolls-Royce, mit dem Marlboro-Mann oder mit VWs »Think Small« zu identifizieren. In jedem dieser Fälle war die Werbung erfolgreich, weil die Geschichte, die sie erzählte, der aufgepfropft wurde, die sich der Konsument selbst erzählte.

In Hopkins' Autobiographie finden wir eine Konstante: »Ich betrachte das Verkaufen als Spiel und spiele es wie ein Spiel. Deshalb mache ich es weiterhin so leidenschaftlich gerne.«[164] Aber wenn es ein Spiel ist, welche Regeln gelten dann in diesem Spiel? Welche Ziele verfolgen die Werber? David Ogilvy beschrieb das vorrangige Ziel lapidar: »We sell, or else ...«[165] Auf dem freien Markt tobt ein erbitterter Wettbewerb. Das wird in den Biographien und Autobiographien der Werbeexperten klar. Sie leben in ständiger Furcht davor, ihre Klienten zu verlieren. Der Werbefachmann hat die Aufgabe, die Wünsche seiner Klienten zu erfüllen. Er muss Beeinflussungstechniken anwenden, um den Verkauf der beworbenen Produkte zu erhöhen.

Aber wir sehen in der Werbung noch etwas anderes, das mit dem Phischen nach »Dummen« zusammenhängt. In den sechziger Jahren ging die von Vance Packard mit seinem Buch geschürte Angst vor den *geheimen Verführern* um, die anscheinend Wege gefunden hatten, um mit Werbung unterschwellig unseren Verstand zu manipulieren. Wie sich herausstellte, war diese Befürchtung übertrieben. Aber die Werbeexperten haben einen sehr viel direkteren, wenn auch sehr viel weniger beängstigenden Weg gefunden, um ihre Ziele zu erreichen: Sie bedienen sich der Methode von Versuch und Irrtum. Ogilvy erklärt in *Geständnisse eines Werbemannes*, dass es ihm schwerfiel, vorauszusagen, was funktionieren würde und was nicht. Beispielsweise mochte er eine Ahnung haben, dass die Augenklappe Hemden verkaufen würde, aber er konnte es nicht wissen. (Und so wie die geschicktesten Werbefachleute nicht voraussagen können, was uns zum Kaufen bewegen wird, wissen auch wir Konsumenten eigentlich nicht, was uns motiviert.) Aber indem sie statistische Daten sammeln, können die Werbefachleute herausfinden, was funktioniert und was nicht. Ogilvy war auf die statistischen Kenntnisse, die er bei Gallup erworben hatte, ebenso stolz wie auf seine schönen Werbetexte.[166] Hier gibt es eine Analogie zum Fischen (nicht nur zum Phischen). Man sucht sich einen Angelplatz und wirft die Angel aus. Man wartet ab, ob ein Fisch anbeißt. Bleiben die Fische weg, so sucht man sich einen anderen Platz ein Stück flussaufwärts oder rudert zu einer anderen Stelle auf dem See. Versuch und Irrtum. So wird man schließlich Fische fangen. Wie der Fischer hat auch der Werbefachmann möglicherweise nur eine Ahnung, wo sich die Fische heute aufhalten. Durch Versuch und Irrtum findet er es heraus. Auf dem freien Markt müssen wir nicht zum Köder schwimmen: Er wird durch Versuch und Irrtum zu uns gebracht. Zur Illustration können wir erneut auf das Beispiel des Manns mit der Augenklappe zurückgreifen. Wie Ogilvy später erklärte, probierte er das Konzept aufs Geratewohl aus. Aber als der Absatz der Hathaway-Hemden in die Höhe schoss, setzte er die Kampagne fort. Dieses Vorgehen entspricht dem Grundkonzept des Phishing-Gleichgewichts. Wenn es eine Möglichkeit gibt, die Präferenzen zu nutzen, die uns der Affe auf unserer Schulter einflüstert, werden es die Phischer so lange probieren, bis sie diese Vorlieben finden.

Die Evolution des Marketing: Der Verkauf des Präsidenten, damals und heute

An den Beispielen von Lasker, Hopkins und Ogilvy kann man also gut sehen, wie Werbung und Marketing damals funktionierten. Seitdem hat die Werbebranche gelernt, ihre Botschaften sehr viel präziser auf die Zielgruppen auszurichten. Wenn man im Internet unterwegs ist, könnte man manchmal sogar meinen, dass die Werbeexperten gelernt haben, unsere Gedanken zu lesen, und genau das tun sie anhand von *Big Data*. In vollendeter Form sehen wir diese Fähigkeiten in den Präsidentschaftswahlkämpfen. Diese sind eine besonders ergiebige Quelle, da sie sehr viel offener sind als das kommerzielle Marketing. Ein Vergleich zwischen dem Harding-Wahlkampf im Jahr 1920 und Obamas Kampagne im Jahr 2012 zeigt uns sehr anschaulich, wie sich Marketing und Werbung verändert haben. Wir können eine Linie vom Phishing in Laskers, Hopkins' und Ogilvys Tagen zu etwas noch Wirkungsvollerem und weiter Verbreitetem ziehen. Wir werden sehen, dass die modernen statistischen Techniken den Marketing- und Werbefachleuten mittlerweile zeigen, wo und wie sie sowohl kommerziell als auch politisch phischen sollen, so wie die modernen geologischen Techniken den Erdölfirmen zeigen, wo und wie sie bohren sollen.[167]

Unser erster Vergleichsgegenstand ist der Präsidentschaftswahlkampf von Warren G. Harding im Jahr 1920. In diesem Wahlkampf wurden die von Lasker und Hopkins entwickelten Marketingtechniken eingesetzt, was nicht zuletzt daran lag, dass Lasker persönlich Hardings Kampagne gestaltete. Harding war für miserable Wahlkampfauftritte bekannt. Also entwickelte Lasker eine andere Strategie für ihn. Er sorgte dafür, dass Harding in der Kleinstadt Marion in Ohio blieb, und zwar in seinem großen weißen Haus mit einer breiten Veranda. Diese Veranda wurde zur Bühne, auf der die Republikaner die amerikanische Öffentlichkeit für sich zu gewinnen versuchten, die Woodrow Wilsons Engagement im Ausland leid war: Eine Stimme für Harding wurde als Stimme für die »Rückkehr zur Normalität« nach dem Ersten Weltkrieg und der Rezession der Jahre 1920/21 verkauft. Und was konnte in der nationalen Mythologie der Vereinigten Staaten um das Jahr 1920 normaler sein als ein großer, freundlicher Mann, der in einem Städtchen in Ohio auf seiner gemütlichen Veranda stand.[168] Und wie konnte man das inszenieren? Man schickte Delegationen nach Marion, und Harding trat auf die Veranda hinaus, um sorgfältig gestaltete »Reason Why«-Erklärungen abzugeben, in denen er erklärte, warum die Republikaner die bessere Marke als die Demokraten waren. Er hielt eine Rede, die er mit folgenden Worten beendete: »Machen wir Schluss mit dem Wackeln und Wanken.« Diese Worte wurden als Wahlkampfmotto auf die Plakatwände im ganzen Land geklebt.[169]

Lasker verbreitete die Botschaft in den Medien. Die Presse hatte ihr Lager in Marion aufgeschlagen und war für Informationen auf die Shows angewiesen, die gelegentlich auf der Veranda inszeniert wurden. Der Wahlkampfstab stellte tausende Fotos zur Verfügung und bot Fototermine an. Auch die neuen Medien der Zeit wurden genutzt: Lasker schickte Filmclips an die Lichtspieltheater und wandte ein kleines bisschen wissenschaftliche Meinungsforschungstechnik an: Im Anschluss an die Vorführungen befragten seine Leute die Zuschauer in den Kinos zu ihren Wahlpräferenzen. Als Filme, auf denen Harding beim Golfspielen zu sehen war, negative Reaktionen auslösten, reagierte Lasker rasch: Er holte das Baseballteam der Chicago Cubs für ein Freundschaftsspiel nach Marion, und Harding warf die ersten drei Bälle. Der Held war in Wahrheit ein Baseballfan! Von da an durfte der Mann, der dem Wackeln und Wanken ein Ende machen wollte, seinem Lieblingssport Golf nur noch heimlich nachgehen.[170]

Sehen wir uns an, was sich seit damals geändert hat. Der Wahlkampf von Barack Obama im Jahr 2012 zeigt, wie sich die Werbung (in diesem Fall der »Verkauf des Präsidenten«) entfaltet hat. Die statistischen Messungen mochten mit den Palmolive-Kupons in Benton Harbor begonnen haben und in einer rudimentären Form auch in der Befragung von Kinozuschauern im Jahr 1920 angewandt worden sein. Aber in der Obama-Kampagne im Jahr 2012 wurden sie zu einer neuen Kunstform. Die Etappenziele von Wahlkampforganisationen bestehen darin, ihre Anhänger zu registrieren, Wechselwähler umzustimmen und das eigene Wahlvolk zum Urnengang zu bewegen. Bis zu Obamas Wahlkampf im Jahr 2012 waren die Kollateralschäden das Problem der herkömmlichen Wahlkampftechniken: »Unsere« Registrierungsbemühungen konnten auch »ihre« Wähler dazu bewegen, sich registrieren zu lassen. Wenn »unsere« Botschaften die falschen Ziele erreichen, werden sie nicht nur Wechselwähler auf »unsere« Seite bringen, sondern auch Wechselwähler dazu bewegen, auf »ihre« Seite zu wechseln. Unsere Aufforderungen zur Wahlbeteiligung werden, wenn sie an den falschen Haushalt gerichtet werden, nicht »unsere«, sondern »ihre« Wähler mobilisieren. Die herkömmliche Lösung für dieses Problem funktionierte nur teilweise: Man suchte sich Orte (oder Veranstaltungsorte) aus, an denen die eigenen Wähler deutlich in der Mehrheit waren. Aber selbst an solchen Orten sind Kollateralschäden nicht zu vermeiden. Beispielsweise wird eine neutrale Bemühung, in einem Wahlbezirk mit 60 Prozent demokratischen Anhängern die Wahlbeteiligung zu erhöhen, der demokratischen Partei 20 Prozent des Zuwachses sichern.

Aber die modernen Wahlkampfstrategen haben einen Weg gefunden, um die Kollateralschäden zu minimieren: Sie sprechen jeden ihrer Wähler einzeln an. Beispielsweise werden in dem zuvor genannten Wahlbezirk mit einer perfekten Zielerfassung nur die 60 Prozent Demokraten, aber kein einziger Republikaner mobilisiert, obwohl diese immerhin 40 Prozent der Wähler stellen. Mit modernen statistischen Techniken, gewaltigen Datenmengen und massiven Wählerbefragungen gelang es Obamas Wahlkampforganisation im Jahr 2012, diesem Ziel ziemlich nahezukommen. Die erste Aufgabe bestand darin, mehr als 100 Millionen potentiellen Wählern jeweils eine eigene Identifizierungsnummer zuzuweisen. Anschließend wurden in die dazugehörige Datei individuelle Informationen aufgenommen.[171] Diese Informationen stammten aus zahlreichen Quellen. Da waren zunächst die öffentlich zugänglichen Wählerregister (in einigen amerikanischen Bundesstaaten werden die Personen, die sich in die Wählerregister eintragen lassen, nach Parteien registriert) und die Aufzeichnungen darüber, welche Wahlberechtigten an früheren Wahlen teilgenommen hatten. Diese Daten beinhalten normalerweise Name, Adresse und Wahlbezirk. Den Dateien wurden auch nicht weniger als tausend zusätzliche Einträge beigefügt, die aus kommerziellen Quellen stammten, darunter Kreditinformationen, Zeitschriftenabonnements und Clubmitgliedschaften. In einem zweiten Schritt wurden diese potentiellen Wähler in Stichproben mittlerer Größe befragt, um festzustellen, wie wahrscheinlich ihre Registrierung war, ob sie Obama unterstützten und ob sie vorhatten, ihm ihre Stimme zu geben. Auf dieser Grundlage konnte anhand der detaillierten Daten in den Akten des Democratic National Committee bei jedem potentiellen Wähler in der riesigen Datenbank ziemlich genau eingeschätzt werden, wie wahrscheinlich es war, dass er sich registrieren lassen würde, dass er den Kandidaten unterstützte und dass er ihm seine Stimme geben würde.[172] In diesem Wahlkampf wurde nicht länger »an jede Tür geklopft«. Obamas Leute klopften nur bei denen an, die ihn wahrscheinlich unterstützten. Auf diese Art ersparten sie sich nicht nur die Mühe, nicht erfolgversprechende Wähler anzusprechen, sondern vermieden auch den Kollateralschaden, Wähler zu mobilisieren, die dann nicht Obama, sondern Romney wählen würden.[173] Aber es gelang nicht nur, die wohlgesinnten Wahlberechtigten in jenen Wahlbezirken herauszupicken, die Obama gewogen waren. In früheren Zeiten hielten sich die Wahlkämpfer von Orten fern, an denen ihr Kandidat keine klare Mehrheit hatte. Beispielsweise ließen die Demokraten in Illinois ganze Gebiete außerhalb des Großraums Chicago außer Acht, und in New York ließen sie den Nordwesten des Staates links liegen. Aber im Jahr 2012 war es dank der individuellen Zielerfassung möglich, die beträchtlichen Minderheiten demokratischer Wähler anzusprechen, die in diesen Gebieten lebten. Für Obama waren diese Wähler in Bezirken, in denen die Demokraten in der Minderheit waren, keine dunkle Materie mehr.

In Werbung und Marketing geht es weiterhin darum, die richtige Botschaft zu formulieren und die richtige Geschichte zu erfinden. Es geht weiterhin um den umtriebigen Mann im Hathaway-Hemd und darum, dass Palmolive Frauen schön macht. Aber der Obama-Wahlkampf zeigt, dass es sehr nützlich ist zu wissen, an wen man seine Botschaft richten sollte und welche Botschaft bei diesem Menschen Gehör finden wird. Natürlich ist uns allen klar, dass es wichtig ist, den richtigen Leuten die richtige Geschichte zu erzählen: Jedes Schulkind weiß, dass es sich in große Schwierigkeiten bringen kann, indem es der falschen Person die falsche Geschichte erzählt. Die Werbefachleute haben wie die Wahlkampfstrategen moderne Methoden entwickelt, um den Fehler zu vermeiden, vor dem sich das Schulkind fürchtet.

Anhang:
Malaysia Airlines Flug 370

Es gibt eine sonderbare Ähnlichkeit zwischen Fernsehnachrichten und Werbung. Beide erzählen Geschichten. Die Werbebranche möchte, dass wir unsere Geschichte durch ihre ergänzen, damit wir kaufen, was sie verkaufen wollen. Die Nachrichtensender wollen unsere Aufmerksamkeit auf ihre Geschichte lenken, damit wir uns in das Publikum für die Werbung verwandeln, mit der sie sich finanzieren. Wenn wir zuschauen, während wir die Stimme unseres besonneneren Selbst hören, die uns sagt, dass dies keine gute Art ist, unsere Zeit zu verbringen, dann werden wir als »Dumme« gephischt. Sehen wir uns zur Verdeutlichung ein Beispiel an.

Im Frühjahr 2013 verschwand eine Maschine der Malaysia Airlines auf dem Weg von Kuala Lumpur nach Peking spurlos. (Dies war der erste von drei Flügen dieser Fluglinie, die negative Schlagzeilen machten.) Die Fernsehsender berichteten Tag für Tag, Woche für Woche über den Flug 370. Die beiden Autoren dieses Buches fragten sich, warum ausgerechnet diesem, im großen Weltenplan unbedeutenden Ereignis monatelang *derart große* Bedeutung beigemessen wurde. Wir haben eine Theorie dazu. In *20 Masterplots: Die Basis des Story-Building in Roman und Film* erklärt Ronald Tobias, sämtliche literarischen Werke seien Abwandlungen von zwanzig grundlegenden Geschichten, die Bestandteil aller Kulturen sind und die Menschen zutiefst berühren. Der Masterplot dieser Geschichte ist die Nr. 7, »das Rätsel«, auch bekannt als »das Geheimnis«. Tobias erklärt, dass die Herausforderung für den Leser darin besteht, das Geheimnis zu lüften, bevor die Hauptfigur es tut, womit das Rätsel ein Wettbewerb wird: Löst der Protagonist der Geschichte das Rätsel vor dem Leser, so hat dieser verloren; löst der Leser es zuerst, hat er gewonnen.[74]

Komischerweise schlug das Geheimnis auch die beiden

Autoren ähnlich wie einen Großteil der amerikanischen Öffentlichkeit in seinen Bann. Auch wir begannen, nach einer Lösung für das Rätsel zu suchen. Bob schlug eine vor: Der Pilot war abgelenkt worden und hatte einige Instrumente falsch abgelesen. Dann hatte er die Kommunikation abgebrochen und auf diese Art einen Absturz verursacht. Es war wie damals in Tschernobyl, wo der Leiter des Atomkraftwerks das Notkühlsystem ausgeschaltet und damit eine Reaktorschmelze heraufbeschworen hatte.

Obwohl sie schließlich unser Interesse weckte, hatten wir immer noch das unbestimmte Gefühl, dass man uns mit der Geschichte des Flugs 370 hinters Licht führte. Bei unseren Versuchen, dieses »Rätsel« zu lösen, ging es uns ein wenig wie Mollie am Glücksspielautomaten. Ein kluger Teil unseres Verstands sagte uns, dass wir unsere Zeit verschwendeten – aber wir ließen uns trotzdem in die Geschichte hineinziehen. Natürlich kostete es uns im Gegensatz zu Mollie, deren Leben aus den Fugen geraten war, sehr wenig, unserer Sucht nachzugeben. Das bedeutet jedoch nicht, dass wir Menschen kollektiv keinen hohen Preis dafür zahlen, dass wir süchtig nach schlechten Nachrichten sind: Denn die Berichte, die stattdessen im Fernsehen hätten laufen können, oder eine sorgfältigere Berichterstattung über andere Themen hätten sich durchaus auf die öffentliche Meinung auswirken können.

Aus der Geschichte des verschwundenen Malaysia-Airlines-Flugzeugs können wir noch eine weitere Lehre ziehen. Wenn wir eine Nachrichtensendung hören (die Zeitung lesen usw.), nehmen wir an, dass wir tatsächlich »die Nachrichten« hören (oder lesen), was immer das auch sein mag. Irgendwo im Hinterkopf hegen wir die Vorstellung, dass die Redakteure jene Berichte ausgewählt haben, die mit Blick auf die »tatsächlichen« Interessen der Zuschauer (Leser) »die Nachrichten« darstellen. Wir glauben, dass sie unsere »Nachrichtentreuhänder« sind. Tatsächlich verhalten sich die Nachrichtenmacher in den Vereinigten Staaten in vielerlei Hinsicht so. Die ethischen Standards dieser Berufsgruppe sind hoch, und das gilt insbesondere für die Norm,»nur die Fakten zu berichten«. Aber in einem Phishing-Gleichgewicht mit konkurrierenden Medien wird die Auswahl der Geschichten so ausfallen, dass wir das bekommen, was wir verlangen, solange ein Anbieter mit dieser Berichterstattung seine Kosten decken kann. Das Spiel mit der Malaysia-Airlines-Geschichte war nur eine Ablenkung. Bei anderen Nachrichten, zum Beispiel bei Hass-Nachrichten, sind die Konsequenzen sehr viel ernster. Es besteht die Möglichkeit, dass viele Menschen, die solchen Geschichten folgen, eigentlich keine Vorliebe dafür haben, sondern diese Nachrichten nur auf Anraten des Affen auf der Schulter einschalten. Aber was auch immer ihr wahres Selbst will: In Gegenwart dieser bösartigen Affen wird es im Phishing-Gleichgewicht Hass-Nachrichten geben. Und diejenigen, die sich besonders gut darauf verstehen, sie zu liefern, werden ein Vermögen damit verdienen.

4

Abzocke bei Autos, Häusern und Kreditkarten

So wie die Anthropologen wissen, dass die Täler des Großen Afrikanischen Grabenbruchs geeignete Orte für die Suche nach Skeletten sind, wissen wir, dass Abzocke ein Bereich ist, indem man viel Phishing beobachten kann.[175] In diesem Kapitel werden wir uns mit Abzocke beim Autohändler, beim Kauf von Eigenheimen und bei der Verwendung von Kreditkarten beschäftigen. In all diesen Fällen leisten die Konsumenten hohe Zahlungen, für die sie überraschend wenig bekommen. Wir werden sehen, dass das Phischen nach »Dummen« dazu führt, dass wir für Autos und Eigenheime – die teuersten Käufe unseres Lebens – deutlich mehr bezahlen, und dass uns Kreditkarten dazu verleiten, im Alltag viel mehr Geld auszugeben.

Phischen im Schauraum

Wir alle sind zumindest ein kleines bisschen nervös, wenn wir zum Autohändler gehen, um uns ein neues Auto anzusehen. Vor vielen Jahren wurde einer von uns (George) von einem Johnson-and-Johnson-Erben für einen Sommerjob engagiert. Der Mann erzählte George eine Geschichte über seinen Vater. Dieser war im Blaumann zur örtlichen Rolls-Royce-Niederlassung gegangen. Als ihn der Verkäufer abblitzen ließ, kaufte er auf der Stelle zwei Rolls-Royce und sah sich an, wie sich das Verhalten des Verkäufers änderte.

Die meisten von uns haben nicht genug Geld, um einen hochnäsigen Verkäufer auf diese Art in die Schranken zu weisen. Wenn wir uns auf die Suche nach einem neuen Auto machen, denken wir eher über den Preis des Toyota Camry oder des Honda Accord nach. Im Durchschnitt kaufen Autofahrer alle acht Jahre einen Neuwagen oder alle drei Jahre einen Gebrauchtwagen.[176] Daher spielt unsere Fähigkeit, über den Preis zu verhandeln, eine Rolle für unser Budget.

In einer überraschenden Quelle finden wir aufschlussreiche Zahlen, die uns zeigen, wie sehr wir über den Tisch gezogen werden. In den neunziger Jahren versuchten die beiden Wirtschaftsrechtler Ian Ayres und Peter Siegelman herauszufinden, ob die Preise von Neuwagen abhängig von ethnischer Zugehörigkeit und Geschlecht der Käufer schwankten.[177] Für ihre Untersuchung engagierten sie schwarze und weiße sowie männliche und weibliche Hochschulabsolventen. Die Testpersonen wurden so ausgewählt, dass sie abgesehen von Geschlecht und ethnischer Zugehörigkeit so ähnlich wie möglich waren: Beispielsweise gehörten sie alle derselben Altersgruppe (28 bis 32 Jahre) an und hatten einen ähnlichen Bildungsstand (drei- bis vierjähriges Hochschulstudium). Sie fuhren in ähnlichen Mietwagen zum Autohändler, trugen ähnliche »Yuppie«-Kleidung, gaben an, keine Finanzierung zu brauchen, und nannten alle dieselbe Adresse. Die jungen Männer und Frauen waren zweifellos erfreut, als sie im Nachhinein erfuhren, dass man sie ausgewählt hatte, weil sie »subjektiv durchschnittlich attraktiv« waren. Diese Tester erhielten genaue Anweisungen dazu, wie sie ein erstes Preisangebot für ein bestimmtes Modell einholen und sich anschließend in den Verhandlungen über den endgültigen Preis verhalten sollten. Den weißen Frauen wurde ein definitiver Preis angeboten, der um durchschnittlich 246 Dollar (inflationsbereinigt) höher war als der Preis, der von weißen Männern verlangt wurde. Schwarze Frauen sollten 773 Dollar und schwarze Männer 2026 Dollar mehr bezahlen als weiße Männer.[178] Von den schwarzen Frauen wurde ein relativer Aufpreis von 3,7 Prozent, von den schwarzen Männern sogar ein Aufpreis von neun Prozent verlangt.[179] Unabhängig davon, ob hier die Gesetze gegen geschlechtliche oder rassische Diskriminierung missachtet wurden (dies war die Frage, die Ayres und Siegelman beschäftigte), ist die naheliegende Erkenntnis bedeutsam: Menschen mit schwarzer Hautfarbe werden in Geschäften eher übervorteilt. Im Supermarkt bezahlen sie denselben Preis wie alle anderen Kunden, aber in anderen Transaktionen, die sehr viel wichtiger für ihr finanzielles Wohlergehen sind – zum Beispiel beim Kauf eines Hauses oder, was noch größeren Einfluss auf das Leben hat, auf dem Arbeitsmarkt –, haben sie dieses Glück nicht.

Warum müssen Schwarze und Frauen so viel mehr bezahlen? Ayres und Siegelman haben mehrere Möglichkeiten in Erwägung gezogen. Es könnte einfach Feindseligkeit sein, das heißt Rassenhass oder Frauenfeindlichkeit. Doch die beiden Wissenschaftler stellten fest, dass schwarze Autoverkäufer den Angehörigen ihrer ethnischen Gruppe dieselben überhöhten Preise anboten wie ihre weißen Kollegen. Das deutet darauf hin, dass die Verkäufer einfach ein auf ethnischen und Geschlechterstereotypen beruhendes Gespür dafür haben, wer eher bereit sein wird, ein schlechtes Angebot zu akzeptieren. Beispielsweise ist bei Afroamerikanern die Wahrscheinlichkeit größer als bei Weißen, dass sie zu dem Zeitpunkt, da sie ein neues Auto kaufen gehen, kein Auto besitzen, weshalb es ihnen schwerer fallen dürfte, verschiedene Händler aufzusuchen, um konkurrierende Angebote einzuholen.[180] Mit anderen Worten: Es gibt Preisunterschiede, weil die Verkäufer die ethnische Zugehörigkeit und das Geschlecht der potentiellen Käufer berücksichtigen, um Chancen zum Phischen zu nutzen.

Aber die Resultate von Ayres und Siegelman enthalten noch

mehr Hinweise auf Phischen, die den Autoren entgangen sind. Da sich die Autoren auf die von ethnischer und Geschlechtszugehörigkeit abhängigen Preisunterschiede konzentrierten, blieb ihnen eine weitere Erkenntnis verborgen, die ebenfalls in ihren Untersuchungsergebnissen steckt. Wenn man die von Rasse und Geschlecht abhängigen Preisunterschiede herausrechnet, bleiben immer noch erhebliche Schwankungen übrig. Diese Schwankungen sind wichtig, denn sie geben Aufschluss darüber, in welchem Ausmaß die Käufer »mehr« oder »weniger« für ein Auto bezahlen. Ausgehend von einer möglichst realistischen Annahme[181] schätzten wir den Betrag, den die Autokäufer über den Betrag hinaus bezahlten, bei dem die Händler auf das Geschäft verzichten würden. Wir gelangten zu dem Ergebnis, dass fast ein Drittel unserer Tester einen (inflationsbereinigten) Aufpreis von mehr als 2000 Dollar für ihr Auto bezahlen musste. Das bedeutet, dass ein nennenswerter Teil von uns beim Autokauf erheblich über den Tisch gezogen wird. Vertrauliche Mitteilung von Autohändlern bestätigen diese Interpretation: Einige Händler verrieten Ayres und Siegelman, dass sie mit zehn Prozent ihrer Kunden nicht weniger als die Hälfte ihres Gewinns erzielten.[182]

Unsere Forschungsassistentin Diana Li ging diesen Erkenntnissen genauer nach. Sie untersuchte die bevorzugten »Tricks«, mit denen Autoverkäufer ihre Kunden übervorteilen. Wie nicht anders zu erwarten, stieß sie rasch auf Widerstand, als sie versuchte, Autohändler zu diesen Methoden zu befragen. Aber einer der Verkäufer war bemerkenswert offenherzig und erklärte drei der wichtigsten Tricks der Händler.

Er berichtete, dass den meisten Kunden ein ideales Auto vorschwebt, wenn sie einen Schauraum betreten. Sie sind von der Werbung präpariert worden und wollen »den Allradantrieb, die Einparkkamera, diese Zusatzfunktion und jene Zusatzfunktion«. Wenn der Kunde entdeckt, dass der Preis des mit allen gewünschten Extras ausgestatteten Autos um 10 000

Dollar über dem empfohlenen Preis des Herstellers liegt, hat der Verkäufer die Aufgabe, dem Widerstand des Kunden zu begegnen. »Man muss ihnen den Nutzen dieser Extras verkaufen und unter den Tisch fallen lassen, dass sie all diese Dinge später höchstwahrscheinlich nicht brauchen werden.« Der Preis des in Zahlung zu nehmenden alten Autos ist ein zweiter Ansatzpunkt für Phishing. Dianas Informant erklärt: »Der Käufer darf unter keinen Umständen erwähnen, dass er ein Auto in Zahlung geben will, bevor er einen Preis ausgehandelt hat. Tut er es doch, so beginnen wir sofort darüber nachzudenken, wie wir ihm den Eindruck vermitteln können, ihm mehr für sein altes Auto zu geben, um den Preis für den neuen Wagen hoch zu halten.«

Ein dritter Trick erschließt zusätzliches Gewinnpotential: die Finanzierung. Einmal mehr wendet der Verkäufer den Trick des Zauberers (und des Taschendiebs) an: Er lenkt die Aufmerksamkeit des Kunden auf etwas anderes. Gelingt es dem Verkäufer beispielsweise, die Aufmerksamkeit des Käufers auf die *monatliche Rate* zu lenken, so bemerkt der Kunde die Laufzeit des Kreditvertrags nicht. Aber jeder zusätzliche Tilgungsmonat beschert dem Händler leicht verdientes Geld.

Diana untersuchte auch Ayres' und Siegelmans Annahme, dass die Händler die Hälfte ihres Gewinns mit nur zehn Prozent der Kunden erzielen. Dazu stellte sie Fragen, die jene Abwehrreaktion vermieden, die unvermeidlich gewesen war, als sie die Händler nach ihren Tricks befragt hatte. Sie begann die Interviews mit vollkommen harmlosen Fragen, in denen sich jedoch versteckte, was sie wirklich wissen wollte. Wie plausibel, fragte Diana, sei die These, dass 50 Prozent der Gewinne auf zehn Prozent der Kunden entfielen? Die meisten befragten Verkäufer hielten das durchaus für möglich. Und in ihren Erklärungen gaben sie eine weitere Dimension des Phischens preis, die Diana bei der Untersuchung der Verkaufstricks entgangen war: Die Autohändler haben angegliederte

Werkstätten. Und die mit dem Service erzielten Gewinne (sowie die im Vergleich zu freien Werkstätten höheren Preise) sind ein weiterer Grund dafür, dass 50 Prozent der Gewinne auf zehn Prozent der Verkäufe entfallen.

Angesichts der Erkenntnisse Dianas begannen wir uns zu fragen, ob wir nicht selbst Phishing-Opfer geworden waren. Wir fahren beide alte Volvos. Beim Kauf vermieden wir die üblichen Phishing-Fallen. Wir erschienen mit dem Richtpreis des Herstellers beim Händler. Wir kauften keine Extras. Wir gaben keinen Altwagen in Zahlung. Und wir bezahlten unsere Autos bar, so dass uns Finanzierungskosten erspart blieben. Aber da wir umsichtige Menschen sind, brachten wir unsere Volvos zur Wartung zum Vertragshändler. Anfangs sorgten wir auf diese Art dafür, dass die Garantie nicht verfiel, und später waren wir stolz darauf, dass unsere alternden Autos immer gut gewartet waren. Aber wir waren jedes Mal schockiert, wenn man uns die Rechnung für die 5000-Meilen-Inspektionen vorlegte (mittlerweile hegen wir den starken Verdacht, dass die Erinnerungen an diese Inspektionen nicht aus reiner Menschenliebe so programmiert waren, dass sie zum richtigen Zeitpunkt auf dem Armaturenbrett auftauchten). Wir glaubten stets, umsichtige Autokäufer zu sein. Aber dank Dianas Forschung wissen wir jetzt, dass wir zu den auserwählten zehn Prozent gehören. Der Grund dafür ist, dass wir so umsichtig sind.

Abzocke beim Hauskauf

Kommen wir zum Kauf eines Eigenheims, der für die meisten Familien die größte Anschaffung ihres Lebens ist, weshalb hier sehr viel Geld und Emotionen auf dem Spiel stehen.[183]

Anders als uns der Mythos glauben macht, sind die Amerikaner nicht unentwegt in Bewegung. Sie lassen sich nieder.

Wenn sie das sechzigste Lebensjahr erreichen, besitzen 80 Prozent von ihnen ein eigenes Haus, und sie leben im Durchschnitt lange Zeit in ihren Eigenheimen.[184] Gegenwärtig bleiben Hauseigentümer vom Tag des Einzugs bis zum Auszug durchschnittlich 24 Jahre in ihrem Haus.[185] Aus diesen beiden Zahlen können wir schließen, dass die überwiegende Mehrheit der Amerikaner mindestens einmal im Leben ein Haus kauft. Und wir können daraus schließen, dass der Kauf eines Eigenheims für die meisten von ihnen kein häufiger Akt ist. Aber es liegt nicht nur an mangelnder Erfahrung, dass der Hauskäufer verwundbar ist. In der Reality-Show *House Hunters* werden die Abenteuer realer Paare, die ein Haus kaufen oder mieten wollen, zu einer abendlichen Seifenoper verarbeitet. Diese Paare müssen zwangsläufig Kompromisse zwischen ihren Träumen und ihrer finanziellen Situation schließen. Ein zweites Drama kreist um die Frage, wie die haussuchenden Partner ihre oft sehr unterschiedlichen Wünsche in Einklang bringen.

Die Hauskäufer sind also anfällig dafür, sich für das falsche Haus zu entscheiden, aber obendrein gibt es ein im Fernsehen nicht gezeigtes Element, das Tür und Tor für die Abzocke öffnet: die Transaktionskosten. Wurde ein Angebot akzeptiert, so bleibt nur wenig Zeit, um die notwendige Finanzierung auf die Beine zu stellen: Der Verkäufer wartet ungeduldig auf die Bestätigung, dass der Käufer den Kaufbetrag wie versprochen aufbringen kann. Das macht den Käufer, der zumeist unerfahren ist und sich bis dahin auf etwas anderes konzentriert hat, besonders anfällig für eine Übervorteilung.

Wenn wir über die Kosten der Übertragung des Besitzrechts an einem Haus nachdenken, kommen uns normalerweise die Maklergebühren in den Sinn. In einer Stichprobe von Hauskäufen – die mit Hypothekenkrediten der Federal Housing Administration (FHA) finanziert wurden – zahlten 29 Prozent der Hausverkäufer die Standardgebühr von sechs

Prozent. Etwa 47 Prozent zahlten weniger, aber bemerkenswerterweise schafften es 24 Prozent, mehr zu bezahlen.[186]
Sieht man nur die Zahl von sechs Prozent, so wirkt die Gebühr eher gering – sie entspricht etwa der Mehrwertsteuer
auf eine Packung Paracetamol im örtlichen Drogeriemarkt.
Aber wenn man sie anders einordnet, ist diese Gebühr extrem hoch. Die Käufer sind normalerweise der Meinung, der
Immobilienmakler helfe ihnen kostenlos bei der Haussuche:
Er wird vom Verkäufer bezahlt. Aber in den Augen des Wirt-
schaftswissenschaftlers spielt es keine Rolle, wer bezahlt,
denn gemäß der herkömmlichen Analyse von Angebot und
Nachfrage wäre der Preis des Hauses geringer, wenn nicht der
Verkäufer, sondern der Käufer den Makler bezahlen würde.[187]
Wenn man sich diese Perspektive aneignet, beginnt man die
relative Höhe dieser Zahlungen an den Immobilienmakler anders einzuschätzen. Für ein Paar, das sein erstes Haus kauft
und eine typische Anzahlung von zehn Prozent leistet, entsprechen diese sechs Prozent 60 Prozent seiner Eigenmittel.[188]
Sind diese Gebühren gerechtfertigt? Wir können es nicht mit
Sicherheit sagen, aber es sei darauf hingewiesen, dass sie in
anderen Ländern sehr viel geringer sind – und die dortigen
Hauskäufer scheinen sich nicht über eine schlechte Betreuung
zu beklagen.[189]

Aber die Zahlungen an den Immobilienmakler sind nicht
die einzigen Transaktionskosten. In einer großen Stichprobe
von FHA-Krediten machten die zusätzlichen Kosten durchschnittlich 4,4 Prozent des Werts der Hypothek aus.[190] Rech-
net man diese Kosten zu den Zahlungen an den Immobilienmakler, so stellt sich heraus, dass die Transaktionskosten für
jene Hauskäufer, die zehn Prozent des Kaufbetrags anzahlen,
genauso hoch sind wie die Eigenmittel, die sie mitbringen.

Diese zusätzlichen Kosten nehmen verschiedenste Formen
an. Der Großteil entfällt auf zwei Konzepte: auf die Übertragung des Besitzrechts und auf die Errichtung der Hypothek.

Und bei den Gebühren für die Hypothek fördert eine eingehende Studie ein bemerkenswertes Beispiel für Abzocke zutage, die jahrelang funktionierte, bis sie im Jahr 2010 schließlich mit dem Dodd-Frank-Gesetz über die Finanzreform unterbunden wurde.[191] Wir werden uns diese Abzocke näher ansehen, denn wir haben bemerkenswerte Informationen darüber, was für ein gewaltiges Ausmaß sie hatte. Das typische Paar leidet nach dem Einzug in ein neues Haus unter Geldnot. Die beiden müssen nicht nur die Anzahlung leisten, sondern brauchen normalerweise auch Geld, um neue Möbel zu kaufen und die rosafarbene Küche neu auszumalen. Zum Glück gibt es eine angenehme Möglichkeit, an dieses dringend benötigte Geld heranzukommen. Die Bank, die unserem Hauskäuferpaar die Hypothek gewährt, ist daran gewöhnt, dieses Geld zur Verfügung zu stellen – Voraussetzung ist, dass das Hauskäuferpaar bereit ist, einen etwas höheren Zinssatz für den Kredit zu akzeptieren. Aber die Zahlung geht normalerweise nicht direkt an den Hauskäufer, sondern an den Hypothekenmakler, der die Transaktion vermittelt. Wenn die Bank dem Makler für einen Hypothekenkredit, der beispielsweise statt mit dem Marktsatz von 4,25 Prozent mit 5,25 Prozent verzinst ist, 3000 Dollar extra zahlt, scheint es angemessen, dass diese 3000 Dollar an den Hauskäufer weitergereicht werden.

Aber geschah das tatsächlich? Die Ökonomen Susan Woodward und Robert Hall sammelten Daten dazu, welcher Teil des Geldes, das die Banken den Hypothekenmaklern zahlten, an die Hauskäufer weitergereicht wurde.[192] Sie sahen sich zwei Stichproben mit insgesamt fast 9000 Hypotheken an. In der einen Stichprobe wurden nur durchschnittlich 37 Cent pro Dollar weitergegeben. In der zweiten Stichprobe schnitten die Hauskäufer noch schlechter ab: Sie erhielten nur 15 Cent pro Dollar, den die Bank an den Hypothekenvermittler gezahlt hatte. Auch war diese Abzocke in den von

Woodward und Hall untersuchten Stichproben keineswegs ungewöhnlich: 93 Prozent[193] der Hauskäufer entschieden sich für diese Hypotheken mit höherem Nominalzinssatz.[194] Wir möchten hinzufügen, dass der Test der Abzocke bei den Hypothekenkrediten dem Ayres-Siegelman-Test im Bereich des Autohandels entspricht: Beide Tests beruhen auf der Beobachtung verschiedener Zahlungen, die in gewissem Sinn für exakt dieselbe Sache geleistet wurden.

Auf der anderen Seite kann der Hauskäufer auch den Hypothekenmakler für einen Kredit mit einem niedrigeren Nominalzinssatz bezahlen. Diese Zahlungen werden als Disagio oder Abgeld bezeichnet. Auch hier bieten sich Möglichkeiten für Schwindel. Die Hypothekenmaklerin und Konsumentenschützerin Carolyn Warren beobachtete ein älteres Paar beim Abschluss eines Hauskaufs. Die Frau erhob Einspruch gegen die Gebühr von 19 Dollar für eine Bescheinigung über die Überflutungssicherheit des Hauses. Die Käufer wurden darüber aufgeklärt, dass eine solche Bescheinigung vom Gesetzgeber vorgeschrieben worden war. Die unnötige Bearbeitungsgebühr von 395 Dollar fiel dem Paar nicht auf. Und die Käufer gingen auch über die Gebühr von 2000 Dollar für das Disagio hinweg, das ebenfalls ein Betrug war, wie Warren wusste: Das Ehepaar hatte den zu diesem Zeitpunkt geltenden Zinssatz vereinbart, weshalb es kein Disagio hätte geben dürfen.[195] Angesichts dieser Geschichte fiel George die Erfahrung ein, die er im Jahr 1994 beim Kauf eines Hauses in Chevy Chase (Maryland) gemacht hatte. Die Immobilienmaklerin hatte ihm gesagt, er müsse sich rasch entscheiden, da ein gerade aus Alaska eingetroffenes Paar ebenfalls ein Angebot vorlegen werde. Die Maklerin half auch gerne bei der Suche nach einer Hypothek. Vielleicht gab es wirklich ein Paar aus Alaska.[196] George hatte gedacht, dass er der Maklerin das Disagio schuldete. Mittlerweile fragt er sich, ob damals alles mit rechten Dingen zuging.

Abzocke an der Kasse

Die Rolle der Kreditkarte beruht auf grundlegenden wirtschaftlichen Gesetzen, die jeder Ladeninhaber kennt, die jedoch so einfach sind, dass sie in den Wirtschaftslehrbüchern nicht behandelt werden. Der typische Einzelhändler verkauft seine Waren mit einem Aufschlag, das heißt zu einem Preis, der über den Kosten liegt. Es ist wie bei dem Taxifahrer, der sein Taxi für 100 Dollar am Tag mietet: Erst nachdem er diese 100 Dollar zuzüglich der Benzinkosten hereingeholt hat, verdient er das Geld, mit dem er seine Familie ernähren kann. Bei einem Einzelhändler funktioniert der Gewinnaufschlag genauso. Ein Ladeninhaber bezahlt die Miete, die Betriebskosten und die Gehälter seiner Angestellten. Jeder Artikel, der verkauft wird, nachdem die Kosten gedeckt sind, erhöht den Gewinn. Könnte der Ladeninhaber seinen Kunden eine Pille verabreichen, die sie dazu bewegen würde, mehr zu kaufen, so könnte er seinen Gewinn deutlich steigern.

Und so unglaublich das klingen mag: Eine solche Wunderpille ist tatsächlich erfunden worden. Und wie nicht anders zu erwarten, setzen die Einzelhändler sie natürlich ein. Obendrein haben die Inhaber des Monopolrechts auf die Verwendung dieser Erfindung einen geschickten Weg gefunden, um die Einzelhändler – und alle anderen Beteiligten – mit einer Gebühr zu belasten. Diese Wunderpille trägt den Namen Kreditkarte. Wir schlucken sie, indem wir sie aus der Brieftasche holen.

Die Wunderwirkung der Kreditkarte beruht unter anderem darauf, dass die meisten von uns glauben, nur zu kaufen, was wir brauchen (oder uns wünschen). Wir glauben, man könne uns nicht mit Optionen wie jener manipulieren, bar oder mit Karte zu bezahlen. Aber das ist ein Irrtum. Wie können wir feststellen, ob die Kreditkarte beeinflusst, wie wir unser Geld ausgeben? Zunächst einmal gibt es das Indiz, dass Personen mit Kreditkarte mehr Geld ausgeben. Der Psychologe Richard Feinberg hat festgestellt, dass Restaurantgäste, die mit Kreditkarte zahlen, 13 Prozent mehr Trinkgeld geben als Gäste, die bar zahlen.[197] Eine andere Studie über das Kaufverhalten der Kunden eines Kaufhauses im Nordosten der Vereinigten Staaten zeigte, dass die Besitzer von Kreditkarten mehr kauften als Personen, die bar zahlten.[198] Aber diese Unterschiede bei den Ausgaben geben keine definitive Antwort auf die Frage, ob Kreditkarten die Konsumenten dazu verleiten, mehr Geld auszugeben. Es gibt Unterschiede zwischen Kreditkartenbesitzern und Personen, die keine Kreditkarte haben, und wir müssen herausfinden, ob es an diesen Unterschieden oder an der Kreditkarte liegt, dass sich die Ausgabenmuster unterscheiden.[199]

Um diese Frage zu klären, führte Feinberg zwei weitere Experimente durch. Als Psychologe bediente er sich eines in der Sozialpsychologie üblichen Versuchsaufbaus. Im ersten Experiment gab er einer Versuchsgruppe einen Hinweisreiz, um sie zur Verwendung der Kreditkarte zu bewegen, und verglich ihre Ausgabefreudigkeit mit der einer Kontrollgruppe, die keinem derartigen Reiz ausgesetzt wurde. Der Hinweis bestand in MasterCard-Schildern und -Logos, die Feinstein an der Ecke des Tischs anbrachte, an dem die Versuchspersonen arbeiteten. Den Versuchspersonen wurde gesagt, diese Schilder würden in einem anderen Experiment verwendet. Anschließend wurden die Versuchspersonen gefragt, wie viel sie für sieben Artikel ausgeben würden, die ihnen auf Bildern gezeigt wurden: zwei Kleider, ein Zelt, ein Herrenpullover, eine Lampe, eine elektrische Schreibmaschine (das Experiment wurde Anfang der achtziger Jahre durchgeführt) und ein Schachspiel.[200] Jeder dieser Artikel kostete für diese Gruppe mehr als für die Kontrollgruppe. Die Preisunterschiede lagen zwischen elf Prozent beim Zelt und rund 50 Prozent bei den beiden Kleidern. In einem zweiten Experiment wurden die

Versuchspersonen ebenfalls gefragt, wie viel sie auszugeben bereit seien. Man zeigte ihnen Artikel auf einem Bildschirm und maß ihre Reaktionszeit. Wenn in einer Ecke des Bildschirms ein Kreditkartensymbol gezeigt wurde, waren die Versuchspersonen bereit, sehr viel mehr für die Artikel auszugeben (zum Beispiel 165,66 Dollar statt 52,90 Dollar für einen Toaster).[201] Diese sehr unterschiedliche Ausgabenfreudigkeit erklärt, warum Einzelhändler nur zu gerne Kreditkarten annehmen, obwohl die Kreditkartenfirmen ihnen einen nicht unerheblichen Bruchteil des Kaufpreises als »Abwicklungsgebühr« in Rechnung stellen.

So überraschend Feinbergs Ergebnisse sein mögen, könnte ein Ökonom glauben, seine Ergebnisse seien maßgeblich, aber nicht unbedingt beweiskräftig, denn sie beinhalten keine tatsächlichen Ausgaben. Die beiden Ökonomen Drazen Prelec und Duncan Simester führten ein Experiment durch, um diesem Einwand Rechnung zu tragen. Sie versteigerten unter MBA-Studenten der Harvard Business School drei Preise: Eintrittskarten für ein Spiel der Boston Celtics, Karten für ein Spiel der Red Sox sowie als Trostpreis Banner der Celtics und der Red Sox. Den Studenten wurde nach dem Zufallsprinzip die Zahlung mit Kreditkarte oder bar zugeteilt. Es wurde dafür gesorgt, dass die Barzahlung mit minimalem Aufwand verbunden war: Auf dem Weg zu dem Ort, an dem die Zahlung zu leisten war, befand sich ein Bankautomat. Die Studenten, die mit Kreditkarte bezahlten, gaben für die Celtics-Eintrittskarten mehr als das Doppelte aus als diejenigen, die bar bezahlten. Für das Red-Sox-Spiel wurden mit Kreditkarte mehr als 75 Prozent und für die Banner 60 Prozent mehr bezahlt. Dieses Experiment scheint Feinbergs Ergebnisse zu bestätigen.[202] (Unsere Forschungsassistentin Victoria Buhler bemerkte dazu, gerade Wirtschaftsstudenten hätten es besser wissen müssen.)

Diese beiden Studien zeigen nicht nur, dass uns die Kre-

ditkarte dazu bewegt, mehr Geld auszugeben, sondern sie
deuten darauf hin, dass sie uns dazu veranlasst, *deutlich mehr*
auszugeben. Die Kreditkarte ist die Wunderpille. Aber diese
Pille hat ihren Preis.

Der Preis der Wunderpille

Wie bewegt der Handel uns dazu, mit der Kreditkarte zu
bezahlen? Nun, er wendet einen bemerkenswerten Trick an:
Er bietet uns an, die Karte kostenlos zu verwenden. In den
Vereinigten Staaten wurde dies früher von einem Bundes-
gesetz vorgeschrieben.[203] Der Truth in Lending Act von 1968
schrieb vor, dass Händler jenen Kunden, die mit Kreditkarte
bezahlten, nicht mehr verrechnen durften als denen, die bar
bezahlten. Aber dieses Gesetz lief im Jahr 1984 aus. Nur in
zehn Staaten, in denen etwa 40 Prozent der US-Bevölkerung
leben, wurden seitdem ähnliche Bestimmungen erlassen.
Aber obwohl die Einzelhändler Abwicklungsgebühren an
Visa, MasterCard und die anderen Kreditkartenfirmen zahlen
müssen, geben sie diese Kosten normalerweise nicht an ihre
Kunden weiter. Genauso wenig gewähren sie Kunden, die
bar bezahlen, einen Rabatt. Die Experimente von Feinberg
und Prelec/Simester zeigen warum: Wenn die Kunden unbewusst mehr ausgeben, weil sie mit der Kreditkarte bezahlen,
wäre es unklug von einem Händler, den Konsumenten einen
Preisnachlass anzubieten, wenn sie auf die Verwendung der
Kreditkarte verzichten.

Indem sie den Kunden die Möglichkeit anbieten, kostenlos
mit der Kreditkarte zu bezahlen, verhalten sich die Einzelhändler so, als würden sie kostenlose Hündchen anbieten.
Mag sein, dass der Benutzer der Kreditkarte die Lebensmittel, die er kauft, wirklich haben will, aber er nimmt auch etwas mit nach Hause, was er eigentlich nicht will. Irgendwann

im Lauf des nächsten Monats wird die Rechnung für diese Lebensmittel ins Haus flattern. Für viele Kreditkartenbesitzer ist das kein Problem. Rund 50 Prozent der Amerikaner erklären, dass sie ihre Kreditkartenrechnungen immer zur Gänze bezahlen.[204] Aber ein beträchtlicher Teil der Konsumenten ist nicht so gewissenhaft. Diese Personen häufen Schulden an, was sehr kostspielig ist.

Die Kosten von Kreditkarten sind bemerkenswert hoch. Wir können die Höhe dieser Kosten unter drei Gesichtspunkten betrachten. Da sind zunächst die Gesamtstatistiken. Im Jahr 2012 betrugen die geschätzten Einnahmen der Kreditkartenbranche 150 Milliarden Dollar.[205] Das bedeutet, dass Konsumenten für die Verwendung von Kreditkarten – die für die meisten von uns eine geringfügige Annehmlichkeit sind – einen beträchtlichen Teil dessen zahlen, was sie für die wichtigsten Güter des täglichen Bedarfs ausgeben. Diese 150 Milliarden Dollar entsprechen mehr als einem Drittel dessen, was wir insgesamt an Zinsen auf unsere Eigenheimkredite zahlen,[206] mehr als einem Sechstel dessen, was wir für unsere Lebensmittel ausgeben, und mehr als einem Drittel dessen, was wir für Autos und Ersatzteile ausgeben.[207]

Sehen wir uns die Kosten von Kreditkarten unter einem zweiten Gesichtspunkt an. Wie sind diese Kosten auf verschiedene Ausgabentypen verteilt? Es gibt Schätzungen zu drei Kostenkomponenten. Grob gesagt, entfällt etwa die Hälfte der Kosten auf Überziehungszinsen für negative Kontosalden, ein Drittel auf die Abwicklungsgebühren und ein weiteres Sechstel auf verschiedene Strafgebühren, darunter insbesondere Gebühren für verspätete Zahlungen.[208]

Sean Harper, ein Blogger mit Unternehmergeist und ehemaliger Student von Steven Levitt (*Freakonomics*), hat einen dritten Ansatz gewählt. Harper hat die Abwicklungsgebühren berechnet, die ein Händler entrichten muss, wenn ein Kunde mit einer Citicorp Visa Rewards Card zahlt.[209] Für eine Pa-

124 TEIL 2 Phischen in zahlreichen Kontexten

ckung Kaugummi im Wert von 1,50 Dollar beträgt die Gebühr 0,40 Dollar, für eine Tankfüllung im Wert von 30 Dollar 1,15 Dollar und für einen Lebensmitteleinkauf von 100 Dollar 2,05 Dollar. (Harpers Liste ist natürlich länger.) Um uns ein Bild vom Ausmaß dieser Gebühren machen zu können, müssen wir sie in Beziehung zu den Gewinnen der Händler setzen. Bei kleinen Lebensmittelläden machen die Abwicklungsgebühren das 2,25-Fache des jährlichen Gewinns aus. Eine Gebühr von zwei Prozent bedeutet, dass in einem Supermarkt fast ein Fünftel des durchschnittlichen Gewinnaufschlags bei Lebensmitteln an die Kreditkartenfirmen geht.[210]

Die Ökonomin Michelle White von der University of California in San Diego hat noch eine weitere Dimension der Kosten von Kreditkarten beschrieben: Sie sind eine wichtige Ursache für Privatinsolvenzen. Die bekannte Tatsache, dass insolvente Personen hohe Kreditkartenschulden haben, legt diesen Schluss nahe, ist jedoch kein schlüssiger Beleg dafür, dass ein schlechter Umgang mit Kreditkarten die Ursache von Insolvenzen ist: Personen, die in finanzielle Schwierigkeiten geraten, die nichts mit ihrem Gebrauch der Kreditkarte zu tun haben, werden mit hoher Wahrscheinlichkeit irgendwann auch Kreditkartenschulden anhäufen. Aber es gibt direkte Belege dafür, dass die Kreditkarte eine wichtige Rolle spielt: Der deutliche Anstieg der Kreditkartenschulden zwischen 1980 und 2006 ging mit einem Anstieg der Privatinsolvenzen um das Siebenfache einher. Im Rahmen der Panel Study of Income Dynamics sollten die Befragten in einer Spezialumfrage angeben, ob sie schon einmal in Insolvenz gegangen seien, und wenn ja, aus welchem Grund. 33 Prozent der Personen, die schon einmal pleitegegangen waren, nannten »hohe Schulden/schlechter Umgang mit Kreditkarten« als vorrangige Ursache.[211] Diese Gruppe war größer als die der Personen, die den Verlust des Arbeitsplatzes (21 Prozent) oder gesundheitliche Probleme als Grund ihrer Notlage nannten

(16 Prozent).[212] Eine Studie aus dem Jahr 2006 über Schuldner, die Hilfe bei einer Schuldenberatung gesucht hatten, brachte ein ähnliches Ergebnis: Zwei Drittel dieser Personen nannten »schlechten Umgang mit Geld/überhöhte Ausgaben« als Ursache ihrer Probleme.[213] Die Experimente Feinbergs und Prelecs/Simesters zeigen uns, dass die Kreditkarte wesentlich zu diesem schlechten Umgang mit Geld beitragen könnte. Für manche Menschen scheint die Kreditkarte eine Falle zu sein. Damit wären wir wieder beim Phischen nach »Dummen«. Dass die Verwendung der Kreditkarte kein Phischen nach »Dummen« ist, müssen uns die Kreditkartenfirmen erst einmal beweisen. So wie wir es sehen, dient ihre gesamte Tätigkeit nur dem Zweck, »Dumme« zu phischen. Das fängt mit den hohen Gebühren an, die den Händlern auferlegt werden. Sie kaufen ihre Wunderpillen, bezahlen jedoch nur ein Drittel des Gesamtpreises. Dann sind die unbedarften Konsumenten an der Reihe, die Lebensmittel und Schuhe mit der Kreditkarte bezahlen, was zur Folge hat, dass jene, die bei der Einschätzung ihrer Möglichkeiten zur Begleichung der Rechnung übermäßig optimistisch sind, mit hohen Überziehungszinsen belastet werden. Und dann werden wie zum Hohn noch Verspätungs- und Bagatellgebühren in Rechnung gestellt. Das Gewinnstreben nutzt in sämtlichen Stadien des Prozesses unsere Schwächen.

5

Phischen in der Politik

Wir alle haben Erfahrungen gemacht – zum Beispiel in einer
früheren romantischen Beziehung –, die wir einige Jahre später, wenn wir ein wenig klüger sind, mit anderen Augen sehen. Nun können wir klar beschreiben, was wir seinerzeit nur
vage ahnten. Einer von uns (George) machte in der letzten
Oktoberwoche 2004 eine solche Erfahrung. Durch eine Ver-
kettung von Umständen landete er als Helfer und gelegentlich Ersatzmann des demokratischen Senatskandidaten Art
Small Jr. in Iowa. Dessen Sohn Art Small III., der in Berkeley
bei George studiert hatte, hatte seinen ehemaligen Professor
gebeten, seinem Vater als »Wirtschaftsberater« zur Seite zu
stehen. George hatte sich bereiterklärt, für eine Woche nach
Iowa zu reisen.[214]

Die Karrierestationen des Kandidaten waren: Englischpro-
fessor, Apotheker, Kongressmitarbeiter, Abgeordneter und
anschließend Senator im Kongress von Iowa (und Leiter des
Haushaltsausschusses), Rechtsanwalt und Drucker.[215] In Iowa
war er für seine Integrität und Aufrichtigkeit bekannt. Auf
diesen Ruf war auch sein Wahlkampf ausgerichtet: Der Slo-
gan war »THINK BIG, vote Small«, und das Wahlkampfmate-
rial war in zurückhaltendem Schwarzweiß gehalten. Small
nahm keine Wahlspenden von Lobbygruppen an, was zur
Folge hatte, dass er in einer Wahlkampfwoche nur 103 Dollar
an Spenden einnahm. Er hatte sich in letzter Sekunde entschieden, für den Senat zu kandidieren, da sich herausgestellt
hatte, dass niemand sonst bereit war, für die Demokraten gegen den anscheinend unanfechtbaren Amtsinhaber Charles

Grassley anzutreten.[216] Im Lauf jener Woche in Iowa fand George heraus, dass es auch einen gewichtigen persönlichen Grund für Smalls Abneigung gegen die Kandidatur gegeben hatte: Selbst eine aussichtslose Kandidatur für den Senat war ungemein aufwändig, und Small musste sich um seine Frau kümmern, die an den Rollstuhl gefesselt war. Wie mühsam die Aufgabe für Small war, sah George eines Abends, als der Kandidat ihn zum Essen einlud und ihm Rührei servierte. Anschließend wuschen die beiden gemeinsam das Geschirr ab.

Das umstrittenste Thema im Wahlkampf war der Beitrag, den Grassley als Vorsitzender des Finanzausschusses des Senats in den Jahren 2001 und 2003 zu den Steuersenkungen von Präsident George W. Bush geleistet hatte. Die Budgetbehörde des Kongresses hatte ausgerechnet, dass diese Steuersenkungen das Defizit im Bundeshaushalt um 1,7 Billionen Dollar erhöhen würden.[217] Hätte man dieses Geld stattdessen für schlechte Zeiten zurückgelegt, so hätte man wenige Jahre später die schwere Rezession infolge der Finanzkrise besser bekämpfen können. Nach unserer Rechnung hätte dieser Betrag genügt, um die Arbeitslosigkeit in den Vereinigten Staaten in den vier Jahren zwischen 2009 und 2012 von durchschnittlich neun Prozent auf sieben Prozent zu senken.[218]

Aber ungeachtet der Vorzüge und Mängel von Small und Grassley stieß Small auf gewaltigen Widerstand. Iowa exportiert Schinken, aber Grassley brachte ihn aus Washington mit nach Hause. Die Subventionen für Bioethanol waren nur einer der Erfolge, die er für sich in Anspruch nahm. Aber bei dieser Wahl zählten nicht nur seine direkten Leistungen für die Wirtschaft Iowas. Grassley hatte seine Kriegskasse für den Wahlkampf mit 7,6 Millionen Dollar gefüllt.[219] Man musste nur für ein paar Minuten den in des Moines stationierten Sender KCCI einschalten, um zu sehen, welchen Zweck dieses Geld erfüllte. Grassley war in einem Wahlkampfspot zu sehen, wie er auf einem Rasenmäher Runden auf dem saftigen Rasen seines Gartens drehte. *Grass-ley*, hieß es in der Werbung. Verstanden? »Natürlich liebe ich die Arbeit im Senat der Vereinigten Staaten«, sagt Grassley in kumpelhaftem Ton, »aber manchmal muss ich abschalten. Das schaffe ich, indem ich am Wochenende meinen Rasen mähe.«[220] Art Small kämpfte bis zum Ende. Das Wahlergebnis: 70,2 Prozent für Grassley, 27,9 Prozent für Small.[221] In der Bibel siegt David über Goliath. Aber normalerweise behält der Riese die Oberhand.

Demokratie, die Rolle des Geldes in der Politik – und einmal mehr wird nach »Dummen« gephischt

Der Wahlkampf zwischen Grassley und Small ist ein gutes Beispiel dafür, wie die Kongresswahlen in den Vereinigten Staaten funktionieren und welche Rolle das Geld in den Wahlkämpfen spielt. Die Gesamtstatistiken zeigen uns, dass die Wahl in Iowa, wenn man einmal von Art Smalls Geldmangel absieht, keineswegs ungewöhnlich war. Bei den Wahlen zum Repräsentantenhaus im Jahr 2008 beliefen sich die gesamten Wahlkampfausgaben auf über zwei Millionen Dollar pro Kandidat, wobei die Amtsinhaber mehr als doppelt so viel Geld ausgaben wie ihre Herausforderer. Ein Abgeordneter im Repräsentantenhaus muss rund 1800 Dollar pro Tag im Amt einsammeln (Wochenenden und Feiertage eingerechnet). Offene Rennen, bei denen kein Amtsinhaber antritt, kosten mehr als das Doppelte, nämlich 4,7 Millionen Dollar. Noch teurer sind die Wahlkämpfe für den Senat. Im Jahr 2008 kosteten die Senatswahlen fast 13 Millionen Dollar pro Kandidat. Die Amtsinhaber gaben im Durchschnitt mehr als acht Millionen Dollar für ihre Wiederwahl aus und investierten wie Grassley deutlich mehr in den Wahlkampf als ihre Herausforderer.[222]

Kehren wir zu Grassleys Beispiel zurück. Wenn man den

Wählern von Iowa einen Mann zeigt, der seinen Rasen mäht, steigt die Wahrscheinlichkeit, dass sie ihn wählen werden.

Wie wir in Kapitel 3 am Beispiel der Werbung gesehen haben, integrieren die Wähler die Geschichten, die ihnen in den Werbespots erzählt werden, in die Geschichten, die sie sich über sich selbst, ihre Freunde und ihre Nachbarn erzählen. Mit dem Rasenmäher-Werbespot wird den Narrationen der Wähler die Geschichte aufgepfropft, dass Grassley ihr Freund und Nachbar ist. So wie die normalen Bürger Iowas mäht er seinen Rasen selbst – und kommt dafür extra aus Washington nach Hause. Grassley setzte sich im Senat für viele positive Maßnahmen ein (zum Beispiel für die Schließung von Steuerschlupflöchern und für den Kampf gegen die Zwangsprostitution), aber es sollte erwähnt werden, dass dieser Werbespot nichts über die politischen Anliegen dieses Kandidaten oder auch nur über seinen Charakter verriet. Dieser Spot sollte die Wähler im Gegenteil dazu bewegen, sich zu fragen, woher das Geld dafür stammt; aber wenn die Werbung funktioniert, kommen die Konsumenten gar nicht darauf, sich solche Fragen zu stellen.

Die Auswirkungen des Phischens in der Politik entsprechen seinen wirtschaftlichen Auswirkungen. Die Wirtschaftstheorie besagt, dass der Wettbewerb in Abwesenheit von Phishing ein gutes Gleichgewicht erzeugt (das »pareto-optimal« ist, wie wir in der Einleitung gesehen haben). Desgleichen besagt die politische Theorie, dass demokratische Wahlen, in denen Wettbewerb herrscht, gute Ergebnisse hervorbringen. Dies ist der Befund des Politikwissenschaftlers Anthony Downs.[223] Wenn die Wähler umfassend informiert sind und entsprechend ihren Präferenzen wählen – diese können auf einer Skala dargestellt werden, die von extrem rechten bis zu extrem linken Positionen reicht –, werden die Wahlprogramme der beiden Kandidaten einen Gleichgewichtszustand erreichen. Die Programme beider Kandidaten werden den Präferenzen des »Medianwählers« entsprechen, der den Punkt darstellt, an dem die Hälfte der Wähler eine Position »auf der Linken« und die andere Hälfte eine Position »auf der Rechten« einnimmt.[224] Dieses Gleichgewicht entsteht aus demselben Grund, aus dem Schlangen an mehreren Supermarktkassen immer etwa dieselbe Länge haben werden. Wenn einer der beiden Kandidaten sich nicht für dieses Programm entscheidet, kann der andere gewinnen, indem er es tut.

Dieses Gleichgewicht kommt zu Stande, indem die Argumente beider Seiten gegeneinander aufgewogen werden und ein Kompromiss erzielt wird. Das würden wir uns im Idealfall von der Demokratie wünschen. Es wäre schön, wenn Downs Beschreibung des Verhaltens von Wählern und Kandidaten der Realität entspräche. Leider weicht die Realität deutlich von dieser Beschreibung ab. Der Grund dafür ist, dass die Wähler in zweierlei Hinsicht anfällig für Phishing sind. Erstens erhalten sie keine umfassende Information: Sie lassen sich auf Grund ihres zu geringen Informationsstands für dumm verkaufen. Zweitens können sie psychologisch gephischt werden, zum Beispiel, weil sie auf einen Werbespot mit einem rasenmähenden Kandidaten reagieren. Die Tatsache, dass die Wähler derart gephischt werden können, ändert das politische Gleichgewicht, denn sie bewirkt, dass die Programme der Kandidaten nicht mehr den Präferenzen des Medianwählers entsprechen.

Wenn die Wähler anfällig für Phishing sind, wird man ihre Stimmen am ehesten gewinnen, indem man die folgende dreiteilige Strategie anwendet: 1. In Bezug auf Themen, die dem typischen Wähler am Herzen liegen und über die er gut informiert ist, bekennt man sich zu politischen Maßnahmen, die seinen Interessen entsprechen. 2. In anderen Fragen, in denen der typische Wähler wenig Information besitzt, während die potentiellen Wahlkampfspender gut informiert sind, nimmt man eine Haltung ein, die den Interessen der

Geldgeber entspricht. Diese Haltung muss gegenüber den Geldgebern vertreten werden, ohne die breite Öffentlichkeit darüber aufzuklären. 3. Man verwendet die Beiträge der »Interessengruppen« für einen Wahlkampf, der die eigene Beliebtheit beim Durchschnittswähler erhöht, der seine Stimme eher einem Kandidaten geben wird, der »seinen Rasen selbst mäht«.[225] Wenn eine solche rationale Wahlkampfstrategie angewandt wird, entsprechen die politischen Ergebnisse nicht mehr dem Medianwählermodell. Stattdessen haben wir ein politisches Phishing-Gleichgewicht.

Informierte und uninformierte Wähler

Es gibt einige Themen, über die man sich als Wähler relativ problemlos gut informieren kann, aber zahlreiche politische Fragen überlässt die Allgemeinheit dem Parlament: Nur die »Experten« verstehen, worum es in diesen Fragen geht, und der Großteil der Gesellschaft besteht aus uninformierten Wählern. Ein Beispiel verdeutlicht, dass es selbst für den engagiertesten Wähler unmöglich ist, umfassend informiert zu sein – und das auch in Fragen, die von größter Bedeutung für ihn sind. Es ist gut möglich, dass der Emergency Economic Stabilization Act von 2008 (Notgesetz zur Stabilisierung der Wirtschaft) das Gesetz ist, das gegenwärtig die größten Auswirkungen auf die Vereinigten Staaten hat. Mit diesem Gesetz wurde das Finanzministerium ermächtigt, notleidende Wertpapiere im Wert von bis zu 700 Milliarden Dollar aufzukaufen. Es verhinderte den Zusammenbruch des amerikanischen Finanzsystems und vermied mit einiger Sicherheit eine zweite »Great Depression« (zumindest zögerte es sie hinaus). Aber so wichtig dieses Gesetz auch ist: Nur jemand mit Insiderinformation – oder ein Wahrsager – hätte voraussehen können, dass es in den sechs Monaten nach seiner Verabschiedung angewandt werden würde, um einen Großteil des amerikanischen Bankensystems sowie General Motors und Chrysler zu retten.[226] Die Präambel des Gesetzes erklärt seinen Zweck. Es erteilt dem Finanzministerium die Befugnis,»bestimmte notleidende Wertpapiere zu kaufen und zu versichern«.[227] Das klingt kaum nach einer Rechtfertigung für die Bankenrettung. Wir studierten den Gesetzestext, konnten jedoch nur mit Hilfe unseres Freundes Phillip Swagel, der im Herbst 2008 Staatssekretär für Wirtschaftspolitik im Finanzministerium gewesen war und maßgeblich zu dem Gesetzesentwurf beigetragen hatten, die Stelle finden, die als Rechtsgrundlage für die Rettung der Banken und der Autobauer diente.[228] Die dramatischste Episode in der Verwendung der Mittel aus dem Troubled Asset Relief Program (TARP) war die Rettung von neun der größten amerikanischen Banken: Am 13. Oktober 2008 zitierte Finanzminister Henry Paulson Vertreter dieser Banken zu sich und drängte sie dazu, Vorzugsaktien an das Finanzministerium abzutreten und im Gegenzug 125 Milliarden Dollar an Rettungsgeldern anzunehmen.[229] Die Befugnis zu einer solchen Transaktion wurde aus der»Definition« der notleidenden Wertpapiere in Abschnitt 3, 9 (A) abgeleitet. Nicht zu diesen Vermögenswerten zählten:

Hypothekenkredite für Wohn- oder Gewerbeimmobilien sowie jedwede Wertpapiere, Schuldverschreibungen oder sonstige Instrumente, die auf solchen Hypotheken beruhen oder damit zusammenhängen, die bis zum 14. März 2008 ausgegeben wurden und deren Kauf nach Einschätzung des Finanzministeriums die Stabilität des Finanzmarkts gewährleistet.[230]

Da die Banken die Eigentümer dieser Wertpapiere waren, erklärte uns Swagel, ermächtigte das Gesetz die Regierung zur

Bankenrettung. Ähnlich undurchschaubar war die Befugnis ` zur Übernahme von General Motors und Chrysler. Die Regierung leitete sie aus dem zweiten Teil der Definition notleidender Wertpapiere in Abschnitt 3, 9 (B) ab. Dies waren:

> jedwede anderen Finanzinstrumente, deren Kauf nach Einschätzung des Ministers notwendig ist, um die Stabilität des Finanzmarkts zu gewährleisten.[231]

Am »Notgesetz zur Stabilisierung der Wirtschaft« lässt sich also das allgemeine Prinzip verdeutlichen, dass es fast unmöglich sein kann, herauszufinden, was gesetzliche Bestimmungen tatsächlich bedeuten. Es ist wie bei *Wo ist Walter?*: Die Figur Walter trägt in den Wimmelbüchern ein rot-weiß gestreiftes Hemd, eine blaue Hose und eine Beanie-Mütze. In den Gesetzen hingegen sind die Bestimmungen, die Sonderinteressen zugutekommen, getarnt. Weder die Allgemeinheit noch die Fachjournalisten können die komplexen technischen Definitionen in den Rechtsvorschriften verstehen.

Wir können nur darauf hoffen, dass sich die Parlamentarier nach bestem Wissen und Gewissen bemühen werden, den Interessen der Allgemeinheit zu dienen. Aber möglicherweise sind auch sie nicht in der Lage, komplexe Probleme zu verstehen. Dazu kommt, dass sie Wahlen gewinnen müssen. Und um Wahlen gewinnen zu können, brauchen sie Geld, mit dem sie Werbespots finanzieren können, in denen sie beim Rasenmähen zu sehen sind. Haben sie wie der bedauernswerte Art Small kein Geld, so werden sie nie in den Kongress kommen, um dort unsere Interessen zu vertreten (oder ihre eigene Meinung zu sagen).

Lobbying und Geld

Damit sind wir bei der Frage, wie sich die Kongressmitglieder das Geld für ihre Wahlkämpfe beschaffen und welche Rolle die Lobbyisten spielen. Einige bemerkenswerte Statistiken zu Lobbyisten, Abgeordneten und Wahlkampfgeldern beantworten diese Frage. In den Vereinigten Staaten gibt es etwa 12 000 Lobbyisten, das heißt mehr als 20 pro Kongressmitglied.[232] Stephen Ansolabehere, John de Figueiredo[233] und James Snyder vom MIT haben ausgerechnet, dass die Spenden für Kongresswahlkämpfe einschließlich der von den Kandidaten selbst aufgebrachten Mittel sowie der hohen Beträge, die von beiden politischen Parteien und den Political Action Committees (PAC) gesammelt werden, geringer sind als die Ausgaben, die Interessengruppen für Lobbying im Kongress im Lauf eines Wahlzyklus bereitstellen.[234] Angesichts des gewaltigen Ausmaßes an Lobbying sollte man meinen, dass die Wahlkampfspenden vor allem von den Unternehmen stammen, die die Lobbyisten beschäftigen, und zwar direkt von den Lobbyisten selbst. Tatsächlich stammt jedoch nur etwa ein Achtel der Wahlkampfspenden von Unternehmen, Gewerkschaften und anderen Organisationen; der Großteil des Geldes wird von individuellen Spendern bereitgestellt.[235] Und die Lobbyisten selbst steuern nur kleine Beträge bei, die sie als »Freunde« des Kandidaten und seiner Wahlkampforganisation spenden.[236]

Dieses statistische Muster erlaubt es uns, die Verbindungen zwischen Interessengruppen und Kongress näher zu beschreiben. Es geht nicht einfach um »protection for sale«, das heißt um den Verkauf des Schutzes von Interessen an den Meistbietenden, so als würden die Senatoren und Repräsentanten im Gegenzug für Wahlkampfspenden direkt Rechtsvorschriften durchsetzen, die den Interessen der Spenderunternehmen dienen, wobei die Lobbyisten als Mittelsmänner fungieren. In diesem Fall würden die Abgeordneten von den Lobbyisten erheblich übervorteilt, denn deren Verdienst ist mehr als achtmal so hoch wie die Wahlkampfspenden von Unternehmen und Interessenverbänden. Das führt uns zu zwei Fragen: Wer sind die Lobbyisten? Und welche wertvolle Dienstleistung erbringen sie für die Kongressmitglieder? Es ist hilfreich, einen genaueren Blick auf die Bestandteile dieser Dienstleistung zu werfen. George hat Erfahrungen in Washington gesammelt, und aus seinen Erkenntnissen schließen wir, dass eine der wichtigsten Aufgaben des Politikers darin besteht, im Bewusstsein der Öffentlichkeit eine Geschichte über sich einzupflanzen. Unsere Wahlkampfmetapher des Politikers, der im Fernsehen beim Rasenmähen zu sehen ist, veranschaulicht sehr gut, wie der Politiker die Geschichte gestaltet und verbreitet. Aber das ist lediglich der sichtbare Teil der Geschichte eines Politikers. Es gibt auch einen verborgenen Teil. Wie Leslie Aspin, ehemaliger Vorsitzender des Streitkräfteausschusses des Repräsentantenhauses und erster Verteidigungsminister in der Regierung Clinton, einmal erklärte: »Wenn man dem Kongress eine Chance gibt, gleichzeitig für eine Sache und dagegen zu stimmen, wird er es immer tun.«[237] Unsere Beschreibung der erfolgversprechenden Wahlstrategie zeigt uns, warum Aspins Kollegen im Kongress diesen zynischen Grundsatz hochhalten. Der Kongressabgeordnete verfolgt zwei Ziele: Auf der einen Seite will er die Wähler ansprechen, auf der anderen Seite will er den Wahlkampfspendern gefallen. Es ist kein Zufall, dass sowohl Mitt Romney als auch Barack Obama dabei ertappt wurden, wie sie bei privaten Spendensammlungsveranstaltungen Ansichten äußerten, die bei den normalen Wählern ausgesprochen unpopulär waren: Romney erklärte im Jahr 2012, 47 Prozent der Wähler würden »in jedem Fall für den Präsidenten stimmen, weil sie vom Staat abhängen«.[238] Und der für seine Selbstbeherrschung bekannte Obama hatte vier Jahre früher bei einer Spendensammlung behauptet, die Wähler in den Kleinstädten von Pennsylvania seien verbittert, weshalb sie sich »an Waffen oder die Religion oder die Abneigung gegen Menschen klammern, die anders sind als sie«.[239] Das duale Mandat des Politikers bringt uns zurück zu der Frage nach der Rolle des Lobbyisten. Der Lobbyist befindet sich in einer ausgezeichneten Position, um dem Politiker zu helfen. Aufgrund seiner Funktion – er wird von einer interessierten Partei bezahlt – besitzt er besonderes Wissen darüber, wo Geld aufzutreiben ist, denn die Bereitschaft der Interessengruppen, den Lobbyisten dafür zu bezahlen, dass er sich für ihre Anliegen einsetzt, gibt Aufschluss darüber, wer besonders begeistert über einen gleichgesinnten Politiker wäre. (Die bloße Existenz eines Lobbyisten und seine Tätigkeit für eine bestimmte Branche liefern also einen Hinweis auf potentielle Gelder: Wo Rauch ist, da ist auch Feuer.) In der harten Realität, in der die Kongressmitglieder auf die finanzielle Unterstützung der Öffentlichkeit angewiesen sind, um ihre Wahlkämpfe führen zu können, können sie dem Lobbyisten folgen, um zur Goldgrube zu gelangen.[240]

Dazu kommt, dass ein guter Lobbyist noch eine weitere Funktion erfüllt. Er kann dem Politiker helfen, zwischen den verschiedenen Interessen auszugleichen und eine Geschichte zu entwerfen, die geeignet ist, möglichst viele Wählerstimmen zu gewinnen und sich gleichzeitig genug finanzielle Unterstützung durch die Interessengruppen zu sichern. In der Politikwissenschaft gibt es die Auffassung (die, wie wir später sehen werden, auch in der Entscheidung des Obersten Gerichtshofs über Citizens United zum Ausdruck kommt), dass Aktivitäten wie das Lobbying mit einem »Informationstransfer« einhergehen.[241] Das mag zutreffen, aber das Lobbying leitet diese Information in einer sorgfältig gestalteten Narration weiter, die absichtlich verzerrt ist. Um jemanden bei der Gestaltung dieser Narration zu beraten, braucht man ein intuitives Verständnis der zwei Gesichter – des öffentlichen und des privaten –, die der Politiker gleichzeitig zeigen will. Ein solches mitfühlendes Verständnis finden wir bei engen Freunden und Vertrauten. Es ist also kein Zufall, dass die Lobbyisten normalerweise ehemalige Mitarbeiter, welche diese Funktion in der Vergangenheit innehatten, oder ehemalige Kongressmitglieder sind. Nicht weniger als 50 Prozent der Senatoren und 42 Prozent der Abgeordneten des Repräsentantenhauses, die im Jahr 2010 aus dem Kongress ausschieden, wurden Lobbyisten. (Im Jahr 1974, zu einer einfacheren Zeit, als die Kandidaten noch sehr viel weniger auf Spenden angewiesen waren, waren es lediglich drei Prozent.)[242] Und so wie der »Lobbyist als Freund« den Zielen des Politikers dient, wird der Lobbyist als »Freund des Politikers« interessant für potentielle Klienten.

Eine Geschichte verdeutlicht, dass Aspins Aphorismus die Arbeitsweise des Kongresses sehr gut beschreibt. Der US-Senat hat tatsächlich Verfahren entwickelt, die den Senatoren die Möglichkeit geben, bei fast allen Budgetentscheidungen mit Ja und mit Nein zu stimmen. Der neue Senator Ted Kaufman, der im Jahr 2009 Joseph Bidens Sitz erbte, als dieser Vizepräsident wurde, lernte das auf schmerzhafte Art. Empört über den Betrug, der zur Finanzkrise im Jahr 2008 geführt hatte, beteiligte sich Kaufman an einer Gesetzesvorlage, welche die strafrechtliche Verfolgung solcher Machenschaften erleichtern sollte (dem Fraud Enforcement and Recovery Act).[243] Zu den zentralen Bestimmungen gehörte die Bereitstellung von 165 Millionen Dollar, mit denen das Justizministerium die Wirtschaftskriminalität bekämpfen sollte. Diese Mittel wurden im Jahr 2009 dringend benötigt, da sich das Justizministerium seit dem 11. September 2001 auf die Terrorbekämpfung konzentrierte und die Bekämpfung der Wirtschaftskriminalität vernachlässigt hatte.[244] Das Gesetz kam problemlos durch das Repräsentantenhaus und den Senat, und Kaufman war begeistert. Doch schon bald musste er feststellen, dass seine Kollegen der Bekämpfung der Wirtschaftskriminalität zwar 165 Millionen Dollar *zugewiesen* hatten, im Jahreshaushalt jedoch nur 30 Millionen Dollar dafür *bewilligten*.[245] Weiter wollten die Abgeordneten nicht gehen, denn eine intensivere Bekämpfung der Wirtschaftskriminalität würde die Wahlkampfbeiträge der Wall Street gefährden. Aspins Bonmot und die optimale Strategie, den Wählern eine Geschichte und den Geldgebern eine andere zu erzählen, sind zum Leben erwacht.

Aber spielt es wirklich eine Rolle?

Wir haben beschrieben, wie sich Wahlkampfspenden und Lobbying qualitativ auf die Regierung auswirken und den Affen auf unserer Schulter begünstigen. Aber wie signifikant sind diese Auswirkungen? Sind sie gering, gemessen an den Staatsausgaben, die mit vier Billionen Dollar mehr als tausendmal höher sind?[246] Um diese Fragen zu klären, werden wir untersuchen, ob der verzerrende Multiplikator, das heißt das Verhältnis zwischen den Änderungen bei Ausgaben und Rechtsvorschriften aufgrund der Aktivität der Lobbyisten und den Zahlungen, die diese erhalten – groß oder klein ist.

Neben Loyalität und Freundschaft zählt Verschwiegenheit zu den Merkmalen des idealen Lobbyisten. Daher ist es schwierig, an die Daten heranzukommen, die wir brauchen – Daten, die Aufschluss über das Verhältnis zwischen den Kosten von Wahlkämpfen und Lobbying einerseits und den Änderungen in der Regierungsaktivität andererseits geben. Wie Vulkanologen müssen wir nach seltenen Ereignissen Ausschau halten, nach jenem ersten Hinweis auf eine bevorstehende Eruption, um sofort loszueilen und einen Blick auf das ausströmende Magma zu werfen, das uns verrät, was unter der Erdoberfläche schlummert. Die ungewöhnlich offenherzigen Schilderungen des Washingtoner Lobbyisten Gerry Cassidy enthalten Beschreibungen von zwei derartigen Ereignissen.[247] Das Lobbying für eine Änderung der Besteuerung von im Ausland erzielten Erträgen amerikanischer Unternehmen ist ein weiteres Beispiel, und die Erkenntnisse aus der Krise des amerikanischen Sparkassensystems in den achtziger Jahren liefert ein viertes.

SEAWOLF. Im Januar 1992 schlug Präsident George Bush in seiner Rede zur Lage der Nation vor, die bereits bewilligten Gelder für den Bau von zwei neuen Atom-U-Booten der *Seawolf*-Klasse wieder zurückzuziehen. General Dynamics, der Hersteller dieser Schiffe, reagierte sofort: Das Unternehmen engagierte Gerry Cassidy für ein Monatsgehalt von 120 000 Dollar, um eine Publicity- und Lobbyingkampagne zu entwerfen.[248] Die Mittelkürzung von 2,8 Milliarden Dollar konnte nicht durchgesetzt werden, und die *Seawolfs* waren gerettet.[249] Aber die Zahlungen an die Lobbyisten und die Erhöhung der Wahlkampfspenden waren gemessen an ihrer Wirkung gering. In den Jahren 1991–92 stiegen die Beiträge von General Dynamics zu den Wahlkämpfen von Kongressmitgliedern lediglich um 198 000 Dollar gegenüber dem Wahlzyklus 1989–90.

STEUERERSPARNISSE. Die Ergebnisse einer Studie von Raquel Alexander, Stephen Mazza und Susan Scholz[250] enthalten weitere Hinweise darauf, wie hoch der Ertrag des Lobbying sein kann. Anfang des Jahrtausends erhielten ausländische Tochtergesellschaften multinationaler US-Konzerne die Erlaubnis, ihre Gewinne unversteuert zu behalten, sofern diese nicht repatriiert wurden. Seitdem haben die Unternehmen im Ausland hohe Gewinne angehäuft, die nie der amerikanischen Besteuerung unterworfen wurden. Irgendwann wollten die Vereinigten Staaten dieses Geld wiederhaben. Also verabschiedete der Kongress den American Jobs Creation Act (AJCA), der eine auf ein Jahr befristete 85-prozentige Steuerermäßigung auf unversteuerte Gewinne vorsah, die in die Vereinigten Staaten zurückgebracht wurden. Der normale Steuersatz für Dividenden auf repatriierte Gelder lag zu jenem Zeitpunkt bei 35 Prozent; durch die Steuerermäßigung von 85 Prozent reduzierte er sich auf 5¼ Prozent. So ersparten sich 39 Unternehmen, die eine Koalition gebildet hatten, um sich für das Gesetz einzusetzen, 46 Milliarden Dollar an Steuern auf ihre heimgeholten Gewinne. Die gesamten Lobbyingausgaben der Koalition beliefen sich auf 180 Millionen Dollar. Die Steuerersparnis dank der Amnestie war also 255-mal so hoch wie die Kosten des Lobbying.[251]

CRANBERRY-SAFT. Einen ähnlich spektakulären Ertrag erzielte Ocean Spray mit dem Lobbying gegen eine Änderung der Kennzeichnungsvorschriften für Cranberry-Saft. Unter der Regierung Reagan wollte die Lebensmittelbehörde FDA die Hersteller von Cranberry-Saft verpflichten, auf den Etiketten anzugeben, dass der Saft zu 75 Prozent aus Wasser besteht.[252] Ocean Spray bat Cassidy um Rat. Das Unternehmen engagierte einige Kongressmitglieder für Vorträge, für die Honorare zwischen 2000 und 4000 Dollar bezahlt wurden; außerdem wurden 375 000 Dollar unter Lobbygruppen verteilt. In einer Bewilligungsvorlage wurde ein Verbot von Regelungen versteckt, die eine Offenlegung der Inhaltsstoffe von Fruchtsaft vorschreiben.[253] Mission erfüllt. Ocean Spray profitierte sehr von dem Verbot: Im Jahr 2005 überstieg der Absatz von Cranberry-Saft in den USA 750 Millionen Dollar.[254] Die Kosten des Lobbying waren verschwindend gering.[255]

CHARLES KEATING UND LINCOLN SAVINGS. In der Krise des amerikanischen Sparkassensystems in den achtziger Jahren (mit der wir uns in den Kapiteln 9 und 10 eingehend beschäftigen werden) lieferte das Gerichtsverfahren gegen Charles Keating, den Eigentümer von Lincoln Savings and Loan, einige Hinweise auf die Beziehung zwischen Wahlkampfspenden und Verlusten für den Steuerzahler. Im Gegenzug für Wahlkampfspenden von 1,4 Millionen Dollar setzten fünf US-Senatoren die Behörden unter Druck, die begonnen hatten, Keatings Praktiken zu untersuchen.[256] Die Senatoren trafen sich mit Behördenvertretern und gaben ihnen zu verstehen, dass sie verhindern würden, dass die für die Beaufsichtigung der Hypothekenbanken zuständige Behörde FHLBB (Federal Home Loan Bank Board) einem ihrer »Wähler« schade.[257] Dass es Keating gelang, den Ermittlern diesen und weitere Hindernisse in den Weg zu legen, hatte zur Folge, dass die Gesamtkosten der Abwicklung seiner bankrotten Sparkasse um geschätzt eine Milliarde Dollar stiegen.[258]

Es gibt nur wenige konkrete Fälle, in denen wir die Kosten von Wahlkampfspenden dem Nutzen der Einflussnahme für bestimmte Interessengruppen gegenüberstellen können. Aber es gibt zahlreiche Indizienbeweise für die Auswirkungen dieser Gelder auf die Politik. Beispielsweise ist es kein Zufall, dass der Ausschuss für Finanzdienstleistungen des Repräsentantenhauses besonders schwerfällig ist: Ihm gehören fast 15 Prozent der Mitglieder dieser Kammer an, und er ist als »Geldausschuss« bekannt. Beide Parteien bringen in diesem Ausschuss strategisch Mitglieder unter, deren Mandat bei den nächsten Wahlen gefährdet ist.[259] Auch dürfte das Verschwinden der von diesem Ausschuss bewilligten zusätzlichen 135 Millionen Dollar für die Bekämpfung von Wirtschaftskriminalität kein Zufall sein. Und in unseren Augen ist es kein Zufall, dass der Haushalt der Steuerbehörde IRS so knapp bemessen ist, dass sie nicht in der Lage ist, hunderte Milliarden Dollar an ausstehenden Steuern einzutreiben (die Behörde selbst schätzte den Betrag im Jahr 2006 auf 385 Milliarden Dollar).[260] Die Budgets von Justizministerium, Steuerbehörde, Börsenaufsichtsbehörde (SEC) und vielen anderen Aufsichtsbehörden werden gekürzt. Vor einem Gericht wären solche unspezifischen Beweise nicht zulässig, aber es ist aufschlussreich, dass der Einfluss reicher Spender wirtschaftspolitische Eingriffe unterbindet, die für die Allgemeinheit gut wären. Im Schlussteil werden wir uns noch genauer mit der unzureichenden Finanzierung der Börsenaufsichtsbehörde beschäftigen.

Zusammenfassung

Die Verbindungen zwischen Lobbying, Wahlkampfspenden, Kongress und Interessengruppen bereiten den Boden für das Phischen nach »Dummen«. So wie das Phischen wesentlich dazu beiträgt, dass der Markt die wirklichen Bedürfnisse der Konsumenten vernachlässigt, trägt es auch zur Aushöhlung der Demokratie bei. Diese mag die beste bekannte Regierungsform sein, aber sie schützt uns nicht automatisch vor der Einflüsterung von Präferenzen. Im Gegenteil: Wenn die Politiker Geld brauchen, um ihre Wahlkämpfe bezahlen zu können, trägt sie in vielerlei Hinsicht systematisch dazu bei, die Arbeit der Einflüsterer zu erleichtern.

NACHSATZ: Wir könnten zahlreiche Nachsätze zu Themen ergänzen, die wir in diesem Kapitel nicht behandelt haben, aber einen Punkt müssen wir unbedingt erwähnen. In diesem Kapitel haben wir uns auf das Lobbying im Kongress konzentriert. Aber es ist durchaus möglich, dass das Lobbying bei Aufsichtsbehörden noch bedeutsamer ist, ganz zu schweigen von der Einflussnahme auf einzelstaatliche und Lokalregierungen.

6

Phishing mit Nahrungsmitteln und Medikamenten

Im Jahr 1906 rüttelte der Schriftsteller Upton Sinclair die amerikanische Öffentlichkeit mit seinem Roman *Der Dschungel* auf, in dem er die Arbeitsbedingungen in den Fleischkonservenfabriken Chicagos schilderte. Der Emporkömmling Sinclair prangerte die zu Beginn des 20. Jahrhunderts unter Einwanderern weit verbreitete Lohnsklaverei an, so, wie Harriet Beecher Stowes Roman *Onkel Toms Hütte* 50 Jahre zuvor die Versklavung der Afroamerikaner ins öffentliche Bewusstsein gerückt hatte (und damit zu einem der Auslöser des Bürgerkriegs wurde).[261] Doch *Der Dschungel* rief einen öffentlichen Aufschrei unerwarteter Art hervor, führte er den bürgerlichen Hausfrauen doch vor Augen, dass das Steak, das sie zum Abendessen zubereiteten, möglicherweise von einem tuberkulosekranken Rind stammte.[262] Die Wurst auf ihrem Tisch enthielt unter Umständen Happen von vergifteten Ratten, und »Durham's Pure Leaf«-Schweineschmalz konnte mit menschlichen Überresten versetzt sein.[263] Die Nachfrage nach Fleischkonserven fiel um 50 Prozent, und der Kongress verabschiedete im Jahr 1906 den Meat Inspection Act, mit dem die von Sinclair geschilderten Missstände weitgehend behoben wurden.[264]

Eine weitere einflussreiche (soziale) Bewegung schränkte im ersten Jahrzehnt des 20. Jahrhunderts mit der Verabschiedung des Pure Food and Drug Act – gleichfalls im Jahr 1906 – das Phishing im Pharmabereich erheblich ein.

Angesichts des zu jener Zeit geringen medizinischen Wissensstandes und der Leichtgläubigkeit der Menschen war das Amerika des 19. Jahrhunderts ein fruchtbarer Boden für skrupellose Quacksalber, die Ahnungslosen wirkungslose Mittelchen aufschwatzten. Ein Beispiel ist William Swaim. Dieser Mann füllte ein Gebräu, das er Swaim's Panacea – Swaim's Allheilmittel – nannte, in Flaschen ab. Das Etikett auf der Flasche sollte die Zauberkraft des Inhalts versinnbildlichen: Herkules im Kampf mit der vielköpfigen Schlange Hydra. Das Präparat, eine »ganz neue Entdeckung«, heilte angeblich »Skrofeln, Mercurialkrankheit (Hutmacherkrankheit), Syphilis, Rheumatismus und sämtliche Leiden, die von einem verdorbenen oder unreinen Zustand des Blutes herrühren«.[265] Ein New Yorker Ärzteausschuss gelangte zu einer ganz anderen Einschätzung: Er stellte fest, das Mittel habe zahlreiche Todesfälle verursacht. Die Medizin mochte damals insgesamt wenig effektiv sein, aber in diesem Fall hatten die Ärzte Recht, denn das Allheilmittel enthielt giftiges Quecksilber. Swaim ließ sich nicht beeindrucken. Er verfasste eine 52-seitige Erwiderung auf den 37-seitigen Bericht der Ärzte: »Im Lauf meines Lebens«, erklärte er, »durfte ich feststellen, dass die haltlosesten Behauptungen, wenn sie unwidersprochen in den Geist des Zuhörers gelangen, oft ebenso große Zustimmung finden wie bewiesene Wahrheiten.«[266] Swaim verkaufte ein tödliches Präparat, aber er hatte Sinn für Humor.

Ein weiteres Beispiel ist William Radam, ein Gärtner aus Austin, Texas. Er verknüpfte sein botanisches Wissen mit den neuen naturwissenschaftlichen Erkenntnissen und stellte die Hypothese auf, all die teuflischen Mikroben, die unlängst in europäischen Laboratorien entdeckt worden seien, verursachten im menschlichen Körper Fäulnis. Er hatte mit eigenen Augen gesehen, dass Pilze nach Gewittern nicht mehr wuchsen. Irgendwie musste der Blitz die Luft verändert haben. Radam gelangte zu der Überzeugung, er könne ein Präparat mit derselben natürlichen Wirkung herstellen. Er nannte sein Heilmittel »Mikrobentod«. Als zwei Patienten auf wundersame Weise zu genesen schienen, wurde das Präparat zum Verkaufsschlager. Aber wie sich in einer Untersuchung des Landwirtschaftsministeriums herausstellte, gab es keine zwei Chargen des Wundermittels mit derselben Zusammensetzung. Der Hauptbestandteil des »Medikaments« war Wasser, das Radam mit Wein und einer starken, aber wahrscheinlich hinreichend verdünnten Säure vermischte. Bald konnte sich der Erfinder des Wundermittels eine Villa mit Blick auf den Central Park leisten.[267]

Der leitende Chemiker des Landwirtschaftsministeriums, Harvey Washington Wiley, ein schillernder Harvardabsolvent, der in einer Blockhütte in Indiana zur Welt gekommen war, wollte diesem gefährlichen Unwesen ein Ende machen und die Öffentlichkeit über Verunreinigungen in Nahrungsmitteln und Medikamenten aufklären. Ein Gesetz über die Kennzeichnung von Lebensmitteln ließ sich seines Erachtens durchsetzen, weil Inhaltsstoffe von Lebensmitteln mit den mittlerweile verfügbaren naturwissenschaftlichen Methoden nachgewiesen werden konnten. Eines seiner Experimente markierte einen Wendepunkt im Feldzug gegen die Quacksalber. Zwölf junge Männer erklärten sich bereit, sämtliche Mahlzeiten in einem Speisezimmer im Landwirtschaftsministerium einzunehmen. Ihre Speisen wurden mit verschiedenen Lebensmittelzusatzstoffen wie Borax und Formaldehyd versetzt.[268] Nach kurzer Zeit verloren sie den Appetit und litten an Verdauungsbeschwerden. Im Rückblick erscheint es durchaus möglich, dass diese Magendarmverstimmungen nicht durch die Zusatzstoffe selbst, sondern durch die Berichterstattung über diese tapferen Männer hervorgerufen wurden. Die Presse hatte sie zu kleinen Helden stilisiert und sie die »Giftriege« genannt.[269] Wenig später wurde der Pure Food and Drug Act (Gesetz über die Reinheit von Lebens- und Arzneimitteln) verabschiedet.

Ein Sprung ins 21. Jahrhundert

Als wir im Jahr 2010 dieses Kapitel über Nahrungsmittel und Medikamente in Angriff nahmen, wollten wir eine »So und nicht anders«-Geschichte schreiben. Wir würden einen historischen Bogen schlagen: vom verdorbenen Fleisch und den Quacksalberprodukten des 19. Jahrhunderts über die Verabschiedung des Meat Inspection Act und des Pure Food and Drug Act zu Beginn des 20. Jahrhunderts bis zur Gegenwart. Unsere Botschaft sollte lauten: »Heute ist es anders«: Anders als damals, als es keine gesetzlichen Regelungen gab, sind Nahrungsmittel und Medikamente dank der heutigen Vorschriften sicher. Aber als wir anfingen, uns näher mit der Gegenwart zu befassen, erlebten wir eine Überraschung. Dieses »Heute ist es anders« darf man nämlich nicht wörtlich, sondern nur ironisch verstehen, da es im wörtlichen Sinne nicht zutrifft. Weder Lebensmittel noch Medikamente sind heute so sicher, wie wir geglaubt hatten. Das Phishing geht weiter, denn die Phisher haben Wege gefunden, durch das Netz der Aufsichtsbehörden zu schlüpfen.

Nehmen wir die Lebensmittel. Wir essen keine Steaks von tuberkulosekranken Rindern mehr wie zu Sinclairs Zeit, aber wir werden von der Lebensmittelindustrie manipuliert. Sie versucht uns mit ihren stark zucker-, salz- und fetthaltigen Angeboten raffiniert zu phischen. Zwar wird heute kaum noch jemand wegen einer Lebensmittelvergiftung ins Krankenhaus eingewiesen. Dafür leiden wir an ernährungsbedingten Herzkreislaufkrankheiten und Diabetes. Die starke Anziehungskraft, die industriell verarbeitete, pseudo-gesunde Lebensmittel auf unser primitives Geschmacksempfinden ausüben, ist so umfassend belegt, dass wir hier nicht weiter darauf eingehen müssen. Aber sie ist ein Beleg für unsere Theorie, dass überall nach »Dummen« gephischt wird.[270]

Was die Medikamente anbelangt, hatten wir geglaubt,

Swaims Allheilmittel und Radams Mikrobentod gehörten der Vergangenheit an. Wir dachten, die Anforderungen, die die Arzneimittelzulassungsbehörde FDA an die Wirksamkeit und Sicherheit von Medikamenten stellt, würden heute die Leichtgläubigen schützen; wir waren der Meinung, die Tatsache, dass Ärzte als gesetzlich vorgeschriebene Vermittler zwischen Patienten und Medikamenten fungieren, sei ein weiterer Sicherheitsmechanismus. Aber wir hatten die Findigkeit der Pharmakonzerne und die Macht des Phischens nach »Dummen« unterschätzt.

Vioxx

Wir wollen uns ein Beispiel genauer ansehen. Es ist ein extremes Beispiel, aber es zeigt sehr deutlich, was grundsätzlich schiefgehen kann. Der Pharmakonzern Merck – der sechs Jahre hintereinander, von 1985 bis 1990, von *Fortune* zum »meistbewunderten Unternehmen« gekürt wurde – führte im Jahr 1999 ein neues Produkt ein. Wie George aus eigener Erfahrung weiß, gehören durch Arthritis verursachte Schmerzen zu den lästigen Beschwerden des Alters. Nicht-steroidale Antirheumatika (NSARs) wie Aspirin, Ibuprofen und Naproxen können Schmerzen lindern, aber sie haben Nebenwirkungen. Die Wirkung dieser Schmerzmittel beruht auf der Hemmung zweier Typen von Enzymen: COX-1 und COX-2. Die Hemmung von COX-2 vermindert Entzündungsreaktionen und Schmerzen. Aber COX-1 schützt die Magenschleimhaut, und seine Hemmung fördert die Bildung von Geschwüren.[271] Eine Überdosierung von NSARs ist daher eine der häufigsten Todesursachen bei älteren Menschen.[272] Merck hatte (wie Searle) die ausgezeichnete Idee, einen Wirkstoff zu entwickeln, der gezielt COX-2, nicht aber COX-1 hemmen würde.[273] Merck nannte sein neues Medikament Vioxx. Die FDA ließ es zu, wenn auch nur unter der Auflage, dass das Unternehmen eine randomisierte und kontrollierte Studie durchführte, die strengeren wissenschaftlichen Maßstäben genügen musste als die bisherigen.[274] Merck nannte diese Studie VIGOR (die Vioxx Gastrointestinal Outcomes Research-Studie). Die Ereignisse rund um VIGOR vermitteln uns eine Vorstellung davon, weshalb wir trotz unserer modernen Schutzmaßnahmen immer noch anfällig für Phishing durch die Pharmaindustrie sind.

Wie Verlage, die einen Bestseller lancieren wollen, planen auch Pharmakonzerne die Markteinführung eines Blockbuster-Präparats sehr sorgfältig. Die wichtigste Zielgruppe sind dabei die Ärzte, die als Vermittler zwischen Patienten und Medikamenten fungieren. Wissenschaftliche Aufsätze in renommierten medizinischen Fachzeitschriften sind ein entscheidendes Bindeglied zwischen Arzt und Rezept. Aus diesem Grund unterstützen Pharmakonzerne, die ein neues Medikament einführen wollen, die Autoren solcher Artikel. Bei der Auswahl der Autoren, denen Zugang zu den Daten der Studien gegeben wird, überlassen die Pharmaunternehmen nichts dem Zufall. Dank ihrer vielen Kontakte (darunter viele, die sie ihrer Forschungsförderung verdanken) wissen sie, welche Wissenschaftler Einfluss haben und welche ihnen wohlgesinnt sind. Die Auserwählten erhalten Zugang zu den Daten aus den von der FDA vorgeschriebenen randomisierten, kontrollierten Studien. Zudem bekommen sie in der Regel »redaktionelle Unterstützung« für ihre Artikel – man könnte es auch »Ghostwriting« nennen.[275] Es ist also kein Zufall, dass neue Medikamente in von Pharmaunternehmen gesponserten Zeitschriftenartikeln tendenziell positiver beurteilt werden als in jenen Aufsätzen, die aus anderen Töpfen finanziert werden.[276] Bei der Vermarktung von Pharmazeutika geht es nicht nur um den Inhalt, sondern auch um die Zahl der publizierten Artikel. Vor einigen Jahren enthüllte ein kleiner

Skandal das Ausmaß, in dem diese Zahl aufgebauscht werden kann: Der Fachzeitschriftenverlag Elsevier gab zu, dass Aufsätze in sechs seiner Publikationen nur scheinbar einer Peer-Review unterzogen worden waren; tatsächlich waren sie von Pharmakonzernen gesponsert worden, ohne dass die finanzielle Förderung ausdrücklich erwähnt wurde.[277]

Im November 2000 erschien ein auf der VIGOR-Studie beruhender Bericht über Vioxx im renommierten *New England Journal of Medicine*; Erstautorin dieses Artikels war Claire Bombardier von der University of Toronto.[278] Die Studie war zwischen Januar und Juli 1999 durchgeführt worden: 4047 Probanden erhielten Vioxx, während 4026 Probanden Naproxen (Markenname: Aleve) bekamen.[279] Es schien, als hätte das neue Wunderpräparat tatsächlich die versprochene Wirkung: Es linderte nicht nur Schmerzen, sondern verursachte auch viel weniger Magen-Darm-Beschwerden als Aleve. In der gesamten Stichprobe traten nur bei 177 Studienteilnehmern solche Beschwerden auf; die Probanden, die Naproxen einnahmen, waren mehr als doppelt so oft davon betroffen wie diejenigen, die mit Vioxx behandelt wurden. Bei den schwerwiegenden »Komplikationen« war das Verhältnis ähnlich: 37 gegenüber 16.[280]

Aber es gab auch ein beunruhigendes Ergebnis, über das Bombardier und ihre Mitautoren beiläufig berichteten. In der Vioxx-Gruppe erlitten 17 Patienten einen Herzinfarkt, während es bei der Naproxen-Gruppe nur vier waren. Vergleicht man diese Zahlen, erscheint der Unterschied zwar recht groß, aber in Anbetracht der Größe der Probandengruppen konnte es einfach ein Zufall sein, dass viermal so viele Vioxx-Probanden einen Herzinfarkt erlitten hatten.[281] Bombardier und ihre Mitautoren behaupteten zudem, dass ein diesbezüglicher Unterschied zwischen Vioxx und Naproxen nicht auf Unzulänglichkeiten des neuen Medikaments Vioxx zurückgeführt werden könne.[282] Vielmehr ließe sich die Differenz wahrscheinlich damit erklären, dass Naproxen das Herz-Kreislauf-System schützt. Diese Statistiken und Behauptungen wurden in dem gleichen Tonfall vorgetragen wie die Nebenwirkungsmantras in der Fernsehwerbung für Medikamente. Und in dem Aufsatz wurde noch ein weiteres Ergebnis verschwiegen: Bei den Vioxx-Probanden kam es zu 47 schweren thromboembolischen Ereignissen (das heißt zu Gefäßverschlüssen durch einen Partikel, der sich von einem Blutgerinnsel gelöst hat); bei den Naproxen-Probanden wurden nur 20 solche Ereignisse beobachtet.[283] Es mag den Anschein haben, dass 47 gemessen an 4047 eine sehr geringe Zahl ist, aber wir müssen uns vor Augen halten, dass Vioxx für die langfristige Einnahme entwickelt wurde (insbesondere zur Linderung arthrosebedingter Schmerzen). Über einen Zeitraum von fünf Jahren war ein Vioxx-Anwender bei dieser Rate von 1,16 Prozent – die für einen Zeitraum von sechs Monaten ermittelt worden war – einem erheblichen Risiko eines »schweren thromboembolischen Ereignisses« ausgesetzt.

Wir können uns lebhaft vorstellen, wie sich die Autoren des Aufsatzes gefühlt haben müssen. Ihre Kollegen bei Merck hatten ein neues Wundermittel entwickelt. Es wurde als »Superaspirin« angepriesen. Die Verringerung gastrointestinaler Komplikationen war auf das Wirkstoffdesign zurückzuführen. Der beobachtete Nutzen war also zu erwarten. Wer wollte derjenige sein, der hier ein Haar in der Suppe fand? Neuere Forschungsergebnisse deuteten jedoch darauf hin, dass ein COX-2-Inhibitor wie Vioxx auch die beobachteten kardiovaskulären Nebenwirkungen hervorrufen würde. Garret FitzGerald von der University of Pennsylvania und zahlreiche Mitautoren hatten nachgewiesen, dass die Hemmung von COX-2 allein das Gleichgewicht zwischen zwei wichtigen Lipiden – Prostaglandin und Thromboxan – stören würde. Gemeinsam steuern diese die innere Zellauskleidung und Weite der Blutgefäße und auch die Bildung von Blutgerinnseln. Indem man nur COX-2 hemmte, störte man das Gleichgewicht zwischen den beiden – die wahrscheinlichen Folgen waren eine abnormale Durchblutung und/oder Gerinnung.[284] Merck kannte diese Forschungsergebnisse, zumal das Unternehmen auch diese Arbeiten finanziert hatte.[285] Außerdem waren sie in einer Pressemitteilung des University of Pennsylvania Health System im Januar 1999 beschrieben worden.[286]

Die Statistiken zur VIGOR-Studie (und weiteren von Merck in Auftrag gegebenen Studien, deren Ergebnisse nicht veröffentlicht wurden) gaben Grund zur Vorsicht, aber Merck hatte es eilig: Vioxx konkurrierte mit dem alternativen Coxib-Schmerzmittel Celebrex, das im Zuge einer Fusion an den Erzrivalen Pfizer gegangen war.[287] Mercks Marketingabteilung drängte daher auf eine schnelle Markteinführung. Im Sommer 1998 sponserte Merck gemeinsam mit Pfizer, Roche, Johnson & Johnson und Searle eine luxuriöse Konferenz im Kapalua Ritz-Carlton auf Maui, die den Startschuss zur Vermarktung von Vioxx geben sollte. Sechzig weltweit führende Schmerzforscher hörten sich Lobgesänge auf die neuen Super-Aspirine an.[288] Die Eiskunstläuferin Dorothy Hamill erzählte in Talkshows und Werbeclips ihre berührende Geschichte, mit der sich jeder identifizieren konnte: Vioxx hatte ihre unerträglichen Nacken- und Rückenschmerzen gelindert, und sie konnte endlich wieder unbeschwert auf dem Eis tanzen.[289] Merck warf ein Heer von dreitausend Pharmareferenten in die Schlacht (in den Vereinigten Staaten betreut ein Pharmareferent jeweils sechs Ärzte[290]).[291] Sie wurden sorgfältig auf den Einsatz vorbereitet. Nach der Veröffentlichung des Artikels von Bombardier und Kollegen wurden die Pharmareferenten instruiert, wie sie auf von Ärzten vorgebrachte Einwände zu den kardiovaskulären Nebenwirkungen reagieren sollten. Sie sollten den Ärzten Karten mit drei Tafeln zeigen. Auf einer dieser Tafeln stand:[292]

**Gesamtsterblichkeit und kardiovaskuläre Ereignisse
mit tödlichem Ausgang pro Patientenjahr**

	Vioxx n = 3595	NSARs n = 1565	Placebo n = 783
Gesamt-Sterblichkeit	0,1	1,1	0,0
Kardiovaskuläre Sterblichkeit	0,1	0,8	0,0

In diesen Daten waren die Ergebnisse der VIGOR-Studie nicht berücksichtigt. Es ist nicht klar, auf welchen Studien sie beruhten – wenn sie überhaupt aus Studien stammten. In einem Memorandum des Ausschusses des Repräsentantenhauses für die Reform der Regierungsarbeit heißt es, diese Zahlen besäßen »geringe oder gar keine wissenschaftliche Aussagekraft«.[293] Wie der Kardiologe Eric Topol im *New England Journal of Medicine* schrieb, tat Merck alles, um die Bedenken der Ärzte als unbegründet hinzustellen; Topol beschrieb medizinische Symposien, die diesem Zweck dienten, und zitierte aus Zeitschriftenartikeln von Merck-Mitarbeitern und Beratern.[294] Für die ärztliche Fortbildung hatte Merck vor der Markteinführung ein Team von 560 Ärzten rekrutiert, die Vorträge über Vioxx halten sollten.[295]

So wurde Vioxx auf den Markt gebracht und verteidigt. Im Jahr 2004 erzielte Merck einen Jahresumsatz von 2,5 Milliarden Dollar mit seinem neuen Medikament.[296] Aber der Horizont verdüsterte sich: Es tauchten statistische Belege dafür auf, dass die Einnahme von Vioxx tatsächlich das Herzinfarktrisiko erhöhte. Bezeichnenderweise tat sich der stellvertretende Direktor der FDA-Abteilung für Medikamentensicherheit, David Graham, der von Anfang an Bedenken gegenüber Vioxx hatte, mit der Health Maintenance Organization Kaiser Permanente zusammen. Sie verglichen die Herzinfarkthäufigkeit bei 26 748 mit Vioxx behandelten Patienten mit der bei ähnlichen Patienten, die andere Medikamente erhielten.[297] Auch hier zeigte sich eine statistisch signifikante Erhöhung des Infarktrisikos bei Patienten, die Vioxx einnahmen. Da sich die Indizien häuften, sah sich Merck die vorläufigen Ergebnisse von APPROVe, einer randomisierten Studie, die den Nachweis erbringen sollte, dass Vioxx der Entstehung von Dickdarmpolypen (einer Vorstufe von Darmkrebs) vorbeugt, genauer an.[298] Wie sich herausstellte, hatten 3,5 Prozent der Probanden, bei denen im Vorfeld Herzkreislaufprobleme ausgeschlossen worden waren, einen Herzinfarkt oder Schlaganfall.[299]

Diese eindeutigen Befunde konnte Merck nicht ignorieren. Am 30. September 2004 nahm das Unternehmen Vioxx vom Markt. David Graham schätzt, dass in den Vereinigten Staaten zwischen 88 000 und 139 000 Herzinfarkte – davon mindestens 26 000 mit tödlichem Ausgang – auf das Konto von Vioxx gehen.[300]

Wie die Zulassungsbehörden ausgetrickst werden

Der Vioxx-Skandal war nicht nur ein Beispiel für eine Vertuschungskampagne eines Pharmakonzerns, der jegliche moralische Skrupel verloren hat. Er war auch eine »Katastrophe mit Ansage«, da die Vorschriften für Sicherheit, Wirksamkeit und Verordnung von Arzneimitteln den Pharmamarkt zu einem Spielfeld für Phisher gemacht haben. Als Nächstes werden wir uns ansehen, wie Ärzte gephischt werden, um sie dazu zu bewegen, ein Medikament zu verschreiben: Die Methode wird erstens bei der Zulassung von Medikamenten durch die FDA und zweitens bei der Vermarktung der Präparate angewandt. Wir werden beide Prozesse kritisch beleuchten und mögliche Konsequenzen aus dem Vioxx-Skandal erörtern. In

einem Anhang zu diesem Kapitel beschreiben wir, wieso die
großen Pharmakonzerne auch die Medikamentenpreise weitgehend selbst festlegen können.

Wie man an die Zulassung durch die FDA kommt

Öffentlichkeit, Ärzte und vermutlich auch die FDA wurden
vollkommen von dem Skandal überrascht, weil sie allzu großes Vertrauen in die »wissenschaftliche Methode« der randomisierten Studien hatten. So wie sich Radam beim Vermächt-
nis seines »Mikrobentods« auf die naturwissenschaftlichen
Erkenntnisse des späten 19. Jahrhunderts berief, wurde auch
Vioxx in der festen Überzeugung verkauft, es sei das Beste,
was die moderne Medizin zu bieten habe, und seine Sicherheit und Wirksamkeit sei durch verlässliche Studien wie VI-
GOR eindeutig nachgewiesen.

Aber ein wichtiges statistisches Konzept erklärt, weshalb
randomisierte kontrollierte Studien oft versagen. Im Fall
von Vioxx konnten nur große Datenmengen den Nachweis
erbringen, dass die aufgetretenen Herzinfarkte kein Zufall
waren. Dies hatte einen einfachen Grund: Glücklicherweise
sind Herzinfarkte zwar gravierende, aber eher seltene Ereignisse. In der Sprache der Statistik bedeutete die Seltenheit
von Herzinfarkten, dass die sechsmonatige VIGOR-Studie
eine »niedrige Teststärke« (statistische Aussagekraft) haben
würde. Das heißt, sie konnte kaum den Nachweis erbringen,
dass Vioxx bei langfristiger Einnahme die Wahrscheinlichkeit
eines Klinikaufenthalts und die Sterblichkeit erhöhte. Hingegen genügte die kurze (sechsmonatige) Dauer von VIGOR,
um die unmittelbaren Wirkungen der Einnahme von Vioxx zu
belegen, das heißt Schmerzlinderung und Verringerung der
gastrointestinalen Komplikationen. Das Problem, dass kurzfristige erwünschte Wirkungen in einer Studie eher erfasst

werden als langfristige unerwünschte Wirkungen, betrifft nicht nur Vioxx. Ganz allgemein begünstigen die FDA-Vorschriften zur Arzneimittelzulassung Medikamente mit kurzfristigen (aber möglicherweise nur geringfügigen) erwünschten Wirkungen, während Medikamente mit (möglicherweise schwerwiegenden) langfristigen Nebenwirkungen durch das Kontrollnetz schlüpfen.

Aber dass es der FDA schwerfiel, die Einführung von Medikamenten mit langfristigen Risiken zu verhindern, lag nicht nur am Problem der Teststärke. Die FDA gestand den Pharmakonzernen bei der Durchführung ihrer Tests und der Darstellung der Ergebnisse ein in mindestens fünf verschiedene Grade abgestuftes Maß an Freiheit zu. Diese Freiheiten machten es möglich, dass Medikamente, deren Wirksamkeit und Sicherheit »grenzwertig« waren, die Zulassungshürden nahmen.

Erstens mussten Pharmaunternehmen lediglich zwei Studien vorlegen, welche die Wirksamkeit des Medikaments belegten, während sie Studien mit womöglich negativen Ergebnissen nicht vorlegen mussten.[301] (Im Fall von Vioxx wurden Studien zu unerwünschten Nebenwirkungen erst mit erheblicher Verzögerung in medizinischen Fachzeitschriften publiziert.)[302]

Zweitens hatten Pharmaunternehmen einen gewissen Ermessensspielraum bei der Festlegung der Studiendauer. (Beispielsweise wurden in der VIGOR-Studie drei Herzinfarkte und ein Schlaganfall nicht berücksichtigt, weil sie sich jenseits des »Stichtags« für die Beendigung der Studie ereigneten. Merkwürdigerweise setzte Merck den Stichtag für die Erfassung kardiovaskulärer Ereignisse einen Monat früher an als den Stichtag für unerwünschte gastrointestinale Ereignisse.)[303]

Drittens hatten die Studienleiter freie Hand bei der Auswahl der Zielpopulation. Sie konnten strategisch vorgehen und dafür sorgen, dass sich die Wirksamkeit des Medikaments mit hoher Wahrscheinlichkeit zeigen würde – oder dass Nebenwirkungen nicht zu Tage treten würden. (Wir sehen die einer solchen Selektion zu Grunde liegende Einstellung bei Bombardier et al. Sie behaupten, dass in der Vioxx-Gruppe nur jene vier Prozent ein deutlich erhöhtes Herzinfarktrisiko hatten, die zusätzlich Aspirin hätten einnehmen sollen. Die Botschaft lautet: keine Sorge; diese kleine Gruppe hätte aus der VIGOR-Studie ausgeschlossen werden sollen.)[304] Viertens gibt es Spielraum bei der Gestaltung der Placebo-Kontrollgruppe.[305] (Wir wissen heute, dass Merck bei der VIGOR-Studie gezielt Naproxen als Vergleichssubstanz auswählte, weil es ein nichtsteroidales Antirheumatikum ist, »von dem man wusste, dass es schwerere gastrointestinale Nebenwirkungen hervorruft als viele andere nicht-selektive NSARs«.[306] Wenn du einen Wettlauf gewinnen willst, suche dir den langsamsten Läufer als Gegner aus.)

Fünftens konnte sich das Pharmaunternehmen die Studiengruppe und den Studienort aussuchen. GlaxoSmithKline führt heute weniger als die Hälfte seiner Studien in den Vereinigten Staaten durch, während immer mehr Studien in Schwellenländern stattfinden (China zum Beispiel verzeichnet eine Zunahme von 47 Prozent).[307] Wir fragen uns, ob Unternehmen, die neue Medikamente in ärmeren Ländern testen, in denen die Gesetze weniger streng sind, bereit sind, ihre Reputation zu nutzen, um an Aufträge zu kommen.

Die Vermarktung von Medikamenten

Die Pharmaunternehmen können das System nicht nur bei der Zulassung austricksen. Sie manipulieren nicht nur die FDA, sondern auch die Ärzte. Hier bilden die medizinischen Fachzeitschriften die erste Angriffslinie, wie wir am Beispiel des Artikels von Bombardier und ihren Mitautoren gesehen haben. Die Pharmareferenten, die nicht nur Kugelschreiber und Produktproben, sondern auch Kopien von Artikeln aus Fachzeitschriften überreichen, sind die zweite Angriffslinie. Und dann haben die Pharmaunternehmen noch eine dritte Linie: die Fortbildungsmaßnahmen für Ärzte.

In den Vereinigten Staaten sind die Ärzte in den meisten Bundesstaaten verpflichtet, sich laufend weiterzubilden. Die Pharmaunternehmen helfen ihnen gerne dabei: Sie sponsern Symposien, auf denen die Ärzte das Neueste aus der medizinischen Forschung erfahren. Die Firmen engagieren und bezahlen die Redner. So können sie Redner auswählen, die ihren Präparaten wohlgesinnt sind (wer diese Ärzte sind, erfahren sie von den Apotheken, die Aufzeichnungen darüber führen, wer welche Präparate verschreibt).[308] Nicht nur, dass die Bedenken der Ärzte schwinden, wenn die Pharmaunternehmen die Rechnungen für Fortbildungsveranstaltungen in angenehmer Umgebung bezahlen; die Pharmaunternehmen beeinflussen auch, was andere Mediziner den Ärzten beibringen.

Wir haben dies bereits in Kapitel 5 im Kontext der Politik untersucht. Die sogenannte »Marketingkampagne« hat große Ähnlichkeit mit einem Wahlkampf. Zweck der Zeitschriftenartikel, der Besuche von Pharmareferenten, der ärztlichen Fortbildungsveranstaltungen, der exklusiven Konferenzen anlässlich der Markteinführung eines neuen Präparats und der Fernsehwerbung ist es, eine Geschichte über ein neues Wundermittel zu verbreiten. Diese Geschichte soll das Denken der Ärzte manipulieren und sie glauben machen, dass ihre Patienten womöglich die Krankheit haben, für die *dieses Medikament* entwickelt wurde. Ziel der Kampagne ist es, das Denkmuster der Ärzte zu verändern: Sie sollen sich nicht länger auf die langfristigen Nebenwirkungen konzentrieren, *wenn das Präparat verschrieben wird*, sondern ihr Augenmerk auf das Ausbleiben positiver Wirkungen richten, *wenn das Präparat nicht verordnet wird.* Die Kampagne ist dann erfolgreich, wenn medizinische Fachgesellschaften das Medikament in ihre Behandlungsrichtlinien aufnehmen (das entspricht dem Wahlsieg eines Politikers).

Angesichts der Unterschätzung der langfristigen Nebenwirkungen von Medikamenten in den Studien und der Macht des modernen Marketings verwundert es nicht, dass Vioxx nicht das einzige Medikament mit schädlichen Nebenwirkungen ist, das in jüngerer Zeit auf den Markt kam. Die Hormonersatztherapie (HET) für Frauen in den Wechseljahren begann im Jahr 1942 mit der Einführung von Östrogen-Ersatzstoffen. Diese Substanzen wurden aus dem Urin trächtiger Stuten gewonnen (daher der Name des Medikaments Premarin: PREgnant MAres' uRINe). Im Jahr 2003 gelangten Wissenschaftler bei der Auswertung der britischen Million Woman Health Study zu dem Schluss, dass die HET insbesondere in Form der kombinierten Östrogen-Progestagen-Ersatztherapie im zurückliegenden Jahrzehnt 20 000 zusätzliche Brustkrebsfälle verursacht hatte. Extrapoliert man von dieser Zahl (entsprechend der Bevölkerungszahl), so erhält man 94 000 zusätzliche Fälle für die Vereinigten Staaten.[309] Oder nehmen wir ein aktuelles Beispiel: Mittlerweile schätzt man, dass bei jedem neunten Kind bzw. Jugendlichen im schulpflichtigen Alter in den USA eine Aufmerksamkeitsdefizit-Hyperaktivitätsstörung (ADHS) diagnostiziert worden ist. Ritalin, das am häufigsten verordnete Präparat, ist wirksam – allerdings sind die langfristigen Nebenwirkungen unbekannt. Wir wissen, dass viele Diagnosen höchstwahrscheinlich falsch sind, da die Diagnoserate für Kentucky (15 Prozent) mehr als dreimal so hoch ist wie für Nevada (vier Prozent), und ein Vergleich der bevölkerungsreichen Bundesstaaten zeigt, dass in Texas (dort leiden angeblich neun Prozent der Kinder unter ADHS) anderthalbmal mehr Fälle diagnostiziert werden als in Kalifornien (sechs Prozent).[310]

Zusammenfassung

In diesem Kapitel haben wir uns mit dem Phishing mit Nahrungsmitteln und Medikamenten befasst. Im Jahr 1906 wurden Nahrungsmittel und Medikamente in den Vereinigten Staaten erstmals bundesweit reguliert. Die fleischverarbeitenden Betriebe durften keine gesundheitlich bedenklichen Fleischprodukte mehr in Verkehr bringen. Aber die Unternehmen haben andere Einsatzgebiete für das Phishing gefunden. Wie im Vorwort erwähnt, werden Krankenschwestern und -pfleger heute durch den übermäßigen Verzehr von Kartoffelchips dick. Sie wissen, was sie kaufen. Die Chips sind in Tüten abgepackt, auf denen sämtliche Nährwertinformationen einschließlich der Zahl der Kilokalorien korrekt angegeben sind. Trotzdem manipulieren die Unternehmen ihre Kunden. Die Kartoffelchips werden mittlerweile gestützt auf wissenschaftliche Erkenntnisse mit optimalen Mengen an Fett und Salz produziert, um den Absatz zu maximieren. Das Phischen von »Dummen« hat eine neue Form angenommen und erfolgt mittlerweile innerhalb der Grenzen der gesetzlichen Vorschriften. Es schöpft die Profitchancen aus. Das ist der Gleichgewichtszustand. Nach wie vor werden ungesunde oder »pseudogesunde« Lebensmittel verkauft. Ähnliche Lehren können wir in Bezug auf Medikamente ziehen. Die Pharmaunternehmen brauchen heute für jedes neue Medikament eine Zulassung durch die FDA und sind darauf angewiesen, dass die Ärzte ihre Produkte verschreiben. Aber die Pharmaunternehmen haben Mittel und Wege gefunden, um die FDA und die Ärzte in subtiler Weise zu manipulieren. Die staatliche Regulierung hat das Phishing nicht beseitigt – weder bei Medikamenten noch bei Lebensmitteln. Sie hat lediglich die Phischer dazu gezwungen, ihre Fangmethoden zu ändern.

Anhang:
Pillen und Preise

Bislang haben wir uns auf die Wirksamkeit und Sicherheit von Medikamenten konzentriert. Aber die Pharmariesen phishen auch noch auf andere Weise »Dumme«: Sie wenden Tricks an, um möglichst höhe Preise für ihre Pillen durchzusetzen. Als Merck Klagen wegen Gesundheitsschäden in Verbindung mit der Vioxx-Einnahme drohten, legten sich die Anwälte des Pharmakonzerns mächtig ins Zeug. Aber sie sind auch sonst sehr aktiv. Die Pharmaunternehmen versuchen, durch Lobbying massiven Einfluss auf den Kongress zu nehmen. Das Center for Responsive Politics (CRP, eine Washingtoner Denkfabrik, die Lobbyismus-Aktivitäten überwacht) erklärt, dass die Pharma-/Gesundheitsprodukte-Industrie zwischen 1998 und 2014 mehr für Lobbyarbeit ausgegeben hat als jede andere Industrie, und zwar fast 50 Prozent mehr als die Versicherungsbranche, die den zweiten Platz auf der Liste des CRP einnimmt.[311] Um nur ein Beispiel zu nennen: Die Urheber des Gesetzes, mit dem Medicare um den Versicherungsschutz für Arzneimittel erweitert worden ist (der Medicare Modernization Act von 2006), meinen es gut mit den Pharmariesen: Die Behörden dürfen keine Rabattverträge mit der Pharmaindustrie aushandeln, um die Preise für Arzneimittel im Interesse der Versicherten zu senken.[312]

Aber die Pharmaunternehmen bedienen sich nicht nur des Lobbying, um hohe Preise für ihre Präparate durchzusetzen. Die meisten Unternehmen sind mit der aus ihrer Sicht unangenehmen Tatsache konfrontiert, dass die Kunden angesichts überhöhter Preise zu Konkurrenzprodukten wechseln. Für die Pharmaunternehmen ist das aus zwei Gründen kein allzu großes Problem. Erstens zahlen die Ärzte, die das Präparat in der Regel auswählen, nicht die Rechnung für die von ihnen verschriebenen Arzneimittel. Ein weiterer Fehlanreiz besteht darin, dass krankenversicherte Patienten (einschließlich derjenigen, die über Medicare versichert sind) in der Regel ebenfalls nicht die Rechnung bezahlen. Dass diese Akteure die Konsequenzen ihrer Entscheidungen nicht selbst tragen müssen, hat zur Folge, dass die Pharmaunternehmen völlig überhöhte Preise fordern können. Alle College-Studenten und ihre Eltern sind mit diesem Phänomen vertraut, wenn auch in einem anderen Zusammenhang. Die Professoren schreiben die Lehrbücher vor, aber es sind die Studenten (und ihre Eltern), die die Rechnung bezahlen. Um nur ein Beispiel zu nennen: Der gegenwärtige Listenpreis für die neueste Auflage des (vorzüglichen) Lehrbuchs von Gregory Mankiw, *Principle of Economics*, liegt bei 361,95 Dollar. (Bei Amazon bekommt man es ein bisschen billiger, nämlich für 315,15 Dollar.)[313]

7

Innovation: Der Gute,
der Böse und der Hässliche

Würde die gegenwärtige Wirtschaftstheorie als Musik geschrieben, so wäre sie in C-Dur. Sie ist ein Loblied auf den Markt. Der Zweck dieses Buchs ist es, auch die wirtschaftlichen Misstöne zu Tage zu fördern. Das Wissen um die Vorzüge des freien Markts sollte uns nicht blind für seine Mängel machen. Uns schwebt eine Wirtschaftstheorie in Moll vor, die mehr Symphonie *Aus der neuen Welt* als Halleluja-Chor ist. In den vorangegangenen Kapiteln haben wir uns Beispiele dafür angesehen, wie das Phishing ein ansonsten vorteilhaftes wirtschaftliches Gleichgewicht durcheinanderbringt. In diesem Kapitel werden wir diese Erkenntnis in einem neuen Kontext anwenden und uns ansehen, wie sich das Phishing auf die Deutungen des Wirtschaftswachstums durch die Wirtschaftswissenschaft auswirkt. Als Erstes werden wir kurz die gegenwärtig dominierende Theorie des Wirtschaftswachstums beschreiben, um uns anschließend anzusehen, warum diese Theorie auch das Phischen nach »Dummen« berücksichtigen sollte.

Die Grundlagen des Wirtschaftswachstums

Der herkömmlichen Wirtschaftslehre zufolge bietet der freie Markt zu jedem Zeitpunkt große Vorteile, da er den Marktteilnehmern die Wahl zwischen einer Vielzahl von Optionen gibt. In der heutigen globalisierten Wirtschaft können die meisten erwachsenen Erdbewohner – wenn auch nur indirekt – Handel miteinander treiben. Das Ergebnis ist eine Vielzahl von Optionen, da es rund 25 000 000 000 000 000 000 (25 Trillionen) mögliche Paarungen von erwachsenen Käufern und Verkäufern gibt.[314] Aber der freie Markt hat noch eine weitere und vermutlich bedeutsamere Dimension: Neue Ideen, die zu neuen Produkten und Dienstleistungen führen, erhöhen im Lauf der Zeit die Zahl der möglichen Optionen der Marktteilnehmer noch weiter. Auf dem freien Markt werden selektiv solche neuen Produkte und Dienstleistungen eingeführt, mit denen Gewinne erzielt werden können. Hätten alle erwachsenen Menschen im Lauf des vergangenen Jahrhunderts jeden Monat eine neue Idee gehabt, so wären das mehr als drei Billionen neue Ideen gewesen.[315] Dies hat gewaltige Auswirkungen: Im Lauf eines Menschenlebens in einem typischen entwickelten Land wird die Pro-Kopf-Produktion um das Sechsfache steigen.[316] Ältere Rentner in den Vereinigten Staaten kamen in einem Land zur Welt, das ärmer war als das heutige Mexiko.[317]

Die Ökonomen beschäftigten sich jahrzehntelang mit der Frage, inwieweit neue Ideen das Wirtschaftswachstum antreiben. Im Jahr 1957 wurde ihre entscheidende Rolle anhand einer gleichermaßen einfachen und brillanten Berechnung definitiv bewiesen. Robert Solow, ein 32-jähriger Ökonom am MIT, nahm sich ein Beispiel an Sherlock Holmes, um die Frage zu klären: Er schloss den anderen Hauptverdächtigen aus.

Bevor Solow seine Berechnung anstelle, wussten die Ökonomen nicht, wie sie die Quellen des Wirtschaftswachstums gewichten sollten. Die Erhöhung der Arbeitsproduktivität (das heißt der Anstieg der Produktion pro Personenstunde) konnte auf neue Erfindungen (auf den »technischen Wandel«) oder auf einen Anstieg des »Kapitals« (z. B. Maschinen, Anlagen usw.) zurückzuführen sein.[318] Mit der einfachen Annahme, dass die Kapitalerträge dem Beitrag des Kapitals zur Produktion entsprechen, konnte Solow den Anteil des Produktivitätszuwachses berechnen, der dem Wachstum des Kapitals zuzuschreiben war. Wie sich herausstellte, lag dieser Anteil für die Vereinigten Staaten in den Jahren 1909 bis 1949 lediglich bei einem Achtel. Die übrigen sieben Achtel mussten also dem anderen Verdächtigen zuzuschreiben sein: den neuen Ideen. Solow erklärte, dieses »Residuum« sei auf den »technischen Wandel« zurückzuführen.[319]

Diese hübsche kleine Berechnung veränderte die Vorstellung der Ökonomen vom wirtschaftlichen Fortschritt für immer. Die Annahme, ein Anstieg des Lebensstandards sei in erster Linie auf immer mehr und größere Fabriken zurückzuführen, in denen die Arbeiter unter furchtbaren Bedingungen schufteten (die Textilfabriken in Manchester im 19. Jahrhundert oder die heutigen Textilfabriken in Bangladesch), galt nicht mehr. Solows Modell schuf die Grundlage für eine neue Vorstellung von den Quellen des Wirtschaftswachstums. Zu der Zeit, als er seine Berechnung anstellte, das heißt in den fünfziger Jahren, kam diese Vorstellung in Sätzen wie dem Motto von DuPont zum Ausdruck: »Bessere Dinge für ein besseres Leben ... dank der Chemie.« Für spätere Generationen war Silicon Valley der Inbegriff dieser Entwicklung, ein Name, der zweieinhalb Jahrzehnte nach Solows Entdeckung auftauchen sollte. Gemäß dieser Vorstellung verdanken wir der freien Marktwirtschaft nicht nur den gegenwärtigen Überfluss an Gütern und Dienstleistungen, die von Menschen abhängig von ihrem komparativen Wettbewerbsvorteil ausgetauscht werden, sondern auch einen unablässig wachsenden Überfluss dank der Anwendung neuer Ideen.

Solow-Residuum und Phishing

Solows Berechnung und die Schlüsse, die er daraus zog, enthalten zweifellos viel Wahres. Aber es ist auch eine Halleluja-Theorie, in der die Unschuld der fünfziger Jahre zum Ausdruck kommt. Mittlerweile nehmen die Amerikaner und der Großteil der Welt außerhalb der Wirtschaftswissenschaften eine skeptischere Haltung ein. Die amerikanische Geschichte hat stets eine dunklere Seite gehabt: insbesondere die Behandlung der amerikanischen Ureinwohner, der Afroamerikaner, der Hispanics, der asiatischen Amerikaner, der Frauen und der Homosexuellen. Am Anfang dieses Kapitels haben wir die Symphonie *Aus der neuen Welt* erwähnt. Ihr Schöpfer Antonín Dvořák flocht darin Themen aus Spirituals und indianischen Tänzen ein, und das tat er mit Absicht.[320] Die amerikanische Geschichte ist kein unablässiges Crescendo mehr, das mit der Debatte zwischen Nixon und Chruschtschow im Jahr 1959 und der Überlegenheit der amerikanischen Küchen gegenüber den sowjetischen endet.

Das bringt uns zurück zu einer kleinen, aber falschen Ableitung aus dem Solow-Modell. Es ist ein Irrtum, dass der Fortschritt in erster Linie auf neuen Ideen beruht, und es ist auch falsch, dass neue Ideen zwangsläufig zu wirtschaftlichem Fortschritt führen. Dieser Schluss ist natürlich, solange die Ideen als rein technologisch verstanden werden: Sie machen es möglich, mit geringerem Arbeitseinsatz mehr zu produzieren. Aber nicht alle Ideen betreffen Dinge, so wie auch nicht unser gesamtes Denken Dingen gilt. Viele unserer Ideen, möglicherweise sogar unsere zentralen Gedanken, betreffen unsere Mitmenschen. Der geistig gesunde Mensch besitzt die subtile Fähigkeit, Annahmen bezüglich der Gedanken anderer anzustellen: Er hat eine Theory of Mind. Diese Fähigkeit zählt zu den faszinierendsten Merkmalen des menschlichen Wesens. Sie begründet unser gegenseitiges Mitgefühl.

Aber unsere Theory of Mind hat auch eine dunkle Seite: Sie versetzt uns in die Lage, herauszufinden, wie wir andere Menschen dazu verleiten können, Dinge zu tun, die in unserem, aber nicht in ihrem eigenen Interesse sind. Das führt dazu, dass viele neue Ideen nicht einfach technologischer Natur sind. Sie dienen nicht dazu, Dinge hervorzubringen, die gut für mich und gut für dich sind. Stattdessen nutzen sie die Theory of Mind, um Dinge hervorzubringen, die gut für mich, aber schlecht für dich sind. Beispiele für solche neuen Ideen haben wir in den bisherigen Kapiteln dieses Buchs gesehen. Beispielsweise haben wir die Spielautomaten in Las Vegas gesehen, die so gestaltet sind, dass sie die Spieler abhängig machen. Wir haben gesehen, wie die Ratingagenturen verfaulte »Avocados« (minderwertige Derivate) mit dem Triple-A auszeichnen, wie der Mann im Hathaway-Hemd verkauft wird, wie der Senator seinen Rasen mäht und wie der Hundewelpe strategisch im Schaufenster platziert wird.

Das bedeutet, dass unsere Vorstellung vom wirtschaftlichen Fortschritt nicht so unzweifelhaft ist, wie sie scheint. Die Indikatoren für das Wirtschaftswachstum (zum Beispiel das Pro-Kopf-Einkommen) mögen den wirtschaftlichen Wandel richtig widerspiegeln, aber dieser Wandel ist nicht zwangsläufig ein Wandel zum Besseren. Es war lediglich eine den Denkmustern seiner Zeit entsprechende unausgesprochene Annahme, dass Solows Residuum Aufschluss über den »technischen Fortschritt« gab. Heute müssen wir das Wirtschaftswachstum mit größerer Vorsicht betrachten und in einen größeren Kontext einordnen.

Es folgen drei Beispiele, die zeigen, dass nicht alle Erfindungen, die uns zusätzliche Wahlmöglichkeiten eröffnen, gut für uns sind und dass einige Erfindungen neben dem Nutzen auch Schaden verursachen.

Drei Erfindungen

FACEBOOK. Zu den größten Vorzügen des elektrischen Lichts zählt der Schalter: Er gibt uns die Möglichkeit, das Licht nach Bedarf ein- und auszuschalten. Auch Facebook kann immer abgeschaltet werden, aber nach Aussage der Studenten, die wir an der Universität Yale befragten, mangelt es den Benutzern oft an der dazu erforderlichen geistigen Disziplin, selbst wenn ihnen bewusst ist, dass sie ohne Facebook glücklicher wären.

Alle Interviews verliefen sehr ähnlich. Die Befragten erklärten ihre Gründe für die Verwendung von Facebook. Sie nutzten es nur, »um mit Freunden zu sprechen«. Sie sammelten »Information«. Aber nach einer Weile tauchten wie in einem Drama von Ibsen in einem Crescendo intensivere Emotionen zu Tage: Die Beziehung dieser Studenten zu Facebook war eine Hassliebe. Der vorrangige Zweck des Onlinedienstes bestand nicht, wie zunächst behauptet, darin, Kontakt zu Freunden zu halten, sondern Facebook verschaffte den Benutzern auch Zugang zur »Geborgenheit eines Alternativuniversums«. Dort fanden sie eine soziale Bestätigung, die ihnen andernorts vorenthalten wurde.

Das Leben der Studenten in Yale ist vom Wettbewerb geprägt. Beispielsweise erklärte ein für die Aufnahme zuständiger Mitarbeiter den Erstsemestern des Jahres 2009, es hätten sich derart viele begabte Studenten beworben, dass man zwei Jahrgänge daraus hätte machen können. Daher haben selbst jene, die Aufnahme an dieser Eliteuniversität finden, weiterhin ein Bedürfnis nach Anerkennung. Es kann durchaus sein, dass die Flucht in ein virtuelles Alternativuniversum, in dem eine andere Währung des Respekts gilt – die »Likes« der Facebook-Freunde –, unter diesen Bedingungen eine gesunde Anpassungsreaktion ist.

Aber diese Reaktion ist auch der Grund für die Hassliebe zu

Facebook. Einer unserer Befragten erklärte uns: »Du kannst nicht unentwegt Fotos von deinem Hund posten, weil das langweilig ist. Du wirst besessen von dem Wunsch, lustig oder aufregend oder außergewöhnlich attraktiv zu sein.« Eine Studentin sehnte sich nach der »guten alten Zeit« (die ein oder zwei Jahre zurücklag), nach einer Zeit, in der »Likes« noch nicht das Leben beherrschten. Sie beklagte sich über das aufreibende Buhlen um diese Anerkennung.

Wir hörten auch von einer weiteren Facette von Facebook. Es ging darum, wie der Dienst vor den Tagen der »Likes« benutzt worden war. Eine der Studentinnen erzählte uns, dass die Nutzer nur ihre besten, beneidenswertesten Augenblicke posten. Aber das erschwerte ihr die Bestätigung. »In Augenblicken wie diesen hasse ich Facebook – wenn ich im winterlichen New Haven bin und sich alle anderen an sehr viel sonnigeren Orten aufhalten. [...] Ich möchte wegschauen, aber ich kann nicht anders, als mir die Fotos der Leute am Strand anzusehen und ihr Leben mitzuleben.«

Die Ergebnisse unserer Interviews in Yale decken sich mit denen einer Umfrage unter Studenten der Humboldt-Universität zu den »Emotionen von Facebook-Usern«. Auf die Frage, warum die Nutzung von Facebook für *andere* »frustrierend oder ermüdend« sein könne, nannten etwa drei Viertel jener 86 Prozent, die diese Frage beantworteten, soziale Gründe, darunter »Neid«, »zu wenige Likes«, »soziale Isolation« und »Nichteinladung« zu Veranstaltungen. Die Tatsache, dass 30 Prozent Neid als Grund nannten, fällt besonders auf angesichts der geringen Bereitschaft der Befragten, sich dazu zu äußern, was *sie selbst* in Bezug auf ihren letzten Besuch bei Facebook empfanden: Nur ein Prozent gab zu, selbst neidisch gewesen zu sein.[321]

Ist Facebook gut oder schlecht? Es erlaubt den Benutzern nur, »Gefällt mir« zu sagen, nicht jedoch »Gefällt mir nicht«. Es sind also nur positive Bewertungen möglich. Es fällt auf, dass keiner der von uns befragten Studenten erwähnte, dass es ihm gefiel, seinen Facebook-Freunden »Likes« zu geben. Aber jedes »Gefällt mir« bei Facebook ist ein Akt der Großzügigkeit: Sowohl diejenigen, die es verleihen, als auch die Empfänger beziehen Würde und Respekt daraus. Die Teilnehmer an unserer Umfrage erklärten auch, das virtuelle Universum von Facebook interagiere mit der Realität, und zwar normalerweise positiv. Ihre Facebook-Freunde waren mehrheitlich auch Freunde in der Wirklichkeit. Tatsächlich trägt das Bedürfnis nach wirklicher Freundschaft auch wesentlich zur Beliebtheit von Facebook bei. Wenn alle meine Freunde auf Facebook posten, schließe ich mich aus, wenn ich darauf verzichte. Es ist, als würde ich nicht zu einer Party gehen, bei der sich alle meine Freunde versammeln werden.

Aber Facebook hat eben auch eine Schattenseite (die in unseren Interviews sowie in der Umfrage der Humboldt-Universität zum Vorschein kam). Wenn die negativen Aspekte in den Vordergrund treten, kommt noch eine weitere Innovation ins Spiel: Robert Morris und Daniel McDuff, zwei Medienstudenten am MIT, haben eine als »The Pavlov Poke« bezeichnete Anwendung entwickelt, mit der der Computer darauf programmiert werden kann, dem Benutzer einen Stromstoß zu versetzen, wenn er zu lange auf Facebook bleibt.[322]

ÜBERALL RANGLISTEN. Ein weiteres Beispiel für Innovation (ein Ökonom würde vielleicht von »technischem Wandel« sprechen) liefert die Methode, die United Airlines entwickelt hat, um seine Passagiere in die Flugzeuge zu treiben. Im Geist eines Herzogtums des 19. Jahrhunderts hat die Fluglinie eine Vielzahl von Ehren und Statuskategorien eingeführt. In einer großen Maschine hängt die Aufforderung zum Boarding nicht nur davon ab, in welcher Klasse man fliegt (erste Klasse, Business Class, Economy Plus oder Economy)[323], sondern auch vom »Elite«-Status, den man bei der Fluglinie genießt: Global

Services, 1K, Premier Platinum, Premier Gold oder Premier Silver. United hat entdeckt, dass sich hier eine ausgezeichnete Gelegenheit bietet, nach »Dummen« zu phischen, denn die Menschen sind süchtig danach zu wissen, welchen Platz sie selbst und andere in einer Rangordnung einnehmen. Die Fluglinie kann sich zurücklehnen und ihren Kunden dabei zusehen, wie sie durch den Reifen springen, Vielfliegermeilen sammeln und United Airlines Visakarten kaufen, um sich einen der »Elite«-Ränge zu sichern, die sich das Unternehmen ausgedacht hat.

Wir erkennen im Boarding des Flugzeugs einen Roz Chast-Moment. Zur Erinnerung: Roz Chast ist jene Karikaturistin des *New Yorker*, die Figuren mit lustigen Gesichtsausdrücken zeichnet und durch Sprechblasen ergänzt, die Aufschluss darüber geben, was wirklich in ihrem Kopf vorgeht. Wir würden gerne die Sprechblasen dieser Global Service/First Class-Passagiere in einem von Chasts Comics sehen. Was würden diese Leute wohl über ihre Mitreisenden denken, die an ihnen vorbei in den hinteren Teil des Airbus geschleust werden? Und umgekehrt würden wir gerne die Gedanken in den Sprechblasen der Nicht-Eliten sehen. Einige Interviews – wiederum mit Yale-Studenten – haben unsere Vermutungen bezüglich des Inhalts dieser Sprechblasen bestätigt. Eine der Befragten brachte es selbstkritisch auf den Punkt: »Wenn ich einmal in der Business Class fliege, bilde ich mir etwas darauf ein, zuerst an Bord gehen zu dürfen.«[324]

Natürlich haben die Ranglisten, die über die Sitzvergabe in Flugzeugen entscheiden, keinerlei Bedeutung. Aber der Journalist Nicholas Lemann schrieb vor 15 Jahren ein Buch über verschiedene Rankings, die sehr wohl Konsequenzen haben: Dies sind die Einstufungen anhand des Hochschuleignungstests SAT (Scholastic Aptitude Test) des Educational Testing Service (ETS).[325] In den dreißiger und vierziger Jahren des vergangen Jahrhunderts genügten der Besuch einer Hochschul-

vorbereitungsschule wie Exeter oder Groton und ein Haus in
Beacon Hill in Boston, um in Harvard Aufnahme zu finden.
Doch die Reformer jener Zeit gründeten den ETS und setzten den SAT-Eignungstest durch, um einer größeren Gruppe
von Studenten die Chance auf ein Studium zu eröffnen. Sie
wollten der »Intelligenz« einen größeren Stellenwert sichern
und glaubten, sie anhand eines solchen Tests messen zu können.[326] Ihre Innovation setzte sich durch. In Lemanns Augen
haben diese Einstufungen den sozialen Status der Eltern ersetzt, gleichzeitig jedoch neue Probleme heraufbeschworen.
Eine neue »Meritokratie« hat die Lücke gefüllt. Wo jemand
landet und sogar welches Gehalt er verdient, hängt zuneh-
mend davon ab, ob er einen Hochschulabschluss hat. Ohne
einen solchen Abschluss hätten die Abraham Lincolns, Harry
Trumans oder Sidney Weinbergs unter uns heute kaum noch
eine Chance. Der SAT-Test selbst hat entscheidenden Einfluss
darauf, ob ein junger Mensch studieren kann und welche Universität er besuchen wird. Und die Ranglisten sind mittlerweile allgegenwärtig in der Bildung. Schon die Kinder werden
eingestuft und müssen sich in einem Wettbewerb behaupten,
den die Ökonomen Garey Ramey und Valerie Ramey als
»Windelrennen« bezeichnen.[327] Und auch nach dem Schulabschluss und der Hochschulzulassung wird die Bildung von
Rankings beherrscht. Es gibt Ranglisten der Universitäten.[328]
Die Studenten an diesen Universitäten werden eingestuft (vor
allem, wenn sie eine wissenschaftliche Laufbahn anstreben).
Die Zeitschriften, in denen ihre Professoren publizieren, werden eingestuft.[329] Und die Professoren werden abhängig davon eingestuft, wo und wie oft sie Arbeiten veröffentlichen.[330]
  Diese Ranglisten wirken sich aus. Sie geben den Studenten
einen Anreiz, gezielt für den Test zu lernen, sie geben den
Lehrern einen Anreiz, mit Blick auf den Test zu unterrichten,
und sie geben den Professoren einen Anreiz, sich in ihrer For-
schungsarbeit nach den »Erfordernissen« der Zeitschriften

zu richten. Aber diese gravierenden Verzerrungen sind noch nicht das größte Problem, das die Ranglisten verursachen. Womit wir wieder bei den Sprechblasen von Roz Chast sind, wenn jene, die in der Rangliste ganz oben stehen, auf die herabschauen, die einen niedrigeren Rang einnehmen. Wir glauben, einen Nebeneffekt dieser »Selbstgefälligkeit« beobachten zu können. Wir erinnern uns beide daran, dass United Airlines früher Familien mit Kindern zuerst an Bord gehen ließ. Aber für die Höflichkeit, die man Mitreisenden schuldet, scheint es eine neue Norm zu geben: Im April 2012 änderte United seine Praxis und verzichtete fortan darauf, Familien gegenüber besondere Rücksicht walten zu lassen.[331]

Wie bei Facebook haben wir gemischte Gefühle in Bezug auf die Ranglisten im Bildungswesen. Wir ziehen eine Gesellschaft, in der der Zugang zur Bildung von den Fähigkeiten abhängt, einer Gesellschaft vor, in der die Auslese in erster Linie vom sozialen Status der Eltern abhängt. Aber wir haben Vorbehalte gegenüber einem Bildungsestablishment, das die Menschen in eine Rangliste einordnet und einem Teil von ihnen den Status der »Elite« verleiht, die den »Nachrangigen« keinen Respekt entgegenbringen. Diese Zwiespältigkeit zieht sich durch das gesamte Buch. Mögen wir den freien Markt? Ja, aber.

DIE ZIGARETTENROLLMASCHINE. Bizets Oper *Carmen* spielt um das Jahr 1820 in Sevilla. Die Hauptfigur Carmen arbeitet in einer Zigarettenfabrik.[332] Wäre die Geschichte 80 Jahre später geschrieben worden, so würde Carmen vermutlich einer anderen Arbeit nachgehen, denn in den achtziger Jahren des 19. Jahrhunderts erfand James Bonsack aus Virginia eine mechanische Maschine, die den Arbeitsaufwand für die Erzeugung von Zigaretten deutlich verringerte.[333] Im nächsten Kapitel werden wir uns mit den negativen Auswirkungen dieser Erfindung auf die menschliche Gesundheit befassen.

8

Tabak und Alkohol

Wenn das Phischen nach »Dummen« irgendwo bedeutsam ist, dann im Geschäft mit den vier großen Süchten: Alkohol, Tabak, Drogen und Glücksspiel. Ein Süchtiger ist jemand, auf dessen Schulter ein spezieller Affe sitzt, der ihn von Dingen überzeugt, die seinen eigentlichen Vorlieben nicht entsprechen. Je mehr der Süchtige davon konsumiert, desto notwendiger scheint der Konsum dem Affen.[334]

In diesem Kapitel werden wir uns mit den unterschiedlichen Karrieren von Tabak und Alkohol beschäftigen. Mittlerweile gilt es als dumm zu rauchen, und das anscheinend auch unter Rauchern, denn 69 Prozent der erwachsenen amerikanischen Tabaksüchtigen wollen sich aus dieser Abhängigkeit befreien.[335] Hingegen heißt es, Alkohol sei in Maßen genossen gut für die Gesundheit. Sehen wir uns an, wie es dazu gekommen ist, dass der Tabak in Ungnade gefallen ist, während der Alkohol seinen guten Ruf bewahrt hat.

Rauchen und Gesundheit

Wenn wir eine Weile zurückgehen – sagen wir, in die zwanziger, dreißiger und vierziger Jahre des vergangenen Jahrhunderts –, so stellen wir fest, dass Rauchen damals als elegant galt. Raucher waren sexy, Raucher waren cool. Eine berühmte Chesterfield-Werbung zeigt, welches Bild sich die Öffentlichkeit vom Rauchen machte: Ein eleganter Mann und eine glamouröse Frau sitzen in romantischer Atmosphäre an einem

Strand. Er zündet sich eine Zigarette an. Der Text dazu: »Blas ein wenig in meine Richtung.«[336] Aber dann passierte etwas. Seit die Europäer den Tabak im 16. Jahrhundert in der Neuen Welt für sich entdeckt hatten, gab es Zweifel daran, dass er gesund war.[337] Aber erst Mitte des 20. Jahrhunderts tauchten eindeutige statistische Beweise dafür auf, dass er schädlich war. Dass die Antwort so spät kam, lag an einer neuen Erfindung. Im 19. Jahrhundert wurden zwar schon Pfeifen und Zigarren geraucht, aber der Tabak wurde vor allem gekaut und dann ausgespuckt. Dafür gab es die Spucknäpfe. Dann wurde um 1880 eine Maschine zum automatischen Rollen von Zigaretten erfunden. Im Jahr 1900 spielte die Zigarette noch keine Rolle in der Tabakindustrie, denn die Amerikaner rauchten im Durchschnitt nur 49 Zigaretten pro Jahr. Im Jahr 1930 war der Pro-Kopf-Konsum auf 1365 Zigaretten gestiegen, im Jahr 1950 waren es bereits 3322 Stück.[338] Dieser Anstieg ging mit einer epidemischen Ausbreitung des Lungenkrebses einher. Im Jahr 1930 starben weniger als 3000 Amerikaner an Lungenkrebs; bis 1950 stieg die Zahl auf 18 000.[339]

Ende der vierziger Jahre entwickelten zwei Forscherteams – eines in den Vereinigten Staaten und eines in England – eine einfache Methode, um festzustellen, welchen Beitrag das Rauchen zu dieser Epidemie leistete: Sie verglichen den Zigarettenkonsum von Lungenkrebspatienten mit dem Konsum einer Kontrollgruppe. In den Vereinigten Staaten untersuchten Evarts Graham und Ernst Wynder eine Stichprobe von 684 Lungenkrebspatienten und Vergleichspatienten in Krankenhäusern. Graham, der an der Medical School der Washington University in St. Louis arbeitete, hatte als erster Chirurg mit Erfolg bei einem Krebspatienten einen Lungenflügel entfernt, Wynder war ein ehrgeiziger Medizinstudent.[340] Die beiden verglichen die Rauchgewohnheiten der Patienten mit Lungenkrebs mit denen einer Stichprobe männlicher

Krankenhauspatienten, die bis auf die Krankheit überein-
stimmende Merkmale aufwiesen, und stellten fest, dass die
Personen in der nicht an Krebs erkrankten strukturgleichen
Stichprobe mit einer um das 7,5-Fache erhöhten Wahrscheinlichkeit überhaupt nicht oder nur selten rauchten.[341] Graham
hatte ursprünglich bezweifelt, dass der Zigarettenkonsum
tatsächlich Lungenkrebs verursachte (er fragte sich, warum
der Krebs normalerweise auf einen Lungenflügel beschränkt
war, obwohl der Rauch in beide Flügel inhaliert wurde), und
hatte sich nur an der Studie beteiligt, weil Wynder beharrlich
darauf drängte.[342] Als er die Ergebnisse der Studie sah, gab er
das Rauchen selbst auf und schloss sich dem Kampf gegen
den Tabak an.[343]

In der Zwischenzeit gelangte auf der anderen Seite des At-
lantiks ein weiteres Paar von Alt und Jung – A. Bradford Hill,
Professor für medizinische Statistik an der London School of
Hygiene and Tropical Medicine, und Richard Doll, ein junger
Epidemiologe – zu ähnlich eindeutigen Ergebnissen beim
Vergleich von aufeinander abgestimmten strukturgleichen
Stichproben von Patienten Londoner Krankenhäuser. Bei den
Patienten, die mehr rauchten, war die Wahrscheinlichkeit,
der Lungenkrebsgruppe (statt der gepaarten Stichprobe) an-
zugehören, systematisch erhöht.[344] Graham und Wynder ver-
öffentlichten ihre Ergebnisse im *Journal of the American Medical
Association*, Hill und Doll im *British Medical Journal*. Man schrieb
das Jahr 1950.

Innerhalb kürzester Zeit tauchten nicht epidemiologische
Daten auf, die auf biologische Zusammenhänge hinwiesen.
Als Graham, Wynder und ihre Forschungskollegin Adele Croninger Mäusen Zigarettenteer auf den Rücken schmierten,
entwickelten 59 Prozent der Tiere Läsionen und 44 Prozent
vollkommen ausgebildete Karzinome.[345] Keine einzige Maus
in der Kontrollgruppe war davon betroffen. Oscar Auerbach
und seine Kollegen obduzierten die Lungen von Rauchern

und Nichtrauchern und stellten fest, dass Vorstufen von Lungenkrebs bei den Rauchern häufiger waren.[346] Die Tabakindustrie suchte nach einer Antwort auf diese schlechten Nachrichten. Die fünf größten amerikanischen Tabakunternehmen verstanden sich darauf, Bilder zu erzeugen. Sie hatten stets die Besten aus der Werbebranche engagiert, um ihr Produkt ins richtige Licht zu rücken. (Unsere beiden Freunde Lasker und Ogilvy zählten zu ihren Auftragnehmern, aber Lasker schloss sich in den vierziger Jahren dem Kampf gegen den Krebs an,[347] und als der Zusammenhang zwischen Rauchen und Krebs klar wurde, entschloss sich Ogilvy, keine Werbung für Zigaretten mehr zu machen.[348]) Also wandten sich die führenden Tabakunternehmen an die PR-Firma Hill and Knowlton.[349] Das Unternehmen sollte sich eine neue Geschichte ausdenken, die ins Bewusstsein der Öffentlichkeit eingepflanzt werden sollte, die von den führenden medizinischen Fachzeitschriften darüber aufgeklärt wurde, dass es Belege für den Zusammenhang zwischen Rauchen und Krebs gab.

Die Industrie konnte die Tatsache nicht bestreiten, dass bei Lungenkrebspatienten die Wahrscheinlichkeit, dass sie rauchten, sehr viel höher war als bei der strukturgleichen Kontrollgruppe, und sie konnte wenig gegen die wissenschaftlichen Belege vorbringen, die einen Zusammenhang zwischen Zigarettenteer und Krebs zeigten. Also folgten die Tabakunternehmen dem Rat von Hill and Knowlton und wählten die nächstbeste Lösung: Sie weckten Zweifel. So wie der Finanzier Michael Milken erkannte, dass es der Öffentlichkeit schwerfallen würde, zwischen zwei Arten von Junk Bonds zu unterscheiden (dazu mehr in Kapitel 10), erkannte die Tabakindustrie, dass es der Öffentlichkeit schwerfallen würde, einen »Wissenschaftler« von einem anderen zu unterscheiden. Graham, Wynder, Hill, Doll, Croninger, Auerbach und andere hatten aufschlussreiche Fakten vorgelegt.

Aber die Tabakunternehmen wussten, dass sie andere »Wissenschaftler« (vor allem Wissenschaftler, die Raucher waren) finden konnten, die darauf beharren würden, dass es keinen »über jeden Zweifel erhabenen« Beweis für den Zusammenhang zwischen Rauchen und Krebs gab. Also gründeten sie eine unabhängige Forschungseinrichtung, die vom unabhängigen Tobacco Institute Research Committee (TIRC) betrieben und von einem unabhängigen wissenschaftlichen Beirat (dem Scientific Advisory Board, SAB) beaufsichtigt wurde.[350]

Die Tabakriesen hatten nicht einfach Glück, als sie den Leiter des SAB auswählten, der auch der wissenschaftlich Leiter des TIRC wurde. Es lohnt sich, einen Blick auf den Charakter und die berufliche Laufbahn des Mannes zu wählen, für den sich die Tabakindustrie nach sorgfältiger Erwägung entschied, denn diese Auswahl zeigt uns, welche Strategie die Industrie verfolgte, um Zweifel zu wecken. Clarence Little war tatsächlich ein herausragender Wissenschaftler. Als Student hatte er durch Inzucht eine einheitliche Linie von Ratten produziert. Sein Interesse an der Genetik war schon früh erwacht, als sein Vater, der einer vornehmen Bostoner Familie entstammte und sich frühzeitig aus dem Berufsleben zurückgezogen hatte, um Hunde zu züchten, seinem dreijährigen Sohn ein paar Tauben für die Zucht geschenkt hatte.[351] Clarence nutzte sein Talent auch an der Universität und paarte Mäusegeschwister. An der Graduiertenfakultät und später an der Universität Harvard machte er sich einen Namen als Produzent von Mäuseinzuchtlinien. Seine bedeutsamste Entdeckung war, dass es möglich war, Tumore von Mäusen aus Inzuchtlinien in Hybridmäuse zu transplantieren, während die Transplantation in die andere Richtung unmöglich war.[352] Als die Tabakunternehmen Little entdeckten, begriffen sie, dass sie einen Mann gefunden hatten, der »wusste«, dass Krebs vererbbar war. Daraus folgte: So viele epidemiologi-

sche Belege es auch dafür geben mochte, Krebs *konnte nicht*
durch Rauchen verursacht werden. Er war einfach das Ergebnis einer unglücklichen genetischen Prädisposition. Littles
politische und gesellschaftliche Haltung entsprach dieser
Vorstellung von der Wissenschaft: Er glaubte an die Eugenik
(»missratene« Exemplare sollten sterilisiert werden) und war
unter anderem in den Jahren 1928/29 Präsident des Race Bet-
terment Congress gewesen.[353]

Little, der dank seines administrativen Geschicks auch Prä-
sident der University of Maine und später der University of
Michigan geworden war, war genau der richtige Mann für die
Tabakindustrie. Er glaubte wirklich, was er sagte. Trotz aller
Beweise war er fest davon überzeugt, dass nicht »bewiesen«
sei, dass der Zigarettenkonsum Krebs verursachte.[354] Little
hielt weitere Forschung für nötig, aber die vom Tobacco Institute unter seiner Leitung finanzierten Studien berührten den
Zusammenhang zwischen Zigarettenteer und Krebs nicht.
Und der Mann war ein Energiebündel: Er tat seine Ansichten
häufig, lautstark und auf unvergessliche Art kund; beispielsweise erklärte er als Präsident der University of Michigan, an
den Universitäten seien »einige der herausragendsten Faulen-
zer in Amerika« tätig.[355]

Mit einem solchen Sprecher und gleichgesinnten Kollegen
bei SAB und TIRC kreierte Hill and Knowlton eine neue Geschichte über die Beziehung zwischen Rauchen und Gesundheit: Die Argumentationslinie der Tabakindustrie lautete
nun, dass es eine »wissenschaftliche Kontroverse« darüber
gebe, ob der Zigarettenkonsum Krebs verursache. Der Ent-
hüllungsjournalist Edward R. Murrow von CBS drehte zwei
Sendungen über diese »Kontroverse« und interviewte sowohl
Little als auch Wynder. So solide die Belege dafür sein mochten, dass die Erde eine Kugel war (dass das Rauchen Krebs
verursacht), im Fernsehen verkaufte es sich gut, dieser Theorie jene der Erde als Scheibe (das Rauchen verursacht keinen

Krebs) gegenüberzustellen. Und Murrow rauchte während der Sendungen Zigarren.

Vor diesem Hintergrund erschien im Jahr 1964 ein historisches Dokument: der Bericht des Surgeon General, des Leiters des amerikanischen Gesundheitsdienstes. In dem Dokument wurde die »Kontroverse« angesprochen – und klargestellt, dass es keine Debatte geben konnte. Im Klartext war die offizielle Position der amerikanischen Regierung, dass es dumm war zu rauchen. In den amtlichen Sprachgebrauch übersetzt, las sich dieses Urteil so: Der Surgeon General ist zu dem Schluss gelangt, dass das Rauchen Ihre Gesundheit gefährdet.[356]

John F. Kennedys Surgeon General Luther Terry hatte einen beratenden Ausschuss eingerichtet, der den Zusammenhang zwischen Rauchen und Gesundheit untersuchen sollte. Der Bericht stammte eigentlich von diesem Ausschuss, was auch in seinem offiziellen Titel zum Ausdruck kam: »Rauchen und Gesundheit: Bericht des Beratenden Ausschusses des Surgeon General.«[357] In dem Bericht wurden nicht nur die wissenschaftlichen Belege für den Zusammenhang zwischen Krebs und Zigarettenkonsum ausgewertet, sondern der Ausschuss war deutlich über alle bisherigen epidemiologischen Studien wie jene von Graham/Wynder und Hill-Doll hinausgegangen.

In dem Bericht wurden die Resultate von sieben verschiedenen Studien aus den Vereinigten Staaten, Kanada und Großbritannien über Rauchen und Sterblichkeit miteinander verknüpft. In diesen Studien waren die Rauchgewohnheiten von insgesamt 1 223 000 Personen untersucht worden. In jeder dieser Studien waren die Raucher mit gleichartigen Kontrollgruppen verglichen worden, die nicht rauchten. Insgesamt 26 223 der erfassten Raucher waren gestorben, und die Forscher hatten die Sterbeurkunden ausgewertet, um die Todesursache festzustellen. Anschließend rech-

neten sie aus, wie viele Raucher gestorben wären, wenn ihre
Mortalitätsrate abhängig von Krankheit und Alter genauso
hoch gewesen wäre wie bei den Nichtrauchern. Das waren
sehr viel weniger Menschen, nämlich 15 654. Um es mit den
Worten der Autoren des Berichts zu sagen: Die Raucher
hatten eine »überschüssige Mortalität« von 68 Prozent.[358]
Und diese überschüssige Mortalität war nicht nur, wie man
hätte meinen können, bei Lungenkrebs, wo das Verhältnis
zwischen tatsächlichen und zu erwartenden Todesfällen
10,8 zu 1 betrug, oder bei Bronchitis und Emphysemen (6,1
zu 1) zu beobachten. Es war bei sämtlichen Krankheiten zu
beobachten. Beispielsweise lag das Verhältnis bei der koro-
naren Herzkrankheit bei 1,7 zu 1. Die Differenz zwischen den
tatsächlichen und erwarteten Todesfällen unter Rauchern
war so groß, dass ein vernünftiger Mensch von diesem Moment an kaum noch ernsthaft behaupten konnte, Rauchen
sei nicht gesundheitsschädlich.

Seit der Veröffentlichung dieses Berichts tobt ein Krieg
zwischen den Tabakriesen und den verschiedenen Anti-Ta-
bak-Bewegungen. In den Vereinigten Staaten ist es der Tabakindustrie mit dem Hinweis auf die Meinungsfreiheit gelungen, eine Kennzeichungspflicht zu verhindern, die den
Konsumenten die Lust auf Zigaretten nehmen könnte. In Europa und Australien sind die Zigarettenschachteln mit furchtbaren Bildern bedruckt, auf denen zum Beispiel vom Krebs
zerfressene Lungen zu sehen sind.[359] Die Tabakkonzerne dürfen in den Vereinigten Staaten auch weiterhin in Printmedien
werben, während das im Fernsehen und Radio mittlerweile
verboten ist.[360] 46 amerikanische Bundesstaaten schlossen in
einem Prozess gegen die Tabakunternehmen einen Vergleich,
der die Industrie verpflichtete, eine Entschädigung von 206
Milliarden Dollar für die Kosten zu zahlen, die der öffentlichen Hand durch vom Rauchen verursachte Gesundheits-
probleme entstanden. Aber das war ein geringer Preis für das

implizite Zugeständnis des Staates, keine weitere Ansprüche gegen die Tabakindustrie geltend zu machen.[361]

Die Tabakkonzerne haben so manchen Sieg davongetragen, aber dasselbe gilt auch für ihre Gegner. Und einen entscheidenden Beitrag zu jedem dieser Siege leistete die Glaubwürdigkeit der Geschichte mit dem Titel »Rauchen verursacht Krebs«, die im Bericht des Surgeon General erzählt wurde. Die Siege der Tabakgegner haben ihrerseits wesentlich zur Verbreitung dieser Geschichte beigetragen. Den ersten dieser Siege trug ein 26-jähriger Rechtsanwalt namens John Banzhaf davon, der eine Beschwerde bei der für die Regulierung der Kommunikationswege Rundfunk, Satellit und Kabel zuständigen Federal Communications Commission (FCC) einreichte. Banzhaf brachte vor, dass die Behörde, die über die faire Nutzung dieser Kommunikationswege wachen soll, die Verpflichtung habe, die Fernsehanstalten, die Zigarettenwerbung ausstrahlten, zu zwingen, im öffentlichen Interesse genauso viel Sendezeit für die Darstellung der durch den Tabakkonsum verursachten Schäden bereitzustellen. Bemerkenswerterweise stimmte die FCC zu, auch wenn sie den Tabakgegnern nur ein Drittel der Werbezeit statt wie gefordert halb so viel Zeit wie der Tabakindustrie zugestand.[362] Die Anti-Tabak-Spots mit ihren furchtbaren Bildern und teilweise makabrem Humor waren so wirkungsvoll, dass die Tabakkonzerne in Deckung gingen: Sie stimmten einem Verbot jeglicher Werbung für Tabakprodukte im Fernsehen zu.[363] Sowohl die Anti-Tabak-Sendungen als auch das Verbot von Fernsehwerbung für Zigaretten wirkten sich auf das Gleichgewicht im Krieg der beiden Geschichten aus: Rauchen ist dumm (Anti-Tabak) und Rauchen ist cool (Tabakindustrie).

Und die Gegner der Tabakindustrie errangen einen weiteren überraschenden Sieg. Abgesehen davon, dass die Tabakkonzerne wissenschaftliche Zweifel zu wecken versuchten, um sich insbesondere gegen Haftungsansprüche zu verteidigen, verwiesen sie auf das Recht der Raucher, selbst über ihre Gesundheit zu entscheiden. Aber die Tabakgegner drehten dieses Argument um: Wenn man den Rauchern das Recht gibt, selbst über ihre Gesundheit zu entscheiden, muss man dieses Recht auch den Nichtrauchern in geschlossenen Räumen zugestehen. Indem *du* in geschlossenen Räumen rauchst, schadest du *meiner* Gesundheit, womit du als Raucher mein Selbstbestimmungsrecht verletzt. Arizona, ein Paradies für Menschen, die unter Atemwegserkrankungen leiden, erwies sich als geeignetes Terrain für die Passivraucherbewegung. Im Jahr 1973 verbot dieser Bundestaat das Rauchen an öffentlichen Orten.[364] Mittlerweile sehen wir überall in den Vereinigten Staaten Angestellte, die außerhalb ihrer Bürogebäude rauchen. Ihre schuldbewussten Gesichter verbreiten die Geschichte, dass es dumm ist zu rauchen: Niemand möchte zu ihnen gehören.

Nach der Veröffentlichung des Berichts des Surgeon General wurde aus »cool« langsam »dumm«. Mittlerweile hat sich diese Geschichte durchgesetzt. Als jener Bericht erschien, rauchten 42 Prozent der amerikanischen Erwachsenen (53 Prozent der Männer und 31 Prozent der Frauen).[365] Heute sind es noch 18 Prozent (20,5 Prozent der Männer, 15,3 Prozent der Frauen).[366] Der Anteil der Raucher an der Bevölkerung ist in den letzten 50 Jahren stetig um ein halbes Prozent pro Jahr gesunken.[367] Abgesehen davon, dass mittlerweile ein geringerer Teil der Bevölkerung raucht, konsumieren die Raucher weniger Zigaretten. Im Jahr 1965 konsumierten sie durchschnittlich 1 3/8 Schachteln pro Tag, heute sind es noch neun Zehntel einer Schachtel.[368]

Dieser Fortschritt ist zu begrüßen. Aber das Glas ist immer noch halb leer. Die US Centers for Disease Control schätzen, dass fast 20 Prozent der Todesfälle im Zeitraum 2005 bis 2009 durch das Rauchen verursacht wurden.[369] (Selbst wenn man annimmt, dass diese gewaltige Zahl zu hoch angesetzt sein könnte, kann kein Zweifel daran bestehen, dass Rauchen ausgesprochen gefährlich für die Gesundheit ist.) Und jeder von uns hat traurige Erinnerungen. Die beiden Autoren denken an Eva, Joe, John, Peter, Miguel, Margaret, Richard, Fischer, Anthony und viele andere Freunde. Für andere – hoffentlich nicht für Sie – ist es schlimmer: Sie haben Vater oder Mutter, Geschwister oder Kinder durch das Rauchen verloren. Und mit der Globalisierung der Wirtschaft hat sich auch das Rauchen ausgebreitet, und zwar mit tatkräftiger Unterstützung der amerikanischen Tabakindustrie, die »ein bisschen Rauch in Richtung der anderen bläst«.

Im Kampf gegen das Phischen der Tabakriesen haben die Gegner des Rauchens eine wirksame Geschichte einsetzen können: Rauchen ist dumm. Der Bericht des Surgeon General aus dem Jahr 1964 trug wesentlich dazu bei, diese Geschichte zu gestalten und zu verbreiten.

Wir sollten unsere Geschichte der Tabakindustrie in den größeren Kontext dieses Buches einordnen: Wenn es ein Phishing-Gleichgewicht gibt, so dieses hier. Die Tabakkonzerne wandten die beschriebenen Strategien an, weil das profitabel war. Und sie hatten Glück – aber nur ein klein wenig Glück –, weil sie Clarence Little fanden, der sich für ihre Sache einsetzte. Little war ein talentierter, zugleich jedoch ausgesprochen halsstarriger Wissenschaftler, der die Rolle der Gene bei der Entstehung von Krebs überschätzte und Umwelteinflüsse einschließlich des Rauchens vollkommen ausschloss. Seine Anwerbung für die Sache des Zweifels war einfach ein Aspekt des Phishing-Gleichgewichts: Hätte es Little nicht gegeben, so hätten die Tabakunternehmen eben den Nächsten auf der Liste engagiert.

Alkohol

Während mittlerweile Einigkeit darüber besteht, dass Rauchen schädlich ist, ist die Situation beim Alkohol vollkommen anders. Hier besagt die Konsensgeschichte, dass Alkoholismus eine schwere Krankheit ist, die jedoch eher selten ist. Das ist der Schluss, den man aus den herkömmlichen Statistiken des National Institute of Alcohol Abuse and Alcoholism ziehen muss. Nach Angabe des National Epidemiologic Survey on Alcohol and Related Conditions (NESARC) sind bei 13 Prozent der jungen Männer (im Alter zwischen 18 und 29 Jahren) Anzeichen für eine »Alkoholabhängigkeit« zu erkennen; bei den Personen mittleren Alters (zwischen 45 und 64 Jahren) sinkt dieser Anteil auf weniger als drei Prozent. Bei Frauen wird Alkoholabhängigkeit sehr viel seltener beobachtet: Sechs Prozent der jungen Frauen im Alter von 18 bis 29 Jahren und ein Prozent der 46- bis 64-Jährigen sind betroffen.[370] Die Statistiken der Centers for Disease Control sprechen eine ähnliche Sprache: Der übermäßige Alkoholkonsum verursacht in den Vereinigten Staaten rund 3½ Prozent aller Todesfälle.[371] Diese Statistiken fassen die grundlegende Erkenntnis über die Wirkung des Alkohols auf die Gesellschaft zusammen: Er verursacht gravierende Schäden. Er wirkt sich auf viele Menschen aus, aber abgesehen von den Exzessen in der Jugend betreffen diese Auswirkungen einen relativ kleinen Teil der Bevölkerung. Gleichzeitig herrscht allgemein der Eindruck vor, dass Alkohol ein notwendiger Bestandteil von Partys oder Feiern ist. Die Werbung nutzt diese Vorstellung, indem sie vergnügte, schöne Menschen mit einem alkoholischen Getränk in der Hand zeigt. Über die schädliche Wirkung des Alkohols zu sprechen, ist angesichts dieses Bildes ein wenig so, als rülpse man in der Öffentlichkeit.

Dennoch haben wir nach einigen Diskussionen beschlossen, dass es nötig ist, in der Öffentlichkeit zu rülpsen, denn trotz der Ergebnisse von NESARC und anderen Studien gibt es auch Hinweise darauf, dass der Alkohol ähnliche Schäden anrichtet wie der Tabak und nicht nur das Leben von drei bis vier Prozent der Bevölkerung zerstört, sondern 15 bis 30 Prozent der Menschen schädigt – einen derart hohen Prozentsatz müssen wir annehmen, wenn wir die Menschen berücksichtigen, die von der Alkoholsucht von Familienangehörigen betroffen sind.

Den überzeugendsten Beleg für diese Einschätzung liefert eine ungewöhnliche Studie. In den dreißiger Jahren des vergangenen Jahrhunderts ließ sich der Gründer einer zu jener Zeit sehr erfolgreichen Kette von Discountern (W. T. Grant) vom Leiter des Gesundheitsdiensts der Universität Harvard dazu bewegen, eine langjährige Studie über die Entwicklung des Lebens von Harvard-Studenten zu finanzieren.[372] Ziel der Studie, für die gezielt psychisch und körperlich gesunde Studenten ausgewählt wurden, war es, herauszufinden, von welchen Faktoren ein glückliches Leben abhängt – ein Leben, für das diese jungen Männer auf Grund ihrer privilegierten Stellung und ihrer Leistungen bereits prädestiniert waren.[373] Es wurden 268 Studenten der Jahrgänge 1939 bis 1944 ausgewählt und mehr als ein Dreivierteljahrhundert lang begleitet.[374] In dieser Zeit lösten einander vier Studienleiter ab. Der dritte, George Vaillant, hat die Harvard-Grant-Studie, wie sie mittlerweile genannt wird, als Chronist begleitet.[375]

Das wichtigste Ergebnis dieser Studie ist, dass Alkohol eine wichtige Rolle im Leben dieser privilegierten Männer gespielt hat. Bei 23 Prozent von ihnen wurde zu irgendeinem Zeitpunkt in ihrem Leben Alkoholmissbrauch festgestellt.[376] Fast 7,5 Prozent litten unter »Alkoholabhängigkeit«.[377] Und Vaillant gelangte zu dem Schluss, dass diese Abhängigkeit kein vorübergehendes Problem jugendlicher Exzesse war, sondern eine chronische, zersetzende körperliche und psychische Krankheit. Die Männer, die zu viel tranken, starben im Durchschnitt nicht nur sehr viel jünger als ihre Studienkollegen, die keine Alkoholiker wurden,[378] sondern der Alkohol beeinträchtigte zudem ihre Fähigkeit, Beziehungen zu anderen Menschen zu pflegen.

Vaillant gelangte zu dem überraschenden Ergebnis, dass sich der Alkoholmissbrauch negativ auf die Persönlichkeit eines Menschen auswirkt. Vor der Veröffentlichung der Harvard-Studie nahmen die Psychiater an, Alkoholismus werde in erster Linie durch eine schlechte Kindheit verursacht. In dieser freudschen Vorstellung war er das folgerichtige Ergebnis einer Erziehung durch schlechte, kalte Mütter und schlechte, kalte Väter. Und die Psychiater hatten zahlreiche Belege für diese Einschätzung: Sie hörten aus dem Mund ihrer Patienten (möglicherweise therapieinduzierte) Klagen über eine triste, von Misshandlung geprägte Kindheit. Angesichts der in der Harvard-Studie gesammelten Daten musste diese Sicht der Dinge relativiert werden: Zu Beginn der Studie hatten in Interviewtechniken geschulte Forscher nicht nur die Studenten selbst zu ihrer Kindheit befragt, sondern auch ihre Eltern besucht. Diese Interviews zeigten, dass sich die Kindheitserfahrungen der Alkoholiker nicht von denen der übrigen Studienteilnehmer unterschieden. Vielmehr hatte offenbar der Alkoholismus ihre Persönlichkeit verändert und sie in Nörgler verwandelt, die sich rückblickend über ihre Kindheit beklagten.[379] Vaillant gelangte zu einem umfassenderen Schluss: Der Alkoholismus beraubte seine Opfer der Fähigkeit, innige Beziehungen zu pflegen, und in genau dieser Fähigkeit sah er die Grundlage des Lebensglücks ihrer nicht alkoholabhängigen Studienkollegen. Obendrein schadeten die Alkoholiker auch ihren Frauen und Kindern. Diese Konsequenzen traten in den psychiatrischen Interviews zu Tage, aber sie waren auch in den kalten Statistiken zu erkennen: Wenn einer der Ehepartner alkoholkrank war, war die Wahrscheinlichkeit, dass die Ehe geschieden wurde, sehr viel höher.[380]

Ein Beispiel dafür, wie der Alkohol das Leben von Harvard-Absolventen zerstörte, liefert die Geschichte von »Francis Lowell«.[381] Er schloss sein Studium magna cum laude ab, wurde im Zweiten Weltkrieg für besondere Tapferkeit bei der Überquerung von Rhein und Ruhr als Mitglied der alliierten Stoßtruppen ausgezeichnet, gehörte zu den besten zehn Prozent seines Jahrgangs an der Harvard Law School und trat in eine angesehene New Yorker Anwaltsfirma ein. Man hätte meinen sollen, dass er ein gemachter Mann war. Aber im Lauf der Zeit wurden die Wochenendbesäufnisse, mit denen er auf der Universität begonnen hatte, zur Gewohnheit. Die Frau, die er mit Mitte zwanzig kennen gelernt hatte und mit der er die einzige innige Beziehung seines Lebens unterhielt, lehnte den Heiratsantrag, den er ihr mit 30 Jahren machte, mit der Begründung ab, er trinke zu viel. Die beiden lebten weiterhin an den Wochenenden bei ihren Müttern, bis die Mutter seiner Freundin 23 Jahre später starb; kurze Zeit später heiratete diese einen anderen Mann. Von da an hatte der arme Francis nur noch einen Vertrauten: sich selbst. Er arbeitete weiter als Rechtsanwalt, aber am Freitag nach der Arbeit griff er zur Flasche und hörte das ganze Wochenende nicht mehr auf zu trinken. Oft kam er am Montag nicht zur Arbeit.

Wir behaupten nicht, dass Vaillants Einschätzung bewiesen ist. Die Auswertung der Fakten ist zwangsläufig subjektiv. Aber es gibt Berichte, die einen ähnlichen Schluss zulassen. Im Jahr 2006 nahm Dave Newhose, ein Journalist der *Oakland Tribune*, am 50. Jahrestreffen seiner Schulklasse der Menlo-Atherton High School teil. Im Jahr 1956 war Menlo Park/Atherton noch nicht das Zentrum des »Silicon Valley«, sondern ein Ort, dessen Bewohner ein bescheidenes Vorstadtleben führten. Für das Jubiläumstreffen befragte Newhouse 28 ehemalige Klassenkameraden und veröffentlichte ihre Erinnerungen in einem Buch mit dem Titel *Old Bears*.[382] Die Befragten erzählten mit bemerkenswerter Aufrichtigkeit von

Freud und Leid ihres Lebens; offenbar wollten sie an diesem Punkt mit ihrer Vergangenheit ins Reine kommen.

Für die meisten dieser Personen stand die Liebe zu ihren Ehemännern und Ehefrauen im Mittelpunkt eines erfüllten Lebens. Aber bei einer Minderheit hatte sich der Alkohol entscheidend auf den Werdegang ausgewirkt. Bei sechs der achtundzwanzig Befragten hatte der Alkohol an irgendeinem Punkt in ihrem Leben eine zentrale Rolle eingenommen. Der seinerzeitige Klassensprecher, der auch der Footballstar der Schule gewesen war, hatte seine Jugendliebe aus der Schule geheiratet, eine Anwaltskanzlei in Palo Alto gegründet und war Vater geworden. Aber dann geriet sein Leben aus den Fugen: Die Ehe wurde geschieden, und nachdem er wiederholt wegen Trunkenheit am Steuer verhaftet worden war, landete er schließlich im Gefängnis San Quentin.[383] Eine andere Ehemalige heiratete einen ihrer Englischprofessoren aus Stanford, begann irgendwann jedoch bis zum Vollrausch zu trinken. Der Alkoholismus zerstörte ihr Leben jedoch nicht: Nachdem ihre Ehe in die Brüche gegangen war, ging sie auf Entzug und erhielt schließlich einen Lehrstuhl für Französisch an der Rutgers University in Newark.[384] Die erste Ehe des Zimmermanns Bill Lawson endete nach 24 Jahren, weil seine Frau Susan nicht mehr mit seinem Alkoholismus fertigwurde. Er leugnete die Alkoholsucht, verließ seine Frau und lebte die nächsten 14 Jahre allein (kurz vor dem Jahrestreffen heiratete er wieder).[385] Eine vierte Ehemalige hielt es 22 Jahre mit einem alkoholkranken Ehemann aus, bevor sie sich scheiden ließ.[386] Zwei weitere Mitglieder der Klasse, darunter Newhouse selbst, berichteten, dauerhaften Schaden durch den Alkoholismus ihrer Eltern erlitten zu haben.[387] Obwohl dies eine kleinere Stichprobe ist, deren Entwicklung weniger genau verfolgt wurde, entspricht die Geschichte dieser Schulklasse im Grunde jener der älteren und besser situierten Harvard-Absolventen.

Damit sind wir wieder bei unserer Ausgangsfrage zum Alkohol und seinen Auswirkungen. Es hat einen Grund, dass NESARC und andere herkömmliche statistische Erhebungen die Auswirkungen des Alkoholmissbrauchs verschleiern. Vaillant betrachtet den Verlust der Fähigkeit, innige Beziehungen zu pflegen, als Hauptsymptom des Alkoholismus. In unseren Augen zerstört eine solche psychische Behinderung das Lebensglück eines Menschen. Die Ergebnisse der NESARC-Erhebung beruhen auf den Definitionen von Alkoholmissbrauch und Alkoholabhängigkeit im Diagnostic and Statistical Manual of the American Psychiatric Association. Ob eine Person »Alkoholmissbrauch« betreibt, hängt demnach davon ab, ob sie verschiedene Fragen wie »Haben Sie auf Grund Ihres Alkoholkonsums oder auf Grund von gesundheitlichen Problemen infolge des Alkoholkonsums Schwierigkeiten am Arbeitsplatz oder in der Ausbildung gehabt?« mit Ja oder Nein beantworten. Ob jemand als »alkoholabhängig« eingestuft wird, hängt davon ab, ob er mindestens drei Fragen wie die folgende bejaht: »Gab es eine Zeit, in der Sie weitertranken, obwohl Sie eigentlich aufhören wollten?«[388] Die Antworten auf die Fragen im NESARC-Fragebogen sind vertraulich und nicht einmal den Interviewern bekannt. Trotzdem sagen die Befragten nicht zwangsläufig die Wahrheit. Für die Anonymen Alkoholiker besteht der unverzichtbare erste Schritt zur Heilung in dem Eingeständnis, dass man Alkoholiker ist. Das zeigt deutlich, wie schwer es Alkoholabhängigen fällt, die Verleugnung ihrer Sucht zu überwinden. Eine Tatsache bestätigt diese Neigung zur Verleugnung: Wären die Angaben der im Rahmen der NESARC-Erhebung befragten Personen zu ihrem Alkoholkonsum richtig, so wäre der Umsatz mit alkoholischen Getränken in den Vereinigten Staaten nur halb so hoch wie aus den Daten hervorgeht.[389] Vermutlich bedarf es fähiger Interviewer wie Newhouse und Vaillant sowie des richtigen Augenblicks und Orts, um den Alkoholismus richtig einschätzen zu können, und das gilt insbesondere, wenn die wesentliche Auswirkung des Alkohols in schwer zu erfassenden Veränderungen der Persönlichkeit besteht.

Mit unserem Wissen über die Alkoholabhängigkeit und ihre Folgen stehen wir also in etwa an demselben Punkt, an dem wir Mitte des vergangenen Jahrhunderts in Bezug auf den Tabak standen. Erinnern wir uns daran, dass sogar der erfahrene Lungenarzt Graham bezweifelte, dass Rauchen Lungenkrebs verursacht. Unser mangelndes Wissen über die Auswirkungen des Alkohols ist kein Zufall. Lungenkrebs ist sehr viel leichter zu diagnostizieren als ein Verlust an Affekt. Aber es gibt noch einen anderen Grund dafür, dass so große Unsicherheit bezüglich des Ausmaßes der vom Alkoholmissbrauch verursachten Schäden besteht. Die eindeutigen Ergebnisse der Studien zum Lungenkrebs versetzten den Surgeon General in die Lage, eine sehr viel wirkungsvollere Geschichte zu formulieren. Da es keine ähnliche Geschichte über den Alkohol gibt, wird nur wenig Geld für die Erforschung der Auswirkungen des Alkohols zur Verfügung gestellt. Verglichen mit der Krebsforschung sind Alkoholepidemiologie und Alkoholforschung Randgebiete.

Damit sind wir wieder beim großen Thema dieses Buchs, dem Phischen nach »Dummen«. Da es an wissenschaftlichen Erkenntnissen mangelt, sind wir besonders leicht phischbar, da wir nicht wissen, welche die wahre Geschichte ist.

Es gibt außerdem zahlreiche interessierte Gruppen, die Zweifel an der schädlichen Wirkung des Alkohols schüren: Produzenten von Bier, Wein und Likör, Einzelhändler und Gastgewerbe. Sie hinterlassen Spuren an zahlreichen Orten: Zunächst einmal leisten sie erfolgreich Widerstand gegen die Besteuerung alkoholischer Getränke. Der nominale Steuersatz auf Alkohol hat sich in den USA seit dem Ende der Prohibition kaum verändert. Damals wurde zur Kontrolle des Alkoholkonsums eine Steuer eingeführt, die jedoch nicht zu hoch sein sollte, um den Schwarzhandel nicht zu fördern. Philip Cook von der Duke University hat eine ökonometrische Schätzung angestellt, der zufolge eine Verdopplung des Ethanolpreises die Nachfrage um 40 Prozent senken würde.[390] Obwohl niemand beim Leben seiner Kinder schwören würde, dass dies der »wahre« Effekt einer Erhöhung der Preise (oder Steuern) ist, führen verschiedene Methoden der Schätzung erfreulicherweise zu denselben qualitativen Ergebnissen: Wenn die Steuer auf Ethanol (also jene Art von Alkohol, die in alkoholischen Getränken enthalten ist) steigt, sinkt die Menge des verkauften Ethanols.[391] Gleichermaßen ermutigend ist, dass auch die Entwicklung anderer Indikatoren – die Zahl der Unfalltoten im Straßenverkehr und durch Stürze, die Selbstmordrate und sogar die Mortalität aufgrund von Leberzirrhose – zeigt, dass sich Steuererhöhungen nicht nur auf mäßige Alkoholkonsumenten, sondern auch auf schwere Alkoholiker positiv auswirken würden.[392]

Bedauerlicherweise wird diese Möglichkeit zur Kontrolle des Alkoholkonsums bisher nicht genutzt, obwohl sie sogar Steuersenkungen in anderen Bereichen ermöglichen würde. In den Vereinigten Staaten ist das sowohl auf Bundesebene als auch in den Einzelstaaten zu sehen. Im Jahr 2013 lag die Bundessteuer auf eine Dose Bier bei 0,05 Dollar, auf eine Flasche Wein bei 0,21 Dollar und auf Getränke mit einem Alkoholgehalt von mindestens 40 Prozent (Whisky, Wodka, Gin) bei 2,14 Dollar.[393] Auch die einzelstaatlichen Steuern sind gering. Beispielsweise belegt Massachusetts eine Dose Bier mit einer Steuer von 0,01 Dollar, eine Flasche Wein mit 0,11 Dollar und hochprozentige Spirituosen mit 0,80 Dollar.[394] Wir haben Massachusetts als Beispiel gewählt, weil dort vor kurzem eine öffentliche Debatte entbrannte, die zeigt, wie gut es der Alkoholindustrie gelingt, uns für dumm zu verkaufen und die Steuern niedrig zu halten. Das Parlament von Massachusetts bewies seltene Entschlusskraft, als es im Rahmen eines Maßnahmenpakets zur Verringerung des Haushaltsdefizits eine Umsatzsteuer von 6,25 Prozent auf hochprozentige alkoholische Getränke und eine Zweckbindung dieser Einnahmen für die Behandlung von Alkohol- und Drogenabhängigen beschloss. Aber die Steuer blieb nicht lange in Kraft. Der Handel protestierte lautstark und beklagte dramatische Umsatzeinbußen, da die Konsumenten ins benachbarte New Hampshire auswichen, um alkoholische Getränke zu kaufen. Bei den Wahlen im Jahr darauf setzte der Handel durch, dass ein Volksentscheid zur Abschaffung der Alkoholsteuer auf den Wahlzettel gesetzt wurde. Eines der Hauptargumente gegen die Steuer (das auch in der Erklärung auf dem Wahlzettel genannt wurde) lautete, der Staat erhebe bereits Steuern auf Alkohol:»Doppelbesteuerung, eine Steuer auf eine Steuer.« Unerwähnt blieb, dass die Verbrauchssteuer auf eine Dose Bier lediglich bei einem Prozent lag. Dieses Referendum und sein Erfolg zeigen, warum und wie die Industrie so erfolgreich gegen Verbrauchssteuern kämpft (obwohl auch erwähnt werden sollte, dass die Alkoholhändler in Massachusetts besonderes Glück haben, denn in den meisten anderen Bundesstaaten sind Spirituosen nicht von der Umsatzsteuer ausgenommen).[395]

Im Kampf gegen den Alkoholmissbrauch wurden durchaus einige Erfolge erzielt. Im Jahr 1982 rief Candace Lightner, deren 13-jährige Tochter von einem betrunkenen Autofahrer getötet worden war, die Initiative MADD (Mothers against Drunk Driving) ins Leben. In den meisten Bundesstaaten war das gesetzliche Mindestalter für den Kauf alkoholischer Getränke in den siebziger Jahren im Gleichschritt mit dem Wahlalter auf 18 Jahre gesunken. MAAD startete eine erfolgreiche Kampagne, um das Mindestalter für den Erwerb von Alkohol wieder auf 21 Jahre anzuheben. Die Organisation setzte sich auch für eine niedrige Promillegrenze für Verkehrsteilnehmer und für Alkoholkontrollen auf den Straßen ein.[396] Die Erfolge sind bemerkenswert: Seit 1982 sind die durch Alkohol im Straßenverkehr verursachten Todesfälle in den USA um 72 Prozent gesunken. (Die Zahl der Todesopfer von Verkehrsunfällen, bei denen kein Alkohol im Spiel war, sank im selben Zeitraum lediglich um sechs Prozent.)[397]

MADD konzentriert sich auf die Aufklärung und versucht insbesondere, seine Version der Geschichte von Alkohol am Steuer im Bewusstsein der Bevölkerung zu verankern. Die Organisation zeichnet das Bild eines betrunkenen Autofahrers, der ein unschuldiges Opfer tötet. Mehr als 82 Prozent der Todesopfer von Unfällen, bei denen Alkohol im Spiel war, sind entweder Fahrer (66 Prozent) oder Beifahrer (16 Prozent).[398] Hingegen sind die Protagonisten der Kampagnen von MADD fast immer unschuldige Dritte; gelegentlich wird ein Beifahrer als Opfer gezeigt, nie jedoch der alkoholisierte Fahrer.[399] Es lohnt sich darauf hinzuweisen, dass diese Geschichte vom unschuldigen Opfer deutliche Parallelen zur Geschichte vom Passivraucher aufweist. So wie die Geschichte von den Rauchern, die draußen vor der Tür stehen und ihre Zigarette wie einen Spotthut tragen, die Botschaft verbreitete, dass es dumm ist zu rauchen, hat die Geschichte von den Opfern der betrunkenen Autofahrer zu einer Mäßigung des Alkoholkonsums beigetragen. Seit 1981 ist der Pro-Kopf-Ethanolkonsum in den Vereinigten Staaten um nicht weniger als 18 Prozent gesunken.[400]

Aber entscheidend ist, dass Tabak und Alkohol weiterhin leicht zugänglich sind und steuerlich kaum belastet werden. Die leichte Verfügbarkeit des Tabaks ist der Hauptgrund dafür, dass die Raucher der Tabakindustrie so leicht ins Netz gehen, und der leichte Zugang zu alkoholischen Getränken ist der wichtigste Grund dafür, dass jene, die am Ende zu viel trinken, den Ethanolproduzenten ins Netz gehen.

9

Einträgliche Pleiten

In den nächsten beiden Kapiteln wollen wir uns mit einer Finanzkrise beschäftigen, die mittlerweile fast vergessen ist. Gemeint ist der Zusammenbruch des amerikanischen Sparkassensystems, die sogenannte S&L-Krise (Savings and Loan) von 1986 bis 1995. Es lohnt sich, einen genaueren Blick auf diese länger zurückliegende Krise zu werfen, denn sie erleichtert uns das Verständnis der wirklichen Natur des sehr schwer zu erkennenden Phishings, das in der Finanzwelt verbreitet ist.

Die Sparkassen (Savings and Loan Associations) setzten sich Anfang des 20. Jahrhunderts in den Vereinigten Staaten durch. Sie halfen Kleinsparern, Rücklagen anzuhäufen, und vergaben Kredite für den Kauf eines Eigenheims oder eines Autos. Das war eine lobenswerte Aktivität. Aber in den achtziger Jahren verwandelten sich zahlreiche Sparkassen in Fangnetze, die von Phischern eingesetzt wurden. Die Folge war, dass sie bankrottgingen. Und diese Pleiten waren keine Kleinigkeiten. Die Abwicklung der insolventen Sparkassen kostete die amerikanischen Steuerzahler inflationsbereinigt rund 230 Milliarden Dollar.[401] Noch kostspieliger waren die Auswirkungen der Kreditverknappung und der Verfall der Hauspreise infolge der Krise, die wesentlich zur Rezession der Jahre 1990/91 beitrugen.[402]

Die relativ kurze Zeit zurückliegende S&L-Krise veranschaulicht unter anderem, welche Probleme ein Phishing-Gleichgewicht unter anderen institutionellen Umständen verursacht. Insbesondere nahm das Phischen in diesem Fall eine Form an, die der Ökonom Paul Romer und einer von uns (George) als »profitablen Bankrott« beschrieben haben.[403] (Wir danken Paul Romer für die Erlaubnis, diese frühere Arbeit für das vorliegende und das folgende Kapitel heranzuziehen.) Am Beispiel der Sparkassenkrise werden wir eine Welt beschreiben, in der die wirtschaftlichen Gegebenheiten, in denen die Unternehmen bestrebt sind, ihren Gewinn zu maximieren, auf den Kopf gestellt werden. Dies ist eine Welt, in der das Phischen in Form einer irreführenden (und teilweise betrügerischen) Buchführung in den Bankrott führt und trotzdem geeignet ist, Reichtümer anzuhäufen.

Die Plünderung

Nur ein Kind würde fragen, warum die Konkursgerichte Unternehmen übernehmen, wenn diese insolvent werden? Die Antwort liegt auf der Hand: Wenn ein Unternehmen, das 125 000 Dollar hat, Peter 77 000 Dollar und Paul 243 000 Dollar schuldet, dann muss jemand entscheiden, wie diese 125 000 Dollar aufgeteilt werden sollen. Also übernimmt das Gericht die Aufsicht über das Unternehmen, um dafür zu sorgen, dass die Regeln der Fairness nicht verletzt werden und Peter illegal ausgezahlt wird, bevor Paul den ihm zustehenden Anteil am Vermögen des Unternehmens erhält. Das ist die vereinfachte, für ein Kind verständliche Erklärung dafür, dass ein Gericht einen Konkursverwalter einsetzt, wenn ein Unternehmen zahlungsunfähig wird.

Aber es gibt noch eine komplexere Antwort (für Erwachsene, die gelernt haben, dass die Wirklichkeit vielschichtig ist): Wenn der Eigentümer eines solventen Unternehmens heute einen Dollar aus seinem Unternehmen entnimmt, verringert er den Betrag, den er morgen entnehmen kann, um diesen Dollar zuzüglich des Ertrags, den er abwirft. Daher hat der

Eigentümer eines gesunden Unternehmens eigentlich keinen Anreiz, heute Geld aus dem Unternehmen zu entnehmen. Ist das Unternehmen hingegen insolvent, so opfert der Eigentümer keine zukünftigen Erträge, indem er heute einen Dollar aus dem Unternehmen entnimmt. Woran liegt das? Nun, das insolvente Unternehmen zehrt bereits sein Kapital und seine Vermögenswerte auf, indem es all diese Peters und Pauls bezahlt. Da nach der Verteilung der verbleibenden Mittel nichts mehr übrig sein wird, haben die Eigentümer ähnliche wirtschaftliche Anreize wie die Armee Dschingis Khans bei ihrem Raubzug durch Asien: Was die Eigentümer heute nicht entnehmen, ist für immer verloren. Daher haben sie einen Anreiz zum Plündern.

In diesem Kapitel werden wir uns eine Situation ansehen, in der die Sparkassen in die Insolvenz schlitterten. Aber die Aufsichtsbehörden blieben untätig. Da der Staat nicht für die Rettung der Sparkassen aufkommen wollte, ließ er sie weiterarbeiten. In dieser Situation konnten skrupellose Geschäftsleute riesige Gewinne erzielen. Sie mussten nur eine notleidende Sparkasse übernehmen. Diese Institute waren für einen Apfel und ein Ei zu haben. Man lieh sich einfach möglichst viel Geld und fand einen Weg, um dieses geliehene Geld durch einfallsreiche (oder betrügerische) Buchführung mittels »Tunneling« aus der Sparkasse herauszuschleusen und auf das eigene Konto umzuleiten.[404]

Die Ursprünge der Krise

Anfang der achtziger Jahre stieg die Inflation in den Vereinigten Staaten auf 13,5 Prozent.[405] Zentralbankchef Paul Volcker löste das Problem, indem er den Leitzins erhöhte, womit er die Konjunktur abkühlte. Der Zinssatz für dreimonatige amerikanische Schatzanleihen, die sichersten Anleihen der Welt, stieg im Jahr 1981 auf 14 Prozent.[406] Im Herbst 1982 und im Frühjahr 1982 stieg die Arbeitslosenrate auf über zehn Prozent.[407] Zu den Kollateralschäden des Krieges gegen die Inflation zählt die Zerstörung der hausbackenen Sparkassen, bei denen die Leute ihre Ersparnisse aufbewahrten und Kredite für den Kauf eines Eigenheims aufnahmen. Die S&L hatten Hypotheken mit dreißigjähriger Laufzeit und invariablen Zinssätzen von fünf, sechs oder sieben Prozent vergeben.[408] Und sie brauchten Einlagen, um diese Ausleihungen abzusichern. Aber wie sollten sie sich im Wettbewerb mit den rasch wachsenden Geldmarktfonds behaupten, die den Konsumenten sehr viel höhere Zinsen auf ihre Ersparnisse anboten?[409] Jedem Ökonomen war klar, dass die Sparkassen pleite waren: nicht unbedingt im buchhalterischen Sinn – hier kam es darauf an, welche Buchführungsregeln man anwandte –, aber im wirtschaftlichen Sinn. Das Geld, das die Sparkassen einnahmen (es floss fast ausschließlich aus zinsgebundenen Hypothekendarlehen), genügte nicht, um die Zinsen zu bezahlen, die sie anbieten mussten, um die benötigten Einlagen anzulocken.[410]

Erschwerend kam hinzu, dass der Einlagensicherungsfonds FSLIC (Federal Savings and Loan Insurance Corporation) nicht über ausreichende Mittel verfügte, um die Differenz zwischen den Einlagen und Ausleihungen der Sparkassen auszugleichen. Die bestehenden Einlagen der Sparkassen konnten nur mit einer Finanzspritze der Bundesregierung ausgezahlt werden. Aber erst die Regierung von George H. W. Bush gab diese Mittel frei. Bis dahin war eine solche Rettungsaktion undenkbar, weshalb man versuchte, das Problem auszusitzen.

Das Problem geht nicht von alleine weg

So entdeckten wir die Antwort auf die Frage des Kindes: Was geschieht wirklich, wenn ein bankrottes Unternehmen nicht vom Konkursgericht übernommen oder von der Aufsichtsbehörde geschlossen wird? In diesem Fall wuchs sich ein kleineres Problem, das den Steuerzahler zwischen 33 und 49 Milliarden Dollar (zum aktuellen Geldwert) gekostet hätte, in kürzester Zeit zu einem gewaltigen Problem aus, das mindestens viereinhalbmal so viel kostete.[411] Noch schlimmer waren die indirekten Kollateralschäden der Krise. Die Immobilienmärkte in Kalifornien und Texas boomten und brachen anschließend zusammen.[412] Wie wir im nächsten Kapitel sehen werden, kann man auch die Auffassung vertreten, dass die wirtschaftlich bankrotten Sparkassen eine dauerhafte Veränderung im amerikanischen Finanzwesen auslösten – aber wir wollen der Geschichte nicht vorauseilen.

Die Bundesregierung nutzte verschiedene Methoden, um den Tag der Abrechnung im Sparkassensektor hinauszuzögern. Es wurden verschiedene neue Vorschriften eingeführt, die jedoch in Anbetracht der kritischen Lage der Sparkassen zum Scheitern verurteilt waren. Zunächst erlaubte der Gesetzgeber den Instituten, etwas höhere Zinsen auf Spareinlagen zu zahlen, als ihren Konkurrenten, den Geschäftsbanken, erlaubt war. Aber als die Zinsen Anfang der achtziger Jahre auf zweistellige Werte stiegen, waren die Banken nicht länger die wichtigsten Konkurrenten der Sparkassen: Jetzt machten ihnen die neuen Geldmarktfonds, deren Zinsen nicht gedeckelt waren, die Kunden streitig. Die politischen Eingriffe scheiterten. Die für die Sparkassen zuständige Aufsichtsbehörde, das Federal Home Loan Bank Board, wandelte die Buchführungsregeln geringfügig ab, was es den Sparkassen ermöglichte, ihren Betrieb aufrechtzuerhalten, obwohl sie wirtschaftlich bankrott waren.[413] Auch diese Medizin war nicht wirksam genug.

Also wurde das Problem an den Kongress weitergereicht. Die Ära der Deregulierung hatte begonnen. Man glaubte, die Sparkassen, die auf Grund der steigenden Zinsen mehr oder weniger bankrott waren, würden sich erholen, wenn man ihre Tätigkeit deregulierte. Aber dabei ließ man etwas außer Acht, was die Eltern jedes Krabbelkinds wissen (und vermutlich verstand man es nicht): Lässt man ein einjähriges Krabbelkind aus dem Laufstall (dereguliert man seine Aktivitäten), so muss man es nicht weniger, sondern strenger beaufsichtigen.

Die Sparkassen wurden also aus dem Laufstall entlassen. Mit dem Depository Institutions Deregulation and Monetary Control Act von 1980 wurde das bis dahin für die S&L geltende Limit für Einlagenzinsen (das zu jener Zeit knapp über 5½ Prozent lag) aufgehoben.[414] So fanden die Sparkassen beinahe unbegrenzten Zugang zu neuen Mitteln, denn die großen Finanzinstitute wie Banken und Brokerfirmen liehen ihnen bereitwillig Geld, solange sie ausreichend hohe Zinsen dafür erhielten (außerdem garantierte der Einlagensicherungsfonds die Rückzahlung bis zu einer bestimmten Grenze).[415] Bis zu diesem Zeitpunkt durften die Sparkassen nur Kredite für den Erwerb von Eigenheimen vergeben. Auch diese Beschränkung wurde jetzt gelockert. Mit dem Garn-St. Germain Act von 1982 wurde ihnen erlaubt, zusätzlich bis zu zehn Prozent ihrer Einlagen an Bauunternehmen zu vergeben, und die Aufsichtsbehörde handhabe diese Grenze großzügig.[416] Den Sparkassen wurde nicht nur erlaubt, eine Gebühr von 2,5 Prozent für die Errichtung von Hypotheken zu erheben, sondern der Kredit konnte auch die Zinszahlungen enthalten, die das Bauunternehmen zu leisten hatte, solange das Projekt nicht abgeschlossen war.[417]

»Dumme« phischen und ausplündern

Es gab verschiedenste Methoden, um einen erfolgreichen Raubzug zu starten, aber das grundlegende Vorgehen war immer dasselbe: Man übernahm eine Sparkasse, weitete ihre »Einlagenbasis« erheblich aus, indem man Einlagen großer Institute entgegennahm, verlieh das Geld an einen »Bauunternehmer«, der maßlos überhöhte Zahlungen an Freunde der neuen Eigentümer der Sparkasse leistete und keinerlei Absicht hatte, den Kredit jemals an das Geldinstitut zurückzuzahlen. Für eine Weile wies die Sparkasse solide Gewinne aus, da der »Bauunternehmer« die Zinszahlungen mit dem Darlehen bestreiten konnte, das ihm gewährt worden war. Die Grundlage dieser Phishing-Plünderung war eine betrügerische Buchführung.

Diese Strategie wurde hundertfach angewandt. Zahlreiche Sparkassen expandierten rasch und nahmen Vermögenswerte im Wert von Milliarden Dollar in die Bücher. Ein schönes Anschauungsbeispiel für die »Texas-Strategie« liefert Empire Savings and Loan aus dem texanischen Mesquite.[418] Die Texas-Strategie bestand darin, dass eine Gruppe verschwörerischer Bauunternehmer damit begann, Grundstücke hin und her zu verkaufen, um den Preis in die Höhe zu treiben. Die derart aufgeblähten Preise stellten die Grundlage für großzügige Bewertungen des Grundstückswerts dar, der anschließend verwendet wurde, um einen Kredit für ein Bauvorhaben aufzunehmen. War der Kredit gewährt, so begann der Bauunternehmer, großzügige Zahlungen an sich und seine Freunde zu leisten. Gleichzeitig zahlte er hohe Zinsen an die Sparkasse (einschließlich eines großzügigen Disagios). Der Bauunternehmer musste zu keinem Zeitpunkt selbst Geld aufbringen, da das großzügige Darlehen genügte, um über die verständlicherweise sehr lange angesetzte Zeit bis zum Abschluss des Bauvorhabens hohe Zinsen an die Sparkasse zu zahlen. In der einfachsten Variante dieser Betrugsmasche (Empire bediente sich einer etwas komplexeren Methode) konnte der Kreditnehmer, dessen Kompetenz als Bauunternehmer von der Sparkasse bestätigt worden war, seinerseits die Liquidität der Sparkasse bestätigen, die durch die hohen Gewinne und die wachsende Bilanzsumme des Geldinstituts belegt wurde.[419] Zu diesem Zweck konnten der Bauunternehmer und seine Freunde ein großes Aktienpaket der Sparkasse erwerben. Die Erträge, die man mit dieser Strategie einheimsen konnte, waren nur durch die Fähigkeit der Sparkasse begrenzt, neue Geschäftspartner mit einem relativ sauberen Vorstrafenregister und nicht verdächtigen Bilanzen zu finden, die bereit waren, die Rolle des Bauunternehmers zu spielen, denn die Vorschriften begrenzten weiterhin die Höhe der Darlehen, die eine Sparkasse an einzelne Personen oder Firmen vergeben durfte. Empire Savings and Loan ging schließlich so weit, jedem, der einen neuen potentiellen »Bauunternehmer« fand, eine Belohnung anzubieten. In ihrem Buch *Inside Job* beschreiben Stephen Pizzo, Mary Fricker und Paul Muolo die »leerstehenden, verfallenden Wohnhäuser, die mit Krediten von Empire Savings and Loan in der Nähe von Dallas an der Interstate 30 gebaut worden waren«.[420] Auf manchen Baustellen verrottete das Baumaterial in der Sonne. Viele andere erreichten nicht einmal dieses Stadium: Dort waren nur leere Betonflächen zu finden, die ein Bundesstaatsanwalt mit einem Hang zu anschaulichen Beschreibungen später als »Landeplätze für außerirdische Raumschiffe« bezeichnete.[421]

Der Immobilienmarkt wird erfasst

Die unmittelbaren Auswirkungen des Betrugs im Sparkassensektor kann man anhand des Immobilienmarkts von Dallas
veranschaulichen. Normalerweise geht eine hohe Leerstandsquote mit einem Zusammenbruch der Bautätigkeit
einher. Genau das geschah im nahe gelegenen Houston. Als
die Leerstandsquote 32 Prozent erreichte, sank die Aktivität
im Baugewerbe augenblicklich auf zwei Prozent des vorhergehenden Spitzenwerts. Aber in Dallas, wo ebenfalls 32 Prozent der Wohngebäude leerstanden, wurde weitergebaut.[422]

Die örtlichen Immobilienmagnaten sahen den Schuldigen
in den außer Kontrolle geratenen Sparkassen. Bereits im
Juni 1982 erklärte Mark Pogue von Lincoln Properties: »Wir
müssen alle vorsichtiger sein. [...] Wie soll der Markt diese
Millionen Quadratmeter Wohnfläche absorbieren?«[423] Ein
Jahr später, im Juni 1983, nahm Dallas bei den leerstehenden
Büroräumen landesweit den zweiten Rang hinter Houston
ein. Paradoxerweise nahm die Stadt jedoch gleichzeitig den
ersten Rang beim Bau neuer Bürogebäude ein. Im Oktober
1983 warnte McDonald Williams vom angesehenen Gebäude-
verwalter Trammell Crow, dass viel zu viel gebaut wurde. Er
sah den Verursacher in den Sparkassen, die auf den Immo-
bilienmarkt drängten: »Ich glaube, sie werden weiterhin für
übermäßige Bautätigkeit sorgen.«[424] Ein Jahr später berichtete National Real Estate Investor News, die Kenner des Marktes in
Dallas seien »verblüfft vom rasanten Zuwachs im Baugewerbe«, und Dan Arnold von der Swearingen Company erklärte
das Phänomen so: »Die Finanzinstitute und Kreditgeber suchen nach Anlagemöglichkeiten für ihr Geld.«[425] Im Juni 1985
erklärte Wayne Swearingen: »Die Bauherren sitzen auf leeren
Gebäuden, und die Kreditgeber geben ihnen Geld, um weitere Projekte zu beginnen. Schuld sind die Geldgeber. Sie sollen mir zeigen, wie diese Bauherren die nötigen Einnahmen

erzielen werden. [...] Das Verhalten des Marktes widerspricht den Gesetzen von Angebot und Nachfrage. Dass trotz hoher Leerstände weitergebaut wird, scheint nicht mit dem Bedarf, sondern damit zusammenzuhängen, dass Kredite für Neubauten verfügbar sind.«[426]

In Wahrheit funktionierten die Gesetze von Angebot und Nachfrage durchaus, wenn auch nur beim Phischen nach »Dummen«. Der Eigentümer einer Sparkasse konnte sich beliebige Mengen Geld beschaffen, wenn er nur ausreichend hohe Zinsen bezahlte. Dieses Geld konnte er dann an seine Freunde weiterreichen, die es mit ein wenig Schlauheit wieder zurückschleusen konnten. Nicht zufällig spielte die Mafia, die sich besonders gut auf die Kunst der Geldwäsche verstand, eine wichtige Rolle bei der Plünderung der Sparkassen.[427]

Aus der Erfahrung nichts gelernt

Das Schicksal der Sparkassen hätte denen, die 20 Jahre später mit den Vorzeichen der Finanzkrise von 2008 konfrontiert wurden, als Warnung dienen sollen. Einmal mehr wurde mit Pyramidenspielen gephischt. Diesmal wurden die Pyramiden nicht mit aufgeblähten Grundstückspreisen errichtet, die als Sicherheiten für Kredite dienten. Stattdessen wurde es ein Pyramidenspiel mit Hypothekenbewertungen: Wertpapiere wurden mit notleidenden Hypotheken besichert, die vollkommen unrealistische Bonitätseinstufungen erhielten.

Im nächsten Kapitel werden wir sehen, wie die Plünderung der Sparkassen am Anfang einer neuen Ära der Gier auf den Markt für Junk Bonds übergriff. Die Sparkassen, die bald in die Pleite schlittern sollten, trugen wesentlich zur Ausweitung des Marktes für minderwertige Anleihen bei, welche die bis dahin für unmöglich gehaltene feindliche Übernahme großer Unternehmen möglich machte.

10

Michael Milken phischt mit Junk Bonds als Köder

Die Arbeit eines einzigen Mannes veränderte in den siebziger und achtziger Jahren das amerikanische Finanzsystem für immer. Von nun an konnten sich selbst die Manager amerikanischer Konzerne nicht mehr darauf verlassen, dass ihre Unternehmen zu groß waren, um von Corporate Raidern angegriffen zu werden, denn diese »Heuschrecken« konnten von nun an auch ohne viel eigenes Kapital sehr große Unternehmen übernehmen, ohne viel Kapital dafür zu benötigen. Möglich wurde das dank der fremdfinanzierten Übernahme (Leveraged Buyout), für die das Unternehmen eines Unternehmensplünderers hohe Schulden aufnehmen konnte (dazu wurden extrem riskante Anleihen begeben, die Michael Milken erfand), um Unternehmen zu übernehmen, die oft viel größer waren als die übernehmende Firma. Die fremdfinanzierten Übernahmen führten zu einer massiven Ausweitung von Fusionen und Übernahmen und erhöhten die Risiken und potentiellen Gewinne solcher Maßnahmen beträchtlich. Und mit der Erkenntnis, dass hier gewaltige Mengen Geldes verdient werden konnten, ging eine Neubewertung der Einkommensmöglichkeiten von Unternehmensleitern einher, während gleichzeitig die gewaltigen potentiellen Risiken außer Acht gelassen wurden: Ein Beispiel war die Übernahme von RJR Nabisco, bei der Edward Horrigan, der CEO des Tabakbereichs, mit 45,7 Millionen Dollar entschädigt wurde,[428] während Ross Johnson, der Leiter des Gesamtkonzerns, Be-

richten zufolge einen noch höheren Gewinn einstrich.[429] Zu
jener Zeit galten solche Beträge noch nicht als Kleingeld.
Und wie wir sehen werden, waren auch Milkens Einnahmen
selbst gemessen an heutigen Maßstäben nicht gering. Nach
Angabe des Vergütungsexperten Graef Crystal konnte jeder
normal bezahlte Geschäftsführer einen Berater engagieren,
der seinem Board of Directors erklärte, dass andere Unternehmensleiter nicht hunderttausende, sondern Millionen
oder sogar Dutzende Millionen Dollar verdienten.[430] Die »Ära
der Exzesse« (wie Crystal es ausdrückt) hatte begonnen. Viele
der Anleihen, die Milken auf den Markt warf, wurden später
wertlos, was zur Junk Bond-Krise der achtziger Jahre führte.
Aber die Ursache der Krise ist nicht nur in den Verbrechen
dieses einen Mannes zu suchen. Im Grunde war sie die Folge
eines wirtschaftlichen Gleichgewichts, in dem sich die Gelegenheit bot, nach »Dummen« zu phischen. Auch diese Krise
zeigt, welche Rolle falsche Bewertungen von Finanzinstru-
menten spielen.

In Nordkalifornien wird wieder Gold gefunden

In Nordkalifornien wurde mehr als einmal Gold gefunden.
Im Jahr 1969 wurde es an einem besonders ungewöhnlichen
Ort entdeckt: in einem fast vergessenen Buch aus dem Jahr
1958, das in der Bibliothek der Universität Berkeley stand.
Der Entdecker des Buchs war ein Wirtschaftsstudent namens
Michael Milken aus einem Vorort von Los Angeles. Das Buch
trug den Titel *Corporate Bond Quality and Investor Experience*, der
Autor war ein Mann namens W. Braddock Hickman. Das 536
Seiten dicke, mit Tabellen gefüllte Werk war eine ausgespro-
chen technische Abhandlung über die Erfahrungen, die Investoren mit Anleihen verschiedener Bonität gesammelt
hatten. Die Offenbarung schlummerte in Tabelle 1 von Hick-

mans Buch: Zwischen 1900 und 1943 hatten minderwertige Unternehmensanleihen (jene, die nicht als Investment empfohlen wurden und dabei kaum für Geschäftsbanken oder Versicherungsgesellschaften in Frage kamen) bemerkenswert hohe Erträge abgeworfen.[431] Rechnete man die Verluste durch Zahlungsausfälle heraus, so hatten diese Anleihen einen durchschnittlichen jährlichen Ertrag von 8,6 Prozent abgeworfen. Im Gegensatz dazu lagen die durchschnittlichen Erträge von Anleihen mit ausgezeichneter Bonität in diesem Zeitraum lediglich bei 5,1 Prozent. Die hohe Rendite schlecht bewerteter Anleihen deutete darauf hin, dass diese Papiere in Wahrheit durchaus sicher gewesen waren. Obwohl in den Zeitraum 1900 bis 1943 die furchtbaren Jahre der Weltwirtschaftskrise gefallen waren, hatte die jährliche Ausfallquote dieser Anleihen bei weniger als einem Prozent gelegen.

Aber so wie das Gold im Boden erst gefördert werden muss, um einen Wert zu erhalten, musste auch der Schatz in *Corporate Bond Quality and Investor Experience* erst gehoben werden. Das Buch war vor mehr als einem Jahrzehnt erschienen, und es waren lediglich 934 Exemplare verkauft worden.[432] Die Daten waren zum Zeitpunkt der Veröffentlichung bereits 15 Jahre alt gewesen. Es bedurfte eines geschickten Verkäufers wie Milken, um den Schatz zu heben. Als er Anfang der siebziger Jahre seine Karriere begann, nahm er zu Treffen mit Investoren ein Exemplar von Hickmans Buch mit. Bald wurden die Anleihen, die Milken an den Mann brachte, nur noch als *Junk Bonds* bezeichnet, obwohl er selbst diesen Begriff vermied. Im Jahr 1975 erschien auf der Titelseite des *Wall Street Journal* ein wohlwollender Artikel über Milken. Der Titel: »Der Abfall des einen ist das Gold des anderen.« Der Anleihehandel, so das *Journal*, war zum »schnellsten Spiel der Stadt« geworden.[433] Und Milken war gerade einmal fünf Jahre nach seinem Studienabschluss der Star in diesem Spiel.

Die Menschen neigen zu dem Fehler, »die Worte für Dinge

zu nehmen«, wie John Locke es ausdrückte.[434] In diesem Fall bestand der Fehler in der Annahme, die Junk Bonds eines Jahrzehnts seien dasselbe wie die Junk Bonds eines anderen. Tatsächlich ist nur das Wort, mit dem sie bezeichnet werden, dasselbe. Daher darf ein Händler annehmen, dass törichte Investoren diese Papiere genauso bereitwillig kaufen werden, selbst wenn sie diesmal von Institutionen begeben werden, deren Reputation ausgenutzt wird. Vielleicht wären die Junk Bonds ohne Michael Milken das geblieben, was sie bis 1943 gewesen waren. Aber es kam anders.

Den kognitiven Fehler, den Milken ausnutzte, beschreibt Gray Smith in seinem Buch *Standard Deviations: Flawed Assumptions, Tortured Data, and Oher Ways to Lie with Statistics*.[435] Im Kapitel »Äpfel und Pflaumen« erklärt Smith, wie man jemanden täuschen kann, indem man wohlklingende, aber nicht zu belegende Annahmen anstellt, mit denen verschiedene Dinge gleichgesetzt werden. Milken setzte zwei verschiedene Arten von Junk Bonds gleich, ohne die Unwahrheit zu sagen. Die »Äpfel« waren hier die »gefallenen Engel«, die von ehemals erfolgreichen Unternehmen begeben wurden, die in eine Krise geschlittert waren; diese Art von Anleihen hatte Hickman studiert. Die »Pflaumen« waren die neuartigen Risikoanleihen, die Milken einführte. Die gefallenen Engel hatten sich bis 1943 tatsächlich sehr gut geschlagen. Die Herausforderung für den Phischer Milken bestand darin, einen Weg zu finden, um von einer falschen Gleichsetzung von Äpfeln und Pflaumen zu profitieren, indem er eine andere Art von Junk Bonds schuf: keine gefallenen Engel, sondern neue Anleihen, die er selbst als Broker auf dem Markt platzieren würde.

Milkens Geschichte nahm ihren Lauf, als er nach seinem Abschluss in Berkeley und einem MBA-Studium an der Wharton School of Business seinen ersten Job bei der etwas heruntergekommenen Investmentbank Drexel Harriman Ripley in Philadelphia annahm, die sich durch eine Reihe von Fusionen in Drexel Burnham Lambert verwandelte und ihr Kapital beträchtlich aufstockte. Milken war erst zwei Jahre bei der Firma, als es ihm gelang, seinen Chef Tubby Burnham dazu zu überreden, zwei Millionen Dollar des neuen Kapitals in eine Abteilung zu investieren, die mit Anleihen geringer Bonität handeln sollte. Innerhalb kürzester Zeit machte er 100 Prozent Gewinn. Und in der »Ära vor Milken« war ein solcher Gewinn sehr viel Geld.[436]

Aber diese zwei Millionen Dollar waren nur der Anfang. Auf dem Markt für Junk Bonds boten sich dem Mittelsmann zahlreiche Gelegenheiten. Wann immer zu laufenden Preisen eine Lücke zwischen Angebot und Nachfrage klafft, kann der Mittelsmann einen Teil der Differenz zwischen dem Preis, den die Käufer zu zahlen bereit sind, und dem Preis, den die Verkäufer zu akzeptieren bereit sind, einstreichen. Und der junge Milken war mittlerweile der wichtigste Mittelsmann auf einem Markt, der riesig werden konnte, wenn man die Produkte richtig zu vermarkten verstand.

Da die Investoren glaubten, was Milken ihnen erzählte, war die Nachfrage nach diesen Junk Bonds groß. Aus den Erkenntnissen von Braddock Hickman konnte man den Schluss ziehen, dass Milken Erträge garantieren konnte, die um nicht weniger als 3,5 Prozent über denen normaler Unternehmensanleihen lagen.[437] Er musste lediglich die Portfoliomanager von Banken, Rentenfonds und Versicherungen mit seiner Geschichte anlocken. Diese Manager, die große Summen investieren, sind dafür bekannt, dass sie verzweifelt nach Möglichkeiten suchen, die Rendite um wenige Basispunkte – das heißt um einige Hundertstelprozent – zu erhöhen.

Aber nicht nur die Nachfrage nach diesen Anleihen war gewaltig, sondern auch das potentielle Angebot. Seit Beginn des 19. Jahrhunderts waren die Renditen von Aktien enorm. Die Lücke zwischen der Rendite von Aktien und jener von Anleihen ist derart groß, dass sie einen eigenen Namen erhalten hat: Sie wird als Equity Premium (Wertpapieraufschlag) bezeichnet. Das Equity Premium war so groß, dass ein Treuhandfonds, der im Jahr 1925 100 000 Dollar in amerikanische Staatsanleihen investierte, 70 Jahre später nur 1,3 Millionen Dollar wert gewesen wäre, während er bei einer Investition in Aktien auf mehr als 80 Millionen Dollar angewachsen wäre.[438] Hätten Sie das Glück gehabt, eine wohlhabende Urgroßmutter gehabt zu haben, die in einen Aktienfonds investiert hätte, so wären Sie im Jahr 1995 reich gewesen.

Die Männer rund um Milken, die sich Anfang der achtziger Jahre mit Junk Bonds beschäftigten, sahen, dass man sehr hohe Gewinne erzielen konnte, wenn man Unternehmen übernahm, indem man die Aktionäre mit den Einnahmen aus dem Verkauf solcher Anleihen zum aktuellen Aktienkurs auszahlte. Beim durchschnittlichen Unternehmen war der Ertrag so hoch, dass man gute Chancen hatte, die Zinsen auf die Anleihe damit zu bezahlen. Aber man konnte noch mehr Geld verdienen, wenn man ein Unternehmen übernahm, bei dem die Arbeitskosten deutlich gesenkt werden konnten, indem man die Löhne senkte, überflüssige Arbeiter entließ oder einen Pensionsfonds anzapfte, der mehr als das gesetzlich vorgeschriebene Kapital enthielt. Oder man konnte ein Unternehmen mit einem inkompetenten Management übernehmen und die Manager austauschen. Für Michael Milken, seine Propagandamaschine und seine Handelsabteilung stellten die für solche Übernahmen ausgegebenen Anleihen eine schier unerschöpfliche Quelle von Anleihen dar.

Auf der Suche nach dem Gold stößt man möglicherweise auf Hindernisse, aber jeder Goldgräber weiß, dass das Erz geschürft und anschließend raffiniert werden muss, gleichgültig, wie rein es ist. Es gibt dabei immer ein paar Schwierigkeiten. Genau so verhielt es sich auch bei den feindlichen Übernahmen. Die Heuschrecken stießen in dem Bemühen, die Erträge unterbewerteter Aktien abzuschöpfen, vor allem auf drei Hindernisse, aber Milkens Firma befand sich in einer guten Ausgangslage, um alle drei zu bewältigen.

Da war zunächst die Wahl des geeigneten Zeitpunkts. Wurde das Ziel einer feindlichen Übernahme rechtzeitig gewarnt, so konnte es Verteidigungsmaßnahmen ergreifen. Es konnte selbst Geld für einen Management Buyout auftreiben oder sich nach einem geeigneten Partner für die Übernahme umsehen, nach einem sogenannten »weißen Ritter«. Aber Milken hatte eine Antwort auf derartigen Widerstand. Als seine Firma wuchs, wuchs auch die Zahl der Klienten, die ihm ihren Wohlstand verdankten. Anscheinend erwiesen sich insbesondere Geschäftsleute, die Sparkassen übernommen hatten, als nützliche Verbündete, denn sie konnten das Kapital ihrer Institute in die von Milken vorgeschlagenen Übernahmen investieren. In einem späteren Gerichtsverfahren, das der Einlagensicherungsfonds FDIC (Federal Deposit Insurance Corporation) und die Resolution Trust Corporation gegen Milken anstrengten, spielten einige Sparkasseneigentümer eine prominente Rolle: Thomas Spiegel von Columbia Savings and Loan, Charles Keating von Lincoln Savings and Loan und David Paul von CenTrust.[439] Auch die First Executive Life Insurance von Fred Carr hatte Milken angeblich einige Milliarden vom Geld anderer Leute zur Verfügung gestellt.[440] Die Sparkassen konnten dank der laschen Anwendung der Vorschriften zum Schutz der Einlagen ihre Beteiligung an solchen Geschäften deutlich ausweiten. Und dieselben laschen Vorschriften ermöglichten es den Sparkassen, so hohe Zinsen auf Spareinlagen zu zahlen, dass sie ausreichend Geld zur Verfügung hatten. Und als Milken ihnen eine neue Gelegenheit anbot, ließen sie sich nicht lange bitten. Im Jahr 1985 konnte er so sicher sein, riesige Übernahmen durchzubringen, dass Drexel lediglich einen Brief schreiben musste, in dem die Bank erklärte, sie sei »sehr zuversichtlich«, dass sie die Finanzierung auf die Beine stellen könne. Wie Carl

Icahns Angriff auf Phillips Petroleum zeigte, war Milken in der Lage, innerhalb von 48 Stunden 1,5 Milliarden Dollar aufzutreiben.[441] Mit dieser außerordentlichen Durchschlagskraft konnten Milken und seine Leute eine Unternehmensführung vollkommen überraschend attackieren. Der Corporate Raider konnte sein Angebot so schnell vorlegen, dass dem angegriffenen Unternehmen nur einige Stunden blieben, um sich zu verteidigen.

Es lohnt sich zu erwähnen, dass Milken neben der Finanzierung mit Anleihen noch weitere Möglichkeiten hatte, um jene zu belohnen, die ihm bei seinen Transaktionen halfen. In der Klageschrift zum Verfahren *FDIC gegen Milken* sind zahlreiche Methoden beschrieben, die Milken nach Ansicht der Aufsichtsbehörde anwandte, um seinen Freunden Geld zuzuschieben. Beispielsweise erhielt Thomas Spiegel laut Anklageschrift bei der Übernahme von Storer Communications Gelegenheit, sich in eine Partnerschaft einzukaufen, die Optionsscheine hielt – ein Geschäft, das zum Großteil durch seine Sparkasse Columbia Savings and Loan finanziert worden war. Spiegel zahlte 134 596 Dollar für seinen Anteil an der Partnerschaft, und diese Investition warf innerhalb kürzester Zeit einen Gewinn von mehr als sieben Millionen Dollar ab.[442] Ein weiterer Vorwurf in diesem Verfahren lautete, dass Charles Keatings Lincoln Savings and Loan und eine Tochtergesellschaft dieser Sparkasse am 30. November 1987 bei der feindlichen Übernahme der Beatrice International Food Company Anleihen im Wert von mehr als 34 Millionen Dollar gekauft hatten und am selben Tag Keating 234 383 Anteile am Übernahmeunternehmen kaufte.[443]

Fred Carr erfuhr angeblich eine andere Behandlung: Unternehmen, deren Übernahme mit seiner Hilfe finanziert worden waren, investierten anschließend das Geld aus den Rentenfonds ihrer Belegschaft in seine Versicherungsgesellschaft First Executive Life, die später pleiteging.[444] Das legt den Schluss nahe, dass Milkens Freunde reich wurden, aber alle gute Gründe hatten, zu kaufen, was er ihnen anbot.[445]

Die Heuschrecken stießen jedoch noch auf ein anderes Hindernis: das sogenannte Hold-up-Problem.[446] Normalerweise müsste ein Unternehmensplünderer für die Aktien des übernommenen Unternehmens deutlich mehr als den Marktpreis bezahlen. Beispielsweise musste Ronald Perelmans Pantry Pride bei der von Milken angestifteten Übernahme von Revlon im Jahr 1985 das ursprüngliche Angebot von 47,50 Dollar pro Aktie auf 58 Dollar erhöhen. Allerdings hätte der Aufpreis unannehmbar hoch sein können, wäre Pantry Pride übermäßig seriös gewesen, denn dann hätten es die gegenwärtigen Aktionäre möglicherweise vorgezogen, als Minderheitsaktionäre im Unternehmen zu bleiben, anstatt ihre Aktien zu verkaufen. Würde Warren Buffett ein Unternehmen übernehmen, dessen Aktionär Sie sind, so würden Sie sich einen Verkauf Ihrer Aktien wohl zweimal überlegen: Wäre es nicht günstiger, Aktien eines Unternehmens zu besitzen, das von diesem seriösen Investor kontrolliert wird, dessen Urteil in finanziellen Dingen außer Frage steht? Im Gegensatz dazu waren Pantry Pride und Perelman im Jahr 1985 unbeschriebene Blätter. Das Unternehmen, eine Supermarktkette, die nach einer finanziellen Krise erst 1981 aus dem Gläubigerschutz entlassen worden war, hatte einen Nettowert von 145 Millionen Dollar (gegenüber einer Milliarde bei Revlon). Und Perelman war eine »Heuschrecke«, die auf erbitterten Widerstand des Revlon-Managements stieß. Das bedeutete, dass die Aktionäre vor einer einfachen Entscheidung standen: Sie konnten ihre Aktien zu einem deutlichen Aufpreis an die Heuschrecke abtreten oder im Unternehmen bleiben und abwarten, was als Nächstes geschah. Hold-up-Problem gelöst.[447]

Die schriftlichen Bekundungen der Zuversicht und der schlechte Ruf der Unternehmensplünderer halfen also, zwei

Hindernisse für die feindlichen Übernahmen aus dem Weg zu räumen, so dass diese ausgeweitet werden konnten. So entstand das gewaltige Angebot an Junk Bonds. Aber es gab noch ein drittes Hindernis, und zwar eines auf der Nachfrageseite. Die neu begebenen Junk Bonds und die Anleihen, deren Erträge und Ausfallquote Hickman analysiert hatte, mochten beide Anleiheklassen mit niedriger Bonität sein, womit sie einander in einer Hinsicht ähnelten. Aber in anderer Hinsicht waren sie sehr verschieden: Die alten Anleihen, deren Ausfallquote Hickman berechnet hatte, waren von Unternehmen ausgegeben worden, die ursprünglich eine hohe Bonitätseinstufung erhalten hatten, dann jedoch in Schwierigkeiten geraten waren. Ein Beispiel ist die Pennsylvania Railroad: Als die Eisenbahngesellschaft in die Krise schlitterte, verwandelten sich ihre Anleihen in »gefallene Engel«. Milkens Anleihen waren etwas ganz anderes: Sie waren von Anfang an Risikoanleihen. Wenn wir nach einem Familienhund suchen, wäre es ein Fehler, einen Pitbull zu kaufen, weil Studien gezeigt haben, dass der Labrador kinderfreundlich ist. Der Labrador ist eine ganz andere Art von Hund. Genauso begeht ein Anleger möglicherweise einen Fehler, wenn er neue Anleihen von Drexel Burnham Lambert ins Portfolio nimmt, weil Braddock Hickman und andere Forscher »gefallenen Engeln« gute Noten gaben.

Milken sah sich folgendem Schreckensszenario gegenüber: Wenn die Investoren bemerkten, dass die neu begebenen Junk Bonds und die »gefallenen Engel« nicht dasselbe waren, konnte sein ganzes Geschäft zusammenbrechen. Die verfügbaren Statistiken verschleierten den Unterschied: Edward Altman, ein Professor für Finanzwirtschaft an der New York University, und sein ehemaliger Student Scott Nammacher hatten bei Unternehmensanleihen eine durchschnittliche Ausfallquote von 1,5 Prozent ermittelt.[448] Aber dieser Wert war irreführend, da die Ausfallquote von Junk Bonds mit zunehmendem Alter stieg und der Markt sehr rasch wuchs. Einfach eine durchschnittliche Ausfallquote heranzuziehen, war etwa so, als würde man anhand einer Population, die aus einem Großvater und hundert zehnjährigen Kindern besteht, die durchschnittliche Mortalität der Bevölkerung berechnen.

Im Lauf der Zeit wurde diese Verzerrung erkannt, aber für eine Weile gelang es Milken, die Wachhunde abzulenken und daran zu hindern, Alarm zu schlagen. Wenn der Ausfall einer Risikoanleihe drohte, gab es eine zulässige Methode, um sie gegen andere Schuldverschreibungen oder eine Kapitalbeteiligung zu tauschen, so dass sie nicht als Default zählten.[449] Milken konnte dafür sorgen, dass die Inhaber von Anleihen, deren Default unmittelbar bevorstand, dank eines von Drexel organisierten Tauschangebots, das durch eine andere Vorzugsbehandlung ergänzt wurde, wenigstens ein bisschen besser ausstiegen. In einer vorzüglichen Arbeit zeigten Paul Asquith vom MIT sowie David Mullins und Eric Wolff von der Harvard Business School, dass fast 30 Prozent der Emittenten von zwischen 1977 und 1980 neu begebenen Junk Bonds bis 1988 ihren Zahlungsverpflichtungen nicht nachgekommen waren;[450] darunter waren zehn Prozent, die getauscht wurden, später jedoch ausfielen.[451]

Anfang der achtziger Jahre breitete sich der von Milken entwickelte Schwindel epidemisch aus. Jedes Jahr im März lud Drexel zu Milkens High-Yield Bond Conference ein. Bis 1985 hatte sich diese Gala, die 1500 Gäste ins Beverly Hilton und das nahegelegene Beverly Hotel lockte, die Bezeichnung »Tanz der Raubtiere« verdient.[452] Diese Finanziers bewegten Billionen – an eigenem Geld und Junk Bonds –, um feindliche Übernahmen zu finanzieren. Das Geschäft mit Risikoanleihen lief derart gut, dass Drexel Milkens Anleiheabteilung, die im Jahr 1978 von New York nach Los Angeles umgezogen war, im Jahr 1986 700 Millionen Dollar an Bonuszahlungen gewährte. Deren Verteilung oblag Milken, der sich selbst 550

Millionen Dollar genehmigte.[453] Das mochte ein wenig gierig sein, aber er war der Impresario des Junk Bond-Markts, seine Aktivitäten wirkten sich auf die amerikanische Wirtschaft aus, und an den Kriterien der Finanzwirtschaft gemessen, hatte er es vielleicht verdient. Nie zuvor hatte ein amerikanischer Manager in einem einzigen Jahr derart viel Geld verdient.[454]

Vieles von dem, was Milken tat, war vollkommen legal. Das Phischen ist legal, sofern es nicht die Grenzen sprengt, die spezialisierte Rechtsanwälte Leuten wie Milken erklären. Und die von Milken praktizierte Form des Phischens wurde sogar als in gewissem Sinn heroisch beschrieben. Michael Jensen von der Harvard Business School meinte, Übernahmen wie die von Milken geplanten würden die Gesellschaft reicher machen. Der Grund dafür sei, dass eine Übernahmebewegung die Beseitigung inkompetenter Managementteams ermögliche und auf diese Art den allgemeinen Wohlstand hebe.[455] Aber diese Argumentation lässt die Kehrseite der Medaille außer Acht: Einer feindlichen Übernahme konnte ebenso gut ein gutes Management zum Opfer fallen; ihren Gewinn erzielten die Unternehmensplünderer in diesem Fall durch einen Vertrauensbruch gegenüber der Belegschaft, deren Erwartungen in Bezug auf Gehalt, Arbeitsbedingungen und Rentenansprüche enttäuscht wurden.[456]

Die Geschichte Milkens hat ein ungewöhnliches Ende. Normalerweise werden die Phischer nicht zur Strecke gebracht. Milken jedoch landete tatsächlich im Gefängnis. Das FBI spürte einem Insidergeschäft bis zu Ivan Boesky nach, einem Aktienhändler, der mit einer ungewöhnlichen Äußerung in einer Rede vor Berkeley-Absolventen Berühmtheit erlangt hatte: »Ich denke, Gier ist gesund.«[457] Angesichts einer drohenden Verurteilung wegen seiner Beteiligung an dem Insidergeschäft sah Boesky eine Chance zu einem anderen Geschäft: Er einigte sich mit den Strafverfolgungsbehörden auf einen Straferlass im Gegenzug dafür, dass er Beweise gegen Milken liefern würde. Boesky war nur eine Randfigur in Milkens Umgebung gewesen, aber mit einem Abhörgerät ausgestattet, sammelte er die Beweise, die die Ermittlungen gegen Milken möglich machten. Um einem Verfahren mit 98 Anklagepunkten zu entgehen und seinen Bruder vor einer Strafverfolgung zu bewahren, bekannte Milken sich in sechs Punkten schuldig. Unter anderem hatte er Boesky Anleihen mit dem Versprechen abgekauft, diese wieder an Boesky zurückzuverkaufen. Die Börsenaufsichtsbehörde SEC verbot ein solches »Parken« von Wertpapieren, das Boesky eine Steuerersparnis ohne jegliches Risiko ermöglichte.[458] Dieses Geschäft verdeutlicht Milkens Geringschätzung für das Gemeinwohl, aber es zeigt auch, wie großzügig er gegenüber seinen Geschäftspartnern war: Er machte Profit, aber dasselbe galt für seine Partner. Wenige Monate nach der Anklageerhebung gegen Milken hatte seine Handelsabteilung am Wilshire Boulevard in Los Angeles dichtgemacht, und kurze Zeit später ging das Mutterunternehmen Drexel Burnham Lambert pleite.[459] Wegen der sechs Verstöße, die Milken vorgeworfen wurden, hätte er normalerweise nicht ins Gefängnis gehen müssen, sondern er wäre mit einer Geldbuße davongekommen. Der in unseren Augen größere Schaden für das Gemeinwohl war Gegenstand des erwähnten Zivilprozesses, den die FDIC und die Resolution Trust Corporation gegen ihn anstrengten. In diesem Verfahren wurden Milken und seine »Mitverschwörer« beschuldigt, das Geld anderer Leute mit betrügerischen Absichten verwendet zu haben.[460] Das Verfahren wurde außergerichtlich beigelegt, wobei sich Milken zur Zahlung von 500 Millionen Dollar verpflichtete.[461]

Sechs Erkenntnisse

Wir möchten das Milken-Fiasko mit sechs Beobachtungen in den größeren Kontext einordnen:

ERKENNTNIS Nr. 1: Milkens Geschäft mit Junk Bonds ist ein Anschauungsbeispiel für zwei Arten von Informations-Phischen, mit denen wir uns bereits in den vorhergehenden Kapiteln befasst haben. Er bediente sich verzerrender Ratings (er verwischte die Unterschiede zwischen seinen Junk Bonds und den von Hickman beschriebenen »Fallen Angels«) und nutzte die betrügerische Buchführung der Sparkassen, die wirtschaftlich bankrott waren. Angeblich kauften die Sparkassen auf seinen Wunsch Anleihen, und er schanzte ihnen Belohnungen zu.

ERKENNTNIS NR. 2: In den vorhergehenden Kapiteln haben wir uns mit den »Geschichten« befasst, die das Handeln der Menschen beeinflussen. Was Milken anbelangt, so besagte die eine Geschichte, er sei ein Genie gewesen, der einen neuen Weg entdeckt habe, um Geld zu erzeugen. Eine weitere Geschichte besagte, seine Junk Bonds hätten dieselbe niedrige Ausfallquote wie die von Hickman untersuchten »gefallenen Engel«.

ERKENNTNIS Nr. 3: Milken schürte die neue Ungleichheit. In den achtziger Jahren stieg der Einkommensanteil des reichsten Dezils und des einkommensstärksten ein Prozents rasant.[462] Es ist unmöglich, die indirekten Auswirkungen von Milkens Geschäften auf diese Veränderung zu quantifizieren, und wir glauben, dass Milken, so gerissen er auch war, einfach nur etwas früher als andere mit Übernahmen begann, welche die geltenden Regeln für die Vergütung von Führungskräften auf den Kopf stellten. Unsere Theorie des Phishing-

Gleichgewichts und die Gründung großer Private Equity-Fonds im Übernahmegeschäft legen den Schluss nahe, dass es auch ohne Milken zu derartigen Übernahmen gekommen wäre. Aber er spielte eine herausragende Rolle in der Entstehungszeit dieser Fonds.

ERKENNTNIS NR. 4: Milkens Junk Bonds liefern auch ein Anschauungsbeispiel für ein weiteres Phishing-Prinzip auf den Finanzmärkten. In den beiden vorhergehenden Kapiteln haben wir gesehen, wie der Phish und die Finanzmärkte miteinander verknüpft sind. Auch bei den von Milken entwickelten Junk Bonds wirkte sich der Phish wie in der Finanzkrise von 2008 fernab seines Ursprungsorts aus. Fernab des Ausgangspunktes des Phischens in den Sparkassen und Versicherungsgesellschaften spielten die Junk Bonds eine wichtige Rolle in der Übernahmewelle der achtziger Jahre.[463]

ERKENNTNIS NR. 5: Michael Milkens Aktivitäten verdeutlichen, welche Kräfte das Phishing-Gleichgewicht erzeugen. Als er nach seinem Abschluss in Wharton an der »Kasse« stand, sah er eine Profitchance. Er brachte eine neue Art von Junk Bonds auf den Markt, die sich von den »gefallenen Engeln« unterschied. Die drei Hindernisse, die er dabei überwinden musste, waren der Grund dafür, dass diese Chancen bis dahin nicht genutzt worden waren. Milken war der Erste, der erkannte, wie diese Hindernisse gemeistert werden konnten.

ERKENNTNIS NR. 6: Damit sind wir bei der wichtigsten praktischen Erkenntnis dieses Buches. Vermögenspreise sind ausgesprochen schwankungsanfällig. Unsere Darstellung zeigt, welches die wichtigsten Gründe für diese Volatilität sind. Verantwortlich dafür ist ein großes Sortiment an Phishes – Reputation Mining, Plünderung, irreführende Buchführung, verfälschte Darstellungen in den Medien, Verkaufstricks von Investorenberatern, Investmentfirmen und Immobilienmaklern, Geschichten über Reichtümer, die aus dem Nichts entstehen. Diese Volatilität richtet nur begrenzten Schaden an, solange beim Abschwung nur jene verlieren, die sich haben täuschen lassen. Wurden die Vermögenswerte, deren Preis aufgeblasen wurde, jedoch mit geliehenem Geld gekauft, so kommt es zu einer Kettenreaktion von Verlusten. In diesem Fall lösen Insolvenzen und die Furcht vor Insolvenzen eine Epidemie weiterer Pleiten aus. Die Folge ist, dass die Kreditmärkte austrocknen und die Wirtschaft zum Stillstand kommt.

Eine Epidemie macht wie im Gesundheitswesen auch in der Wirtschaft eine drastische Antwort erforderlich. Zwei dramatische Episoden in den vergangenen hundert Jahren liefern Beispiele für unterschiedliche Experimente. Diese zeigen, was geschieht, wenn reagiert wird, und was geschieht, wenn eine Reaktion ausbleibt. Die Reaktion auf die Weltwirtschaftskrise der dreißiger Jahre war schwach und langsam. Und die Welt schlitterte in ein kleines »Dunkles Zeitalter«, das 15 Jahre dauerte und erst nach dem Zweiten Weltkrieg endete. Der Zusammenbruch im Jahr 2008 drohte ähnliches Unheil anzurichten wie der Crash von 1929. Aber die Regierungen und Zentralbanken der Welt reagierten rasch und koordiniert und ergriffen umfassende Maßnahmen. Die Erholung fiel schwach aus, aber eine schwere Weltwirtschaftskrise wie in den dreißiger Jahren blieb aus.

Es gibt die Auffassung, die Verantwortlichen hätten in den Jahren 2008/9 nicht so rasch handeln sollen. Demnach war die Erwartung von Eingriffen der wichtigste Auslöser für die Krise. (Im wirtschaftswissenschaftlichen Fachjargon bedeutet das, dass der Anstieg der Vermögenspreise das Ergebnis der »moralischen Versuchung« war.) In unserer durch die Fakten gestützten Einschätzung des Finanzwesens kommt es normalerweise aufgrund eines irrationalen Überschwangs, der durch das Phischen angefacht wird, zu einem übertriebenen Anstieg der Vermögenspreise. Die irrational Zuversichtlichen dachten nicht an die Erträge, die ihnen winkten, wenn die Finanzminister und Zentralbanken intervenierten, um die Wirtschaft zu retten und den Kreditfluss aufrechtzuerhalten, oder wenn ihre Bank oder ihr Unternehmen eine Finanzspritze erhielte. Wenn es solche Überlegungen gab, so spielten sie in der Euphorie vor der Finanzkrise von 2008 nur eine untergeordnete Rolle. Diejenigen, die Vermögenswerte zu überhöhten Preisen verkauften, machten Gewinn, und die Käufer, die sich unrealistische Erwartungen einflüstern ließen und überhöhte Preise zahlten, waren fest davon überzeugt, das Richtige zu tun. Sie tanzten, solange die Musik spielte.

Die Unfähigkeit, zu erkennen, dass in einer Finanzkrise rasche Eingriffe erforderlich sind, beruht auf einem ökonomischen Denken, das Faktoren wie Plünderung, Reputation Mining und irrationalen Überschwang nicht berücksichtigt. Dieses Denken beruht auf jener Art von Denkfehler, die uns dazu veranlassen würde, die Feuerwehr abzuschaffen, weil es keine Brände mehr gäbe, wenn die Leute vorsichtiger wären.

Wir haben vor vielen Jahren herausgefunden, was geschieht, wenn nach einem finanziellen Zusammenbruch eine entschlossene Reaktion ausbleibt, wenn der Epidemie einfach ihr Lauf gelassen wird. Wir sind zu dem Schluss gelangt, dass es nicht nur endemische und natürliche Kräfte gibt, die das Finanzsystem anfällig für Schwankungen machen, sondern dass angesichts einer Finanzkrise gehandelt werden muss. Jedes kleine dunkle Zeitalter ist eines zu viel.

11

Der Widerstand und seine Helden

Das in diesem Buch beschriebene Phishing-Gleichgewicht ist verbreitet, aber es ist nicht umfassend. Der Grund dafür ist, dass es Menschen gibt, die sich nicht vom Gewinnstreben leiten lassen und sich als Unternehmensleiter, Meinungsführer und politische oder religiöse Führer engagieren. Die herkömmliche Ökonomie (das »reine ökonomische Modell«) berücksichtigt die Zivilgesellschaft nicht, aber wir leben in einer Gemeinschaft von Menschen, die sich umeinander kümmern. Wir haben in diesem Buch eine Reihe von Helden erwähnt. Jetzt werden wir uns auf die Art ihres Heldentums im Widerstand gegen das Phischen, auf ihre Erfolge und darauf konzentrieren, was sie nicht beeinflussen können.

Tatsächlich haben diese Helden wesentlichen Anteil daran, dass die freie Marktwirtschaft gut funktioniert. Es ist nicht die ungehinderte Entfaltung des Marktes, die uns den Überfluss bringt, denn das marktwirtschaftliche System bringt auch immer ausgereiftere Formen der Manipulation und Täuschung hervor.

Den Menschen in den entwickelten Ländern geht es heute besser als zu jedem anderen Zeitpunkt in der Geschichte. In mehr als 50 Ländern haben Frauen eine Lebenserwartung von mehr als 80 Jahren, und für Männer gilt dasselbe in elf Ländern.[464] Moderne Autos sind nicht fehlerfrei und müssen gelegentlich in die Werkstatt zurückgerufen werden, aber sie sind mittlerweile immer mit Sicherheitsgurten ausgestattet; sieht man von wenigen Ausnahmen ab, so sind sie nicht länger »bei jeder Geschwindigkeit unsicher«, wie Ralph Nader vor 50 Jahren erklärte.[465] In den vier Jahren bis Februar 2013 war in der zivilen Luftfahrt der Vereinigten Staaten nicht ein einziges Todesopfer zu beklagen.[466] Nicht nur die Flugzeuge funktionierten fehlerfrei, sondern auch die Piloten und Mechaniker machten ihre Arbeit nahezu perfekt.

Angesichts eines solchen Maßes an Sicherheit und Produktqualität stellt sich die Frage: Verdanken wir diesen Erfolg ausschließlich der Marktwirtschaft? Welchen Beitrag haben unsere Helden geleistet? In diesem Kapitel werden wir versuchen, uns einer Antwort auf diese Frage anzunähern. Wenn wir die Qualität der von uns erworbenen Güter, Dienstleistungen und Vermögenswerte messen können – oder wenn ihre Qualität genau eingestuft werden kann und diese Einstufungen für uns nachvollziehbar sind –, dann bekommen wir zumeist, was wir erwarten. Die Helden dieses Kapitels haben das Phischen zurückgedrängt, indem sie das Informationsphishing auf das Randgebiet des schwer zu Messenden und schwer zu Bewertenden beschränkt haben. (In Kapitel 2 haben wir ein Beispiel für dieses Randgebiet beschrieben. Das Ausfallrisiko hypothekenbesicherter Wertpapiere war schwer zu beurteilen, und die Käufer glaubten, sie kauften gute Avocados. Sie waren im Irrtum. Und solche Irrtümer lösen Wirtschaftskrisen aus.) Allerdings können diese Helden sehr viel weniger gegen das psychologische Phischen ausrichten, wie wir im nächsten Kapitel sehen werden. Wenn ich den Drang verspüre, mein Budget zu überziehen oder meine Diät zu missachten, gibt es wenig, was mich daran hindern kann.

Die Wächter der Standards

Die Ersten unserer Helden sind jene, die Qualitätsstandards einführen und über ihre Einhaltung wachen. Seit Anfang des 20. Jahrhundert haben wir bemerkenswerte Fortschritte in dem Bemühen gemacht, die Eigenschaften von Produkten zu messen und einzustufen. Dieser Fortschritt hat eine Vereinheitlichung ermöglicht. Ein gutes Beispiel für diese Entwicklung sind Harvey Washington Wiley und die Gründung der Food and Drug Administration (FDA). Unser Held Wiley war Chemiker. Wie wir an anderer Stelle gesehen haben, konnten dank der neuen Chemie – die im Wesentlichen in Deutschland entstanden war, wo Wiley am Kaiserlichen Gesundheitsamt gearbeitet hatte[467] – die Inhaltsstoffe von Lebensmitteln und Medikamenten getestet werden, womit falsche Angaben nachweisbar wurden.

Über weite Strecken des 19. Jahrhunderts kam die amerikanische Bundesregierung ihrer in der Verfassung festgeschriebenen Verpflichtung zur »Festlegung des Standards von Gewichten und Maßen« in einem kleinen Büro im Finanzministerium nach, aber im Jahr 1901 wurde diese Funktion dem National Bureau of Standards übertragen. Schon bald wurde der Behörde die Aufgabe übertragen, das von der Bundesverwaltung beschaffte Material zu testen. Mit einem Budget von nur zwei Millionen Dollar ersparte die Behörde dem Staat Berichten zufolge bei Einkäufen von 300 Millionen Dollar 100 Millionen Dollar im Jahr.[468]

Im Jahr 1927 schrieben zwei unserer Helden, Stuart Chase und Frederick Schlink, einen Bestseller mit dem Titel *Your Money's Worth*. (Chase gilt auch als Urheber des Ausdrucks »New Deal«.)[469] Die beiden Autoren beschrieben nicht nur die Tätigkeit des National Bureau of Standards, sondern auch die Standardisierung, Einstufung und Zertifizierung, die dank einer bemerkenswerten Mischung staatlicher, privater und gemeinnütziger Initiativen in einer Vielzahl von Wirtschaftszweigen durchgesetzt worden waren. Der Großteil dieser Aktivitäten wird von der Öffentlichkeit nicht zur Kenntnis genommen und als selbstverständlich betrachtet: Sie sind der Sieg namenloser Helden. Zur Veranschaulichung wollen wir zwei Beispiele beschreiben: die Einstufung von Weizen und die Zertifizierung von Elektrogeräten.

In den Wirtschaftslehrbüchern wird Weizen als archetypisches einfaches Massengut behandelt, das auf Märkten gehandelt wird, auf denen ein intensiver Wettbewerb herrscht. Aber Weizen ist ein vielfältiges Produkt, das viele verschiedene Qualitätsstufen hat und mit zahlreichen Mängeln behaftet sein kann. Da es ein System zur Klassifizierung und Einstufung dieses Produkts gibt, kann es problemlos in Containern als Massengut verkauft werden. Die Grain Inspection, Packing and Stockyard Administration (GIPSA) des amerikanischen Landwirtschaftsministeriums nimmt eine amtliche Klassifizierung von Weizen vor: Es gibt acht grundlegende Klassen (darunter z. B. Hartweizen und harten roten Sommerweizen), Qualitätsstufen von 1 bis 5 (abhängig vom Gewicht pro Scheffel, der Zahl beschädigter Körner und dem Vorhandensein von Fremdstoffen und Weizen anderer Klassen, dem Vorhandensein von tierischen Verunreinigungen, Rizinussamen, Crotalariasamen, Glas, Steinen, sonstigen Fremdstoffen und durch Insekten geschädigten Körnern) sowie weitere Einstufungskriterien (Mutterkorngehalt, Gehalt an Knoblauch oder Schmutz sowie unsachgemäße Behandlung).[470]

Von der GIPSA zugelassene Unternehmen inspizieren etwa die Hälfte des in den Vereinigten Staaten angebauten Getreides.[471] Daneben gibt es noch weitere Kontrollmechanismen.[472] Die Betreiber von Getreidespeichern führen oft eigene Inspektionen durch oder beauftragen Experten damit. Die Vorschriften zu Inspektion, Kosten und Bedingungen der Lagerung stellen einen weiteren Schutz dar: Die Getreidesilos können eine bundes- oder einzelstaatliche Lizenz erwerben, die mit der Verpflichtung einhergeht, sich an die entsprechenden Beschränkungen zu halten.[473] Das Ergebnis ist, dass Weizen problemlos gehandelt werden kann und dass der Käufer weiß, was er kauft.

Ein weiteres Anschauungsbeispiel für die Festlegung von Standards ist der Markt für Elektrogeräte. Haushaltsgeräte wie Lampen und Feuerlöschsysteme werden normalerweise von Underwriters Laboratories (UL) getestet, einer 1894 gegründeten gemeinnützigen Einrichtung, die für die Zertifizierung amerikanischer Elektrogeräte zuständig ist. Die Hersteller bezahlen UL dafür, dass sie ihre Produkte testet und zertifiziert.[474] Die Normen für Elektrogeräte werden von einer anderen Organisation festgelegt, dem American National Standards Institute, das im Jahr 1918 von fünf technischen Einrichtungen (darunter das American Institute of Electrical Engineering und die American Society of Mechanical Engineers) und drei Ministerien (Krieg, Kriegsmarine und Handel) unter einem anderen Namen gegründet wurde.[475] Diese Normen sorgen nicht nur für Sicherheit, sondern auch für Einheitlichkeit. Man denke nur daran, wie nützlich einheitliche Steckdosen und Anschlüsse, Standardgrößen für Autoreifen und einheitliche Spurweiten und Waggonkupplungen sind.

In *Your Money's Worth* gingen Chase und Schlink über eine Empfehlung von Normen für Produkte hinaus. Sie forderten, auch den Konsumenten Zugang zu den Produktbewertungen zu geben, die der Staat bei der Beschaffung so erfolgreich nutzte. Und wenige Jahre nach Erscheinen ihres Buches gründeten sie eine Organisation, die genau das tat.[476] Im Lauf der Zeit verwandelte sich diese Einrichtung nach einer komplizierten Geschichte, bei der die gewerkschaftlich organisierten Mitarbeiter rebellierten und den Betrieb übernahmen, in die heutige Consumers Union, die *Consumer Reports* herausgibt.[477] In der Zeitschrift, die eine Auflage von 7,3 Millionen Stück hat, werden alle möglichen Produkte und Dienstleistungen bewertet.[478] Die Bewertungen kommen nicht nur den Konsumenten entgegen, sondern auch den Herstellern, die sich im Wettlauf um gute Noten bemühen, ihre Produkte zu verbessern. Und die Consumers Union ist zwar die angesehenste der Konsumentenschutzeinrichtungen, aber es gibt noch viele andere. Der amerikanische Konsumentenschutzverband, die Consumer Federation of America, hat mehr als 250 Mitgliedsorganisationen, die Forschung betreiben, Aufklärungsaktivitäten durchführen, die Rechte der Verbraucher verteidigen und verschiedene Dienste anbieten.[479] Aber diese Zahl zeichnet vermutlich ein sehr konservatives Bild der Aktivität. Anscheinend erhalten wir mehr als nur ein wenig Hilfe von unseren Freunden.

Der Konsumentenschutz hat noch eine weitere Facette jenseits von Normung, Einstufung und Bewertung. Dabei geht es teilweise um Wert und Sicherheit der Produkte, aber dies ist nur das Nebenprodukt eines grundlegenderen Bestrebens: Der Konsum ist ein bürgerlicher Akt, und das Handeln als Bürger geht mit moralischen Verpflichtungen einher. Zivilgesellschaftliche Bewegungen gehen in den Vereinigten Staaten mindestens bis auf die Entscheidung der Siedler in den sechziger und siebziger Jahren des 18. Jahrhunderts zurück, keine britischen Waren mehr zu importieren (der Höhepunkt dieser Bewegung war die berühmte »Tea Party«, bei der der Tee der Britischen Ostindien-Kompanie im Hafenbecken von Boston landete). Im folgenden Jahrhundert boykottierten die Gegner der Sklaverei Güter, die mit Sklavenarbeit erzeugt worden waren.[480] Ein gutes Beispiel für ein solches moralisches Engagement zu Beginn der Moderne ist die 1899 von Florence Kelley gegründete National Consumers League.

Kelley war eine große Amerikanerin. Ihr starker Charakter und ihr soziales Gewissen schlugen sich in den Zielen und in der Tätigkeit der Liga nieder. Kelley wurde im Alter von 33 Jahren nach dem Abschluss ihres Studiums in Zürich zur leitenden Fabrikinspektorin des Staates Illinois ernannt, was zu jener Zeit bemerkenswert war. Die Tochter eines Quäkers und republikanischen Kongressmitglieds, der gegen die Sklaverei

gekämpft hatte, entschloss sich, in Jane Addams' »Siedlungshaus« in Chicago zu leben und sich der gemeinnützigen Arbeit zu verschreiben.[481] Die Tätigkeit der Consumers League
beruhte auf dem Grundgedanken, dass wir als Konsumenten
indirekt Arbeitgeber der Fabrikarbeiter sind, die erzeugen,
was wir kaufen, womit wir wie die Fabrikbesitzer eine moralische Verantwortung für das Wohlergehen dieser Arbeiter
tragen. Die League prüfte die Arbeitsbedingungen in den Fabriken, wie es Kelley für den Staat Illinois getan hatte, und
zeichnete die Produkte, die ihre Inspektion bestanden, mit
einem »Weißen Etikett« aus, das außerdem die Unbedenklichkeit der Produkte bestätigte.[482] Mit dem Kauf von »White
Label«-Produkten konnte der Konsument zwei Fliegen mit
einer Klappe erschlagen: Er konnte soziale Verantwortung
beweisen und die Sicherheit seiner Familie gewährleisten.

In Kapitel 6 haben wir ein weiteres Beispiel für diese Symbiose zwischen dem Einsatz für gute Arbeitsbedingungen
und dem Bemühen um sichere Produkte gesehen. Erinnern
wir uns daran, dass Upton Sinclair in *The Jungle* die Lohnsklaverei in den Fleischkonservenfabriken von Chicago anprangerte. Aber besonders schockiert waren die Leser, als sie erfuhren, was man ihnen da zu essen gab. Noch heute strebt
ein Flügel der Konsumentenschutzbewegung einen »Konsum
für eine bessere Welt« an. Denken Sie an die Prius-Käufer, an
die Konsumenten, die nur Fleisch frei laufender Tiere essen,
und an United Students against Sweat Shops. Die National
Consumers League erfreut sich auch heute bester Gesundheit
und bemüht sich weiter um die Verwirklichung von Kelleys
Vision: Unter anderem kämpft sie gegen Kinderarbeit und
gegen Nikotinvergiftungen bei den Kinderarbeitern auf den
Tabakfeldern im Süden der USA.[483]

Helden in der Unternehmenswelt

Unternehmen mit sozialem Gewissen, die gute Produkte erzeugen, haben sowohl moralische als auch wirtschaftliche Gründe, die Phischer zu bekämpfen. Und sie haben verschiedene Methoden entwickelt, um das zu tun. Im Jahr 1776 entstand in London eine Organisation mit dem Namen »Die Hüter oder Gesellschaft für den Schutz des Gewerbes gegen Schwindler und Gauner«.[484] Die Gesellschaft nahm schriftliche Beschwerden von Verbrauchern entgegen, unterstützte sie in Rechtsstreitigkeiten, schloss Mitgliedsunternehmen aus, die sich unethischer Geschäftspraktiken bedienten, und stellte ihren Mitgliedern Zertifikate aus, die ihnen »Ehrbarkeit und eine gute Reputation« bescheinigten. Die moderne Reinkarnation der »Hüter« in den Vereinigten Staaten sind die Better Business Bureaus. Es scheint selbstverständlich, dass sich diese Einrichtungen auf Beschwerden von Konsumenten stützen. Aber dieses Vorgehen eröffnet den Mitgliedern eine überraschend subtile Möglichkeit, gegen unseriöse Konkurrenten vorzugehen. Denn würden die Mitgliedsunternehmen selbst Beschwerden gegen Anbieter minderwertiger Produkte vorbringen, so wäre aufgrund der potentiellen Interessenkonflikte Skepsis angebracht. Aber da die Beschwerden von den Kunden selbst kommen (und von den Better Businesss Bureaus überprüft werden), sind sie glaubwürdig.

Ein weiterer Schutzmechanismus gegen das Phishing sind die Normen der Unternehmenswelt. Nell Minow ist eine einflussreiche Aktionärsvertreterin, die mit bemerkenswertem Erfolg die Methode des »Shaming« anwendet, um Unternehmen abzuschrecken, die sich schlechter Praktiken zu bedienen versuchen.[485] Minow hat festgestellt, dass den Direktoren der amerikanischen Großunternehmen ihr Ansehen sehr wichtig ist: Sie sind »die empfindlichsten Leute der Welt, was ihre Reputation anbelangt«.[486] Nicht nur die Ärzte (die den hippokratischen Eid ablegen müssen) oder die Rechtsanwälte (die den Anwaltseid ablegen), sondern fast alle Gewerbe haben klare Prinzipien festgelegt. Beispiele sind der Verband der Immobilienmakler, der einen mehr als 16 Seiten langen, dicht gedruckten Ethikkodex herausgegeben hat,[487] und die in fast jeder amerikanischen Gemeinde von nennenswerter Größe vertretenen Handelskammern, die ethische Grundsätze festlegen. Ein persönliches Beispiel: Als Georges Urgroßvater um das Jahr 1900 pleiteging, übernahmen seine Söhne seine Schulden in Höhe von einer halben Million Dollar. Im Gegenzug überließ ihnen die Gemeinschaft der Gewerbetreibenden von Baltimore ein funktionierendes Franchise – das örtliche Studebaker-Autohaus –, damit sie ihren Verpflichtungen nachkommen konnten. Dies war ein Beispiel für Geschäftsethik auf beiden Seiten.

Helden in der Politik

Der Widerstand gegen das Phishing schlägt sich auch in der Entwicklung der Rechtsvorschriften nieder, die uns schützen. Der Oberste Gerichtshof machte mit einer frühen Entscheidung (im Fall *Laidlaw gegen Organ*) das Prinzip von *Caveat emptor/caveat venditor* (Der Käufer sei wachsam/Der Verkäufer sei wachsam) zur Grundlage des amerikanischen Handelsrechts. Als der Tabakhändler Hector Organ aus New Orleans am Morgen des 19. Februar 1815 erfahren hatte, dass der britisch-amerikanische Krieg mit dem Friedensvertrag von Gent beendet worden war, kaufte er in aller Eile 120 Pfund Tabak bei Laidlaw and Company, bevor sich die Nachricht herumsprach. Organ sah voraus, dass die britische Seeblockade aufgehoben würde, womit der Tabakpreis steigen würde. Beim Kauf des Tabaks hatte sich Organ vielleicht ein wenig gerissen verhalten und war der Frage ausgewichen, ob er eine besondere Information besitze.[488] Aber Richter John Marshall entschied, dass ein Gericht – sofern es sich nicht um Betrug handelte – kaum beurteilen konnte, wer wem was zu welchem Zeitpunkt hätte mitteilen müssen.[489] Stattdessen, so der Richter, müsse der Grundsatz *Caveat emptor/caveat venditor* gelten.

Dieser Rechtsgrundsatz könnte als Einladung zum Phishing gedeutet werden, aber seit damals ist es zahlreichen Helden des Rechts gelungen, für eine flexiblere (und vernünftigere) Anwendung des Gesetzes zu sorgen. Schon zur Zeit des Verfahrens gegen Organ war *Caveat emptor* kein absoluter Grundsatz, denn es gab durchaus einen Schutz gegen Betrug. Mittlerweile sind wir auch gegen Fahrlässigkeit geschützt.

Ein gutes Anschauungsbeispiel für die Entwicklung ist der bahnbrechende Fall *MacPherson gegen Buick Motor Car Company*. Im Mai 2010 kaufte Donald MacPherson, der sich seinen Lebensunterhalt damit verdient, Inschriften in Grabsteine zu meißeln, beim örtlichen Autohändler in Schenectady (New York) einen Buick.[490] Er verwendete das Auto hauptsächlich, um zu seinen Arbeitsplätzen auf dem Land zu fahren. Aber wenige Monate nach dem Kauf brach das linke Hinterrad: Die Speichen bestanden aus verrottetem Holz. Das Auto überschlug sich, und MacPherson wurde darunter eingeklemmt. Er erlitt eine schwere Verletzung am linken Arm und blieb infolge des Unfalls auf beiden Augen sehbehindert.[491] Er verklagte Buick. Richter Benjamin Cardozo, der zu jener Zeit am Berufungsgericht von New York arbeitete und später in den Obersten Gerichtshof der Vereinigten Staaten berufen wurde, entschied, dass Buick den Unfall durch Fahrlässigkeit verschuldet habe. Obwohl MacPherson das Auto nicht direkt bei Buick, sondern bei einem Händler gekauft hatte und obwohl das Rad von einem angesehenen Hersteller stammte, trage Buick die Verantwortung. Das Unternehmen hätte die Möglichkeit schwerer Unfälle voraussehen und die Räder inspizieren müssen, was es nicht getan hatte.[492] (Cardozo und MacPherson stehen ebenfalls auf der Liste unserer Helden.)

Die amerikanischen Gesetze bieten über die Bestimmung gegen Betrug und Fahrlässigkeit hinaus noch auf andere Art Schutz gegen das Phishing. In sämtlichen Bundesstaaten gilt irgendeine Form des Uniform Commercial Code.[493] Dieses Regelwerk dient der Ergänzung fehlender Vertragsbestimmungen, damit die Konsumenten nicht überrascht werden.[494] Der Kodex beinhaltet die Verpflichtung, dass geschäftliche Verträge »in gutem Glauben« geschlossen werden, und unterscheidet zwischen »Konsumenten« und »Händlern«.[495] Diese Unterscheidung bedeutet, dass der typische Verbraucher das Kleingedruckte nicht so sorgfältig studieren muss wie ein »Händler«.

Die beschriebenen Schutzmechanismen sind nützlich, aber das *Caveat emptor* gilt weiterhin. Wie zweischneidig die Anwendung dieses Grundsatzes insbesondere auf anspruchsvolle Käufer ist, zeigen die Ergebnisse zweier Gerichtsverfahren zu ABACUS, einem auf Betreiben des Financiers John Paulson von Goldman Sachs eingeführten Anlageinstrument. Mit ABACUS konnten Investoren darauf wetten, ob es zu verbreiteten Ausfällen von hypothekenbesicherten Wertpapieren kommen würde, oder nicht. Der Investor John Paulson hatte wesentlich zur der Gestaltung dieses Anlageinstruments beigetragen und ihm hypothekarisch besicherte Wertpapiere mit einem hohen Defaultrisiko zu Grunde gelegt.[496] Die Investoren warfen Paulsen vor, er habe sie darüber getäuscht, auf welche Seite er sich schlagen würde: Angeblich hatte er sie in dem Glauben gelassen, er werde Long-Positionen aufbauen (das heißt darauf wetten, dass Zahlungsausfälle selten sein würden), aber er hatte stattdessen Short-Positionen aufgebaut (und darauf gewettet, dass Defaults der Normalfall sein würden).[497] Paulson verdiente etwa eine Milliarde Dollar, und die Investoren, die auf der anderen Seite Position bezo-

gen hatten, verloren etwa denselben Betrag.[498] Die Börsenaufsichtsbehörde SEC klagte gegen Goldman Sachs und dessen
Manager Fabrice Tourré. Diese Klage wurde mit einem Vergleich und einer Geldbuße von 550 Millionen Dollar für die
Investmentbank beigelegt;[499] außerdem erklärte sich Goldman bereit, seine Geschäftspraktiken zu ändern, obwohl die
Firma kein Schuldeingeständnis machte. Die Klage gegen
Tourré, der das Investmentvehikel entwickelt und verkauft
hatte, ging jedoch vor Gericht. Tourré wurde mit E-Mails berühmt, in denen er Dinge wie die folgenden an seine Freundin geschrieben hatte: »Ich habe ein paar Abacus-Anleihen an
Witwen und Waisen verkauft, die mir am Flughafen über den
Weg gelaufen sind.«[500] Die Geschworenen hatten kein Mitgefühl mit ihm und sprachen ihn des Betrugs in sechs Fällen
schuldig.[501] Er wurde zu einer Geldstrafe von 825 000 Dollar
verurteilt.[502] Aber dann strengte ACA Capital Management,
das bei dem Geschäft 120 Millionen Dollar verloren hatte, ein
weiteres Verfahren an. Die Klage wurde mit der Begründung
abgewiesen, ACA sei ein »sehr erfahrenes kommerzielles Unternehmen« und hätte es besser wissen müssen.[503]

Wenn Sie einen Toaster kaufen, brauchen Sie das Kleingedruckte nicht zu lesen. Aber wenn Ihr Rentenfonds einen
Vertrag schließt, der potentielle Haftungsverpflichtungen in
Höhe von hunderten Millionen oder sogar Milliarden Dollar
vorsieht, hat er keinen Anspruch auf solche Nachsicht. Das
Caveat emptor gilt also weiterhin, insbesondere auf den Finanzmärkten, wo von den Investoren ein hoher Kenntnisstand
erwartet werden darf – und daher haben Gauner dort eine
Lizenz zum Phischen.

Helden in den Aufsichtsbehörden und die Vereinnahmung von Aufsichtsbehörden

Der Staat schützt uns vor dem Phishing nicht nur durch das Vertragsrecht, das uns die Möglichkeit einräumt, vor Gericht zu ziehen, wenn etwas schiefgeht. Er schützt uns auch mit Vorschriften. Die erste große Regulierungsbehörde in den Vereinigten Staaten war die Interstate Commerce Commission, die im Jahr 1887 gegründet wurde, um die Einheimischen vor einer räuberischen Preisgestaltung der Eisenbahngesellschaften und anderen Übergriffen zu schützen.[504] Seitdem ist eine Vielzahl von Behörden entstanden, von der Consumer Product Safety Commission (CPSC) über die Federal Deposit Insurance Corporation (FDIC) bis zur Nuclear Regulatory Commission (NRC).[505] Aber der Nutzen der umfassenden Regulierung der Wirtschaft ist nicht unumstritten.

In der zweiten Hälfte des 20. Jahrhunderts wurde die Theorie entwickelt, dass die Aufsichtsbehörden nicht nur von Korruption betroffen sind, sondern regelmäßig von den Beaufsichtigten vereinnahmt werden. Im Jahr 1955 stellte der Politikwissenschaftler Marver Bernstein die These auf, dass Regulierungsbehörden eingerichtet werden, wenn die Öffentlichkeit über einen Verstoß empört ist; aber das Gedächtnis der Öffentlichkeit ist kurz. Wenn ihre Aufmerksamkeit erlahmt, vereinnahmen die Regulierten die Regulierungsbehörde, indem sie den Beamten Bestechungsgelder oder Jobs für Freunde und Verwandte anbieten oder den Wahlkampf der für die Beaufsichtigung der Behörden zuständigen Politiker finanziell unterstützen. Die regulierten Unternehmen konzentrieren sich darauf, die Vorschriften zu ändern, von denen sie betroffen sind. Die Öffentlichkeit ist sich der Vereinnahmung nicht bewusst, da sie die Vielzahl von Vorschriften nicht versteht. Die regulierten Unternehmen verwandeln die Regulierungsbehörde in eine politische Kraft, die ihren Interessen dient, und behindern Konkurrenten durch die strikte Anwendung von Vorschriften, deren Auslegung zweifelhaft ist.[506] Dieses Argument sollte vertraut klingen (siehe Kapitel 5 über die Politik).

Diese düstere Theorie besagt auch, dass die regulierten Unternehmen selbst auf heimtückische Art die Einrichtung von Regulierungsbehörden betreiben. Sie sind demnach die entschiedensten Fürsprecher von Vorschriften, weil sie wissen, dass sie diese Vorschriften missbrauchen können.[507] Diese Theorie wird als »ökonomische Theorie der Regulierung« bezeichnet, da sie auf der ökonomischen Prämisse beruht, dass die meisten Vorgänge in einer Volkswirtschaft auf die eine oder andere Art dem Eigeninteresse entspringen.[508]

Aber die Vereinnahmungstheorie hat Schwächen. Die Belege, die vorgebracht werden, um sie zu untermauern, sind normalerweise einseitig und beruhen auf den seltenen Fällen, in denen Aufsichtsbehörden versagen, während der vermutlich sehr viel häufiger zu beobachtende Fall, dass eine Behörde ihre Aufgabe durchaus gut erfüllt, außer Acht gelassen wird. Zudem werden die Belege für die Theorie an niedrigen Kausalitätsstandards gemessen.[509] Ebenso wichtig ist, dass die Vereinnahmung nicht in Schwarz und Weiß erfolgt, sondern in wechselnden Grautönen.[510] Daniel Carpenter und David Moss haben in ihrer Studie *Preventing Regulatory Capture* beschrieben, was sie als »schwache Vereinnahmung« bezeichnen: Die Interessengruppen nehmen Einfluss auf die Aufsichtsbehörden, aber diese erlegen ihnen Beschränkungen auf und dienen im Großen und Ganzen dem Gemeinwohl.[511] Einen solchen Fall haben wir in Kapitel 6 (Nahrungsmittel und Medikamente) gesehen. Niemand möchte zu dem Freibrief zurückkehren, der im 19. Jahrhundert Swaims Allheilmittel und Radams Mikrobenkiller möglich machte. Aber wir haben gesehen, wie die Lieferanten von Medikamenten dazu übergingen, die Regulierungsbehörden zu phischen. Wir haben beschrieben, wie die FDA für das Phishing durch die von ihr beaufsichtigten Unternehmen anfällig wird, weil sie ihnen bei der Gestaltung klinischer Studien und bei der Berichterstattung über die Resultate ein in fünf Grade abgestuftes Maß an Freiheit einräumen. Wie problematisch das ist, haben wir am Beispiel von Merck gesehen, das die FDA bei der Zulassung von Vioxx hinters Licht führte. Die Annahme, es ginge uns ohne Vorschriften besser, weil die Regulierung der Wirtschaft Probleme mit sich bringt, wäre jedoch so, als würden wir nie heiraten, Kinder zeugen und Freundschaften schließen, weil die Beziehungen zu Ehepartnern, Kindern und Freunden problematisch sind.

Kehren wir zum eigentlichen Thema dieses Kapitels zurück: zur Rolle der Helden. George lebt in Washington und kennt zahlreiche Helden in Aufsichtsbehörden, die viele Überstunden machen und ihre Wochenenden opfern, um unsere finanzielle und persönliche Sicherheit zu schützen. Er kennt viele Beamte, die in der Finanzkrise so hart arbeiteten, dass sie erkrankten (und zum Beispiel Herzinfarkte erlitten). Und er kennt einige, die an die Wall Street gewechselt sind – nicht, weil sie es immer darauf abgesehen hatten, sondern weil sie sich von der unablässigen Arbeit im öffentlichen Dienst erholen wollten. Ja, in den Regulierungsbehörden gibt es viele Helden. Wir werden sie hier nicht namentlich nennen, aber wir kennen sie persönlich.

Zusammenfassung

Der rote Faden, der sich durch die in diesem Kapitel beschriebenen Beispiele für Heroismus zieht, ist die ethische und altruistische Einstellung jener Führungskräfte in Wirtschaft, öffentlichem Dienst und anderswo, die die Allgemeinheit dazu bewegen, Qualitätsstandards zu setzen und Einrichtungen zu schaffen, die uns gegen das Phischen verteidigen. Wie Benjamin Cardozo im Jahr 1889 in einer Rede vor Absolventen der Columbia University erklärte, fordern wir keine »absolute Gemeinschaft« wie im Sozialismus, denn das widerspräche dem Bemühen, den Menschen Anreize zum wirtschaftlichen Handeln zu geben.[512] Aber wir glauben, dass es eine moralische Gemeinschaft geben muss, die einen freien Markt organisiert, auf dem sich das Individuum entfalten kann. Diese moralische Gemeinschaft hat sich erfolgreich gegen das Informationsphishing zur Wehr gesetzt.

Aber wir sind weiterhin anfällig gegen das psychologische Phischen. Jedes Kind, das zu viel Eis gegessen hat, versteht die Bedeutung der Phrase »Du hast bekommen, was du wolltest«. Die alten Griechen erzählten sich sogar eine Geschichte darüber – erinnern Sie sich an Midas? Wir können das Informationsphishing zurückdrängen, aber beim psychologischen Phishing ist das sehr viel schwieriger. Damit sind wir beim Thema des nächsten Kapitels.

Teil 3

Schluss und Nachwort

Schluss: Beispiele und allgemeine Lehren

Die »neue Erzählung« und ihre Auswirkungen

Wir begannen mit diesem Buch an einem Ort, aber wir beenden es an einem anderen. Zunächst erklärten wir das Phischen nach »Dummen« anhand von Beispielen aus der Verhaltensökonomie. Zur Erinnerung: Cialdini stellte eine Liste von sechs spezifischen psychologischen Tendenzen zusammen, die es ermöglichten, Menschen zu manipulieren. Aber im Verlauf der Auseinandersetzung mit unserem Thema hat sich der Schwerpunkt der Analyse verlagert: Wir haben gesehen, dass das Phischen ein grundsätzliches Problem ist, und uns die allgemeinen Gründe dafür angesehen, dass Menschen auf diese Art manipuliert werden können. Ab dem Kapitel über Werbung und Marketing (Kapitel 3) haben wir gesehen, dass die Menschen gephischt werden können, weil die »Geschichten«, die sie sich selbst erzählen, großen Einfluss auf ihre Entscheidungen haben. Warum macht uns dieser Entscheidungsmodus derart manipulierbar? Nun, der Grund ist, dass die typische Geschichte mäandert und sich verzweigt. Beim Phischen werden den alten »Geschichten«, die Menschen sich selbst erzählen, zumeist auf die eine oder andere Art neue Verzweigungen hinzugefügt, und manchmal gelingt es den Phischern, die alte Geschichte vollkommen durch eine neue zu ersetzen.

Man kann dieselbe Erkenntnis auch anders beschreiben. Zu den grundlegenden menschlichen Fähigkeiten zählt die der Konzentration: Wir richten unsere Aufmerksamkeit auf

bestimmte Dinge und blenden andere aus. Wir hätten die
»Geschichten«, die sich die Menschen selbst erzählen, wenn
sie Entscheidungen fällen, auch als ihren »Fokus« bezeichnen
können. Diese Beschreibung verdeutlicht auf Anhieb, warum
Menschen gephischt werden können, und liefert einen Hinweis darauf, wie das bewerkstelligt wird, denn die Manipulation der Aufmerksamkeit ist die Grundlage für zwei Berufe.
Taschendiebe und Zauberkünstler sind besonders geschickt
darin, unsere Aufmerksamkeit abzulenken, um ihre Tricks
unbemerkt ausführen zu können.

Bevor wir den vorhergehenden Absatz schrieben, gingen
wir noch einmal die Beispiele durch, anhand derer wir die
Praxis des Phischens erklärt haben. Dabei stellten wir fest,
dass die Manipulation in sämtlichen Fällen gelang, weil der
Phischer den irregeleiteten Fokus des »Dummen« für sich
nutzte. In einigen Fällen (Zauberer, Taschendieb) erzeugt der
Phischer diesen falschen Fokus selbst. Wir sahen uns auch
Cialdinis Liste der psychologischen Neigungen noch einmal
an: Jede davon kann als Resultat der fehlgeleiteten Aufmerksamkeit eines »Dummen« betrachtet werden.

Das Phischen nach »Dummen«
ist selbst eine Geschichte

Damit sind wir bei der wichtigsten Botschaft unseres Buches:
Wir haben es geschrieben, um zu korrigieren, was in unse-
ren Augen ebenfalls ein falscher Fokus ist. Über den freien
Markt wird eine Geschichte erzählt, die in den Vereinigten
Staaten allgemeine Anerkennung findet und auch in anderen
Ländern einflussreich ist. Diese Geschichte beruht auf einer
vereinfachenden Deutung der herkömmlichen Ökonomie.
Sie besagt, dass die freie Marktwirtschaft, sofern Einkom-
mensverteilung und externe Effekte unter Kontrolle gebracht

werden, die beste aller möglichen Welten hervorbringt: Man muss nur jedermann die »freie Wahl« geben, und wir werden das Paradies auf Erden haben, so nahe am Garten Eden, wie die vorhandene Technologie, unsere menschlichen Fähigkeiten und die Verteilung des Einkommens es zulassen.

Wir (die Autoren) sehen durchaus den Überfluss, den uns der freie Markt verschafft hat. Aber so wie alle Münzen hat auch diese zwei Seiten. Der menschliche Einfallsreichtum bringt nicht nur den Überfluss hervor, sondern er wird auch genutzt, um den Menschen Dinge zu verkaufen. Der freie Markt bringt Dinge hervor, die »gut für mich und gut für dich« sind, aber er bringt auch Dinge hervor, die »gut für mich, aber schlecht für dich« sind. Was er hervorbringt, hängt nur davon ab, womit Profit erzielt werden kann. Mag sein, dass der freie Markt das wirkungsvollste Mittel des Menschen ist, um Wohlstand zu erzeugen. Aber wie alle sehr wirksamen Werkzeuge ist auch er ein zweischneidiges Schwert.

Das bedeutet, dass wir uns gegen Bedrohungen absichern müssen. Das weiß jeder, der einen Computer besitzt: Dieser erweitert unseren Zugang zur Welt, aber wir müssen Vorsichtsmaßnahmen ergreifen, um uns gegen Phishing und Viren zu schützen. Wir alle wissen, dass es Leute gibt, die uns E-Mails schicken, um uns dazu zu bewegen, Dinge zu tun, die gut für sie, aber schlecht für uns sind. Und wir alle wissen, dass wir umgekehrt dasselbe tun. Wir alle wissen, dass wir vom Computer abhängig werden können, der uns mit Spielen, Facebook und allen möglichen anderen Attraktionen lockt.[513] Um seine Vorteile genießen zu können, haben wir uns auch für seine Nachteile geöffnet, die ebenfalls Teil des Angebots auf dem freien Markt sind. Aber nur ein wirklich »Dummer« würde so tun, als gäbe es keine Nachteile, und würde keine Vorsichtsmaßnahmen ergreifen.

Bei der seit den achtziger Jahren herrschenden Geschichte über die Funktionsweise der Wirtschaft lassen wir keine vergleichbare Vorsicht walten. Diese Geschichte besagt, dass der freie Markt, sofern man nur auf die zuvor erwähnten Grenzen achtet – deren Verletzung normalerweise eher beachtet wird als ihre Anerkennung –, immer gut für uns ist, wenn wir eine freie Wahl haben.

Die Reformära

In der Geschichte der Vereinigten Staaten gibt es eine wichtige Zeit, die als Reformära bezeichnet wird und etwa von 1890 bis 1940 dauerte. In diese Zeit fallen drei Bewegungen: der von William Jennings Bryan angeführte Agrarpopulismus der neunziger Jahre, der von Theodore Roosevelt angeführte Progressismus (1900–1920) und das von Franklin Delano Roosevelt geleitete Experiment des New Deal. Diese Bewegungen verfolgten ganz unterschiedliche Ziele, aber am Ende der Epoche hatte sich eine neue, umfassendere Vorstellung von der Funktion des Staates herausgebildet.[514]

Ein Blick zurück in die Zeit nach dem Zweiten Weltkrieg zeigt, dass bemerkenswerterweise ein breiter Konsens darüber bestand, dass der Staat ein nützliches Gegengewicht zu den Exzessen des freien Markts sein konnte. Selbstverständlich gab es diesbezüglich Meinungsverschiedenheiten zwischen Republikanern und Demokraten, aber in der Praxis der amerikanischen Innenpolitik betrafen diese Unterschiede nicht den Grundsatz, sondern die Nuancen der Anwendung. Der republikanische Präsident Dwight D. Eisenhower ernannte (wenn auch nicht absichtlich)[515] einen republikanischen Höchstrichter, der eine frühere Entscheidung des Obersten Gerichtshofs aufhob und die amerikanische Geschichte in eine andere Richtung lenkte, indem er die Rassentrennung an den Schulen für verfassungswidrig erklärte, und als sich Orval Faubus, der Gouverneur von Arkansas, der Höchst-

gerichtsentscheidung widersetzte, schickte Eisenhower
Truppen nach Little Rock. Er war auch der Vater des Inter-
state-Autobahnnetzes. Eisenhower war Republikaner, aber in
beiden Fällen war er bereit, den Staat einzusetzen, um den
Bedürfnissen des Volkes zu dienen.

Die demokratischen Präsidenten John F. Kennedy und Lyn-
don Johnson setzten diese Politik fort: Kennedy setzte key-
nesianische Stimuli ein, um »die Wirtschaft wieder in Gang
zu setzen«, und schlug eine Stärkung der Bürgerrechte vor,
die Johnson nach seinem Tod durch den Kongress brachte.
Johnson war auch der Vater von Medicare. Als die Republikaner mit Richard Nixon an der Spitze ins Weiße Haus zu-
rückkehrten, ebbte die Reformwelle nicht ab. Nixon rief die
Umweltschutzbehörde Environmental Protection Agency ins
Leben und weitete die Sozialleistungen erheblich aus.[516] In der
amerikanischen Erzählung – ob diese nun von Demokraten
oder Republikanern erzählt wurde – war also Platz für viele
verschiedene Funktionen des Staates. Natürlich wollen wir
nicht behaupten, dass er seine Rolle fehlerfrei spielte, aber
die seinerzeit vorherrschende *nationale Erzählung* besagte, dass
der Staat in vielerlei Hinsicht nützlich sein konnte.[517]

Die Legitimierung einer *neuen Erzählung*

Aber dann fand eine alternative Geschichte Gehör: »In der
gegenwärtigen Krise ist der Staat nicht die Lösung für unser
Problem, sondern der Staat ist das Problem.« Mit diesen Worten setzte Präsident Ronald Reagan in der Rede bei seiner ersten Amtseinführung sein Siegel unter eine neue nationale Erzählung.[518] Man kann leicht auf den Gedanken kommen, dass
der Staat das Problem ist, wenn man glaubt, dass der Markt
perfekt arbeitet, solange die Menschen die freie Wahl haben.
Aber wenn es Externalitäten gibt, wenn das Einkommen un-

gerecht verteilt ist und wenn nach »Dummen« gephischt wird, funktioniert der Markt nicht fehlerfrei. In diesem Fall kann der Staat eine nützliche Rolle spielen. Die Reformära hatte gezeigt, dass die staatlichen Funktionen, werden sie effektiv genutzt, den Wohlstand fördern können. Aber das war mittlerweile die *alte Erzählung.*

Die *neue Erzählung* entspricht nicht der Wahrheit, denn sie beschreibt die Wirtschaft falsch. Auch ihre Darstellung der amerikanischen Geschichte ist nicht richtig. Viele Jahre lang, in der Reformära und darüber hinaus, wurde die Aktivität des Staates erheblich ausgeweitet. Durch ein sorgfältiges Wechselspiel von Versuch und Irrtum und in Reaktion auf schmerzhafte Erfahrungen waren öffentliche Programme und Gesetze eingeführt worden, um reale Bedürfnisse zu erfüllen: Sozialversicherung, Medicare, Börsenaufsicht, Einlagensicherung, das nationale Autobahnsystem, Obdachlosenhilfe, Kontrolle von Lebensmitteln und Medikamenten, Umweltschutz, Sicherheitsvorschriften für Fahrzeuge, Gesetze gegen Hypothekenbetrug, Bürgerrechte, Geschlechtergleichstellung und vieles mehr. In einer langen, umkämpften Geschichte, die zum Zeitpunkt von Reagans Amtsantritt fast ein Jahrhundert gedauert hatte, hatte sich ein staatlicher Einfluss herausgebildet, der der amerikanischen Bevölkerung zugutekam.

Die *neue Erzählung* mit dem Titel »Der Staat ist das Problem« ist selbst eine Methode, um nach »Dummen« zu phischen. Ihr Reiz liegt darin, dass sie durchaus wahr klingt, vor allem, da Geschichten über das, was funktioniert, in den Medien sehr viel schwerer zu verkaufen sind als Geschichten über das, was schiefgeht. Journalisten, die Reportagen mit Titeln wie »Die Mitarbeiter der Börsenaufsicht sind ausgezeichnete, fleißige öffentliche Bedienstete« veröffentlichen, werden ihren Job nicht lange behalten. Daher geht es in den Nachrichten über die Regierung und die staatliche Verwaltung in erster Linie um ihre Fehler. Und dass die Allgemeinheit darauf angewiesen ist, dass die staatlichen Programme gut funktionieren, ist ein weiterer Grund dafür, dass die Öffentlichkeit vor allem dann aufmerksam wird, wenn sie nicht funktionieren.

Drei Beispiele

In diesem Buch haben wir die Wirtschaftstheorie, auf der jedes Kapitel beruht, mit Beispielen kombiniert, um die Theorie anzuwenden. Wir wollen das Buch auch mit dieser Methode abschließen. Wir werden drei Beispiele anführen, anhand derer wir die alte Erzählung der neuen gegenüberstellen. Jedes dieser Beispiele zeigt, dass derjenige, der die auf der Erfahrung von Versuch und Irrtum beruhenden Reformen vom Tisch wischt, um sie durch die neue Wirtschaftserzählung zu ersetzen, die Rolle des Phischens nach »Dummen« außer Acht lässt.

Die Sozialversicherung und ihre »Reform«

Wir haben unsere Erkenntnisse über das Phischen bei vielen verschiedenen Veranstaltungen erläutert. Die häufigste Frage, die Zuhörer an uns richten, lautet: »Was kann man dagegen tun?« Sie denken dabei insbesondere an die überhöhten Ausgaben der Privathaushalte. Es gibt eine naheliegende Antwort. In zahlreichen Finanzratgebern werden die Leute aufgefordert, ein Budget aufzustellen und sich daran zu halten. Die Senatorin Elizabeth Warren und ihre Tochter Amelia Tyagi schlagen eine Faustregel vor:[519] Wir sollten unser Einkommen in drei Teile untergliedern: Wir sollten 50 Prozent für »Unverzichtbares« und 30 Prozent für »Wünschenswertes« verwenden; die restlichen 20 Prozent sollten wir für schlechte Zeiten und für das Alter zurücklegen. Das ist ein vernünftiger Rat, vor allem, weil man besonders leicht zu viel ausgibt, indem man seine Bedürfnisse (das heißt das »Unverzicht-bare«) zu weit fasst. Außerdem ist in diesem Budget Platz für »Wünschenswertes«, das heißt für das eine oder andere Ge-schenk und für einen Restaurantbesuch, für Dinge, die das Leben angenehmer machen. Der Rat der beiden deckt sich weitgehend mit dem von Suze Orman: Um finanzielle Sorgen zu vermeiden, muss man sich an ein Budget halten.

Die gewissenhafte Budgetierung ist die direkte Lösung für das Problem mangelnder Ersparnisse, sozusagen der »Weg durch die Vordertür«. Aber dieser Weg ist oft mit Hinder-nissen gepflastert, weil Budgetdisziplin im wirklichen Leben psychologisch schwierig ist. Da es uns so schwer fällt, durch die Vordertür zu gehen, hat der Staat eine Hintertür geöffnet, um die schlimmsten Auswirkungen der zu niedrigen Spar-quote zu verhindern. Das nationale Sozialversicherungssys-tem verringert die Altersarmut erheblich. Da wir die Sozial-versicherung haben, müssen wir nicht darauf hoffen, dass jeder einzelne Bürger lernt, jene stets schwer zu findenden 20 Prozent seines Einkommens zurückzulegen. Wir haben eine bessere Lösung gefunden. Die amerikanische Sozial-versicherung zieht Arbeitnehmern und Arbeitgebern jeweils 6,2 Prozent des Einkommens bis zu einem Höchstbetrag von 118 500 Dollar ab[520] und verwendet diese Mittel, um den Bürgern im Alter ein ausreichendes Einkommen zu garan-tieren. Das Programm funktioniert bemerkenswert gut. Als die Leistungen in den sechziger Jahren erhöht wurden, sank die Armutsquote unter den über 65-jährigen Amerikanern deutlich von 35,2 Prozent im Jahr 1959 auf 15,3 Prozent im Jahr 1975.[521] Für diese Altersgruppe ist die Sozialversicherung die wichtigste Quelle von Nichtarbeitseinkommen. Ohne Ar-beitseinkommen und andere staatliche Transferleistungen wie Veteranenrenten macht die staatliche Rente bei den Men-schen in den unteren 20 Prozent der Einkommensverteilung

94 Prozent ihres Einkommens aus. Bei denen zwischen dem 20. und 40. Perzentil liegt der Anteil bei 92 Prozent und bei denen zwischen dem 40. und 60. Perzentil bei 57 Prozent. Nur bei den reichsten 20 Prozent entfällt weniger als die Hälfte des Nichtarbeitseinkommens auf die Leistungen der Sozialversicherung. Aber sogar für diese Spitzengruppe, die auch jene mit Spitzenrenten und die sehr Reichen beinhaltet, ist die staatliche Rente keineswegs verzichtbar, macht sie doch immer noch 31 Prozent ihres Alterseinkommens aus.[522] Ohne die Leistungen der Sozialversicherung würde die Armutsrate unter den über 65-jährigen Amerikanern von neun auf 44 Prozent steigen.[523]

Die Sozialversicherung trägt also wesentlich dazu bei, die infolge des Phischens überhöhten Ausgaben auszugleichen. Berücksichtigt man auch Medicare und den Hauseigentümeranteil von 80 Prozent unter den Amerikanern jenseits der 60, so wird klar, warum es sich die älteren Amerikaner leisten können, ihren Enkelkindern hin und wieder ein Geschenk zu machen.[524] Und dieser Eingriff zur Lösung des Problems der geringen Ersparnisse erfolgt nicht aufdringlich durch die Vordertür: Der Staat schreibt den Bürgern nicht vor, wie viel Geld sie wofür ausgeben dürfen. Stattdessen ist der Staat eine große Hilfe. (Wir weisen des Weiteren darauf hin, dass es weitere staatliche Leistungen gibt, die unmittelbarere Probleme infolge der zu niedrigen Sparquote lindern. Dank einer makroökonomischen Politik, deren Ziel die Vollbeschäftigung ist, sind die meisten Auswirkungen der Arbeitslosigkeit von kurzer Dauer. Die Arbeitslosenversicherung erleichtert die Suche nach einem neuen Job, und die Behindertenversicherung erleichtert denen, die arbeitsunfähig sind, das Leben.)

Angesichts der Tatsache, dass die große Mehrheit der Bevölkerung auf die Sozialversicherung angewiesen ist, überrascht es, sollte man meinen, dass ein Politiker auf die Idee kommen würde, sie einzuschränken. Aber der Glaube an die neue Erzählung ist so groß, dass diese Gefahr tatsächlich bestand. Im Jahr 2004 schlug die Regierung Bush vor, einen beträchtlichen Teil des Programms zu »privatisieren«. In dem modifizierten Programm sollten die Bürger größere Wahlfreiheit genießen. Die Arbeitnehmer sollten die Möglichkeit erhalten, bis zu vier Prozentpunkte ihres Sozialversicherungsanteils von 6,2 Prozent einzubehalten.[525] Dieses Geld konnten sie in einen zugelassenen Investmentfonds ihrer Wahl investieren. Beim Rentenantritt würde der Bürger das Geld in seinem Fonds besitzen, aber er würde das Geld, das er für den Kauf der Fondsanteile verwendet hatte, an die Sozialversicherung zurückzahlen müssen. Das war vernünftig, da er die verringerten Einzahlungen in das Sozialversicherungssystem verwendet hatte, um sein Fondsvermögen aufzubauen. Der einfallsreiche Vorschlag besagte, dass sich diese Lösung aufgrund der geringeren Ausgaben der Sozialversicherung lohnen würde, so als hätte der Rentner einen Kredit aufgenommen: Der Zinssatz auf diesen Kredit sollte bei drei Prozent zuzüglich der Inflationsrate liegen.[526]

Wir müssen gestehen, dass durchaus bewundernswert ist, wie in diesem Plan die Logik der freien Wahl angewandt wird, aber wir müssen auch sagen, dass er, um es ganz deutlich zu sagen, albern ist. Es ist, als würde man dem verwundbarsten Teil der Bevölkerung einen Kredit geben, damit er mit dem Geld des Staates an der Börse oder auf dem Anleihemarkt spekulieren kann – und beim Renteneintritt sollen diese Menschen dann beginnen, diesen Kredit mit hohen Zinsen zurückzuzahlen.

Um festzustellen, ob das sinnvoll ist, hat einer von uns (Bob) ein paar Simulationen mit den Erträgen aus Investitionen in Aktien und Anleihen im Zeitraum von 100 Jahren laufen lassen.[527] Tatsächlich gab es eine ideale Bedingung, unter der die Bürger im Alter durchaus von dem Plan profitieren konnten. Wenn die Erträge die Entwicklung der amerikanischen

Aktien in den vergangenen 100 Jahren widerspiegeln, hätte ein Investor, der sein gesamtes Geld in die Börse gesteckt hätte, ein schönes Vermögen angehäuft. Aber das hätte nur unter zwei extremen Annahmen funktioniert. Portfoliostrategien mit einer eher normalen Mischung von Aktien und Anleihen brachten selbst mit diesen hohen Aktienerträgen im Durchschnitt nur kleine Gewinne. Obendrein waren sie riskant: Der Basisplan (für den mittleren Arbeitnehmer, auf der Grundlage von an den Lebenszyklus angepassten Anteilen von Aktien und Anleihen) führte in einem Drittel der Fälle zu Verlusten. Geht man von der wahrscheinlicheren Annahme aus, dass die Aktienrenditen denen anderer Länder statt den außergewöhnlichen Erträgen in den Vereinigten Staaten im vergangenen Jahrhundert entsprechen, so wäre ein solcher Plan nicht einfach riskant gewesen, sondern hätte beim Baseline-Portfolio in 71 Prozent der Fälle zu Verlusten geführt. Das nur aus Aktien bestehende Portfolio machte in 33 Prozent der Fälle Verluste, und die mittleren Gewinne waren gering.

Die Regierung Bush machte diesen Vorschlag zu Beginn seiner zweiten Amtszeit im Weißen Haus zu einer Schlüsselinitiative, die jedoch aufgegeben wurde, als sich herausstellte, dass sie bei der Bevölkerung unbeliebt war. Zehn Jahre später sieht es nicht so aus, als könnte sie es erneut in die Reformagenda schaffen, die der neuen Erzählung folgt. Aber die Pläne sowohl der Linken als auch der Rechten wandeln sich, und die Privatisierung der Sozialversicherung à la George Bush ist zur Privatisierung von Medicare à la Paul Ryan mutiert. Der bedeutsamste Vorschlag im Ryan-Plan lautet, Medicare für jene abzuschaffen, die nach 2022 das fünfundsechzigste Lebensjahr erreichen. Diese Personen sollten stattdessen Gutscheine erhalten, mit denen sie sich private Krankenversicherungsleistungen kaufen können. Die Entlastung des öffentlichen Haushalts soll dadurch erreicht werden, dass die Gutscheine nicht an die rasch steigenden Gesundheitskosten, sondern an den Verbraucherpreisindex gekoppelt würden. Aber diese Einsparungen haben auch eine Kehrseite. Die Haushaltsbehörde des Kongresses (CBO) schätzt, dass die typische Person über 65 Jahren bis zum Jahr 2030 68 Prozent ihrer Gesundheitskosten aus der eigenen Tasche bezahlen würde, während sie bei einer Fortsetzung von Medicare lediglich 25 Prozent selbst aufbringen müsste.[528] Dieser Plan und die entsprechenden republikanischen Budgetvorschläge beruhen auf der neuen Erzählung. Sie befreien das amerikanische Volk im Stil des 21. Jahrhunderts vom Staat.

Börsenaufsicht

Die Zeitungen sind voll von Berichten über mannigfaltige Budgetkrisen: in der Grund- und Sekundärschulausbildung, in der öffentlichen Hochschulbildung, im »Infrastrukturbereich«, im Justizsystem, im öffentlichen Gesundheitswesen, in der Finanzierung der Forschung und im Kampf gegen den Klimawandel (um nur einige zu nennen). Es sollte jederzeit in jedem Bereich eine kleine Budgetkrise in dem Sinn geben, dass die Mittel nicht als unbegrenzt betrachtet werden sollen (damit umsichtig mit dem Geld der Steuerzahler umgegangen wird). Aber diese vielfältigen Krisen sprengen den Rahmen der vernünftigen Haushaltsplanung. Wenn man im Sinn der neuen Erzählung den Staat nicht als Hilfe, sondern als »Problem« betrachtet, müssen die staatlichen Einrichtungen ungeachtet ihrer tatsächlichen Bedürfnisse darum kämpfen, ihre Budgets zu erhalten.

Die Regulierung der Wertpapiermärkte zählt zu den grundlegenden Funktionen des Staates. Die Aufsicht über die Buchführung der Unternehmen und über die Bewertung von Wertpapieren ist unerlässlich, wenn man gewährleisten will, dass die Allgemeinheit angemessen informiert wird.

An anderer Stelle haben wir die von John Kenneth Galbraith beschriebene »Unterschlagung« erwähnt, das heißt die Anhäufung unentdeckter finanzieller Unregelmäßigkeiten. In Kapitel 2 (über die Finanzkrise) haben wir gesehen, wie das Platzen der großen Hypothekenblase und der anschließende Stillstand der Finanzmärkte die Wirtschaftskrise auslösten. Angesichts der Tatsache, dass die Börsenaufsichtsbehörde SEC wesentlich dazu beiträgt, die Entstehung solcher Blasen zu verhindern, sollten wir uns unbedingt ansehen, ob sich die neue Erzählung auch auf ihr Budget ausgewirkt hat.

Ein Blick auf das Budget der SEC zeigt, dass es mit einiger Wahrscheinlichkeit unzureichend ist. Im Jahr 2014 hatte die Behörde Vermögenswerte im Wert von fast 50 *Billionen* Dollar zu beaufsichtigen, und das mit einem Budget von 1,4 *Milliarden* Dollar.[529] Der SEC stand also pro Dollar an Wertpapieren nur ein Viertel von einem Tausendsteldollar zur Verfügung, um dafür zu sorgen, dass bei diesen Papieren alles mit rechten Dingen zuging. Zwei Vergleiche bestätigen den Eindruck, dass die Behörde nicht mit ausreichenden Mitteln ausgestattet ist. Ein einziges Institut, das teilweise von der SEC beaufsichtigt wird, die Bank of America, gibt allein für ihr Marketing deutlich mehr aus als das SEC-Budget;[530] und die entsprechenden Ausgaben von Investmentfonds liegen bei durchschnittlich 1,02 Cent pro Dollar an Vermögenswerten, womit sie 400-mal so hoch sind wie die Ausgaben der Börsenaufsichtsbehörde pro Dollar an überwachten Wertpapieren.[531]

Wenn die SEC zu wenig Geld hat, um ihre Aufsichtsfunktion zu erfüllen, sollte es Anzeichen dafür geben. In Kapitel 2 haben wir gesehen, dass es der Börsenaufsicht nicht gelang, die Derivate oder die Ratingagenturen zu regulieren, als es wirklich darauf ankam. Auch aus dem Inneren der Behörde kamen direkte Hinweise auf eine unzureichende Mittelausstattung. Nehmen wir beispielsweise die Erklärung von Richter Jed Rakoff vom United States District Court für den

Southern District von New York, der einem Vergleich zwischen der SEC und Citicorp seine Zustimmung verweigerte, weil er nicht feststellen konnte, ob dieser tatsächlich fair und »im öffentlichen Interesse« war.[532] Rakoff hat erklärt, dass die Börsenaufsicht seit 2008 im Wesentlichen aufgrund von Mittelknappheit mit seltenen Ausnahmen nur Unternehmen, aber keine Personen wegen Verstößen vor Gericht gebracht hat.[533] Die Kostenfrage hat erheblichen Einfluss auf diese Entscheidung, denn Unternehmen können gesetzlich einfacher belangt werden als Personen. Aber Gerichtsverfahren gegen Unternehmen haben eine sehr viel geringere Abschreckungswirkung, da Geldstrafen für Organisationen auf alle Aktionäre verteilt werden, während persönliche Strafen die direkt Verantwortlichen treffen.

Am Beispiel des Falls Madoff können wir uns die Arbeitsweise der SEC genauer ansehen und uns ein besseres Bild von den Auswirkungen ihres unzureichenden Budgets machen. Es ist mittlerweile allgemein bekannt, wie es der große Phischer Bernard Madoff schaffte, wohlhabenden Investoren ein Ponzi-Schema aufzuschwatzen. Die Anleger erhielten jeden Monat eine Mitteilung über die Wertsteigerung ihrer Vermögenswerte. Und sie wurden mit bemerkenswerter Regelmäßigkeit reicher. Harry Markopolos, ein quantitativer Analyst aus Whitman in Massachusetts, ging den Zahlen auf den Grund und informierte das Bostoner Regionalbüro der Börsenaufsicht darüber, dass ihm Madoffs Fonds verdächtig schien. Er war zu dem Schluss gelangt, dass die hohen und stetigen Renditen von ein bis zwei Prozent (pro Monat!) den Gesetzen der Finanzwirtschaft widersprachen.[534] Madoff erwiderte, er glätte die Erträge mit Hilfe einer Investmentstrategie, die er als »Collar« bezeichnete: Er kaufe Put-Optionen, um außergewöhnliche Verluste zu verringern, und gleiche diese Käufe mit dem Verkauf von Call-Optionen auf, die außergewöhnliche Gewinne verringerten.[535] Zwar wäre eine Collar-Strategie tatsächlich geeignet gewesen, um die Erträge zu glätten, aber Markopolos erkannte, dass es für Madoff viel zu teuer gewesen wäre, die hohen Renditen zu erzielen, die er gegenüber seinen Investoren auswies. Er vermutete eher ein betrügerisches Ponzi-Schema, da Madoff für eine funktionierende Collar-Strategie mehr Optionen hätte handeln müssen als auf dem gesamten US-Markt angeboten wurden.[536]

Obwohl seine Vermutungen stichhaltig waren, stieß Markopolos bei der Börsenaufsicht auf Ablehnung. Seine ersten Beschwerden bei der SEC in Boston verliefen in den Jahren 2000 und 2001 rasch im Sand.[537] Aber Markopolos blieb hartnäckig, und im November 2005 entschloss sich das für Madoffs Fonds zuständige New Yorker Regionalbüro der SEC, eine Untersuchung einzuleiten. Der Fall wurde Meaghan Cheung, einer Bereichsleiterin der Behörde, und der Juristin Simona Suh zugeteilt.[538] Aber so wie die für die Zuteilung verantwortliche Doria Bachenheimer schienen die beiden Beamtinnen eher Markopolos als Madoff im Verdacht zu haben, denn sie vermuteten, dass er eigene Interessen verfolgte. Bachenheimer brachte das Misstrauen auf den Punkt: Markopolos sei ein »Kopfgeldjäger«.[539] Dazu kam, dass zwischen dem quantitativen Analytiker Markopolos und dem Untersuchungsteam ein kultureller Graben klaffte. Bachenheimer bezeichnete seine Beschwerde als »theoretisch«. Er war kein Whistleblower mit Insiderinformationen über Verstöße, der für einen Rechtsanwalt interessant gewesen wäre, weil er vor Gericht glaubwürdig über die Vorgänge hätte aussagen können.[540] Es half auch nicht, dass der bereits aufgebrachte Markopolos Cheung in einem Telefongespräch darüber aufgeklärt hatte, dass er nicht viel von der SEC hielt.[541] Als Madoff von der SEC vorgeladen wurde, waren Cheung und Suh bereits reif dafür, gephischt zu werden – und wie sich herausstellen sollte, hatten sie es mit einem der größten Meister dieser Kunst zu tun. Sie fanden keinen Hinweis auf Betrug, und der Fall wurde wieder zu den Akten gelegt.

Aber uns interessieren nicht die Einzelheiten des Falls Madoff, sondern die allgemeinen Schlüsse, die wir daraus in Bezug auf die finanzielle Ausstattung der SEC ziehen können. Ungeachtet der Fehler des New Yorker Büros deutet alles darauf hin, dass die Mitarbeiter der Behörde engagierte Beamte waren, denen die Mission der SEC am Herzen lag.[542] Aber das Ermittlungsteam verstand weder die Vorwürfe noch die Beweggründe von Markopolos. Dieses Unverständnis hätte überwunden werden können, hätte man einen Mitarbeiter in das Team aufgenommen, der sich mit Finanzen auskannte. Und wäre die Behörde nicht durch den mangelnden Respekt für die Aufsichtsbehörden in der *neuen Erzählung* und die dementsprechend niedrigen Gehälter und die hohe Arbeitsbelastung demoralisiert gewesen, so besteht durchaus die Möglichkeit, dass die Beschwerde von Markopolos und/oder die Verteidigung von Madoff mit anderen Augen betrachtet worden wären. Wir werden nie erfahren, ob eine großzügigere Finanzierung der Behörde etwas geändert hätte. Aber die Tatsache, dass die Untersuchung im Sand verlief, deckt sich mit einer alten Weisheit: »Du bekommst, was du bezahlst.« Ein Viertel eines Tausendsteldollar ist nicht allzu viel, und diese Knausrigkeit gegenüber den staatlichen Einrichtungen wird durch die *neue Erzählung* gefördert, die besagt, dass »der Staat das Problem ist«.

Citizens United

Unser drittes Beispiel stammt aus der Politik. In Kapitel 5 haben wir gesehen, dass bei den Wahlen in den USA Geld von Interessengruppen verwendet wird, um Wählerstimmen zu phischen.

Seit mehr als hundert Jahren gibt es ein Gesetz, das eine derartige Einflussnahme bei den Wahlen auf Bundesebene zurückdrängen soll. Mit dem Tillman Act von 1907 wurde es Unternehmen untersagt, direkte Beiträge zu Wahlkämpfen zu leisten. Mit den Ergänzungen des Federal Elections Campaign Act von 1974 wurden die Bundeswahlkommission FEC eingerichtet und Wahlspenden sowie Wahlkampfausgaben begrenzt. Es dauerte jedoch nicht lange, bis die Politiker Wege fanden, um diese Hindernisse für die direkte finanzielle Unterstützung mit Hilfe politischer »Freunde« wie Political Action Committees (PAC) zu umgehen. Auch ohne direkte Beiträge zu leisten, konnten die PAC »ihren Kandidaten« unter die Arme greifen. Nun stand man vor einer verzwickten Frage: Wie konnte man die PAC und andere interessierte »Freunde« kontrollieren, ohne die in der Verfassung verankerte Meinungsfreiheit zu verletzen? Nach jahrelangem Hin und Her fand der Kongress im Jahr 2002 eine Kompromisslösung und beschloss den Bipartisan Campaign Reform Act (der üblicherweise als McCain-Feingold Act bezeichnet wird).[543] Eine der wichtigsten Bestimmungen dieses Gesetzes besagte, dass Unternehmen, Gewerkschaften und gemeinnützige Einrichtungen in den letzten 30 Tagen vor einer Vorwahl und in den letzten 60 Tagen vor einer allgemeinen Wahl keine Rundfunkwerbung mehr finanzieren durften, in der ein Kandidat namentlich genannt wurde.

Im Jahr 2007 entschloss sich eine rechtsgerichtete Non-Profit-Organisation namens Citizens United, die sich für politische Interessen einsetzt, diese Bestimmung anzufechten. Sie gab einen Dokumentarfilm mit dem Titel *Hillary: The Movie* in Auftrag, der im Kabelfernsehen ausgestrahlt werden sollte. Die Zuschauer würden ihn kostenlos anfordern können, aber Citizens United würde einem Kabelsender 1,2 Millionen Dollar für die Ausstrahlung zahlen. Im Vorfeld der Vorwahlen im Jahr 2008, bei denen Hillary Clinton kandidierte, forderte die Organisation die Bundeswahlkommission auf, sich dazu zu äußern, ob die Ausstrahlung des Films dem McCain-Feingold Act entsprach. Als die Wahlkommission gegen Citizens United entschied, beantragte die Organisation eine einstweilige Verfügung.[544] Als ein Bezirksgericht auch diesen Antrag ablehnte, strengte Citizens United ein Berufungsverfahren vor dem Obersten Gerichtshof an.

Da Hillary: The Movie nicht allgemein ausgestrahlt werden sollte, hätte man sich problemlos darauf beschränken können, die praktischen Fragen des Falls zu klären. Doch der Oberste Gerichtshof stützte sich in seiner Entscheidung auf eine sehr allgemeine Auslegung der im ersten Verfassungszusatz verankerten Meinungsfreiheit.[545] In der mit fünf Stimmen gefällten Mehrheitsentscheidung kommt sehr deutlich ein von der neuen Erzählung geprägtes Denken zum Ausdruck. Unsere Einschätzung der Meinungsfreiheit entspricht unserer Einschätzung des freien Markts: Beide sind sie unverzichtbar für den Wohlstand, und ohne Meinungsfreiheit kann es keine Demokratie geben. Aber so wie das Phischen nach »Dummen« die Funktion des freien Markts beeinträchtigt, beeinträchtigt es auch die Meinungsfreiheit. So wie der freie Markt muss auch die Meinungsfreiheit Regeln unterworfen werden, um das Funktionale vom Dysfunktionalen zu trennen. Jeder, der schon einmal eine Versammlung geleitet hat, weiß das. Selbst in der demokratischsten Gemeinderatssitzung gelten bestimmte Regeln. Und auch der Kongress versucht seit dem Tillman Act durch Versuch und Irrtum einige solche Regeln aufzustellen.

Die Mehrheitsentscheidung wurde von Richter Anthony Kennedy niedergeschrieben, der John Roberts, Antonin Scalia, Clarence Thomas und Samuel Alito auf seiner Seite hatte. Die Richter lehnten es ausdrücklich ab, zwischen der Meinungsfreiheit von Personen und jener von Organisationen zu unterscheiden. Grundlegender ist jedoch, dass sie anscheinend keine Schattenseiten der uneingeschränkten Redefreiheit erkennen konnten, die Regeln gerechtfertigt hätten. Eine zentrale Passage zeigt, worauf diese Einschätzung beruhte: »Indem die Regierung den einen die Redefreiheit entzieht und sie anderen gewährt, beraubt sie die benachteiligte Person oder Gruppe des Rechts, ihre Meinung zu ändern, um der Stimme des Sprechers Wert, Geltung und Anerkennung zu verschaffen. Die Regierung darf die Öffentlichkeit nicht auf diese Art des Rechts berauben, selbst zu bestimmen, welche Meinungsäußerungen und welche Redner Aufmerksamkeit verdienen. Der erste Verfassungszusatz schützt die Freiheit der Rede und des Redners und die Ideen, die von ihnen zum Ausdruck gebracht werden.«[546]

Aber die Tatsache, dass nach »Dummen« gephischt wird, beweist, dass Kennedys Argument falsch ist: Es kann keine absolute Redefreiheit geben. Niemand käme auf die Idee zu erlauben, dass jemand im Speakers' Corner im Hyde Park (wo von Gesetz wegen jeder britischen Bürger seine Meinung äußern darf, so abwegig diese auch sein mag) Musik aus riesigen Lautsprechern dröhnen lässt. Richter Kennedy scheint die freie Rede auf die Vermittlung von Information zu beschränken, ohne zu berücksichtigen, dass sie auch der Überzeugung und damit zwangsläufig auch dem Phischen nach »Dummen« dient. In einer früheren Passage erklärt er: »Die Redefreiheit ist ein unverzichtbarer Mechanismus der Demokratie, denn sie wird gebraucht, um die Vertreter des Staates zur Verantwortung zu ziehen. Das Recht der Bürger, nachzufragen, zuzuhören, zu sprechen und Information zu verwenden, um zu einem Konsens zu gelangen, ist Voraussetzung für eine aufgeklärte Selbstregierung und ein notwendiges Mittel zu ihrem Schutz.«[547] Dem stimmen wir selbstverständlich zu. Aber genauso wichtig für den gegenständlichen Fall ist das, was Kennedy nicht sagt: Die Rede dient auch dazu, andere Menschen dazu zu bewegen, in *unserem* Interesse zu handeln.

Wenn die Menschen gephischt werden können, ist sie auch geeignet, sie dazu zu bewegen, ein Verhalten zu zeigen, das in unserem, aber nicht zwangsläufig in ihrem Interesse ist. Wie Richter John Paul Stevens in einem Sondervotum schrieb, verlangt der gesunde Menschenverstand von uns, Organisationen anders zu behandeln als Personen. Stevens beklagte, dass die Mehrheit anscheinend das *electioneering*, das heißt den aktiven Einsatz für einen Kandidaten oder eine Partei, nicht berücksichtigt habe. Das Phischen ist nicht nur Teil der neuen Erzählung. Stevens erinnerte das Gericht daran, dass es Belege dafür gebe, dass Unternehmen (sowie Gewerkschaften) häufig Kongressmitglieder um Gefälligkeiten bitten und anschließend gegen die Widersacher dieser Politiker gerichtete Negativwerbung finanziell unterstützen, so dass sich ihre Verbündeten auf positive Werbung beschränken können und den Eindruck erwecken, »sich nicht am politischen Hickhack zu beteiligen«. Anschließend lassen die Unternehmen oder Gewerkschaften ihren Verbündeten im Kongress unauffällig wissen, was sie für ihn getan haben. Und der Politiker bedankt sich hinter den Kulissen.[548] Stevens erklärte: »Es gibt Formen der Korruption, die für eine demokratische Gesellschaft sehr viel zerstörerischer sind als die gewöhnliche Bestechung. Aber so wie die Mehrheit die Korruption versteht, kann der Gesetzgeber nur die klarsten Verstöße ahnden.«[549]

Metaphorisch ausgedrückt, müssen wir denen, die über die Mittel verfügen, um die Stimmen finanziell weniger gut ausgestatteter Gegner mit Lärm aus riesigen Lautsprechern zu überschallen, gewisse Grenzen setzen. Das Beispiel des Wahlkampfs zwischen den Senatskandidaten Grassley und Small (Kapitel 5) zeigt, dass die geltenden Regeln bereits jene bevorzugen, die über ausreichende Mittel verfügen, um die Medien zu beherrschen. Die Höchstgerichtsentscheidung in der Auseinandersetzung zwischen Citizens United und der Wahlkommission zeigt, wie gefährlich es ist, in der Politik die alte durch die neue Erzählung zu ersetzen. Das auf der neuen Erzählung beruhende Urteil lässt außer Acht, dass umsichtige Kompromisslösungen gefunden werden müssen, um dem Phischen nach »Dummen« Grenzen zu setzen.

Der Rechtsprofessor Lawrence Lessig von der Universität Harvard hat einen Plan vorgeschlagen, der einen solchen Kompromiss darstellt. Die US-Bürger würden von der Bundesverwaltung einen Gutschein über 50 Dollar erhalten, die sie Kandidaten ihrer Wahl spenden könnten. Außerdem dürften sie jedem Kandidaten 100 Dollar aus ihrer eigenen Tasche spenden. Die Kandidaten, die solche Spenden akzeptieren, müssten im Gegenzug auf Spenden aus anderen Quellen (darunter Political Action Committees) verzichten.[550] Lessig schätzt die Kosten dieses Plans auf drei Milliarden Dollar pro Jahr.[551] Aber in Anbetracht der Verzerrungen des demokratischen Lebens wäre es ein gutes Geschäft: Die eigentliche Arbeit der Kongressmitglieder bestünde nicht länger darin, sich Geld zu beschaffen, sondern sie könnten sich wieder der Aufgabe zuwenden, die Anliegen des Volkes zu vertreten.

Ergebnis

Unsere drei Beispiele aus den Bereichen Sozialversicherung, Börsenaufsicht und Wahlkampffinanzierung decken einen Gutteil der in diesem Buch behandelten Themen ab. Sie machen deutlich, wie wichtig eine gute nationale Erzählung ist. Wie unsere drei Beispiele zeigen, hat die *neue Erzählung* die amerikanische Innenpolitik durchdrungen, was die Beziehung zwischen Staat und Privathaushalten (Sozialversicherung), zwischen dem Finanzsektor und seinen Aufsehern (Börsenaufsicht) und zwischen Rechtssystem und Wahlvolk (Wahlspendengesetz) anbelangt. Generell haben wir an zahlreichen Beispielen gezeigt, dass die *neue Erzählung* nur die halbe Wahrheit erzählt. Der freie Markt gibt den Menschen die freie Wahl – aber er gibt ihnen auch die Freiheit, andere zu phischen und selbst gephischt zu werden. Wenn wir diese Tatsachen verkennen, beschwören wir eine Katastrophe herauf.

Wir haben vor allem anhand von Beispielen aus dem amerikanischen Leben gezeigt, dass die Geschichten, die wir uns erzählen, wichtig sind. Das gilt insbesondere für die nationale Erzählung. Aber das Phischen nach »Dummen« ist natürlich kein ausschließlich amerikanisches Phänomen, sondern es findet überall statt. Eine funktionale nationale Erzählung erfordert unter anderem eine zutreffende Deutung der Funktionsweise von Wirtschaft und Politik. Sie muss neben den Vorzügen des freien Markts und der Demokratie auch ihre Schattenseiten berücksichtigen. Und zu diesen Schattenseiten gehört das Phischen.

Die Bedeutung des Phishing-Gleichgewichts

Wir haben Ihnen zahlreiche Beispiele dafür gegeben, dass in vielen Bereichen nach »Dummen« gephischt wird. Aber so mancher Leser dürfte sich fragen: Welche neuen Erkenntnisse über das heutige Wirtschaftssystem enthält dieses Buch? Sind die Ökonomen nicht längst über das Phischen im Bild? Sonderbarerweise lautet die Antwort auf diese Frage »Ja«, und zwar in dem Sinn, dass die Ökonomen einen Fall von Phishing identifizieren und seine Ursachen verstehen können. Aber hilft uns die herkömmliche Vorstellung von der Funktionsweise des freien Markts, zu erkennen, wann und wo nach »Dummen« gephischt werden wird? Die Antwort auf diese Frage ist: Nein.[552] Die meisten Länder haben gelernt, den freien Markt zu respektieren, und daran tun sie durchaus gut. Die freie Marktwirtschaft bringt hohen Lebensstandard. Die Ökonomen bezeichnen die Märkte, auf denen Wettbewerb herrscht, als »effizient«, weil sich gezeigt hat, dass (unter relativ großzügigen Annahmen) im Marktgleichgewicht die Lage eines wirtschaftlichen Akteurs nicht weiter verbessert werden kann, ohne dass sich die eines anderen verschlechtert. Die Wirtschaftswissenschaft erklärt, dass vom Wettbewerb geprägte, freie Märkte »zufriedenstellend« funktionieren, obwohl Eingriffe nötig sind, um Probleme mit »Externalitäten« und einer »unfairen« Einkommensverteilung zu lösen, was jedoch mit geringfügigen Interventionen wie angemessenen Steuern und Subventionen bewerkstelligt werden kann.

Wir haben eine andere, umfassendere Vorstellung vom Menschen und vom Markt. Diese Vorstellung prägt das vorliegende Buch. Wir bestreiten die in den Lehrbüchern beschriebenen Vorzüge des freien Markts nicht: Wir können in Gedanken über die Grenze von China nach Nordkorea und von dort nach Südkorea reisen.

Aber wir sollten das Lob des Marktes nicht übertreiben. Er mag durchaus zufriedenstellend arbeiten, wenn alle angemessenen Annahmen zueinander passen. Aber jedermann hat seinen wunden Punkt, weshalb jeder von uns oft keine vollkommene Information besitzt. Und oft fällt es uns schwer zu wissen, was wir wirklich wollen. Ein Nebenprodukt unserer menschlichen Schwächen ist, dass man uns hinters Licht führen kann. Bei den von der ökonomischen Theorie postulierten Strichmännchen findet man diese natürlichen menschlichen Schwächen nicht. Wenn die Menschen jedoch nicht vollkommen sind, hat dies zur Folge, dass uns der freie Markt nicht einfach mit dem versorgen wird, was wir brauchen und wollen, sondern er wird auch eine Spielwiese für Phischer sein, die auf der Suche nach »Dummen« sind. So entsteht auf dem Markt ein Phishing-Gleichgewicht.

Um die Auswirkungen dieses von der herkömmlichen ökonomischen Therapie abweichenden Standpunkts zu verdeutlichen, wollen wir auf eine lange, hitzige Diskussion mit einem guten Freund und Kollegen verweisen. Er erklärte sich bereit, sich eine Präsentation unseres Buchs anzuhören, und warf rasch die Frage auf, die uns in diesem Kapitel beschäftigt. Gibt es in unserem Buch etwas, was der typische Wirtschaftswissenschaftler nicht längst wusste? Wir erklärten unserem Freund, dass es uns um die Frage geht, wie der Markt funktioniert, wenn die Marktakteure Schwächen haben. Dann kann der Markt nicht mehr effizient sein, und jene Menschen, die Schwächen haben, können hinters Licht geführt und manipuliert werden. Unser Freund hielt uns entgegen, es sei ein

Fehler, »pathologisches Verhalten« mit der herkömmlichen Ökonomie zu vermengen.

Aber bezüglich der gegenwärtigen Wirtschaftstheorie ist genau das eine der Kernaussagen dieses Buchs. Wir glauben, dass es ein Fehler ist, nur die gesunde – »effiziente« – Funktionsweise des Markts zu beschreiben (wie es die Lehrbücher tun) und ökonomische Pathologien auf externe Effekte und eine nicht optimale Einkommensverteilung zurückzuführen. Wir glauben, dass Volkswirtschaften komplizierter – und interessanter – sind, als uns diese Standarddarstellung glauben machen will. Darüber hinaus hat die schlampige und falsche Trennung zwischen dem Gesunden und dem Pathologischen in unseren Augen erhebliche Auswirkungen.

Weshalb? Nun, weil die moderne ökonomische Theorie unfähig ist, Täuschung und Manipulation zu berücksichtigen. Die Naivität der Menschen und ihre Anfälligkeit für Täuschungsmanöver wurden einfach unter den Teppich gekehrt. Die Ökonomen blicken auf die Finanzkrise von 2008 zurück, und zumindest ein Teil von ihnen fragt sich: Warum? Wir fragen nicht nur, warum die Krise selbst ausbrach; das haben wir mittlerweile mehr oder weniger verstanden. Wir schauen auch in den Spiegel und fragen uns, warum so wenige von uns diese Krise kommen sahen. Es ist wirklich bemerkenswert, dass nur sehr wenige Ökonomen voraussahen, was geschehen würde.[553] Auf Google Scholar sind etwa 1,25 Millionen Artikel und Bücher zu den Themen Wirtschaft und Finanzen gelistet.[554] Das hätte genügen sollen, um ein paar Artikel hervorzubringen, die uns erklärt hätten, wie Countrywide, WaMu, IndyMac, Lehman und so weiter sehr bald in Flammen aufgehen würden. Wir hätten wissen müssen, dass ihr finanzielles Fundament aus hypothekenbesicherten Wertpapieren und Kreditausfall-Swaps zerbrechlich war. Zu dieser Zeit hätten wir auch die Schwächen des Euro voraussehen sollen.

In unseren Augen zeigt diese riesige Erkenntnislücke, dass die Ökonomen (einschließlich der Finanzexperten) systematisch ignorieren oder herunterspielen, welche Rolle Manipulation und Täuschung in der Funktionsweise des Marktes spielen. Einen einfachen Grund für diese Ignoranz haben wir bereits gesehen: Im herkömmlichen Verständnis des Marktes ist kein Platz für diese Pathologien. Diese werden, wie unser Freund uns klarmachte, im Wesentlichen auf»Externalitäten« zurückgeführt. Aber diese Sichtweise lässt außer Acht, dass ein Markt, auf dem Wettbewerb herrscht, naturgemäß Täuschung und Manipulation hervorbringt, und zwar auf Grund desselben Gewinnstrebens, dem wir unseren Wohlstand verdanken. Hätten wir Ökonomen richtig erkannt, dass der freie Markt ein zweischneidiges Schwert ist, so wäre uns mit einiger Sicherheit aufgefallen, dass derivative Finanzinstrumente und hypothekenbesicherte Wertpapiere sowie die Staatsverschuldung großes Unheil anrichten konnten. Und dann hätten mehr als eine Hand voll Ökonomen Alarm geschlagen.

Das Versagen im Kampf gegen den Krebs

In *Der König aller Krankheiten* beschreibt der Arzt und Krebsforscher Siddhartha Mukherjee einen ähnlichen Fehler in der Beurteilung und Behandlung von Krebs.[555] In der Sprache der Ökonomen gibt es Krankheiten, die wir auf»externe Effekte« zurückführen könnten: Das sind zum Beispiel durch Bakterien oder Viren verursachte Krankheiten, die in den meisten Fällen problemlos geheilt werden können. Wir müssen nur ein Medikament oder einen Impfstoff entwickeln, der den Eindringling (d. h. den »externen Effekt«) unschädlich machen kann. Um bei dieser Analogie zu bleiben, ist die »Krankheit« in der Ökonomie der Schaden, den die Raucher erleiden; das Heilmittel ist eine Steuer auf Tabak.

Aber der Krebs ist etwas anderes, wie uns Mukherjee erklärt. Er wird nicht durch einen externen Effekt wie einen Virus oder ein Bakterium verursacht. Vielmehr wird er von denselben natürlichen Kräften verursacht, die auch unserer gesunden Physiologie zu Grunde liegen. Er entwickelt sich durch eine Mutation unserer eigenen Zellen. So wie unsere gesunden Zellen Verteidigungsmechanismen gegen Angreifer haben, können sich auch die entarteten Zellen verteidigen. Das Problem ist nicht, dass die körpereigene Abwehr nicht richtig funktioniert; im Fall von bösartigen Wucherungen funktioniert diese Abwehr zu gut. Die bösartigen Krebszellen sind übermäßig widerstandsfähig gegen Angriffe und weigern sich zu sterben. Das Wesen von Krebs ist gerade, dass unsere Physiologie auf diese Mutationen ausgeweitet wird. Und hier gibt es eine exakte Analogie zum *Phischen nach* »Dummen«. Das gesunde Funktionieren des Markts, auf dem alle Akteure vollkommen informiert sind, wird auf Marktvorgänge ausgeweitet, in denen einige von uns naiv sind.

In den siebziger Jahren setzten sich die Befürworter eines entschlossenen Kampfes gegen den Krebs erfolgreich für ein »nationales Bekenntnis zum Sieg über den Krebs« ein.[556] Im Jahr 1971 wurde der National Cancer Act beschlossen, und die Bundesmittel für die Krebsforschung wurden deutlich aufgestockt. Man sollte meinen, eine solche zusätzliche Unterstützung hätte keinen Schaden verursachen können. Aber Mukherjee betrachtet diesen »Krieg« gegen den Krebs als Fehler: Durch die Suche nach einer raschen und einfachen Heilung sei das Problem zu sehr vereinfacht worden, denn eine solche Heilung hätte man nur finden können, wenn der Krebs eine einfache Ursache wie einen Virus hätte.[557] Die Vorstellung, der Krebs habe eine einfache Ursache, lenkte die Aufmerksamkeit von der Entdeckung seiner grundlegenden Natur ab. Die Sterblichkeit infolge von Krebserkrankungen konnte erst deutlich gesenkt werden, als man ihn besser verstand: als sich herausstellte, dass er das Resultat von Mutationen ist und dass die Abwehrmechanismen der mutierten Zellen eine Erweiterung der Abwehrmechanismen des gesunden Körpers sind.

Wir behaupten, dass die Ökonomen einen ähnlichen Fehler begehen und sich eine übermäßig vereinfachte Vorstellung vom freien Markt machen. Die herkömmliche Ökonomie tut so, als wären wirtschaftliche Pathologien lediglich »Externalitäten«. Aber die Fähigkeit des freien Markts, viele verschiedene Formen des Phischens hervorzubringen, ist keine Externalität. Vielmehr ist sie Bestandteil der Funktionsweise eines freien Markts, auf dem Wettbewerb herrscht. Und dasselbe Gewinnstreben, das die Grundlage für eine gesunde, gutartige Wirtschaft ist, wenn alle Akteure vollkommen rational handeln, ist auch die Grundlage für die ökonomischen Pathologien, die wir als Phischen nach »Dummen« bezeichnen.

Frühere Arbeiten über das Phischen nach »Dummen«

Es gibt natürlich Vorläufer dieses Buches. Im Folgenden werden wir einige Artikel nennen, die repräsentativ für die (anhand von Google Scholar) grob geschätzten 200 000 Arbeiten sind, in denen zwischen »kenntnisreichen« und »naiven« beziehungsweise zwischen »informierten« und »uninformierten« Akteuren unterschieden wird. Typischerweise wird in diesen Arbeiten eine bestimmte Beziehung zwischen Kenntnisreichen und Naiven hergestellt. Und dann wird, wenn auch normalerweise am Rande, darauf hingewiesen, dass im speziellen Kontext der Analyse die Kenntnisreichen/Informierten die Naiven/Uninformierten ausnutzen.

Das erste Beispiel ist Stefano DellaVignas und Ulrike Malmendiers Arbeit über die Knebelverträge von Fitness-Studios:

Man kommt leicht in diese Verträge hinein, aber nur schwer wieder heraus. Die beiden Autoren erklären, dass die Strategie der Fitness-Studios darin besteht, die Gegenwartspräferenz ihrer Kunden auszunutzen.[558] Die Kunden messen der Gegenwart übermäßiges Gewicht bei, was sie dazu bewegt, das, was sie heute tun könnten, »nur bis morgen« zu verschieben; aber wenn das »Morgen« eintritt, wird es zum »Heute«, weshalb sie es erneut auf morgen verschieben.

Xavier Gabaix und David Laibson haben eine weitere Methode beschrieben, die Verkäufer anwenden, um Käufer zu übervorteilen: In diesem Fall nutzen sie aus, dass das Produkt einige Merkmale aufweist, die kaum zu sehen sind.[559] Die Autoren bezeichnen diese Attribute als »verschleiert«. Sie stellen die implizite Frage: Welchen Reis würden Restaurants ihren Gästen servieren, wenn diese nicht im Stande wären, zwischen Basmati-Reis und Uncle Ben's zu unterscheiden? Auf Grund des Gewinnstrebens werden die Restaurants die billigere Sorte wählen.

Gabaix und Laibson erklären das Konzept der verschleierten Attribute anhand des Beispiels des Tintenstrahldruckers. Der Käufer konzentriert sich auf den Preis des *Druckers*. Aber die in der Folge entstehenden Kosten durch den Kauf von Tintenpatronen sind sehr hoch im Vergleich zum Preis des Geräts (normalerweise machen sie etwa zwei Drittel des Druckerpreises aus).[560] Die relevanten Kosten sind also nicht einfach die des Druckers an sich, sondern die der ausgedruckten Seite. In einer Umfrage unter Käufern eines Modells von Hewlett-Packard wussten nur drei Prozent der Befragten beim Kauf ihres Druckers, wie viel die Tinte kostete.[561] Und das ist kein Zufall. Gabaix und Laibson erklären, dass der Preis des Druckers klar und deutlich zum Käufer spricht. Er ist leicht im Internet zu finden. Aber versucht man, sich über die Kosten der benötigten Tintenpatronen zu informieren, so stellt man fest, dass diese Information über mehrere Websites verstreut wurde: Die Druckerhersteller haben dieses Attribut absichtlich verschleiert.[562] Und wie die Umfrage unter den Käufern zeigt, ist ihnen das gelungen.[563]

Einer von uns (Bob) hat die Theorie der verschleierten Attribute an einem anderen Beispiel getestet. Er hatte sich von der Fernsehwerbung überzeugen lassen, für seine Katze Lightning Gourmetfutter zu kaufen. (Im Werbespot eilen die Katzen so lebhaft und fröhlich zur Futterschüssel.) Aber schmeckt Gourmetkatzenfutter wirklich gut? Bob kostete es. Von den in der Werbung beschriebenen Geschmacksnoten, die für den Menschen so verlockend klingen – Truthahn, Thunfisch, Ente, Lamm –, war nichts zu bemerken. Die Voraussage von Gabaix und Laibson zur Bereitstellung dieses normalerweise verschleierten Attributs traf ins Schwarze. Aber wir müssen einräumen, dass das kein definitiver Beweis ist. Nur wenn sich Lightning hätte äußern können, hätten wir Gewissheit.[564]

Auch in der Welt der Finanzen finden wir gute Beispiele dafür, dass diejenigen, die bessere Informationen haben, den »Dummen« übel mitspielen. Die vereinfachte Darstellung der Finanzen führt zu Schlüssen, die einfach falsch sind. Die grundlegende Behauptung lautet, der Kurs von Aktien hänge von ihrem »fundamentalen Wert« ab. Das bedeutet, dass die Kurse den angemessen abgezinsten erwarteten zukünftigen Erträgen (aus Dividenden und Aktienrückkäufen) entsprechen. Aber die Volatilität der Aktienkurse ist so hoch, dass das unmöglich stimmen kann.[565] Und dann geschehen an den Finanzmärkten alle möglichen anderen sonderbaren Dinge, die der einfachen Geschichte widersprechen. Warum ist das Handelsvolumen so hoch? Warum halten die Aktienhändler ihre Papiere im Durchschnitt nur so kurze Zeit? Es gibt zahlreiche derartige Fragen.

Die meisten (aber nicht alle!) Finanzwirtschaftler räumen ein, dass das übliche Modell gravierende Mängel hat. Daher

haben sie das Bild eines Aktienmarkts (und anderer Wertpapiermärkte) entworfen, auf dem zwei Arten von Akteuren
aktiv sind.[566] Da sind zum einen die »informierten« Händler:
Diese Leute verstehen den Aktienmarkt wirklich und würden
der Theorie zufolge die Kurse durch ihr unerschrockenes
Vorgehen dem »fundamentalen« Wert annähern, wenn sie
den Handel beherrschten. Aber es gibt eben auch die »uninformierten« Händler, die diese Fundamentaldaten nicht
verstehen. Die Finanzgelehrten bezeichnen sie als »Rauschhändler« (noise traders), weil sich ihr Verhalten nicht an
den Fundamentaldaten, sondern am »Rauschen« orientiert.
Ein gutes Beispiel ist das Verhalten der Anleger, die in den
neunziger Jahren vor dem Platzen der Internetblase die Aktien der Dotcoms in die Höhe trieben.[567] Das Noise Trading
soll viele »Anomalien« an den Börsen erklären, darunter die
im Vergleich zu Anleihen hohen Renditen von Aktien und die
nicht durch die Fundamentaldaten gerechtfertigten extremen
Kursschwankungen.[568]

Das Noise Trading wird mit Erfolg erforscht. In mathematischen Modellen ist das Phischen nach »Dummen« nachweisbar: Kenntnisreiche Investoren nutzen die Uninformiertheit
der »Rauschhändler« aus. Aus den Modellen lassen sich sogar
Formeln zur Berechnung des »Wohlergehens« von informierten und uninformierten Anlegern ableiten.[569]

Diese Beispiele aus Wirtschaft und Finanzen zeigen, dass
es zahlreiche Studien gibt, die sich mit dem Wechselspiel
zwischen Kenntnisreichen und Naiven, zwischen Informierten und Uninformierten befassen. Die Kenntnisreichen/
Informierten schneiden fast immer besser ab als die Nai-
ven/Uninformierten. Und wo immer das geschieht, werden
»Dumme« gephischt.

Der Unterschied

Wenn sich die Verhaltensökonomie und die Finanzgelehrten so eingehend mit den Naiven und Uninformierten befasst haben, bleibt die Frage, welchen Beitrag wir zur Untersuchung leisten. Vielleicht enthält unser Buch nichts Neues. Selbst wenn es so ist, hoffen wir, dass Ihnen die Lektüre Spaß gemacht hat. Aber wir hoffen durchaus, dass Sie die Wirtschaft jetzt mit etwas anderen Augen sehen. Im Folgenden werden wir erklären, in welchen drei Bereichen dieses Buch unserer Meinung nach neue Erkenntnisse zur gegenwärtigen Ökonomie beisteuert.

Die Rolle des Gleichgewichts auf vom Wettbewerb geprägten Märkten

Die erste Erkenntnis betrifft den Platz der Verhaltensökonomie innerhalb der Wirtschaftswissenschaften. Die Grundannahmen der Ökonomie beruhen, wie wir in der Einleitung erklärt und am Anfang dieses Kapitels erneut gesehen haben, auf Adam Smith. Wie die Ökonomen die wirtschaftlichen Abläufe verstehen, lässt sich am Verhalten der berühmten Fleischer, Brauer und Bäcker von Smith zeigen: Diese stehen im Wettbewerb untereinander und reagieren auf die Nachfrage der Verbraucher. Abhängig davon, welchen Preis die Verbraucher für ihre Produkte zu zahlen bereit sind, entscheiden sie, wie viel davon sie anbieten sollen. In diesem System herrscht ein beharrliches Gleichgewicht. In dem Augenblick, in dem auf einem Markt kein solches Gleichgewicht besteht, bietet sich eine Gelegenheit, Gewinn zu erzielen, und es ist anzunehmen, dass irgendein Marktteilnehmer diese Gelegenheit nutzen wird. So wie die Natur »das Vakuum verabscheut«, dürfen wir davon ausgehen, dass Wirtschaftssysteme ungenutzte Profitchancen verabscheuen. Gäbe es am Flughafen oder im Einkaufszentrum keinen Stand, an dem Cinnabons® oder dergleichen verkauft wird, so würde rasch jemand die Lücke füllen.

Diese Vorstellung, in deren Mittelpunkt das allgemeine Gleichgewicht steht, ist seit mittlerweile fast zweieinhalb Jahrhunderten das Zentralnervensystem der Wirtschaftstheorie. Aber die Verhaltensökonomie (zu den Finanzen werden wir gleich kommen) scheint nicht recht in das System passen zu wollen. Unsere beiden Beispiele aus der Verhaltensökonomie – die Untersuchungen von DellaVigna/ Malmendier und Gabaix/Laibson – verdeutlichen das. So wie mittlerweile in Zeitschriftenartikeln erforderlich, sind ihre Modelle und Beispiele sehr speziell. In DellaVignas und Malmendiers Beschreibung der Fitness-Studios haben die angehenden Sportskanonen alle die spezielle Schwachstelle der Gegenwartspräferenz. Auch das von Gabaix und Laibson beschriebene Modell der verschleierten Märkte ist speziell: Sie illustrieren Angebot und Nachfrage eines Basisguts und seiner Erweiterung; einige Konsumenten sind kenntnisreich, während andere kurzsichtig sind, und die Unternehmen entscheiden, ob sie den Preis der Produkterweiterung verschleiern sollen oder nicht.[570] Legt man die für Veröffentlichungen in ökonomischen Fachzeitschriften üblichen Maßstäbe an, so beweisen diese Arbeiten, dass das Phischen nach »Dummen« existiert. Sie tun das anhand von Modellen und Beispielen, in denen das Phischen nicht zu leugnen ist; aber die von den Publikationen geforderte Unanfechtbarkeit hat ihren Preis: Der allgemeine Charakter des Phischens nach »Dummen« kann nicht vermittelt werden.

Und hier füllt dieses Buch eine Lücke. Wenn wir uns an den von Adam Smith entwickelten und für das ökonomische Denken grundlegenden Rahmen halten und das Phischen nach »Dummen« als Bestandteil eines allgemeinen Gleichgewichts betrachten, wird klar, dass das Phischen auf dem freien Markt unvermeidlich ist.

Kehren wir zu der Frage zurück, warum die Ökonomen die Finanzkrise nicht kommen sahen: Hätten wir das Phischen nach »Dummen« als allgemeines Phänomen betrachtet, das immer dann zu beobachten ist, wenn Menschen schlecht informiert sind oder psychologische Schwachstellen haben, die mit Gewinn genutzt werden können – oder wenn solche Schwachstellen erzeugt werden können –, so wären wir darauf vorbereitet gewesen, Ausschau nach den Täuschungsmanövern und Manipulationen zu halten, die bald zum Zusammenbruch führen sollten.

Die offenbarten Präferenzen bleiben unangefochten

Es gibt noch einen weiteren Grund dafür, dass die Verhaltensökonomie und die verhaltensbezogene Finanzmarkttheorie mit ihren speziellen Beschreibungen von Präferenzen und Märkten nicht geeignet sind, um die Allgegenwärtigkeit des Phischens nach »Dummen« zu erkennen. Ein Grundsatz der herkömmlichen Ökonomie besagt, dass sich Menschen nur für Dinge entscheiden, die ihrem Wohlergehen dienen. Diese Annahme wurde sogar mit einer schönen Bezeichnung versehen, nämlich jener der »offenbarten Präferenzen«: Die Menschen offenbaren durch ihre Entscheidungen, was ihre Lage verbessert.[571] Selbstverständlich steht eine solche Annahme in deutlichem Widerspruch zu unserer Einschätzung, dass es einen Widerspruch gibt zwischen dem, was die Menschen wirklich wollen (was gut für sie ist), und dem, was sie zu wollen glauben (dem, was der Affe auf ihrer Schulter will). Die Eigentümlichkeit der Verhaltensökonomie – die Tatsache, dass sie sich auf bestimmte psychologische Präferenzen (wie die Gegenwartspräferenz) stützt und diese Präferenzen in bestimmte Marktsituationen (wie den monopolistischen Wettbewerb) einordnet – begünstigt die Vorstellung, dass Widersprüche zwischen den wirklichen Wünschen von Menschen und den Wünschen des Affen auf ihrer Schulter nicht die Norm sind. Solche Widersprüche müssen vielleicht im Einzelfall untersucht werden, aber sie sind lediglich seltene Ausnahmen. Zwar ist diese Botschaft nicht beabsichtigt, aber sie ist ein möglicherweise unbeabsichtigter impliziter Bestandteil der Verhaltensökonomie.

Daher gehen die meisten Ökonomen davon aus, dass die Entscheidungen der Menschen tatsächlich ihren wirklichen Wünschen entsprechen, und das führt zu der Einschätzung, dass dysfunktionale Entscheidungen selten sind und kaum nennenswerte Konsequenzen haben. Diese Vorstellung deckt sich mit der Beobachtung, dass es zumindest in den entwickelten Ländern den meisten Menschen gelingt, ihre Grundbedürfnisse gezielt zu befriedigen. Diese Zielgerichtetheit kann den Anschein erwecken, dass ein Widerspruch zwischen dem Pareto-Optimum unseres wirklichen Wohlergehens und dem Pareto-Optimum des Wohlergehens des Affen auf unserer Schulter unbedeutend ist. Dieser Widerspruch kann zu Tage treten, wenn wir Mitglied eines Fitness-Studios werden oder Tonerpatronen für unseren Drucker kaufen. Aber das sind Ausnahmen, was bedeutet, dass die offenbarten Präferenzen in den meisten Fällen zeigen, was wir wirklich wollen.

Aber wenn wir das Phischen als allgemeines Problem betrachten, stellen wir fest, dass es keineswegs nur eine gelegentliche Störung der normalen Marktabläufe ist: Es ist allgegenwärtig. Es wirkt sich nicht nur auf zahlreiche Entscheidungen aus, sondern beeinträchtigt in einigen Fällen das Wohlergehen der Menschen. Wir haben unsere Beispiele sorgfältig ausgewählt, um nicht nur zu zeigen, dass es möglich ist, »Dumme« zu phischen, sondern dass diese Praxis allgegenwärtig ist und große Bedeutung für unser wirtschaftliches Leben hat. Diese Beispiele widersprechen dem Eindruck der herkömmlichen Ökonomie (nicht der Verhaltensökonomie), dass solche Manipulationen geringen Einfluss haben, weil wir uns zumeist für das entscheiden, was gut für uns ist.

Die Einbettung des Phischens nach »Dummen« in das allgemeine Marktgleichgewicht mit Affen-auf-der-Schulter-Präferenzen geht also über die gegenwärtige Verhaltensökonomie hinaus, denn sie offenbart eine Wahrheit, die jedem vertraut ist, der sich auf die allgemeine Gleichgewichtstheorie stützt. Wenden wir uns einmal mehr unserem »Lieblingsbeispiel« zu. Wenn eine Cinnabon®-Filiale am Flughafen im allgemeinen Gleichgewicht Gewinn machen kann, so wird das Unternehmen – sofern es nicht schon ein ähnliches Angebot gibt – dort auftauchen. Wenn wir also eine Schwachstelle haben – wenn es möglich ist, uns zu phischen –, so werden die Phischer zur Stelle sein. So wie der Bäcker, der Brauer und der Fleischer zur Stelle sein werden, wenn wir die Mittel haben, um das Brot, das Bier und das Fleisch zu bezahlen, werden die Schummler zur Stelle sein, um uns als »Dumme« zu phischen.

Geschichten aufpfropfen

Dieses Buch leistet noch einen weiteren Beitrag zur Verhaltensökonomie. In ihrer gegenwärtigen Form beruht diese Disziplin im Wesentlichen auf den Erkenntnissen der Psychologie. In unseren Augen fällen die Menschen teilweise dysfunktionale Entscheidungen, weil sie sich nicht nach ihren wirklichen Präferenzen richten, sondern auf den Affen auf ihrer Schulter hören. Die Psychologen haben Listen dieser dysfunktionalen Motivationen erstellt.

Wir räumen ein, dass die Menschen diese Präferenzen haben. Aber eines der vorrangigen Ziele dieses Buchs neben der Aufdeckung des Phishing-Gleichgewichts besteht darin, diese Präferenzen sehr viel allgemeiner zu betrachten. So wie die Ökonomen bei der Analyse der Verbraucher von bestimmten Annahmen ausgehen (beispielsweise setzen sie voraus, dass die Konsumenten ihr Budget gewissenhaft planen, siehe Kapitel 1), nehmen die Psychologen und die Verhaltensökonomen an, dass die Entscheider in einem bestimmten Modus – üblicherweise aus Cialdinis Liste – handeln. So wie die Ökonomen beträchtliche Mühe darauf verwenden, die möglichen »Beschränkungen« für die Entscheidungsträger zu finden, haben die Psychologen eine beeindruckende Liste möglicher »nicht rationaler« Verhaltensweisen zusammengestellt. Aber unsere Meinung, die von den meisten Soziologen und Anthropologen geteilt wird, ist, dass es bei diesen Listen ein Problem gibt. Es ist durchaus richtig, anzunehmen, dass sich die Menschen in ihrem Verhalten nach einer Präferenz aus der »Liste« richten, aber vielleicht tun sie es auch nicht. Ökonomen, Psychologen und ganz allgemein die Sozialwissenschaftler sollten in größerem Rahmen denken: Wir sollten sämtliche bewussten und unterbewussten Beweggründe berücksichtigen, die den Entscheidungen der Menschen zu Grunde liegen.

Ausgehend von den Erkenntnissen der Soziologen und Kulturanthropologen, haben wir eine sehr allgemeine Methode entwickelt, um die Deutungsrahmen zu beschreiben, die den Entscheidungen der Menschen zu Grunde liegen. In der zweiten Hälfte des Buches haben wir uns schrittweise von den Präferenzlisten der Verhaltensökonomen gelöst und unsere Argumentation zusehends in dieses neue Bild eingeordnet. Es beinhaltet die Listen der psychologischen Präferenzen, die dysfunktionale Entscheidungen verursachen, aber es ist sehr viel umfassender.

Wir sind zu diesem umfassenderen Bild gelangt, indem wir die Deutungsrahmen beschrieben haben, die den menschlichen Entscheidungen zu Grunde liegen. Diese sind die *Geschichten, welche die Menschen sich selbst erzählen.* Diese Beschreibung hat einen weiteren Vorteil für uns: Sie ermöglicht uns zu sehen, wie »Dumme« gephischt werden. Das Phischen ist eine Methode, um jemanden zu einer Entscheidung zu bewegen, von der er selbst nicht profitiert. Sie kommt nur dem Phischer zugute. Da unsere Entscheidungen normalerweise auf den Geschichten beruhen, die wir uns selbst über unsere Situation erzählen, haben wir hier eine transparente Beschreibung der Motivation, die uns hilft zu verstehen, wie das Phischen nach »Dummen« abläuft.

Mit diesem Konzept wird auch eine neue ökonomische Variable eingeführt. Bei dieser Variablen handelt es sich um die Geschichten, die Menschen sich selbst erzählen. Ein weiterer fester Bestandteil des Konzepts ist die Vorstellung, dass Menschen Entscheidungen fällen, die keineswegs ihrem eigenen Wohlergehen dienen. Die Geschichten, die sie sich selbst erzählen, kann man leicht manipulieren. Indem man den Fokus von Menschen ändert, kann man ihre Entscheidungen ändern.

Zusammenfassung

Mag sein, dass es in diesem Buch nichts gibt, was man als »neue Ökonomie« bezeichnen könnte. Ein Versuch, die Ökonomie neu zu erfinden, wäre weder angebracht noch überzeugend. Unser Ziel ist ein anderes gewesen. Wir wollten zeigen, dass uns die Tatsache, dass es das Phischen nach »Dummen« gibt, zu Erkenntnissen führt, die deutlich von den Lehren der herkömmlichen Ökonomie abweichen. Die moderne Wirtschaft mit ihren weitgehend freien Märkten sichert denen von uns, die in entwickelten Ländern leben, einen Lebensstandard, um den uns alle früheren Generationen beneiden würden. Aber wir sollten uns nicht selbst betrügen. Dieses Wirtschaftssystem bringt es auch mit sich, dass wir als »Dumme« gephischt werden. Und das wirkt sich ebenfalls auf unser Wohlergehen aus.

Danksagungen

In diesem Buch geht es um Manipulation und Täuschung, aber wir müssen darauf hinweisen, dass es in der Welt sehr viel Gutes gibt. Die Welt ist voll von Helden wie denen, die wir in Kapitel 11 beschrieben haben. Eine große Zahl solcher Helden ist Teil der Geschichte, die wir in diesem Buch erzählen.

Es ist uns ein Vergnügen, die Danksagungen zu diesem Buch zu schreiben: Wir freuen uns, uns bei den vielen Personen bedanken zu können, die zu unserem Projekt beigetragen haben. Dieses Buch ist nicht das Produkt der Arbeit von zwei Autoren, die in einem Raum saßen und sich Gedanken darüber machten, welcher Satz als nächster kommen sollte. Vielmehr sind die hier dargelegten Ideen und die Arbeit, auf denen das Buch beruht, im Wesentlichen eine Sammlung dessen, was wir von unseren Freunden, insbesondere von unseren Freunden in der volkswirtschaftlichen Gemeinschaft, gelernt haben. Und sie sind ein Ergebnis der herausragenden Arbeit unserer Forschungsassistenten.

Zunächst stehen wir in der Schuld jener Kollegen, deren grundlegende Ideen in dieses Buch eingeflossen sind. Wir möchten Paul Romer danken, der gemeinsam mit George »Looting: The Economic Underworld of Bankruptcy for Profit« verfasste. Die Kapitel 9 und 10 über die Krise des amerikanischen Sparkassensektors und über die Junk Bonds sind eine im Stil dieses Buchs geschriebene Neufassung jenes Artikels. Wir danken Paul dafür, dass er uns seine Arbeit überlassen hat. Auch zu einem weiteren Thema des Buchs, den Geschichten oder Erzählungen, hat ein Mitautor von George wesentliche Beiträge geleistet. Eines der Themen von *Identity Economics*, der gemeinsamen Arbeit von George und Rachel Kranton, sind die Geschichten, die sich die Menschen selbst darüber erzählen, wer sie sind und was sie tun oder nicht tun sollten. In dem Buch wird untersucht, welchen Einfluss diese Geschichten auf die Motivation von Menschen haben. Unabhängig davon hatte Bob die Rolle von »Geschichten«, insbesondere in Finanzkrisen, in seiner Arbeit *Irrational Exuberance (deutsch als: Irrationaler Überschwang)* entdeckt. In Bezug auf die Rolle der Narrationen, die vielleicht wichtigste Erkenntnis dieses Buches, haben wir also zwei Denkansätze miteinander verschmolzen. Wir sind Rachel zu großem Dank verpflichtet.

Außerdem danken wir Hui Tong, der gemeinsam mit George eine Arbeit mit dem Titel »Lemons with Naïveté« veröffentlichte, in der ein informationsbezogenes Phishing-Gleichgewicht beschrieben ist. Diese Arbeit diente mehrere Jahre lang als Grundlage für unsere Seminare zum Thema *Phischen nach* »Dummen«.

In anderer Hinsicht stehen wir in der Schuld von Maxim Boycko, einem Mitautor von Bob. Die beiden lernten sich im Jahr 1989 bei einer vom amerikanischen National Bureau of Economic Research und dem sowjetischen IMEMO gemeinsam organisierten Konferenz in Moskau kennen. Bob forscht weiterhin mit Maxim auf dem Gebiet der öffentlichen Einstellungen und Beziehungen zu Märkten, wobei die beiden den Einfluss gesellschaftlicher Normen und Einstellungen auf die Funktionsweise der Märkte in verschiedenen Ländern vergleichen.

Im Herbst 2012 war die Arbeit am Manuskript so weit vorangeschritten, dass Bob darüber nachdachte, mehrere Forschungsassistenten zu engagieren. Er schrieb den Posten aus und erhielt rund achtzig Bewerbungen. Die drei Yale-Studenten, die den Job bekamen, haben wichtige Beiträge zu diesem Buch geleistet. Sie sind nicht nur unsere Forschungsassistenten gewesen, sondern gemeinsam mit Peter Dougherty von der Princeton University Press auch unsere Lektoren. Wir haben sie mehr als einmal gebeten, das Buch zu benoten: Sie sollten jedes Kapitel, jeden Abschnitt und jeden Absatz bewerten. Wir bekamen nicht immer Bestnoten, vor allem gemessen an der zeitgenössischen Noteninflation, aber unsere Forschungsassistenten erklärten uns geduldig, warum wir schlechte Bewertungen verdient hatten, und führten uns im Gespräch aus der einen oder anderen Sackgasse, in die wir geraten waren. Wir hatten drei wirklich außergewöhnliche Forschungsassistenten.

Victoria Buhler, die diese Aufgabe noch im Grundstudium auf sich nahm, leistete so außergewöhnlich gute Arbeit, dass David Brooks sie in einem Artikel in der *New York Times* für einen Essay lobte, den sie in Yale geschrieben hatte. Als Victoria ihr Diplomstudium abgeschlossen hatte und für ein Jahr nach Cambridge ging, setzte sie die Arbeit an unserem Projekt fort. In jenem Jahr erhielt Bob den Nobelpreis, der ihn zumindest für einige Monate vollkommen in Anspruch nahm. In dieser Zeit trug Victoria wesentlich dazu bei, dieses Vakuum zu füllen. Ihr Interesse gilt der internationalen Politik, und sie ist so talentiert, dass George gesteht, in einer E-Mail an sie einmal geschrieben zu haben: »Wenn Sie eines Tages Außenministerin sind ...«

Diana Li zählte ebenfalls zu den drei ursprünglichen Forschungsassistenten. Wir stellten fest, dass wir uns mit jeder Frage an Diana wenden konnten und dass sie jede Aufgabe bereitwillig übernahm. Wir hatten immer das Gefühl, eigentlich zu viel von ihr zu verlangen. Sie ist eine herausragende Debattenteilnehmerin, berichtete für die *Yale Daily News* über die Stadtverwaltung und studiert Volkswirtschaftslehre. Vor kurzem teilte sie uns mit, dass sie an den World Debating

Championships in Malaysia teilnehmen werde. Diana tat immer solche Dinge. Jeder Leser dieses Buches wird von ihren Beiträgen profitieren. Sie versteht sich auf die Kunst des Interviews, und wir lachten viel über ihre Pläne, *Phishing for Fools* zum Leben zu erwecken. Einmal nominierte die Zeitschrift *Glamour* Diana für eine Auszeichnung. Wir setzten ein Empfehlungsschreiben auf, aber sie gewann den Preis nicht. Anscheinend wissen die Leute nicht, was Glamour wirklich ist: In unseren Augen verkörpert Diana Li Glamour.

Jack Newsham gehörte ebenfalls zu den ursprünglichen drei Forschungsassistenten. Wie Diana und Victoria leistete er wichtige Beiträge zu unserem Buch. Er führte Interviews und gab uns redaktionelle Ratschläge, die durchweg richtig waren. Besonders wichtig war sein Beitrag zum Kapitel über die Werbung, denn er machte uns auf Hardings Wahlkampf aufmerksam, der mit Lasker als Impresario genau in unser Buch passte. Jack studierte in Yale Journalismus und brachte seine Fähigkeiten als Berichterstatter in unser Projekt ein. Nach dem Studium ging er zum *Boston Globe*, wo er eine jener begehrten Positionen einnahm, die in der Zeitungsbranche mittlerweile leider sehr selten geworden sind. Wir betrachten es als Privileg, dass Jack zwei Jahre lang mit uns an diesem Buch arbeitete.

In der Endphase der Arbeit am Buch steuerte Stephan Schneeberger vorzügliche redaktionelle Kommentare zum Manuskript bei und überprüfte die Faktenbasis der Kapitel 4 bis 8. Wir sind ihm dankbar für seinen großen Einsatz, und dasselbe gilt für Yijia Lu, der die Fakten im Vorwort sowie in den Kapiteln 1 bis 3 überprüft hat. Kurz vor Abschluss des Projekts nahm Deniz Dutz die gewaltige Aufgabe auf sich, alle Fakten erneut zu überprüfen. Madeleine Adams begleitete das Projekt im Mai und Juni 2015 sechs Wochen lang als Korrektorin und verlieh dem Manuskript an zahlreichen Stellen Eleganz und Klarheit.

Die in diesem Buch dargelegten Ideen sind eine Collage all dessen, was wir im Lauf unseres Lebens als Ökonomen gelernt haben. Diesbezüglich schulden wir vier Forschern besonderen Dank. Daniel Kahneman – ja tatsächlich, der Daniel Kahneman – erklärte uns vor etwa 25 Jahren, das wesentliche Merkmal der Psychologie sei, dass sie den Menschen als unvollkommene Maschine betrachte. Daher bestehe die Aufgabe des Psychologen darin, herauszufinden, wie und unter welchen Bedingungen diese Maschinen funktionsuntüchtig werden. Die Ökonomie hingegen beruht auf dem Konzept des Marktgleichgewichts. Wir denken, dass diese beiden Beobachtungen im vorliegenden Buch zusammenfließen.

Großen Einfluss auf unsere Arbeit hat auch Richard Thaler gehabt, der seit 25 Jahren gemeinsam mit Bob Workshops für Verhaltensökonomie veranstaltet. Vor 20 Jahren schlug er uns vor, dass wir beide zusammenarbeiten sollten. Er war unser Partnervermittler. Wir sind ihm zu großem Dank verpflichtet. Mario Small und Michele Lamont regten uns dazu an, uns mit der Tatsache zu befassen, dass Entscheidungen von Personen nicht nur von ihrem bewussten Denken, sondern zu einem großen Teil von ihrem Unterbewusstsein abhängen. Wir gelangten zu dem Schluss, dass die Menschen dadurch manipulierbar werden, und diese Erkenntnis ist grundlegend für dieses Buch.

Peter Dougherty von der Princeton University Press hat uns nicht nur als Lektor und guter Freund begleitet, sondern auch scharfsinnige redaktionelle Beiträge geleistet und uns wiederholt gezeigt, warum wir welche Richtung einschlagen sollten. So geht beispielsweise das Konzept der *Dinge, die unmöglich jemand wollen kann* (das Vorwort) auf ein Gespräch mit Peter zurück.

Viele andere haben zu diesem Buch beigetragen, darunter insbesondere Georges Kollegen beim Internationalen Währungsfonds, wo er vier Jahre lang (von Oktober 2010 bis Oktober 2014) an dem Manuskript arbeitete, und Bobs Kollegen an der Universität Yale. Zu diesen Kollegen und Freunden zählen Vivek Arora, Michael Ash, Larry Ball, Roland Benabou, Olivier Blanchard, Irene Bloemraad, Nyla Branscombe, Lucia Buono, John Campbell, Elie Canetti, Karl Case, Philip Cook, William Darity, Stefano DellaVigna, Rafael Di Tella, Avinash Dixit, Curt Eaton, Joshua Felman, Nicole Fortin, Pierre Fortin, Alexander Haslam, Catherine Haslam, John Helliwell, Robert Johnson, Anton Korinek, Larry Kotlikoff, Andrew Levin, Annamaria Lusardi, Ulrike Malmendier, Sendhil Mullainathan, Abhinay Muthoo, Philip Oreopoulos, Robert Oxoby, Ceyla Pazarbasioglu, Shelley Phipps, Adam Posen, Zoltan Poszar, Natasha Schüll, Eldar Shafir, Carl Shapiro, Dennis Snower, Michael Stepner, Joseph Stiglitz, Phillip Swagel, George Vaillant, Teodora Villagra, Jose Vinals, Justin Wolfers und Peyton Young.

Wir haben unsere Arbeit an der University of Massachusets in Amherst, der University of California in Berkeley, der Duke University, der George Washington University, der Georgetown University, der Johns Hopkins University, der University of Maryland, der Princeton University (im Rahmen der Bendheim Lectures über Finanzen) und der University of Warwick sowie vor der Canadian Economic Association, dem Internationalen Währungsfonds, der Weltbank, dem Institute for New Economic Thinking, dem Peterson Institute, dem Union Theological Seminary und der Forschungsgruppe »Soziale Interaktion, Identität und Wohlergehen« am Canadian Institute for Advanced Research präsentiert.

Bob hat die in diesem Buch dargelegten Erkenntnisse in seine Vorlesung über Institutionelle Ökonomie und Verhaltensökonomie an der Universität Yale aufgenommen. Diese Vorlesung wird von Studenten der Graduate School, der Law School und der School of Management belegt. Die vielfältigen Kommentare der Studenten haben sich als wertvoll erwiesen.

George möchte dem Internationalen Währungsfonds für die großzügige Unterstützung danken, die er als Gastgelehrter beim Fonds zwischen Oktober 2010 und Oktober 2014 erhalten hat und an der Georgetown University seit November 2014 genießt. Er dankt auch dem Canadian Institute für die großzügige finanzielle Unterstützung, die das Institut ihm persönlich und der Forschungsgruppe »Soziale Interaktion, Identität und Wohlergehen«, die wichtige Beiträge zu diesem Buch geleistet hat, gewährt hat.

Unsere Familien haben uns sehr unterstützt, insbesondere unsere Söhne Robby Akerlof, der als Ökonom an der Warwick University tätig ist, sowie Ben Shiller, der wirtschaftswissenschaftliche Forschung an der Brandeis University betreibt, sowie Derek Shiller, der als Philosoph an der University of Nebraska in Omaha arbeitet. Virginia Shiller hat unsere Arbeit stets unterstützt, steht uns seit Jahren mit ihrem Rat zur Seite und hat großzügig eigene Ideen beigetragen. Zuletzt möchten wir unseren Sekretärinnen Bonnie Blake, Carol Copeland, Shanti Karunaratne und Patricia Medina danken, die uns halfen, Zeit für unsere Arbeit als Buchautoren zu finden.

Bibliographie

»200 West Street«, Wikipedia, abgerufen am 22. Oktober 2014, http://en. wikipedia.org/wiki/200_West_Street.

Abramson, John, Overdosed America: The Broken Promise of American Medicine, 3. Aufl. (New York: Harper Perennial, 2008).

Adrian, Tobias, und Hyun Song Shin, »Liquidity and Leverage«, in: Journal of Financial Intermediation 19, Nr. 3 (Juli 2010): 418–37.

Agarwal, Sumit, John C. Driscoll, Xavier Gabaix und David Laibson, »The Age of Reason: Financial Decisions over the Life Cycle and Implications for Regulation«, Brookings Papers on Economic Activity (Herbst 2009): 51–101.

Akerlof, George A., und Rachel E. Kranton, »Economics and Identity«, in: Quarterly Journal of Economics 115, Nr. 3 (August 2000): 715–53.

Akerlof, George A., und Rachel E. Kranton, Identity Economics: How Our Identities Shape Our Work, Wages, and Well-Being (Princeton: Princeton University Press, 2010).

Akerlof, George A., und Paul M. Romer, »Looting: The Economic Underworld of Bankruptcy for Profit«, Brookings Papers on Economic Activity 2 (1993): 1–73.

Akerlof, George A., und Robert J. Shiller, Animal Spirits: Wie Wirtschaft wirklich funktioniert (Frankfurt a. M.: Campus, 2009).

Alessi, Christopher, Roya Wolverson, und Mohammed Aly Sergie, »The Credit Rating Controversy«, Council on Foreign Relations, Backgrounder, aktualisiert am 22. Oktober 2013, abgerufen am 8. November 2014, http://www.cfr.org/financial-crises/credit-rating-controversy/p22328.

Alexander, Raquel Meyer, Stephen W. Mazza, und Susan Scholz, »Measuring Rates of Return for Lobbying Expenditures: An Empirical Case Study of Tax Breaks for Multinational Corporations«, in: *Journal of Law and Politics* 25, Nr. 401 (2009): 401–57.

American National Standards Institute, »About ANSI« sowie »ANSI: Historical Overview«, abgerufen am 14. März 2015, http://www.ansi. org/about_ansi/overview/overview.aspx?menuid=1and http://www. ansi.org/about_ansi/introduction/history.aspx?menuid=1.

American Psychological Association, *Stress in America: Paying with Our Health*, 4. Februar 2015, abgerufen am 29. März 2015, http://www. apa.org/news/press/releases/stress/2014/stress-report.pdf.

Anders, George, und Constance Mitchell, »Junk King's Legacy: Milken Sales Pitch on High-Yield Bonds Is Contradicted by Data«, in: *Wall Street Journal*, 20. November 1990.

Annear, Steve, »The ›Pavlov Poke‹ Shocks People Who Spend Too Much Time on Facebook: It's Meant to Condition Social Media ›Addicts‹ to Step Away from the Screen and Enjoy the Real World«, in: *Boston Daily*, 23. August 2013, abgerufen am 26. November 2014, http://www. bostonmagazine.com/news/blog/2013/08/23/pavlov-poke-shocks-people-who-spend-too-much-time-on-facebook/.

Ansolabehere, Stephen, John M. de Figueiredo, und James M. Snyder, »Why Is There So Little Money in U.S. Politics?«, in: *Journal of Economic Perspectives* 17, Nr. 1 (Winter 2003): 105–30.

Arrow, Kenneth J., und Gerard Debreu, »Existence of an Equilibrium for a Competitive Economy«, in: *Econometrica* 22, Nr. 3 (Juli 1954): 265–90.

Arthur, Anthony, *Radical Innocent: Upton Sinclair* (New York: Random House, 2006).

Asquith, Paul, David W. Mullins Jr., und Eric D. Wolff, »Original Issue High Yield Bonds: Aging Analyses of Defaults, Exchanges and Calls«, in: *Journal of Finance* 44, Nr. 4 (1989): 923–52.

Associated Press, »Timeline of United Airlines' Bankruptcy«, in: *USA Today*, 1. Februar 2006, abgerufen am 9. November 2014, http://usa-today30.usatoday.com/travel/flights/2006-02-01-united-timeline_x. htm.

Auerbach, Oscar, et al.,»Changes in the Bronchial Epithelium in Relation to Smoking and Cancer of the Lung: A Report of Progress«, in: *New England Journal of Medicine* 256, Nr. 3 (17. Januar 1957): 97–104.

Austen, Jane, *Stolz und Vorurteil* (Berlin: Insel, 2011).

Ayres, Ian,»Fair Driving: Gender and Race Discrimination in Retail Car Negotiations«, in: *Harvard Law Review* 104, Nr. 4 (Februar 1991): 817–72.

Ayres, Ian, und Peter Siegelman,»Race and Gender Discrimination in Bargaining for a New Car«, in: *American Economic Review* 85, Nr. 3 (Juni 1995): 304–21.

Babies »R« Us,»Baby Registry: Personal Registry Advisor«, abgerufen am 20. März 2015, http://www.toysrus.com/shop/index.jsp?catego ryId=11949069.

Baer, Justin, Chad Bray, und Jean Eaglesham,»›Fab‹ Trader Liable in Fraud: Jury Finds Ex-Goldman Employee Tourre Misled Investors in Mortgage Security«, in: *Wall Street Journal*, 2. August 2013, abgerufen am 15. März 2015, http://www.wsj.com/articles/SB1000142412788732 3681904578641843284450004.

Ball, Laurence, João Tovar Jalles, und Prakash Loungani,»Do Forecasters Believe in Okun's Law? An Assessment of Unemployment and Output Forecasts«, IMF *Working Paper* 14/24 (Februar 2014).

Bardi, Jason,»Cigarette Pack Health Warning Labels in US Lag behind World: Internal Tobacco Company Documents Reveal Multinational Effort to Block Strong Warnings to Smokers«, University of California at San Francisco, 16. November 2012, abgerufen am 8. Dezember 2014, http://www.ucsf.edu/news/2012/11/13151/cigarette-pack-health-warning-labels-us-lag-behind-world.

Barenstein, Matias F.,»Credit Cards and Consumption: An Urge to Splurge?«, in: *Essays on Household Consumption*, Dissertation (University of California, Berkeley, 2004).

Bar-Gill, Oren, und Elizabeth Warren,»Making Credit Safer«, in: *University of Pennsylvania Law Review* 157, Nr. 1 (November 2008): S. 1–101.

Barr, Donald R., und E. Todd Sherrill,»Mean and Variance of Truncated

Normal Distributions«, in: *American Statistician* 53, Nr. 4 (November 1999): 357–61.

Bauer-Ramazani, Christine. BU113: Critical Thinking and Communication in Business, »Major U.S. Regulatory Agencies«, abgerufen am 15. März 2015, http://academics.smcvt.edu/cbauer-ramazani/BU113/fed_agencies.htm.

Bekelman, Justin E., Yan Li, und Cary P. Gross, »Scope and Impact of Financial Conflicts of Interest in Biomedical Research: A Systematic Review«, in: *Journal of the American Medical Association* 289, Nr. 4 (22. Januar 2003): 454–65.

Beral, Valerie, Emily Banks, Gillian Reeves, und Diana Bull, im Auftrag der Million Women Study Collaborators, »Breast Cancer and Hormone-Replacement Therapy in the Million Women Study«, in: *Lancet* 362, Nr. 9382 (9. August 2003): 419–27.

Bernhardt, Joshua, *The Interstate Commerce Commission: Its History, Activities and Organization* (Baltimore: Johns Hopkins University Press, 1923).

Bernheim, B. Douglas, und Antonio Rangel, »Addiction and Cue-Triggered Decision Processes«, in: *American Economic Review* 94, Nr. 5 (Dezember 2004): 1558–90.

Bernstein, Marver H., *Regulating Business by Independent Commission* (Princeton: Princeton University Press, 1955).

Berry, Tim, »On Average, How Much Do Stores Mark Up Products?«, 2. Dezember 2008, abgerufen am 23. Oktober 2014, http://www.entrepreneur.com/answer/221767.

Bertrand, Marianne, Matilde Bombardini, und Francesco Trebbi, »Is It Whom You Know or What You Know? An Empirical Assessment of the Lobbying Process«, in: *American Economic Review* 104, Nr. 12 (Dezember 2014): 3885–3920.

Bezemer, Dirk J., »›No One Saw This Coming‹: Understanding Financial Crisis through Accounting Models«, *Munich Personal RePEc Archive Paper* 15892 (Juni 2009), http://mpra.ub.uni-muenchen.de/15892/1/MPRA_paper_15892.pdf.

Black, Duncan, »On the Rationale of Group Decision-making«, in: *Journal of Political Economy* 56, Nr. 1 (Februar 1948): 23–34.

Blanes i Vidal, Jordi, Mirko Draca, und Christian Fons-Rosen, »Revolving Door Lobbyists«, in: *American Economic Review* 102, Nr. 7 (Dezember 2012): 3731–48.

Blinder, Alan S., *After the Music Stopped: The Financial Crisis, the Response, and the Work Ahead* (New York: Penguin Press, 2013).

Block, Jerald, »Issues for DSM-V: Internet Addiction«, in: *American Journal of Psychiatry* 165, Nr. 3 (2008): 306–7.

Bloomberg News, »Cuomo Announces Reform Agreements with 3 Credit Rating Agencies«, 2. Juni 2008, http://www.bloomberg.com/apps/news?pid=newsarchive&sid=a1N1TUVbL2bQ.; »United Airlines Financial Plan Gains Approval from Creditors«, in: *New York Times*, 31. Dezember 2005.

Board of Governors of the Federal Reserve, Current Release, Consumer Credit, Tabelle G-19, für August 2014, veröffentlicht am 7. Oktober 2014, abgerufen am 5. November 2014, http://www.federalreserve.gov/releases/g19/current/.

Boccara, Bruno, *Socio-Analytic Dialogue: Incorporating Psychosocial Dynamics into Public Policies* (Lanham, MD: Lexington Books, 2014).

Bokhari, Sheharyar, Walter Torous, und William Wheaton, »Why Did Household Mortgage Leverage Rise from the Mid-1980s until the Great Recession?«, Massachusetts Institute of Technology, Center for Real Estate, Januar 2013, abgerufen am 12. Mai 2015, http://citeseerx.ist.psu.edu/viewdoc/download?doi=10.1.1.269.5704&rep=rep1&type=pdf.

Bombardier, Claire, et al, »Comparison of Upper Gastrointestinal Toxicity of Rofecoxib and Naproxen in Patients with Rheumatoid Arthritis«, in: *New England Journal of Medicine* 343, Nr. 21 (23. November 2000): 1520–28.

Bosworth, Steven, Tania Singer, und Dennis J. Snower, »Cooperation, Motivation and Social Balance«, bei der Konferenz der American Economic Association vorgelegtes Papier, Boston, 3. Januar 2015.

Bounds, Gwendolyn, »Meet the Sticklers: New Demands Test Consumer Reports«, in: *Wall Street Journal*, 5. Mai 2010, abgerufen am 14.

März 2015, http://www.wsj.com/articles/SB10001424052748703866670
4575224093017379202«mod=todays_us_personal_journal.

Boyd, Roddy, *Fatal Risk: A Cautionary Tale of AIG's Corporate Suicide* (Hoboken, NJ: Wiley, 2011).

Brandt, Allan M., *The Cigarette Century: The Rise, Fall, and Deadly Persistence of the Product That Defined America* (New York: Basic Books, 2007).

»BRIDES Reveals Trends of Engaged American Couples with American Wedding Study«, 10. Juli 2014, abgerufen am 1. Dezember 2014, http://www.marketwired.com/press-release/brides-reveals-trends-of-engagedamerican-couples-with-american-wedding-study-1928460.htm.

Brown, Steve, »Office Market Outlook: Dallas«, in: *National Real Estate Investor News*, Juni 1982, S. 46.

Brown, Steve, »City Review: Dallas«, in: *National Real Estate Investor News*, Oktober 1983, S. 127.

Brown, Steve, »City Review: Dallas«, in: *National Real Estate Investor News*, Oktober 1984, S. 183, 192.

Brown, Steve, »City Review: Dallas«, in: *National Real Estate Investor News*, Juni 1985, S. 98–100.

Bruck, Connie, *The Predators' Ball: The Inside Story of Drexel Burnham and the Rise of the Junk Bond Raiders* (New York: Penguin Books, 1989).

Bruner, Jerome, *Acts of Meaning: Four Lectures on Mind and Culture* (Cambridge, MA: Harvard University Press, 1990).

Bureau of Economic Analysis, »Mortgage Interest Paid, Owner- and Tenant-Occupied Residential Housing«, abgerufen am 29. Oktober 2014, https://www.google.com/«q=BEA+mortgage+interest+payments+2010; »National Income and Product Accounts«, Tabelle 2.3.5, »Personal Consumption Expenditures by Major Type of Product«, abgerufen am 15. November 2014, http://www.bea.gov/iTable/iTable.cfm?ReqID=9&step=1«reqid=9&step=3&isuri=1&904==2010&903=65&906=a&905=2011&910=x&911=0.

Burrough, Bryan, »RJR Nabisco: An Epilogue«, in: *New York Times*, 12. März 1999 http://www.nytimes.com/1999/03/12/opinion/rjr-nabisco-an-epilogue.html.

Burrough, Bryan, und John Helyar, *Die Nabisco Story. Ein Unternehmen wird geplündert* (Frankfurt a. M.: Ullstein, 1991).

Butler, Jeffrey Vincent, »Status and Confidence«, in »Essays on Identity and Economics«, Dissertationsschrift, University of California, Berkeley, 2008.

Calomiris, Charles W., »The Subprime Crisis: What's Old, What's New, and What's Next«, beim Wirtschaftssymposium »Maintaining Stability in a Changing Financial System« der Federal Reserve Bank of St. Louis vorgelegtes Papier, Jackson Hole, August 2008.

Campbell, John Y., und Robert J. Shiller, »Cointegration and Tests of Present Value Models«, in: *Journal of Political Economy* 95, Nr. 5 (Oktober 1987): 1062–88.

Carbone, Danielle, »The Impact of the Dodd-Frank Act's Credit-Rating Agency Reform on Public Companies«, in: *Corporate and Securities Law Advisor* 24, Nr. 9 (September 2010): 1–7, http://www.shearman.com/~/media/Files/NewsInsights/Publications/2010/09/The-Impact-of-the-DoddFrank-Acts-Credit-Rating-A__/Files/Viewfull-article-The-Impact-of-the-DoddFrank-Ac__/FileAttachment/CM022211InsightsCarbone.pdf.

Cardozo, Benjamin N., »The Altruist in Politics« Abschlussrede, Columbia University, 1889, https://www.gutenberg.org/files/1341/1341-h/1341-h.htm.

Carpenter, Daniel, und David A. Moss (Hg.), *Preventing Regulatory Capture: Special Interest Influence and How to Limit It* (New York: Cambridge University Press / The Tobin Project, 2014).

Center for Responsive Politics, »Lobbying: Top Industries«, abgerufen am 30. April 2015, https://www.opensecrets.org/lobby/top.php?showYear=1998&indexType=i; »Lobbying Database«, abgerufen am 1. Dezember 2014, https://www.opensecrets.org/lobby/.

Center for Responsive Politics, »Sen. Chuck Grassley«, abgerufen am 16. November 2014, http://www.opensecrets.org/politicians/summary.php?cycle=2004&type=I&cid=n00001758&newMem=N.

Center for Science in the Public Interest, »Alcohol Policies Project Fact Sheet: Federal Alcohol Tax Basics«, abgerufen am 13. Dezember 2014, http://www.cspinet.org/booze/taxguide/Excisetaxbasics. pdf.

Centers for Disease Control and Prevention, »Cigarette Smoking in the United States: Current Cigarette Smoking among U.S. Adults 18 Years and Older«, abgerufen am 28. März 2015, http://www.cdc. gov/tobacco/campaign/tips/resources/data/cigarette-smoking-in-united-states.html.

Centers for Disease Control and Prevention, *Health, United States, 2013: With Special Feature on Prescription Drugs*, abgerufen am 1. Dezember 2014, http://www.cdc.gov/nchs/data/hus/hus13.pdf.

Centers for Disease Control and Prevention, »Smoking and Tobacco Use: Fast Facts«, abgerufen am 9. Dezember 2014, http://www.cdc. gov/tobacco/data_statistics/fact_sheets/fast_facts/.

Centers for Disease Control and Prevention, »Smoking and Tobacco Use: Tobacco-Related Mortality«, abgerufen am 28. März 2015, http://www.cdc.gov/tobacco/data_statistics/fact_sheets/health_effects/tobacco_related_mortality/.

Centers for Disease Control and Prevention, »Trends in Current Cigarette Smoking among High School Students and Adults, United States, 1965–2011«, 14. November 2013, abgerufen am 9. Dezember 2014, http://www.cdc.gov/tobacco/data_statistics/tables/trends/cig_smoking/.

Chase, Stuart, und Frederick J. Schlink, *Your Money's Worth: A Study of the Waste of the Consumer's Dollar* (New York: Macmillan, 1927).

Chen, M. Keith, Venkat Lakshminarayanan, und Laurie R. Santos, »How Basic Are Behavioral Biases? Evidence from Capuchin Monkey Trading Behavior«, in: *Journal of Political Economy* 114, Nr. 3 (Juni 2006): 517–37.

Chu, Jenny, Jonathan Faasse, und P. Raghavendra Rau, »Do Compensation Consultants Enable Higher CEO Pay? New Evidence from Recent Disclosure Rule Changes«, 23. September 2014, abgerufen am 27. Mai 2015, http://papers.ssrn.com/sol3/Papers.cfm?abstract_id=2500054.

Cialdini, Robert B., *Die Psychologie des Überzeugens: Wie Sie sich selbst und Ihren Mitmenschen auf die Schliche kommen* (Bern: Hogrefe, 2013).

»Cinnabon«, *Wikipedia, abgerufen am* 22. Oktober 2014, http://en.wikipedia.org/wiki/Cinnabon.

Cinnabon, Inc., »The Cinnabon Story«, abgerufen am 31. Oktober 2014, http://www.cinnabon.com/about-us.aspx.

»Clarence Cook Little«, in: *Time Magazine*, 22. April 1937.

Clarke, Sally H., »Unmanageable Risks: MacPherson v. Buick and the Emergence of a Mass Consumer Market«, in: *Law and History Review* 23, Nr. 1 (2005): 1–52.

Clifford, Catherine, und Chris Isidore, »The Fall of IndyMac«, Cable News Network, 13. Juli 2008, abgerufen am 1. Dezember 2014, http://money.cnn.com/2008/07/12/news/companies/indymac_fdic/.

Coen Structured Advertising Expenditure Dataset, www.galbithink.org/cs-ad-dataset.xls.

Cohan, William D., *Money and Power: How Goldman Sachs Came to Rule the World* (New York: Doubleday, 2011).

Cole, Robert J., »Pantry Pride Revlon Bid Raised by $ 1.75 a Share«, in: *New York Times*, 19. Oktober 1985, abgerufen am 17. März 2015, http://www.nytimes.com/1985/10/19/business/pantry-pride-revlon-bid-raised-by-1.75-a-share.html.

Collier, Paul, »The Cultural Foundations of Economic Failure: A Conceptual Toolkit«, Mimeo, Oxford University, Februar 2015.

Congressional Budget Office, »Long Term Analysis of a Budget Proposal by Chairman Ryan«, 5. April 2011, abgerufen am 1. Dezember 2014, http://www.cbo.gov/publication/22085.

Connaughton, Jeff, *The Payoff: Why Wall Street Always Wins* (Westport, CT: Prospecta Press, 2012).

Consumer Federation of America, »Membership«, abgerufen am 14. März 2015, http://www.consumerfed.org/about-cfa/membership.

Cook, Philip J. *Paying the Tab: The Costs and Benefits of Alcohol Control* (Princeton: Princeton University Press, 2007).

Cornell University Law School, Legal Information Institute, »Citizens United v. Federal Election Commission (08-205)«, abge-

rufen am 16. Januar 2015, http://www.law.cornell.edu/supct/cert/
08-205.

Council of Economic Advisors, *Economic Report of the President* 2007, abgerufen am 1. Dezember 2014, http://www.gpo.gov/fdsys/pkg/ERP-2007/pdf/ERP-2007.pdf.

Council of Economic Advisors, *Economic Report of the President* 2013, abgerufen am 1. Dezember 2014, http://www.whitehouse.gov/sites/default/files/docs/erp2013/full_2013_economic_report_of_the_president.pdf.

Cowan, Alison Leigh, »F.D.I.C. Backs Deal by Milken«, in: *New York Times*, 10. März 1992.

Crossley, Michele L., »Introducing Narrative Psychology«, in: Christine Horrocks, Kate Milnes, Brian Roberts und Dave Robinson (Hg.), *Narrative, Memory and Life Transitions* (Huddersfield: University of Huddersfield Press, 2002), S. 1–13.

Cruikshank, Jeffrey K., und Arthur W. Schultz, *The Man Who Sold America* (Boston: Harvard Business Review Press, 2010).

»A Crying Evil«, in: *Los Angeles Times*, 24. Februar 1899.

Crystal, Graef S., *In Search of Excess: The Overcompensation of American Executives* (New York: W. W. Norton, 1991).

Curfman, Gregory D., Stephen Morrissey und Jeffrey M. Drazen, »Expression of Concern: Bombardier et al., »Comparison of Upper Gastrointestinal Toxicity of Rofecoxib and Naproxen in Patients with Rheumatoid Arthritis«, N Engl J Med 2000; 343:1520–8«, in: *New England Journal of Medicine* 353, Nr. 26 (29. Dezember 2005): 2813–14.

Council of Economic Advisors, »Expression of Concern Reaffirmed«, in: *New England Journal of Medicine* 354, Nr. 11 (16. März 2006): 1190–93.

DealBook, »Goldman Settles with S.E.C. for $ 550 Million«, in: *New York Times*, 15. Juli 2010.

De Figueiredo, John M., und Brian S. Silverman, »Academic Earmarks and the Returns to Lobbying«, in: *Journal of Law and Economics* 49, Nr. 2 (2006): 597–625.

DeForge, Jeanette, »Ballot Question to Revoke Sales Tax on Alcohol Approved by Massachusetts Voters«, in: *Republican*, 3. November 2010, abgerufen am 13. Dezember 2014, http://www.masslive.com/news/index.ssf/2010/11/ballot_question_to_revoke_sale.html.

DellaVigna, Stefano, und Ulrike Malmendier, »Contract Design and Self-Control: Theory and Evidence«, in: Quarterly Journal of Economics 119, Nr. 2 (Mai 2004): 353–402.

DellaVigna, Stefano, und Ulrike Malmendier, »Paying Not to Go to the Gym«, in: American Economic Review 96, Nr. 3 (Juni 2006): 694–719.

De Long, J. Bradford, Andrei Shleifer, Lawrence H. Summers und Robert J. Waldmann, »Noise Trader Risk in Financial Markets«, in: Journal of Political Economy 98, Nr. 4 (August 1990): 703–38.

De Long, J. Bradford, Andrei Shleifer, Lawrence H. Summers und Robert J. Waldmann, »The Size and Incidence of the Losses from Noise Trading«, in: Journal of Finance 44, Nr. 3 (1989): 681–96.

Desmond, Matthew, »Eviction and the Reproduction of Urban Poverty«, in: American Journal of Sociology 118, Nr. 1 (Juli 2012): 88–133.

Doll, Richard, und A. Bradford Hill, »Smoking and Carcinoma of the Lung: Preliminary Report«, in: British Medical Journal 2, Nr. 4682 (30. September 1950): 739–48.

Downs, Anthony, »An Economic Theory of Political Action in a Democracy«, in: Journal of Political Economy 65, Nr. 2 (April 1957): 135–50, »Drunk Driving Statistics«, abgerufen am 13. Dezember 2014, http://www.alcoholalert.com/drunk-driving-statistics.html.

Dubner, Stephen J., und Steven D. Levitt, »Keith Chen's Monkey Research«, in: New York Times, 5. Juni 2005.

Duca, John V., John Muellbauer und Anthony Murphy, »House Prices and Credit Constraints: Making Sense of the US Experience«, in: Economic Journal 121 (Mai 2011): 533–51.

Eichenwald, Kurt, A Conspiracy of Fools: A True Story (New York: Random House, 2005). –, »Wages Even Wall St. Can't Stomach«, in: New York Times, 3. April 1989.

Ellis, Charles, The Partnership: The Making of Goldman Sachs (New York: Penguin Press, 2008).

Emergency Economic Stabilization Act of 2008, H.R. 1424. 110th US

Congress, abgerufen am 1. Dezember 2014, https://www.govtrack.us/congress/bills/110/hr1424/text.

Farrell, Greg, *Crash of the Titans: Greed, Hubris, the Fall of Merrill Lynch, and the Near-Collapse of Bank of America* (New York: Crown Business, 2010).

Farrell, Jason, »Return on Lobbying Overstated by Report«, 23. August 2011, abgerufen am 18. November 2014, http://www.campaignfreedom.org/2011/08/23/return-on-lobbying-overstated-by-report/.

Feinberg, Richard A., »Credit Cards as Spending Facilitating Stimuli: A Conditioning Interpretation«, in: *Journal of Consumer Research* 13, Nr. 3 (Dezember 1986): 348–56.

Felsenfeld, Carl, und David L. Glass, *Banking Regulation in the United States* (New York: Juris, 2011).

The Financial Crisis Inquiry Report: Final Report of the National Commission on the Causes of the Financial and Economic Crisis in the United States (Washington, DC: Government Printing Office, 2011), http://www.gpo.gov/fdsys/pkg/GPO-FCIC/pdf/GPO-FCIC.pdf.

FINRA Investor Education Foundation, *Financial Capability in the United States: Report of Findings from the 2012 National Financial Capability Study*, Mai 2013, abgerufen am 14. Mai 2015, http://www.usfinancialcapability.org/downloads/NFCS_2012_Report_Natl_Findings.pdf.

FitzGerald, Garret A., »How Super Are the ›Super Aspirins‹? New COX-2 Inhibitors May Elevate Cardiovascular Risk«, University of Pennsylvania Health System Press Release, 14. Januar 1999.

Fowler, Mayhill, »Obama: No Surprise That Hard-Pressed Pennsylvanians Turn Bitter«, in: *Huffington Post*, 17. November 2008, abgerufen am 30. April 2015, http://www.huffingtonpost.com/mayhill-fowler/obama-no-surprise -that-ha_b_96188.html.

Fox, Stephen R., *The Mirror Makers: A History of American Advertising and Ist Creators* (University of Illinois Press: Urbana, 1984).

Frank, Robert H., und Ben Bernanke, *Principles of Macroeconomics* (New York: McGraw Hill, 2003).

Freifeld, Karen, »Fraud Claims Versus Goldman over Abacus CDO Are Dismissed«, Reuters, 14. Mai 2013, abgerufen am 15. März 2015, http://www.reuters.com/article/2013/05/14/us-goldman-abacus-idUSBRE94D10120130514.

Freudenheim, Milt, »Market Place: A Windfall from Shifts to Medicare«, in: *New York Times*, 18. Juli 2006, abgerufen am 4. November 2014, http://www.nytimes.com/2006/07/18/business/18place.html?_r=1&pagewanted=print.

Friedman, Milton, und Rose D. Friedman, *Free to Choose: A Personal Statement* (New York: Harcourt Brace Jovanovich, 1980).

Fugh-Berman, Adriane, »Prescription Tracking and Public Health«, in: *Journal of General Internal Medicine* 23, Nr. 8 (August 2008): 1277–80, online veröffentlicht am 13. Mai 2008, abgerufen am 24. Mai 2015, http://www.ncbi.nlm.nih.gov/pmc/articles/PMC2517975/.

»The Future of Money Market Funds«, 24. September 2012, http://www.winthropcm.com/TheFutureofMoneyMarketFunds.pdf.

Gabaix, Xavier, und David Laibson, »Shrouded Attributes, Consumer Myopia, and Information Suppression in Competitive Markets«, in: *Quarterly Journal of Economics* 121, Nr. 2 (Mai 2006): 505–40.

Galbraith, John Kenneth, *Gesellschaft im Überfluss* (München: Droemer Knaur, 1973).

Galbraith, John Kenneth, *Der große Crash 1929: Ursachen, Verlauf, Folgen* (München: FinanzBuch Verlag, 2009).

Gerardi, Kristopher, Andreas Lehnert, Shane M. Sherlund und Paul Willen, »Making Sense of the Subprime Crisis«, *Brookings Papers on Economic Activity* (Frühjahr 2008): 69–139.

Gerson, Elliot, »To Make America Great Again, We Need to Leave the Country«, in: *Atlantic Monthly*, 10. Juli 2012, abgerufen am 22. Mai 2015, http://www.theatlantic.com/national/archive/2012/07/to-make-america-great-again-we-need-to-leave-the-country/259653/.

Gilbert, R. Alton, »Requiem for Regulation Q: What It Did and Why It Passed Away«, in: *Federal Reserve Bank of St. Louis Review* (Februar 1986): 22–37.

Glickman, Lawrence B., *Buying Power: A History of Consumer Activism in America* (Chicago: University of Chicago Press, 2009).

Goldacre, Ben, *Bad Pharma: How Drug Companies Mislead Doctors and Harm*

Patients (New York: Faber and Faber / Farrar, Straus and Giroux, 2012).

Goldberger, Paul, »The Shadow Building: The House That Goldman Built«, in: New Yorker, 17. Mai 2010, abgerufen am 22. Oktober 2014, http://www.newyorker.com/magazine/2010/05/17/shadow-building.

Goldman Sachs, Annual Report 2005, abgerufen am 6. Dezember 2014, http://www.goldmansachs.com/investor-relations/financials/archived/annual-reports/2005-annual-report.html.

Goldman Sachs, »Who We Are«, »What We Do«, sowie »Our Thinking«, abgerufen am 1. Dezember 2014, http://www.goldmansachs.com/index.html.

Graham, David J., Aussage vor dem Finanzausschuss des Senats, 18. November 2004, http://www.finance.senate.gov/imo/media/doc/111804dgtest.pdf.

Graham, David J., D. Campen, R. Hui, M. Spence und C. Cheetham, »Risk of Acute Myocardial Infarction and Sudden Cardiac Death in Patients Treated with Cyclo-oxygenase 2 Selective and Non-selective Non-steroidal Anti-inflammatory Drugs: Nested Case-Control Study«, in: Lancet 365, Nr. 9458 (5.–11. Februar 2005): 475–81.

Grant, Bob, »Elsevier Published 6 Fake Journals«, in: The Scientist, 7. Mai 2009, abgerufen am 24. November 2014, http://classic.the-scientist.com/blog/display/55679/.

Grant, Bridget F., et al., »The 12-Month Prevalence and Trends in DSM-IV Alcohol Abuse and Dependence: United States, 1991–1992 and 2001–2002«, in: Drug and Alcohol Dependence 74, Nr. 3 (2004): 223–34.

Griffin, Keith, »Used Car Sales Figures from 2000 to 2014«, abgerufen am 1. Dezember 2014, http://usedcars.about.com/od/research/a/Used-Car-Sales-Figures-From-2000-To-2014.htm.

Grossman, Gene M., und Elhanan Helpman, Special Interest Politics (Cambridge, MA: MIT Press, 2001).

Grossman, Sanford J., und Oliver D. Hart, »Takeover Bids, the Free-Rider Problem, and the Theory of the Corporation«, in: Bell Journal of Economics 11, Nr. 1 (1980): 42–64.

The Guardians, or Society for the Protection of Trade against Swindlers and

Sharpers, London, 1776, https://library.villanova.edu/Find/Record/1027765.

Hahn, Robert W., Robert E. Litan und Jesse Gurman, »Bringing More Competition to Real Estate Brokerage«, in: *Real Estate Law Journal* 34 (Sommer 2006): 86–118.

Hall, Robert E., »The Inkjet Aftermarket: An Economic Analysis«, im Auftrag von Nu-kote International, Stanford University, 8. August 1997.

Han, Song, Benjamin Keys, und Geng Li, »Credit Supply to Bankruptcy Filers: Evidence from Credit Card Mailings«, U.S. Federal Reserve Board, Finance and Economics Discussion Paper Series Paper Nr. 2011-29, 2011.

Hanson, Jon D., und Douglas A. Kysar, »Taking Behavioralism Seriously: Some Evidence of Market Manipulation«, in: *Harvard Law Review* 112, Nr. 7 (Mai 1999): 1420–1572.

Hanson, Jon D., und Douglas A. Kysar, »Taking Behavioralism Seriously: The Problem of Market Manipulation«, in: *New York University Law Review* 74, Nr. 3 (Juni 1999): 630–749.

Harper, Christine, »Goldman's Tourre E-Mail Describes ›Frankenstein‹ Derivatives«, Bloomberg Business, 25. April 2010, abgerufen am 15. März 2015, http://www.bloomberg.com/news/articles/2010-04-24/-frankenstein-derivatives-described-in-e-mail-by-goldman-s-fabrice-tourre.

Harper, Sean, http://truecostofcredit.com/400926, Website mw geschlossen.

»Harry Reid«, *Wikipedia*, abgerufen am 1. Dezember 2014, http://en.wikipedia.org/wiki/Harry_Reid.

Healey, James R., »Government Sells Last of Its GM Shares«, in: USA *Today*, 10. Dezember 2013.

Healy, David, *Pharmageddon* (Berkeley: University of California Press, 2012).

Hennessey, Ray, »The 15 Ronald Reagan Quotes Every Business Leader Must Know«, abgerufen am 16. Januar 2015, http://www.entrepreneur.com/article/234547.

Hickman, W. Braddock, *Corporate Bond Quality and Investor Experience* (Princeton: National Bureau of Economic Research and Princeton University Press, 1958).

Hindo, Brian, und Moira Herbst, »Personal Best Timeline, 1986: ›Greed Is Good‹«, in: *BusinessWeek*, http://www.bloomberg.com/ss/06/08/personalbest_timeline/source/7.htm.

Hirschman, Elizabeth C., »Differences in Consumer Purchase Behavior by Credit Card Payment System«, in: *Journal of Consumer Research* 6, Nr. 1 (Juni 1979): 58–66.

»History in Review: What Really Happened to the Shah of Iran«, abgerufen am 1. Dezember 2014, http://www.iransara.info/Iran%20what%20happened%20to%20Shah.htm.

Hochschild, Arlie Russell, *The Second Shift: Working Parents and the Revolution at Home* (New York: Viking, 1989).

Hoeflich, M. H., »Laidlaw v. Organ, Gulian C. Verplanck, and the Shaping of Early Nineteenth Century Contract Law: A Tale of a Case and a Commentary«, in: *University of Illinois Law Review* (Winter 1991): 55–66.

Hofstadter, Richard, *The Age of Reform: From Bryan to FDR* (New York: Random House, 1955).

Hopkins, Claude, *My Life in Advertising and Scientific Advertising: Two Works by Claude C. Hopkins* (New York: McGraw Hill, 1997).

Horowitz, Joseph, *Dvořák in America: In Search of the New World* (Chicago: Cricket Books, 2003).

Huffman, David, und Matias Barenstein, »A Monthly Struggle for Self-Control? Hyperbolic Discounting, Mental Accounting, and the Fall in Consumption between Paydays«, *Institute for the Study of Labor* (IZA) *Discussion Paper* 1430 (Dezember 2005).

Interactive Advertising Bureau, *Internet Advertising Revenue Report: 2013 Full-Year Results*. Durchgeführt von PricewaterhouseCoopers (PwC), abgerufen am 7. März 2015, http://www.iab.net/media/file/IAB_Internet_Advertising_Revenue_Report_FY_2013.pdf.

International Health, Racquet, and Sportsclub Association, »Industry Research«, abgerufen am 22. Oktober 2014, http://www.ihrsa.org/industry-research/.

Internationaler Währungsfonds, *World Economic Outlook*, April 2012, abgerufen am 1. Dezember 2014, http://www.imf.org/external/pubs/ft/weo/2012/01/.

Investment Company Institute, »2014 Investment Company Fact Book: Data Tables«, abgerufen am 1. Januar 2015, http://www.icifactbook.org/fb_data.html.

Investopedia, »Definition of Capital«, abgerufen am 25. Mai 2015, http://www.investopedia.com/terms/c/capital.asp.

Iowa Legislature, »Legislators«, abgerufen am 1. Dezember 2014, https://www.legis.iowa.gov/legislators/legislator/legislatorAllYears?personID=116.

Issenberg, Sasha, *The Victory Lab: The Secret Science of Winning Campaigns* (New York: Crown / Random House, 2012).

Jensen, Michael C., »Takeovers: Their Causes and Consequences«, in: *Journal of Economic Perspectives* 2, Nr. 1 (Winter 1988): 21–48.

Johnson, Simon, Rafael La Porta, Florencio López de Silanes und Andrei Shleifer, »Tunneling«, in: *American Economic Review* 90, Nr. 2 (Mai 2000): 22–27.

Joint Committee on Taxation, »Estimated Budget Effects of the Conference Agreement for H.R. 1836«, 26. Mai 2001, abgerufen am 1. Dezember 2014, https://www.jct.gov/publications.html?func=startdown&id=2001.

Joint Committee on Taxation, »Estimated Budget Effects of the Conference Agreement for H.R.2, the ›Jobs and Growth Tax Relief Reconciliation Act of 2003‹«, 22. Mai 2003, abgerufen am 1. Dezember 2014, https://www.jct.gov/publications.html?func=startdown&id=1746.

Kaiser, Robert G., *So Damn Much Money: The Triumph of Lobbying and the Corrosion of American Government* (New York: Vintage Books / Random House, 2010).

Kansas Statutes Annotated (2009), Kap. 34, »Grain and Forage«, Artikel 2, »Inspecting, Sampling, Storing, Weighing and Grading Grain; Terminal and Local Warehouses, 34-228: Warehouseman's License; Application; Financial Statement; Waiver; Qualifications; License Fee; Examination of Warehouse«, abgerufen am 1. Mai 2015, http://law.justia.com/codes/kansas/2011/Chapter34/Article2/34-228. html.

Kaplan, Greg, Giovanni Violante und Justin Weidner, »The Wealthy Handto-Mouth«, Brookings Papers on Economic Activity (Frühjahr 2014): 77–138.

Kelley, Florence, Notes of Sixty Years: The Autobiography of Florence Kelley, herausgegeben von Kathryn Kish Sklar (Chicago: Illinois Labor History Society, 1986).

Kelly, Kate, Street Fighters: The Last 72 Hours of Bear Stearns, the Toughest Firm on Wall Street (New York: Penguin, 2009).

Kessler, Glen, »Revisiting the Cost of the Bush Tax Cuts«, in: Washington Post, 10. Mai 2011, http://www.washingtonpost.com/blogs/fact-checker/post/revisiting-the-cost-of-the-bush-tax-cuts/2011/05/09/AFxTFtbG_blog.html.

Keynes, John Maynard, »Economic Possibilities for Our Grandchildren«, In Essays in Persuasion, S. 358–73 (London: Macmillan, 1931).

Keynes, John Maynard, Allgemeine Theorie der Beschäftigung, des Zinses und des Geldes (Berlin: Duncker & Humblot, 2006).

Knowledge@Wharton, »Goldman Sachs and Abacus 2007-AC1: A Look beyond the Numbers«, 28. April 2010, abgerufen am 15. März 2015, http://knowledge.wharton.upenn.edu/article/goldman-sachs-and-abacus-2007-ac1-a-look-beyond-the-numbers/.

Kornbluth, Jesse, Highly Confident: The Crime and Punishment of Michael Milken (New York: William Morrow, 1992).

Kotler, Philip, und Gary Armstrong, Principles of Marketing (Upper Saddle River: Prentice Hall, 2010).

Kotz, David, Investigation of Failure of the SEC to Uncover Bernard Madoff's Ponzi Scheme, Report of Investigation Case No. OIG-509. US Securities and Exchange Commission, Office of Inspector General, 2011, abgerufen am 29. Mai 2015, https://www.sec.gov/news/studies/2009/oig-509.pdf.

Krasnova, Hanna, Helena Wenninger, Thomas Widjaja und Peter Buxmann, »Envy on Facebook: A Hidden Threat to Users' Life Satisfaction?«, in: *Wirtschaftsinformatik Proceedings* 2013. Paper 92, http://aisel.aisnet.org/wi2013/92.

Krugman, Paul, »What's in the Ryan Plan?«, in: *New York Times*, 16. August 2012.

Krugman, Paul, und Robin Wells, *Volkswirtschaftslehre* (Stuttgart: Schäffer-Pöschel, 2010).

Lakshminarayanan, Venkat, M. Keith Chen und Laurie R. Santos, »Endowment Effect in Capuchin Monkeys«, *Philosophical Transactions of the Royal Society B: Biological Sciences* 363, Nr. 1511 (Dezember 2008): 3837–44.

Lattman, Peter, »To Perelman's Failed Revlon Deal, Add Rebuke from S.E.C«, in: *New York Times Dealbook*, 13. Juni 2013, abgerufen am 1. Dezember 2014, http://dealbook.nytimes.com/2013/06/13/s-e-c-charges-and-fines-revlon-for-misleading-shareholders/?_php=true&_type=blogs&_r=0.

LawInfo, »Legal Resource Library: What Is the U.C.C.?«, abgerufen am 15. März 2015, http://resources.lawinfo.com/business-law/uniform-commercial–code/does-article-2-treat-merchants-the-same-as-no.html.

Legal Institute, »Citizens United v. Federal Election Comm'n (No. 08-205)«, abgerufen am 10. Juni 2015, https://www.law.cornell.edu/supct/html/08-205.ZX.html.

Lemann, Nicholas, *The Big Test: The Secret History of the American Meritocracy* (New York: Farrar, Straus and Giroux, 2000).

Lemelson Center, »Edison Invents!«, Kopie in den Akten der Autoren. Ursprünglich abgerufen unter: http://invention.smithsonian.org/centerpieces/edison/000_story_02.asp.

Lessig, Lawrence, *Republic Lost: How Money Corrupts Congress – And a Plan to Stop It* (New York: Hachette Book Group, 2011).

Leuchtenburg, William E., *Franklin D. Roosevelt and the New Deal* (New York: Harper and Row, 1963).

Lewis, Michael, *The Big Short: Wie eine Handvoll Trader die Welt verzockte* (München: Goldmann, 2011).

Lewis, Michael, *Boomerang: Europas harte Landung* (München: Goldmann, 2013).

Lexchin, Joel, Lisa A. Bero, Benjamin Djulbegovic und Otavio Clark, »Pharmaceutical Industry Sponsorship and Research Outcome and Quality: Systematic Review«, in: *British Medical Journal* 326, Nr. 7400 (31. Mai 2003): 1167–70.

Lieber, Ron, und Andrew Martin, »Overspending on Debit Cards Is a Boon for Banks«, in: *New York Times*, 8. September 2009, abgerufen am 2. Mai 2015, http://www.nytimes.com/2009/09/09/your-money/credit-and-debit–cards/09debit.html?pagewanted=all&_r=0.

Linkins, Jason, »Wall Street Cash Rules Everything around the House Financial Services Committee, Apparently«, in: *Huffington Post*, 22. Juli 2013, abgerufen am 22. Mai 2015, http://www.huffingtonpost.com/2013/07/22/wall-street-lobbyists_n_3635759.html.

»Little, Clarence Cook, Sc.D (CTR Scientific Director, 1954–1971)«, abgerufen am 28. November 2014, http://tobaccodocuments.org/profiles/little_clarence_cook.html.

Locke, John, *Versuch über den menschlichen Verstand* (Hamburg: Felix Meiner Verlag, 1981).

Lupia, Arthur, »Busy Voters, Agenda Control, and the Power of Information«, in: *American Political Science Review* 86, Nr. 2 (Juni 1992): 390–403.

Lusardi, Annamaria, Daniel Schneider und Peter Tufano, »Financially Fragile Households: Evidence and Implications«, *Brookings Papers on Economic Activity* (Frühjahr 2011): 83–150.

Maddison, Angus, »Historical Statistics of the World Economy: Per Capita GDP«, abgerufen am 26. November 2014, http://www.google.com/url?sa=t&rct=j&q=&esrc=s&source=web&cd=6&-ved=0CEIQFjAF&url=http%3A%2F%2Fwww.ggdc.net%2Fmaddison%2FHistorical_Statistics%2Fhorizontal-file_02-2010.xls&ei=4t11VJfsG4uZNoG9gGA&usg=AFQjCNFFKKZ1UysTOut-lY4NsZF9qwdu2Hg&bvm=bv.80642063,d.eXY.

Maddison, Angus, »US Real Per Capita GDP from 1870–2001«, 24.

September 2012, abgerufen am 1. Dezember 2014, http://socialde-mocracy21stcentury.blogspot.com/2012/09/us-real-per-capita-gdp-from-18702001.html.

»Making Purchases with Credit Cards – The Best Credit Cards to Use«, 26. August 2014, abgerufen am 14. November 2014, http://www.cre-ditinfocenter.com/cards/crcd_buy.shtml«Question6.

Malamud, Bernard, »Nevada Gaming Tax: Estimating Resident Burden and Incidence«, University of Nevada, Las Vegas, April 2006, abge-rufen am 5. Mai 2015, https://faculty.unlv.edu/bmalamud/estima-ting.gaming.burden.incidence.doc.

Mankiw, N. Gregory, Grundzüge der Volkswirtschaftslehre (Stuttgart: Schäf-fer-Pöschel, 2012).

Markopolos, Harry, No One Would Listen: A True Financial Thriller (Hobo-ken, NJ: Wiley, 2010).

Mateyka, Peter, und Matthew Marlay, »Residential Duration by Race and Ethnicity: 2009«, beim Jahrestreffen der American Sociological Association vorgelegt, Las Vegas, 2011.

Maynard, Micheline, »United Air Wins Right to Default on Its Employee Pension Plans«, in: New York Times, 11. Mai 2005.

McCubbins, Mathew D., und Arthur Lupia, The Democratic Dilemma: Can Citizens Learn What They Really Need to Know? (New York: Cambridge University Press, 1998).

McDonald, Lawrence G., mit Patrick Robinson, Dead Bank Walking: Wie Lehman Brothers zusammenbrach (Hamburg: Hoffmann und Campe, 2010).

McFadden, Robert D., »Charles Keating, 90, Key Figure in '80s Savings and Loan Crisis, Dies«, in: New York Times, 2. April 2014, abgerufen am 27. Mai 2015.
http://www.nytimes.com/2014/04/02/business/charles-keating-key-figure-in-the-1980s-savings-and-loan-crisis-dies-at-90.html?_r=0.

McLean, Bethany, und Peter Elkind, »The Guiltiest Guys in the Room«, in: Fortune, 5. Juli 2006, abgerufen am 12. Mai 2015, http://money.cnn.com/2006/05/29/news/enron_guiltyest/.

McLean, Bethany, und Peter Elkind, The Smartest Guys in the Room: The

Amazing Rise and Fall of Enron (New York: Portfolio / Penguin Books, 2003).

Mead, Rebecca, One Perfect Day: The Selling of the American Wedding (New York: Penguin Books, 2007).

Mérimée, Prosper, Carmen (Köln: Anaconda, 2006).

Milgram, Stanley, Das Milgram-Experiment: Zur Gehorsamsbereitschaft gegenüber Autorität (Reinbek: Rowohlt, 1982).

Miller, Jessica, »Ads Prove Grassley's Greener on His Side of the Ballot«, in: Waterloo–Cedar Falls Courier, 25. Oktober 2004, abgerufen am 16. November 2014, http://wcfcourier.com/news/metro/article_fdd73608-4f6d-54be-aa34-28f3417273e9.html.

Miller, Stephen, »Income Subject to FICA Payroll Tax Increases in 2015«, Society for Human Resource Management, 23. Oktober 2014, abgerufen am 16. Januar 2015, http://www.shrm.org/hrdisciplines/compensation/articles/pages/fica-social-security-tax-2015.aspx.

Mitford, Jessica, The American Way of Death Revisited (New York: Knopf, 1998).

MoJo News Team, »Full Transcript of the Mitt Romney Secret Video«, Mother Jones, 19. September 2012, abgerufen am 1. Dezember 2014, http://www.motherjones.com/politics/2012/09/full-transcript-mitt-romney-secret-video.

Mongelli, Lorena, »The SEC Watchdog Who Missed Madoff«, in: New York Post, 7. Januar 2009.

Moody's, »Moody's History: A Century of Market Leadership«, abgerufen am 9. November 2014, https://www.moodys.com/Pages/atc001.aspx.

Morello, John A., Selling the President, 1920: Albert D. Lasker, Advertising and the Election of Warren G. Harding (Westport, CT: Praeger, 2001).

Morgenson, Gretchen, und Joshua A. Rosner. Reckless Endangerment: How Outsized Ambition, Greed, and Corruption Led to Economic Armageddon (New York: Times Books / Henry Holt, 2011).

Morris, Sue, »Small Runs for Senate«, in: Le Mars Daily Sentinel, 24. März 2004.

Moss, Michael. Sugar, Salt and Fat (New York: Random House, 2013).

Mothers against Drunk Driving, »History and Mission Statement«, abgerufen am 28. März 2015, http://www.madd.org.

Mothers against Drunk Driving, »Voices of Victims«, abgerufen am 13. Dezember 2014, http://www.madd.org/drunk-driving/voices-of-victims/.

Mouawad, Jad, und Christopher Drew, »Airline Industry at Its Safest since the Dawn of the Jet Age«, in: New York Times, 11. Februar 2013, http://www.nytimes.com/2013/02/12/business/2012-was-the-safest-year-for-airlines-globally-since1945.html?pagewanted=all&_r=0.

Mozaffarian, Dariush, Tao Hao, Eric B. Rimm, Walter C. Willett und Frank B. Hu, »Changes in Diet and Lifestyle and Long-Term Weight Gain in Women and Men«, in: New England Journal of Medicine 364, Nr. 25 (23. Juni 2011): 2392–2404, abgerufen am 30. Oktober 2014, http://www.nejm.org/doi/full/10.1056/NEJMoa1014296?query=TOC«t=articleTop.

Mukherjee, Siddhartha, Der König aller Krankheiten: Krebs – eine Biographie (Köln: DuMont, 2012).

Mulligan, Thomas S., »Spiegel Found Not Guilty of Looting S & L«, in: Los Angeles Times, 13. Dezember 1994, abgerufen am 1. Mai 2015, http://articles.latimes.com/1994-12-13/news/mn-8437_1_thomas-spiegel.

Nader, Ralph. Unsafe at Any Speed: The Designed-In Dangers of the American Automobile (New York: Grossman, 1965).

Nash, Nathaniel C., »Savings Institution Milked by Its Chief, Regulators Say«, in: New York Times, 1. November 1989.

National Association of Realtors, »Code of Ethics«, abgerufen am 15. März 2015, http://www.realtor.org/governance/governing.

National Bureau of Economic Research, »U.S. Business Cycle Expansions and Contractions«, abgerufen am 13. Januar 2015, http://www.nber.org/cycles.html.

National Consumers League, »Our Issues: Outrage! End Child Labor in American Tobacco Fields«, 14. November 2014, abgerufen am 15. März 2015, http://www.nclnet.org/outrage_end_child_labor_in_american_tobacco_fields.

National Institutes of Health, National Institute on Alcohol Abuse and Alcoholism, *Alcohol Use and Alcohol Use Disorders in the United States: Main Findings from the 2001–2002 National Epidemiologic Survey on Alcohol and Related Conditions* (NESARC), Januar 2006, abgerufen am 12. November 2014, http://pubs.niaaa.nih.gov/publications/NESARC_DRM/NESARCDRM.pdf.

National Institutes of Health, National Institute on Alcohol Abuse and Alcoholism, *Surveillance Report »95: Apparent Per Capita Ethanol Consumption, United States, 1850–2010*, August 2012, http://pubs.niaaa.nih.gov/publications/Surveillance95/CONS10.htm.

Nesi, Tom, *Poison Pills: The Untold Story of the Vioxx Scandal* (New York: Thomas Dunne Books, 2008).

Newhouse, Dave, *Old Bears: The Class of 1956 Reaches Its Fiftieth Reunion, Reflecting on the Happy Days and the Unhappy Days* (Berkeley: North Atlantic Books, 2007).

Newspaper Association of America, »The American Newspaper Media Industry Revenue Profile 2012«, 8. April 2013, abgerufen am 7. März 2015, http://www.naa.org/trends-and-numbers/newspaper-revenue/newspaper-media-industry-revenue-profile-2012.aspx.

»A Nickel in the Slot«, in: *Washington Post*, 25. März 1894.

»The 9 Steps to Financial Freedom«, abgerufen am 4. November 2014, http://www.suzeorman.com/books-kits/books/the-9-steps-to-financial-freedom/.

Nixon, Richard M., »Remarks on Signing of the National Cancer Act of 1971«, 23. Dezember 1971, The American Presidency Project, abgerufen am am 17. Januar 2015, http://www.presidency.ucsb.edu/ws/?pid=3275.

Nutt, David J., Leslie A. King und Lawrence D. Phillips, im Auftrag des Independent Scientific Committee on Drugs, »Drug Harms in the UK: A Multicriteria Decision Analysis«, in: *Lancet* 376, Nr. 9752 (6.–12. November 2010): 1558–65.

Ogilvy, David, *Geständnisse eines Werbemannes* (München: Econ, 2000).

Ogilvy, David, *Ogilvy über Werbung* (Düsseldorf, Wien: Econ, 1984).

Oldie Lyrics, »Patti Page: How Much Is That Doggy in the Window?«, abgerufen am 5. November 2014, http://www.oldielyrics.com/lyrics/patti_page/how_much_is_that_doggy_in_the_window.html.

Oreskes, Naomi, und Erik M. Conway, *Die Machiavellis der Wissenschaft: Das Netzwerk des Leugnens* (Wiley-VCH, 2014).

Orman, Suze, *The 9 Steps to Financial Freedom: Practical and Spiritual Steps So You Can Stop Worrying* (New York: Crown/Random House, 2006).

O'Shea, James E., *The Daisy Chain: How Borrowed Billions Sank a Texas S & L* (New York: Pocket Books, 1991).

Owen, David, »The Pay Problem«, in: *New Yorker*, 12. Oktober 2009, abgerufen am 12. März 2015, http://www.newyorker.com/magazine/2009/10/12/the-pay-problem.

Oyez, »Citizens United v. Federal Election Commission«, abgerufen am 18. März 2005, http://www.oyez.org/cases/2000-2009/2008/2008_08_205.

Packard, Vance, *The Hidden Persuaders: What Makes Us Buy, Believe – and Even Vote – the Way We Do* (Brooklyn: IG Publishing, 2007).

Paltrow, Scot J., »Executive Life Seizure: The Costly Comeuppance of Fred Carr«, in: *Los Angeles Times*, 12. April 1991, abgerufen am 1. Mai 2015, http://articles.latimes.com/1991-04-12/business/fi-342_1_executive-life.

Pareto, Vilfredo, *Manual of Political Economy: A Critical and Variorum Edition* (Oxford: Oxford University Press, 2014).

»The Path to Prosperity«, *Wikipedia*, abgerufen am 15. Dezember 2014, http://en.wikipedia.org/wiki/The_Path_to_Prosperity.

Patterson, James T.m *Restless Giant: The United States from Watergate to Bush v. Gore* (New York: Oxford University Press, 2005).

Patterson, Thom, »United Airlines Ends Coach Preboarding for Children«, CNN, 23. Mai 2012, abgerufen am 30. April 2015, http://www.cnn.com/2012/05/23/travel/united-children-preboarding/.

Paulson, Henry M., *On the Brink: Inside the Race to Stop the Collapse of the Global Financial System* (New York: Business Plus, 2010).

Pear, Robert, »Bill to Let Medicare Negotiate Drug Prices Is Blocked«, in: *New York Times*, 18. April 2007, abgerufen am 30. April 2015, http://

www.nytimes.com/2007/04/18/washington/18cnd-medicare.html?_
r=o.

»The Personal Reminiscences of Albert Lasker«, in: *American Heritage* 6,
Nr. 1 (Dezember 1954), abgerufen am 21. Mai 2015, http://www.ame-
ricanheritage.com/content/personal-reminiscences-albert-lasker.

Piketty, Thomas, *Das Kapital im 21. Jahrhundert* (München: C.H. Beck,
2014).

Pizzo, Stephen, Mary Fricker und Paul Muolo, *Inside Job: The Looting of
America's Savings and Loans* (New York: Harper Perennial, 1991).

»Poor Beer vs. Pure Beer«, Werbespot, wiedergegeben in: *Current Advertising* 12, Nr. 2 (August 1902): 31, abgerufen am 13. Juni 2015,
https://books.google.com/books?id=Xo9RAAAAYAAJ&pg=-
RA1-PA31&lpg=RA1-PA31&dq=schlitz+beer+both+cost+you+ali-
ke,+yet+one+costs+the+maker+twice+as+much+as+the+ot-
her+one+is+good+and+good+for+you&source=bl&ots=5-
jCKe1yFqB&sig=-X5uwF5VqK6BicU41zneHyNRMmU&hl=en&sa=-
X&ei=1lp2VbPQEc6VyATjjoOYCA&ved=oCB4Q6AEwAA«v=onepa-
ge&q=schlitz%20beer%20both%20cost%20you%20alike%2C%20
yet%20one%20costs%20the%20maker%20twice%20as%20
much%20as%20the%20other%20one%20is%20good%20and%20
good%20for%20you&f=false.

Posner, Richard, »Theories of Economic Regulation«, in: *Bell Journal of
Economics and Management Science* 5, Nr. 2 (1974): 335–58.

»Predictions of the Year 2000 from *The Ladies Home Journal* of December
1900«, abgerufen am 1. Dezember 2014. yorktownhistory.org/wp-
content/archives/homepages/1900_predictions.htm.

Prelec, Drazen, und Duncan Simester, »Always Leave Home without It:
A Further Investigation«, in: *Marketing Letters* 12, Nr. 1 (2001): 5–12.

»The Propaganda for Reform«, in: *Journal of the American Medical Association* 61, Nr. 18 (1. November 1913): 1648.

»Public Health Cigarette Smoking Act«, *Wikipedia*, abgerufen am 28.
März 2015, http://en.wikipedia.org/wiki/Public_Health_Cigarette_
Smoking_Act.

Rajan, Raghuram, *Fault Lines – Verwerfungen: Warum sie noch immer die Welt-*

wirtschaft bedrohen und was jetzt zu tun ist (München: FinanzBuch Verlag, 2012).

Rakoff, Jed S., »The Financial Crisis: Why Have No High-Level Executives Been Prosecuted?«, in: *New York Review of Books*, 9. Januar 2014.

Ramey, Garey, und Valerie A. Ramey, »The Rug Rat Race«, *Brookings Papers on Economic Activity* (Frühjahr 2010): 129–99.

Raymond, Nate, und Jonathan Stempel, »Big Fine Imposed on Ex-Goldman Trader Tourre in SEC Case«, Reuters, 12. März 2014, abgerufen am 15. März 2015, http://www.reuters.com/article/2014/03/12/us-goldmansachs-sec-tourre-idUSBREA2B11220140312.

Reinhardt, Carmen M., und Kenneth Rogoff, *Dieses Mal ist es anders: Acht Jahrhunderte Finanzkrisen* (München: FinanzBuch Verlag, 2010).

Reyes, Sonia, »Ocean Spray Rides Diet Wave«, in: *Adweek*, 6. Februar 2006, abgerufen am 18. November 2014, http://www.adweek.com/news/advertising/ocean-spray-rides-diet-wave-83901.

Richert, Lindley B., »One Man's Junk Is Another's Bonanza in the Bond Marketing«, in: *Wall Street Journal*, 27. März 1975.

Ring, Dan, »Massachusetts Senate Approves State Sales Tax Increase to 6.25 Percent as Part of $ 1 Billion Tax Hike«, in: *Republican*, 20. Mai 2009, abgerufen am 13. Dezember 2014, http://www.masslive.com/news/index.ssf/2009/05/massachusetts_senate_approves.html.

»Ripoff«, in: *Wikipedia*, abgerufen am 13. November 2014, http://en.wikipedia.org/wiki/Ripoff.

Roberts, Steven V., »House Votes Funds Permitting Study on MX to Continue«, in: *New York Times*, 9. Dezember 1982.

Roman, Kenneth, *David Ogilvy: Ein Leben für die Werbung* (Frankfurt a. M.: Campus, 2010).

Rosenbaum, David E., »The Supreme Court: News Analysis; Presidents May Disagree, but Justices Are Generally Loyal to Them«, in: *New York Times*, 7. April 1994.

Ru, Hong, und Antoinette Schoar, »Do Credit Card Companies Screen for Behavioral Biases?«, Arbeitspapier, National Bureau of Economic Research, 2015.

Samuelson, Paul A., »Consumption Theory in Terms of Revealed Preference«, in: *Economica*, 15, Nr. 60 (November 1948): 243–53.

Samuelson, Paul A., *Foundations of Economic Analysis* (Cambridge, MA: Harvard University Press, 1947).

Schank, Roger C., und Robert P. Abelson, *Scripts, Plans, Goals, and Understanding: An Inquiry into Human Knowledge* Structures (Hillsdale, NJ: L. Erlbaum Associates, 1977).

Schüll, Natasha Dow, *Addiction by Design: Machine Gambling in Las Vegas* (Princeton: Princeton University Press, 2012).

SCImago Journal and Country Rank, »Journal Rankings«, abgerufen am 26. November 2014, http://www.scimagojr.com/journalrank.php?country=US.

Seelye, Katharine Q., und Jeff Zeleny, »On the Defensive, Obama Calls His Words Ill-Chosen«, in: *New York Times*, 13. April 2008.

Shapiro, Carl, »Consumer Information, Product Quality, and Seller Reputation«, in: *Bell Journal of Economics* 13, Nr. 1 (1982): 20–35.

Shiller, Robert J., »Do Stock Prices Move Too Much to Be Justified by Subsequent Changes in Dividends?«, in: *American Economic Review* 71, Nr. 3 (Juni 1981): 421–36.

Shiller, Robert J., *Irrationaler Überschwang* (Kulmbach: Plassen, 2015).

Shiller, Robert J., »Life-Cycle Personal Accounts Proposal for Social Security: An Evaluation of President Bush's Proposal«, in: *Journal of Policy Modeling* 28, Nr. 4 (2006): 427–44.

Shiller, Robert J., *Die Subprime Solution: Wie wir in die Finanzkrise hineingeraten sind – und was wir jetzt tun sollten* (Kulmbach: Börsenmedien, 2008).

Shleifer, Andrei, und Lawrence H. Summers, »Breach of Trust in Hostile Takeovers«, in: Alan J. Auerbach (Hg.), *Corporate Takeovers: Causes and Consequences* (Chicago: University of Chicago Press,1988), S. 33–68.

Shleifer, Andrei, und Robert W. Vishny, »The Takeover Wave of the 1980s«, in: *Science* 249, Nr. 4970 (1990): 745–49.

Sidel, Robin, »Credit Card Issuers Are Charging Higher«, in: *Wall Street Journal*, 12. Oktober 2014.

Siegel, Jeremy J., und Richard H. Thaler, »Anomalies: The Equity

Premium Puzzle«, in: *Journal of Economic Perspectives* 11, Nr. 1 (Winter 1997): 191–200.

Sinclair, Upton, *Der Dschungel* (Zürich: Artemis, 2014).

Sinclair, Upton, Brief an die *New York Times*, 6. Mai 1906.

Singh, Gurkirpal, »Recent Considerations in Nonsteroidal Anti-Inflammatory Drug Gastropathy«, in: *American Journal of Medicine* 105, Nr. 1, Supp. 2 (27. Juli 1998): 31S–38S.

Skeel, David A., Jr., »Shaming in Corporate Law«, in: *University of Pennsylvania Law Review* 149, Nr. 6 (Juni 2001): 1811–68.

Smith, Adam, *Der Wohlstand der Nationen* (München: dtv, 2013).

Smith, Gary, *Standard Deviations: Flawed Assumptions, Tortured Data, and Other Ways to Lie with Statistics* (New York: Duckworth Overlook, 2014).

Snell, George D., »Clarence D. Little, 1888–1971: A Biographical Memoir by George D. Snell«, Washington, DC: National Academy of Sciences, 1971.

Social Security Perspectives, »President »6: Richard M. Nixon (1969–1974)«, 8. Mai 2011, http://socialsecurityperspectives.blogspot. com/2011/05/president-6-richard-m-nixon-1969-1974.html.

Solow, Robert M., »Technical Change and the Aggregate Production Function«, in: *Review of Economics and Statistics* 39, Nr. 3 (August 1957): 312–20.

Sorkin, Andrew Ross, *Die Unfehlbaren: Wie Banker und Politiker nach der Lehman-Pleite darum kämpften, das Finanzsystem zu retten – und sich selbst* (München: Goldmann, 2012).

Stahre, Mandy, Jim Roeber, Dafna Kanny, Robert D. Brewer und Xingyou Zhang, »Contribution of Excessive Alcohol Consumption to Deaths and Years of Potential Life Lost in the United States«, in: *Preventing Chronic Disease* 11 (2014). Abgerufen am 28. März 2014, http:// www.cdc.gov/pcd/issues/2014/13_0293.htm.

»Statistics of the Presidential and Congressional Election of November 2, 2004«, 7. Juni 2005. Abgerufen am am 16. November 2014, http:// clerk.house.gov/member_info/electionInfo/2004election.pdf.

Stein, Benjamin, *A License to Steal: The Untold Story of Michael Milken andthe Conspiracy to Bilk the Nation* (New York: Simon and Schuster, 1992).

Stern, Mark Joseph, »The FDA's New Cigarette Labels Go Up in Smoke«, in: *Wall Street Journal*, 9. September 2012, abgerufen am 28. März 2015, http://www.wsj.com/articles/SB10000872396390443819404577633580009556096.

Stewart, James B., *Club der Diebe* (Berlin: Ullstein, 1993).

Stewart, James B., »How They Failed to Catch Madoff«, in: *Fortune*, 10. Mai 2011, abgerufen am 2. Mai 2015, http://fortune.com/2011/05/10/how-they-failed-to-catch-madoff/.

Stigler, George J., »The Theory of Economic Regulation«, in: *Bell Journal of Economics and Management Science* 2, Nr. 1 (1971): 3–21.

Stock, James H., und Mark W. Watson, »Forecasting Output and Inflation: The Role of Asset Prices«, in: *Journal of Economic Literature* 41 (2003): 788–829.

Stulz, René M., »Credit Default Swaps and the Credit Crisis«, in: *Journal of Economic Perspectives* 24, Nr. 1 (Winter 2010): 73–92.

Sufrin, Carolyn B., und Joseph S. Ross, »Pharmaceutical Industry Marketing: Understanding Its Impact on Women's Health«, in: *Obstetrical and Gynecological Survey* 63, Nr. 9 (2008): 585–96.

Tabarrok, Alex, »The Real Estate Commission Puzzle«, 12. April 2013, abgerufen am 1. Dezember 2014, http://marginalrevolution.com/marginalrevolution/2013/04/the-real-estate-commission-puzzle.html.

Tett, Gillian, *Fool's Gold: How the Bold Dream of a Small Tribe at J. P. Morgan Was Corrupted by Wall Street Greed* (New York: Free Press, 2009).

Thomas, Michael M., »Rated by Idiots«, in: *Forbes*, 16. September 2008.

Thorberg, Fred Arne, und Michael Lyvers, »Attachment, Fear of Intimacy and Differentiation of Self among Clients in Substance Disorder Treatment Facilities«, in: *Addictive Behaviors* 31, Nr. 4 (April 2006): 732–37.

Thoreau, Henry David, *Walden oder Leben in den Wäldern* (Köln: Anaconda, 2009).

»Tobacco Advertising«, *Wikipedia*, abgerufen am 8. Dezember 2014, http://en.wikipedia.org/wiki/Tobacco_advertising.

Tobacco Labelling Resource Center, »Australia: Health Warnings, 2012 to Present«, abgerufen am 28. März 2015, http://www.tobaccolabels. ca/countries/australia/.

Tobias, Ronald B., *20 Masterplots: Woraus Geschichten gemacht sind* (Frankfurt a. M.: Zweitausendeins, 1999).

»Today Is Moving Day for Goldman Sachs«, in: *New York Times*, 1. April 1957.

Toobin, Jeffrey, »Annals of Law: Money Unlimited: How Chief Justice John Roberts Orchestrated the Citizens United Decision«, in: *The New Yorker*, 21. Mai 2012.

Topol, Eric J., »Failing the Public Health – Rofecoxib, Merck, and the FDA«, in: *New England Journal of Medicine* 351, Nr. 17 (21. Oktober 2004): 1707–9.

»Top Ten U.S. Banking Laws of the 20th Century«, abgerufen am 1. Dezember 2014, http://www.oswego.edu/~dighe/topten.htm.

Touryalai, Halah, »10 Wall Street Expenses That Make the SEC's Budget Look Pathetic«, in: *Forbes*, 17. Februar 2011, abgerufen am 16. Januar 2015, http://www.forbes.com/fdc/welcome_mjx.shtml.

Tozzi, John, »Merchants Seek Lower Credit Card Interchange Fees«, in: *Businessweek Archives*, 6. Oktober 2009, abgerufen am 2. Mai 2015, http://www.bloomberg.com/bw/stories/2009-10-06/merchants-seek-lower-credit-card-interchange-fees.

Troise, Frank P., »The Capacity for Experiencing Intimacy in Wives of Alcoholics or Codependents«, in: *Alcohol Treatment Quarterly* 9, Nr. 3 (Oktober 2008): 39–55.

Underhill, Paco, *Warum kaufen wir? Die Psychologie des Konsums* (München: Econ, 2000).

Underwriters Laboratories, »Our History« sowie »What We Do«, abgerufen am 3. März 2015, http://ul.com/aboutul/history/and http://ul.com/aboutul/what-we-do/.

United Airlines, »Arriving at a Single Boarding Process«, 22. April 2013, abgerufen am 26. November 2014, https://hub.united.com/en-us/news/company-operations/pages/arriving-at-a-single-boarding-process.aspx.

Urban Institute and the Brookings Institution, Tax Policy Center, »State

Alcohol Excise Tax Rates 2014«, abgerufen am 13. Dezember 2014, http://www.taxpolicycenter.org/taxfacts/displayafact.cfm?Docid=349.

US Bureau of Financial Protection, »Loan Originator Compensation Requirements under the Truth in Lending Act« (Regulation Z), 12 CFR Part 1026, Docket No. CFPB–2012-0037, RIN 3170-AA132, abgerufen am 11. November 2014, http://files.consumerfinance.gov/f/201301_cfpb_final-rule_loan-originator-compensation.pdf.

US Census Bureau, »America's Families and Living Arrangements: 2013«, abgerufen am 1. Dezember 2014, https://www.census.gov/hhes/families/data/cps2013.html.

US Census Bureau, »Census Bureau Reports National Mover Rate Increases after a Record Low in 2011«, 10. Dezember 2012, abgerufen am 1. Dezember 2014, https://www.census.gov/newsroom/releases/archives/mobility_of_the_population/cb12-240.html.

US Census Bureau, »Historical Census of Housing Tables«, 31. Oktober 2011, abgerufen am 1. Dezember 2014, https://www.census.gov/hhes/www/housing/census/historic/units.html.

US Census Bureau, »Historical Poverty Tables – People«, Tabelle 3, »Poverty Status, by Age, Race, and Hispanic Origin: 1959 to 2013«, abgerufen am 1. Dezember 2014, https://www.census.gov/hhes/www/poverty/data/historical/people.html.

US Census Bureau, »Housing Vacancies and Homeownership, 2005«, abgerufen am 1. Dezember 2014, http://www.census.gov/housing/hvs/data/ann05ind.html.

US Census Bureau, Statistical Abstracts of the United States, 2012, abgerufen am 1. Dezember 2014, https://www.census.gov/prod/www/statistical_abstract.html.

US Census Bureau, »World Population by Age and Sex«, abgerufen am 1. Dezember 2014, http://www.census.gov/cgi-bin/broker.

US Congress, Representative Henry A. Waxman, Memorandum to Democratic Members of the Government Reform Committee Re: The Marketing of Vioxx to Physicians, 5. Mai 2005, mit begleitenden Dokumenten, http://oversight-archive.waxman.house.gov/documents/20050505114932-41272.pdf.

US Department of Agriculture, Farm Service Administration, »Commodity Operations: United States Warehouse Act«, abgerufen am 14. März 2015, http://www.fsa.usda.gov/FSA/webapp?area=home&subject=coop&topic=was-ua.

US Department of Agriculture, Grain Inspection, Packing, and Stockyard Administration, »Explanatory Notes«, Tabelle 5, »Inspection and Weighing Program Overview«, abgerufen am 1. Mai 2015, http://www.obpa.usda.gov/exnotes/FY2014/20gipsa2014notes.pdf.

US Department of Agriculture, Grain Inspection, Packing, and Stockyard Administration, »Subpart M – United States Standards for Wheat«, abgerufen am 1. Mai 2015, http://www.gipsa.usda.gov/fgis/standards/810wheat.pdf.

US Department of Transportation, National Highway Traffic Safety Administration, »Traffic Safety Facts, 2011: Alcohol Impaired Driving«, Dezember 2012, abgerufen am 25. Mai 2015, http://www-nrd.nhtsa.dot.gov/Pubs/811700.pdf.

US Department of the Treasury, Alcohol and Tobacco Tax and Trade Bureau, »Tax and Fee Rates«, abgerufen am 30. April 2015, http://www.ttb.gov/tax_audit/atftaxes.shtml.

US Department of the Treasury, »Investment in AIG«, abgerufen am 11. März 2015, http://www.treasury.gov/initiatives/financial-stability/TARP-Programs/aig/Pages/status.aspx.

US Food and Drug Administration, »About FDA: Commissioner's Page. Harvey Washington Wiley, MD.«, http://www.fda.gov/AboutFDA/CommissionersPage/ucm113692.htm.

US Food and Drug Administration, »Tobacco Products: Final Rule ›Required Warnings for Cigarette Packages and Advertisements‹«, abgerufen am 28. März 2015, http://www.fda.gov/TobaccoProducts/Labeling/Labeling/CigaretteWarningLabels/ucm259953.htm.

US Food and Drug Administration, Center for Drug Evaluation and Research (CDER), *Guidance for Industry Providing Clinical Evidence of Effectiveness for Human Drugs and Biological Products*, Mai 1998, abgerufen am 1. Dezember 2014, http://www.fda.gov/downloads/Drugs/.../Guidances/ucm078749.pdf.

US Internal Revenue Service,»Tax Gap for Tax Year 2006: Overview«, 6. Januar 2012, abgerufen am 18. November 2014, http://www.irs.gov/pub/irs-soi/06rastg12overvw.pdf.

US Legal Inc.,»U.S. Commercial Code«, abgerufen am 15. März 2015, http://uniformcommercialcode.uslegal.com/.

US News and World Report,»U.S. News College Rankings«, http://colleges.usnews.rankingsandreviews.com/best-colleges.

US Securities and Exchange Commission, FY 2014 Congressional Budget Justification, http://www.sec.gov/about/reports/secfy14congbudgjust.pdf.

US Securities and Exchange Commission,»Goldman Sachs to Pay Record $ 550 Million to Settle SEC Charges Related to Subprime Mortgage CDO«, 15. Juli 2010, abgerufen am 15. März 2015, http://www.sec.gov/news/press/2010/2010-123.htm.

US Senate, Committee on Homeland Security and Government Affairs, Permanent Subcommittee on Investigations, Wall Street and the Financial Crisis: Anatomy of a Financial Collapse. Majority and Minority Staff Report, 13. April 2011, http://www.hsgac.senate.gov//imo/media/doc/Financial_Crisis/FinancialCrisisReport.pdf?attempt=2.

US Surgeon General, The Health Consequences of Smoking – 50 Years of Progress, 2014, abgerufen am 6. März 2015, http://www.surgeongeneral.gov/library/reports/50-years-of-progress/full-report.pdf.

US Surgeon General, Smoking and Health: Report of the Advisory Committee to the Surgeon General of the Public Health Service, 1964, abgerufen am 28. November 2014, http://www.surgeongeneral.gov/library/reports/.

US Surgeon General, Smoking and Health: A Report of the Surgeon General, 1979, abgerufen am 28. November 2014, http://www.surgeongeneral.gov/library/reports/.

Vaillant, George E., Triumphs of Experience: The Men of the Harvard Grant Study (Cambridge: Harvard University Press, 2012).

van Amsterdam, Jan, A. Opperhuizen, M. Koeter, und Willem van den Brink,»Ranking the Harm of Alcohol, Tobacco and Illicit Drugs for the Individual and the Population«, in: European Addiction Research 16 (2010): 202–7.

Vanguard, »See the Difference Low-Cost Mutual Funds Can Make«, abgerufen am 7. Januar 2015, https://investor.vanguard.com/mutual-funds/low-cost.

Veblen, Thorstein, *The Theory of the Leisure Class: An Economic Study of the Evolution of Institutions* (New York: Macmillan, 1899).

Velotta, Richard N., »Gaming Commission Rejects Slot Machines at Cash Registers«, in: *Las Vegas Sun*, 18. März 2010, abgerufen am 12. Mai 2015, http://lasvegassun.com/news/2010/mar/18/gaming-commission-rejects-slot-machines-cash-regis/?utm_source=twitterfeed&utm_medium=twitter.

Virtanen, Michael, »NY Attorney General Looks at Ratings Agencies«, Associated Press, 8. Februar 2013, abgerufen am 21. März 2014, http://bigstory.ap.org/article/ny-attorney-general-looks-ratings-agencies-0.

Visser, Susanna N., Melissa L. Danielson, Rebecca H. Bitsko, Joseph R. Holbrook, Michael D. Kogan, Reem M. Ghandour, Ruth Perou und Stephen J. Blumberg, »Trends in the Parent-Report of Health Care Provider – Diagnosed and Medicated Attention-Deficit/Hyperactivity Disorder: United States, 2003–2011«, in: *Journal of the American Academy of Child and Adolescent Psychiatry* 53, Nr. 1 (Januar 2014): 34–46.

Warren, Carolyn, *Mortgage Rip-offs and Money Savers: An Industry Insider Explains How to Save Thousands on Your Mortgage and Re-Finance* (Hoboken, NJ: Wiley, 2007).

Warren, Elizabeth, und Amelia Warren Tyagi, *All Your Worth: The Ultimate Lifetime Money Plan* (New York: Simon and Schuster, 2005).

Watkins, John Elfreth, Jr., »What May Happen in the Next Hundred Years«, in: *Ladies Home Journal*, Dezember 1900, https://secure.flickr.com/photos/jonbrown17/2571144135/sizes/o/in/photostream/.

Watkins, Julian Lewis, *The 100 Greatest Advertisements, 1852–1958: Who Wrote Them and What They Did* (Chelmsford: Courier, 2012).

Wessel, David, *Die große Panik: Das Wettrennen zur Rettung der Weltwirtschaft* (München: FinanzBuch Verlag, 2009).

White, Michelle J., »Bankruptcy Reform and Credit Cards«, in: *Journal of Economic Perspectives* 21, Nr. 4 (Herbst 2007): 175–200.

Wiley, Harvey W., *An Autobiography* (Indianapolis: Bobbs-Merrill, 1930).

Woodward, Susan E., *A Study of Closing Costs for FHA Mortgages*, im Auftrag des US-Wohnbauministeriums, Office of Policy Development and Research, Mai 2008, http://www.urban.org/UploadedPDF/411682_fha_mortgages.pdf.

Woodward, Susan E., und Robert E. Hall, »Consumer Confusion in the Mortgage Market: Evidence of Less Than a Perfectly Transparent and Competitive Marketing«, in: *American Economic Review* 100, Nr. 2 (Mai 2010): 511–15.

World Bank, »GDP Per Capita (Current US$)«, abgerufen am 26. November 2014, http://data.worldbank.org/indicator/NY.GDP.PCAP.CD.

Weltbank, »Life Expectancy at Birth, Female (Years)«, abgerufen am 29. März 2015, http://data.worldbank.org/indicator/SP.DYN.LE00.FE.IN/countries.

Weltbank, »Life Expectancy at Birth, Male (Years)«, abgerufen am 29. März 2015, http://data.worldbank.org/indicator/SP.DYN.LE00.MA.IN/countries.

Wu, Ke Bin, »Sources of Income for Older Americans, 2012«, Washington, DC: AARP Public Policy Institute, Dezember 2013.

Wyatt, Edward, »Judge Blocks Citigroup Settlement With S.E.C.«, in: *New York Times*, November 28, 2011, abgerufen am June 10, 2015, http://www.nytimes.com/2011/11/29/business/judge-rejects-sec-accord-with-citi.html?pagewanted=all.

Wynder, Ernst L., und Evarts A. Graham, »Tobacco Smoking as a Possible Etiologic Factor in Bronchogenic Carcinoma Study of Six Hundred and Eighty-Four Proved Cases«, in: *Journal of the American Medical Association* 143, Nr. 4 (27. Mai 1950): 329–36.

Wynder, Ernst L., Evarts A. Graham und Adele B. Croninger, »Experimental Production of Carcinoma with Cigarette Tar«, in: *Cancer Research* 13, Nr. 12 (1953): 855–64.

James Harvey Young, *Quacksalber: Geschichte des Kurpfuschertums in den USA im 20. Jahrhundert* (Lempp, 1972).

Young, James Harvey, *The Toadstool Millionaires: A Social History of Patent*

Medicines in America before Federal Regulation (Princeton: Princeton University Press, 1961).

Zacks Equity Research, »Strong U.S. Auto Sales for 2013«, 6. Januar 2014, abgerufen am 1. Dezember 2014, http://www.zacks.com/stock/news/118754/strong-us-auto-sales-for-2013.

Anmerkungen

1 »A Nickel in the Slot«, in: *Washington Post*, 25. März 1894, S. 20.

2 »A Crying Evil«, in: *Los Angeles Times*, 24. Februar 1899, S. 8.

3 Bernard Malamud, »Nevada Gaming Tax: Estimating Resident Burden and Incidence« (University of Nevada, Las Vegas, April 2006), S. 1, abgerufen am 5. März 2015, https://faculty.unlv.edu/bmalamud/estimating.gaming.burden.incidence.doc.

4 Richard N. Velotta, »Gaming Commission Rejects Slot Machines at Cash Registers«, in: *Las Vegas Sun*, 18. März 2010, abgerufen am 12. Mai 2015, http://lasvegassun.com/news/2010/mar/18/gaming-commission-rejects-slot-machines-cashregis/?utm_source=twitterfeed&utm_medium=twitter. Senator Harry Reid wurde als Vorsitzender der Nevada Gambling Commission berühmt, weil er gegen den Einfluss der Mafia kämpfte. Der Film *Casino* beruht angeblich auf Reids Auseinandersetzung mit Frank Rosenthal (vgl. »Harry Reid«, *Wikipedia*, abgerufen am 1. Dezember 2014, http://en.wikipedia.org/wiki/Harry_Reid).

5 Natasha Dow Schüll, *Addiction by Design: Machine Gambling in Las Vegas* (Princeton: Princeton University Press, 2012).

6 Ebd., S. 24f.

7 Dazu gehören eine Tankstelle mit Minimarkt und ein Supermarkt, in dem sie manchmal spielt, vor allem aber Palace Station Casino.

8 Schüll, *Addiction by Design*, S. 2. Mollie erklärte im Gespräch mit Schüll: »Ich spiele nicht, um zu gewinnen. Ich spiele, um zu spielen – um in der ›Automatenzone‹ zu bleiben, wo alles andere bedeutungslos wird.« Wir danken Natasha Schüll für ein Telefongespräch am 13. Februar 2014, in dem sie uns Mollie und ihr Verhalten genauer beschrieb.

9 Ebd., S. 33. Schüll beschreibt ein Überwachungsvideo, auf dem eine Defibrillation zu sehen ist: »Obwohl der Mann buchstäblich vor ihren Füßen lag und die Beine ihrer Stühle berührte, spielten die anderen Spieler weiter.«

10 John Elfreth Watkins Jr., »What May Happen in the Next Hundred Years«, in: *Ladies Home Journal*, Dezember 1900, S. 8, https://secure. flickr.com/photos/jonbrown17/2571144135/sizes/o/in/photostream/. Vgl. »Predictions of the Year 2000 from *The Ladies Home Journal* of December 1900«, abgerufen am 1. Dezember 2014, http://yorktownhistory.org/wp-content/archives/homepages/1900_predictions.htm, zwecks Bestätigung, dass die Ausgabe aus dem Dezember stammte.

11 *Oxford English Dictionary*, »phish«, abgerufen am 29. Oktober 2014, http://www.oed.com/view/Entry/264319?redirectedFrom=phish« eid.

12 Es ist kein Zufall, dass sich Daniel Kahneman und Amos Tversky, die zu den Pionieren der modernen Kognitionspsychologie zählen, anfangs mit optischen Täuschungen beschäftigten. Kahneman erklärte George, dass die Verzerrungen des Denkens, mit denen sich die Verhaltensökonomie befasst, den »optischen Täuschungen« vergleichbar sind. (Persönliches Gespräch vor etwa 25 Jahren.)

13 Kurt Eichenwald, *A Conspiracy of Fools: A True Story* (New York: Random House, 2005), sowie Bethany McLean und Peter Elkind, *The Smartest Guys in the Room: The Amazing Rise and Fall of Enron* (New York: Portfolio /Penguin Books, 2003).

14 Bethany McLean und Peter Elkind, »The Guiltiest Guys in the Room«, in: *Fortune*, 5. Juli 2006, abgerufen 12. Mai 2015, http://money.cnn.com/2006/05/29/news/enron_guiltyest/.

15 Henry David Thoreau, *Walden oder Leben in den Wäldern* (Köln: Anaconda, 2009).

16 Nach Angabe von Rebecca Mead führt Condé Nast alljährlich eine American Wedding Study durch, in der die durchschnittlichen Kosten von Hochzeiten ermittelt werden. Im Jahr 2006 kosteten sie 27 852 USD, das heißt 60 Prozent des Pro-Kopf-BIP. Mead, *One Perfect Day: The Selling of the American Wedding* (New York: Penguin Books,

2007), Kindle-Positionen 384–92 von 4013. Seit der Weltwirtschafts-krise der dreißiger Jahre sind die Hochzeitskosten gemessen am Pro-Kopf-GDP gesunken. Die neueste Schätzung für das Jahr 2014 liegt bei »über 28 000 USD«, was etwa 51 Prozent des Pro-Kopf-BIP entspricht. »BRIDES Reveals Trends of Engaged American Couples with American Wedding Study«, 10. Juli 2014, abgerufen am 1. Dezember 2014, http://www.marketwired.com/press-release/brides-reveals-trends-of-engaged-american-couples-with-american-wedding-study-1928460.htm.

17 Jessica Mitford, The American Way of Death Revisited (New York: Knopf, 1998), Kindle-Positionen 790–92 von 5319.

18 »Von Ihrem ersten Termin bis zur Geburt Ihres Kindes wird Ihnen der Personal Registry Advisor auf Ihre persönlichen Bedürfnisse zugeschnittene Orientierungshilfe zu allem geben, was Sie für Ihr Baby brauchen.« Babies »R« Us, »Baby Registry: Personal Registry Advisor«, abgerufen am 20. März 2015, http://www.toysrus.com/shop/index.jsp?categoryId=11949069.

19 Dass sich die Menschen Sorgen über die Bezahlung ihrer Rechnungen machen, zeigt auch die alljährlich im Auftrag der American Psychological Association durchgeführte Umfrage »Stress in America«. Geldsorgen sind demnach die wichtigste Ursache von Stress im Leben der Amerikaner. Im Bericht über die letzte Umfrage heißt es (S. 2): »Durch Geldprobleme ausgelöster Stress scheint sich erheblich auf das Leben der Amerikaner auszuwirken.« Fast drei Viertel (72 Prozent) der Erwachsenen geben an, mindestens zeitweilig geld-bedingten Stress zu haben, und fast ein Viertel erklärt, auf Grund von Geldsorgen unter extremem Stress zu leiden (22 Prozent stufen ihren geldbedingten Stress in den letzten Monaten auf einer 10-stu-figen Skala bei 8, 9 oder 10 ein). »Manche Menschen stellen auf Grund finanzieller Probleme sogar ihre medizinische Versorgung hintan.« Zudem nimmt arbeitsbedingter Stress, der ebenfalls mit Geldsorgen zusammenhängen kann, die hier lediglich anders zum Ausdruck kommen, in der Umfrage direkt nach Stress aufgrund von Geldsorgen den zweiten Rang ein. Vgl. American Psychological As-

sociation, »Stress in America: Paying with Our Health«, 4. Februar 2015, abgerufen am 29. März 2015, http://www.apa.org/news/press/releases/stress/2014/stress-report.pdf.

20 Wir verwenden den Begriff *Abzocke* zur Beschreibung von Transaktionen, bei denen Konsumenten einen überhöhten Preis für Produkte und Dienstleistungen zahlen. Von wenigen Ausnahmen abgesehen meinen wir damit keine illegalen Transaktionen. Im *Wikipedia*-Eintrag für »Ripoff« ist diese Verwendung des Begriff berücksichtigt: »Eine schlechte finanzielle Transaktion. Normalerweise ist damit ein Vorgang gemeint, in dem eine Person einen überhöhten Preis für etwas bezahlt.« Abgerufen am 13. November 2014, http://en.wikipedia.org/wiki/Ripoff.

21 Nach Angabe von Sheharyar Bokhari, Walter Torous und William Wheaton lag die Loan-to-value-Quote (das Verhältnis zwischen Kreditbetrag und Verkehrswert des Hauses) in den Vereinigten Staaten Ende der neunziger Jahre und Anfang des 21. Jahrhunderts, das heißt vor dem Immobilienboom, nur bei 40 Prozent der Eigenheimkäufe, die mit von Fannie Mae gewährten Hypothekenkrediten getätigt wurden, bei weniger als 80 Prozent. Geht man davon aus, dass die Transaktionskosten etwa zehn Prozent des Verkaufspreises ausmachen (sechs Prozent für Maklergebühren, vier Prozent für Abwicklungskosten), so bedeutet dies, dass diese Kosten bei 60 Prozent der Eigenheimverkäufe 50 Prozent oder mehr der Anzahlung des Käufers ausmachten. Vgl. Bokhari et al., »Why Did Household Mortgage Leverage Rise from the Mid-1980s until the Great Recession?« Massachusetts Institute of Technology, Center for Real Estate, Januar 2013, abgerufen 12. Mai 2015, http://citeseerx.ist.psu.edu/viewdoc/download?doi=10.1.1.269.5704&rep=rep1&type=pdf.

22 Vgl. Carmen M. Reinhardt und Kenneth Rogoff, *Dieses Mal ist es anders: Acht Jahrhunderte Finanzkrisen* (München: FinanzBuch Verlag, 2010).

23 John Kenneth Galbraith, *Der große Crash 1929: Ursachen, Verlauf, Folgen* (München: FinanzBuch Verlag, 2009), S. 172.

24 James Harvey Young, *Toadstool Millionaires: A Social History of Patent*

Medicines in America before Federal Regulation (Princeton: Princeton University Press, 196), S. 248.

25 Aussage von David J. Graham vor dem Finanzausschuss des Senats, 18. November 2004, http://www.finance.senate.gov/imo/media/ doc/111804dgtest.pdf. Zum Zeitpunkt seiner Aussage war Graham Associate Director für Wissenschaft und Medizin in der Sicherheitsabteilung der Food and Drug Administration. Wir übernehmen seine Schätzungen von 88 000 bis 139 000 zusätzlichen Fällen von Herzinfarkt oder plötzlichem Herzstillstand infolge der Einnahme von Vioxx; 30–40 Prozent dieser Vorfälle führten zum Tod (S. 1). Wir werden uns in Kapitel 6,»Lebensmittel, Pharma und Phishing« erneut mit David Graham befassen.

26 John Abramson, *Overdosed America: The Broken Promise of American Medicine* (New York: Harper Perennial, 2008), S. 70. Diese Schätzung beruht auf einer Hochrechnung der Erkenntnisse der britischen Million Women Health Study auf die amerikanische Einwohnerzahl. In einem Artikel in *The Lancet* (August 2003) gelangten die Autoren dieser Studie zu folgendem Ergebnis:»Der Einsatz der Hormonersatztherapie bei britischen Frauen im Alter zwischen 50 und 64 Jahren hat in den vergangenen zehn Jahren zu schätzungsweise 20 000 zusätzlichen Brustkrebserkrankungen geführt, von denen 15 000 mit Östrogen-Progestagen zusammenhängen; die Zahl der zusätzlichen Todesfälle kann nicht zuverlässig geschätzt werden.« Vgl. Valerie Beral, Emily Banks, Gillian Reeves und Diana Bull, Million Women Study Collaborators,»Breast Cancer and Hormone-Replacement Therapy in the Million Women Study«, in: *Lancet* 362, Nr. 9382 (9. August 2003): S. 419–27. Die Hochrechnung führt zu einer konservativen Schätzung, da die Hormonersatztherapie in den Vereinigten Staaten häufiger eingesetzt wurde als in Großbritannien.

27 Centers for Disease Control and Prevention, *Health, United States, 2013: With Special Feature on Prescription Drugs*, S. 213, Tabelle 64, abgerufen am 1. Dezember 2014, http://www.cdc.gov/nchs/data/hus/ hus13.pdf. Zahlen für die Jahre 2011–12 für Erwachsene im Alter von 20 und mehr Jahren. Wir weisen darauf hin, dass der Anteil der als

fettleibig eingestuften Personen von 22 Prozent im Zeitraum 1988–
1994 um mehr als 50 Prozent gestiegen ist.

28 Dariush Mozaffarian et al.,»Changes in Diet and Lifestyle and Long-
Term Weight Gain in Women and Men«, in: *New England Journal of Medicine* 364, Nr. 25 (23. Juni 2011): S. 2395f., abgerufen am 30. Oktober
2014,   http://www.nejm.org/doi/full/10.1056/NEJMoa1014296?que-
ry=TOC«t=articleTop.

29 Michael Moss, *Das Salz-Zucker-Fett-Komplott: Wie die Lebensmittelkonzerne uns süchtig machen* (Kiel: Ludwig Verlag, 2014), S. 25ff.

30 Der Raucheranteil sank zwischen 1965 und 2014 von 43 auf 18 Prozent. Vgl.»Message from Howard Koh, Assistant Secretary of Health«, in: US Surgeon General, *The Health Consequences of Smoking – 50
Years of Progress* (2014), abgerufen am 6. März 2015, http://www.surge-
ongeneral.gov/library/reports/50-years-of-progress/full-report.pdf.

31 Die bekannteste Werbekampagne, in der die Zigarette als Schlank-
macher dargestellt wurde, trug den Titel»Reach for a Lucky Instead
of a Sweet«. Der umfangreiche Werbetext, der die vorteilhaften Auswirkungen der Lucky auf Gesundheit und Schönheit hervorhob,
endete mit der Erklärung:»Ein angemessener Zuckergehalt der
Nahrung wird empfohlen, aber die große Mehrheit der Experten ist
überzeugt, dass zu viele dickmachende Süßigkeiten gesundheitsschädlich sind und dass die Amerikaner zu viel davon essen. Daher
sagen wir im Interesse der Mäßigung: ›Greifen Sie zu einer Lucky
statt zu etwas Süßem.‹« Aus einer Werbeanzeige für Zigaretten der
Marke Lucky Strike (1929), in: Julian Lewis Watkins, *The 100 Greatest
Advertisements, 1852–1958: Who Wrote Them and What They Did* (Chelmsford, MA: Courier, 2012), S. 66. Abgedruckt auf https://beebo.org/
smackerels/lucky-strike.html. Abgerufen am 29. März 2015.

32 David J. Nutt, Leslie A. King und Lawrence D. Phillips, im Auftrag
des Independent Scientific Committee on Drugs,»Drug Harms in
the UK: A Multicriteria Decision Analysis«, in: *Lancet* 376, Nr. 9752
(6.–12. November 2010): S. 1558–65; Jan van Amsterdam, A. Opperhuizen, M. Koeter und Willem van den Brink,»Ranking the
Harm of Alcohol, Tobacco and Illicit Drugs for the Individual and

the Population«, in: *European Addiction Research* 16 (2010): 202–7, DOI:10.1159/000317249.

33 Nutt, King und Phillips, »Drug Harms in the UK«, S. 1561, Abb. 2.

34 Was die Geschichte von Eva – und den Grundgedanken dieses Kapitels und des gesamten Buchs – anbelangt, so ist es hilfreich, sich die Begegnung zwischen Eva und der Schlange als ein Gleichgewichtsergebnis vorzustellen, in dem die Schlange gezielt eine günstige Gelegenheit nutzt. Außerdem können wir uns vorstellen, dass sie auf Eva gewartet und das »Verkaufsgespräch« einstudiert hat, das sie mit Eva führen wird. Unter den vielen Tieren im Garten Eden ist es die furchtbare Schlange und nicht ein harmloseres Tier wie ein Hase oder eine Giraffe, die »zufällig« dort beim Apfelbaum auftaucht. Es ist vorgesehen, dass der Phisher dort ist. Die Grundaussage dieses Kapitels ist, dass das kein Zufall ist. Die Begegnung ist in einem Phishing-Gleichgewicht zu erwarten. Wir möchten anmerken, dass man die Schöpfung an sich in einer buchstäblichen Deutung als »die erste Geschichte der Bibel« verstehen kann. Eine Google-Suche zeigt, dass die Einschätzung, die Begegnung Evas beim Baum der Erkenntnis sei »die erste Geschichte«, nicht ungewöhnlich ist.

35 Vor etwa 25 Jahren hob Kahneman in einem Gespräch mit George diesen Unterschied zwischen Wirtschaftswissenschaft und Psychologie hervor.

36 Paul Krugman und Robin Wells, *Volkswirtschaftslehre* (Stuttgart: Schäffer-Pöschel, 2010), S. 19f., verwenden dieses Beispiel, um die Natur des Marktgleichgewichts zu erklären. Robert H. Frank und Ben Bernanke, *Principles of Macroeconomics* (New York: McGraw Hill, 2003), beziehen sich ebenfalls auf dieses Bild.

37 Vgl. Cinnabon, Inc., »The Cinnabon Story«, abgerufen am 31. Oktober 2014, http://www.cinnabon.com/about-us.aspx.

38 Ebd.

39 »Cinnabon«, *Wikipedia*, abgerufen am 22. Oktober 2014, http://en.wikipedia.org/wiki/Cinnabon.

40 E-Mail von Stefano DellaVigna an George Akerlof, 25. Oktober 2014.

41 International Health, Racquet, and Sportsclub Association, »Indus-

try Research«, abgerufen am 22. Oktober 2014, http://www.ihrsa.
org/industry-research/.

42 Stefano DellaVigna und Ulrike Malmendier, »Paying Not to Go to
the Gym«, in: *American Economic Review 96*, Nr. 3 (Juni 2006): S. 694–
719. Vgl. auch DellaVigna und Malmendier, »Contract Design and
Self-Control: Theory and Evidence«, in: *Quarterly Journal of Economics*
119, Nr. 2 (Mai 2004): S. 353–402.

43 DellaVigna und Malmendier, »Paying Not to Go to the Gym«, S. 696.

44 DellaVigna und Malmendier, »Contract Design and Self Control«, S.
391 sowie S. 375, Tabelle 1.

45 Der Titel von DellaVignas und Malmendiers Artikel in der *American*
Economic Review.

46 M. Keith Chen, Venkat Lakshminarayanan und Laurie R. Santos,
»How Basic Are Behavioral Biases? Evidence from Capuchin Monkey Trading Behavior«, in: *Journal of Political Economy 114*, Nr. 3 (Juni
2006): S. 517–37.

47 Stephen J. Dubner und Steven D. Levitt, »Keith Chen's Monkey Research«, in: *New York Times*, 5. Juni 2005.

48 Venkat Lakshminarayanan, M. Keith Chen und Laurie R. Santos,
»Endowment Effect in Capuchin Monkeys«, in: *Philosophical Trans-*
actions of the Royal Society B: Biological Sciences 363, Nr. 1511 (Dezember
2008): S. 3837–44.

49 Adam Smith, *Der Wohlstand der Nationen* (München: dtv, 1978), S. 369.

50 Vgl. Aldo Montesano et al. (Hg.), *Vilfredo Pareto, Manual of Political Eco-*
nomy: A Critical and Variorum Edition, (Oxford: Oxford University Press,
2014). Diese Ausgabe beruht auf dem 1906 in Italien veröffentlichten
Manuale di Economia und einer späteren französischen Ausgabe.

51 Im Jahr 1954 veröffentlichten Kenneth Arrow und Gerard Debreu
einen Artikel, in dem sie die Existenz eines solchen Gleichgewichts
unter allgemein gefassten Bedingungen nachwiesen. Für diese Erkenntnisse wurden sie schließlich beide mit dem Nobelpreis ausgezeichnet: Arrow im Jahr 1972, Debreu im Jahr 1982. Die Existenz
des Marktgleichgewichts scheint uns selbst ausgehend von ihren allgemeinen Annahmen nicht von allzu großem Interesse zu sein (vor

allem, weil dieses Gleichgewicht aus einem mathematischen Grund eintritt, der in unseren Augen offenkundig ist). Aber es war nur ein kleiner Schritt von dieser Erkenntnis zur eigentlichen ökonomischen Goldader: zu der Entdeckung, dass solche Gleichgewichte unter denselben allgemeinen Bedingungen »pareto-optimal« sind. Das ist in unseren Augen ein bemerkenswertes Ergebnis. Es bedeutet, dass das Gleichgewicht auf Märkten, auf denen Wettbewerb herrscht, aufgrund zahlreicher natürlicher Annahmen durchaus gute Eigenschaften besitzt. Dieses Ergebnis wollen wir hier betonen; es bestätigt Adam Smiths intuitive Erkenntnis. Für den berühmten Artikel von Kenneth J. Arrow und Gerard Debreu vgl. »Existence of an Equilibrium for a Competitive Economy«, in: Econometrica 22, Nr. 3 (Juli 1954): S. 265–90.

52 Selbstverständlich kann eine Volkswirtschaft noch andere mögliche »Schönheitsfehler« wie Monopole und Oligopole aufweisen, die beträchtliche Aufmerksamkeit seitens der Ökonomen erhalten haben. Aber das sind keine »Schönheitsfehler des freien Markts«, sondern Abweichungen von seiner normalen Funktionsweise.

53 Milton Friedman und Rose D. Friedman, »Free to Choose: A Personal Statement« (New York: Harcourt Brace Jovanovich, 1980).

54 Vance Packard, »The Hidden Persuaders: What Makes Us Buy, Believe – and Even Vote – the Way We Do« (Brooklyn: Ig Publishing, 2007; Originalausgabe: New York: McKay, 1957), S. 90f. (Kuchenmischungen); S. 94 (Versicherungen).

55 Robert B. Cialdini, Die Psychologie des Überzeugens: Wie Sie sich selbst und Ihren Mitmenschen auf die Schliche kommen (Bern: Hogrefe, 2013).

56 Diese entsprechen Cialdinis Kategorien »Reziprozität«, »Commitment und Konsistenz«, »Soziale Bewährtheit«, »Sympathie«, »Autorität« sowie »Knappheit«. »Knappheit« entspricht unserer Definition der »Verlustabneigung«, da Cialdini (ebd., S. 213) erklärt: »Oft schließt man etwas erst dann ins Herz, wenn man erkennt, dass man es verlieren könnte.« Die Verhaltensökonomen dürften eine etwas andere Klassifizierung vornehmen.

57 Ebd., S. 349f.

58 Der Ökonom Eric Eyster von der London School of Economics erzählte George, dass er diesen Zaubertrick in der U-Bahn von Chicago selbst beobachtete. Die Trickbetrüger betraten seinen Waggon, stellten die Becher auf dem Boden auf und begannen, sie zu bewegen, wobei sie die Fahrgäste aufforderten, zu raten, wo die Münze gelandet sei. Nach mehreren Übungsrunden, in denen das Opfer die Münze gefunden hatte, luden die Betrüger jemanden ein, 100 Dollar darauf zu wetten, dass er in der nächsten Runde herausfinden würde, wo die Münze gelandet war. Diesmal tauchte die Münze unter einem anderen Becher auf. Die Betrüger steckten den Wetteinsatz rasch ein und verschwanden an der nächsten Haltestelle der U-Bahn. Persönliches Gespräch, Juni 2011.

59 Dies können wir anhand einiger Beispiele verdeutlichen. Im Fall von Vance Packard sehen sich die Kuchen backenden Hausfrauen als Teil einer Geschichte, in der sie kreativ sind; die Käufer von Versicherungen sehen sich in einer Geschichte, in der sie buchstäblich »im Bild« sind. Cialdinis Liste von Verhaltensweisen ist hilfreich, da sie die meisten der psychologischen Irrtümer enthält, die Grundlage der Verhaltensökonomie sind. Nach Aussage von Cialdini sahen sich die Käufer der Autos seines Bruders als Teil einer Geschichte, in der die Möglichkeit bestand, das Auto zu »verlieren« (sie zeigen die von Kahneman beschriebene Verlustabneigung); was wir als Geschichten bezeichnen, bezeichnet er als »Deutungsrahmen«. Auch mit Blick auf die anderen fünf Punkte in Cialdinis Liste können wir feststellen, dass die Entscheidungen einer Person Teil einer »Geschichte« sind. Die Menschen möchten Geschenke und Gefälligkeiten erwidern, und um das tun zu können, müssen sie Teil einer Geschichte sein, in der jemand ein Geschenk macht und es falsch wäre, sich nicht für dieses Geschenk zu revanchieren. Die Menschen wollen, dass man sie mag: Also müssen sie Teil einer Geschichte sein, in der sie von jemand anderem gemocht oder nicht gemocht werden. Die Menschen empfinden Hochachtung gegenüber Autoritätspersonen: Um so empfinden zu können, müssen sie sich als Teil einer Geschichte betrachten, in der jemand Autorität über sie hat.

Beispielsweise identifizierten sich die Versuchspersonen in dem berühmten Experiment von Stanley Milgram, in dem ein »Lehrer« die Teilnehmer anwies, einem »Lernenden« Stromschläge zu verabreichen, mit diesem »Lehrer«, der »Autorität« hatte, und widerstanden dem Bedürfnis, sich seinen Anweisungen zu widersetzen (Vgl. Stanley Milgram, *Das Milgram-Experiment: Zur Gehorsamsbereitschaft gegenüber Autorität*, Reinbek bei Hamburg: rororo, 1995). Die Menschen neigen dazu, sich anderen anzuschließen (sozialer Beweis): In diesem Fall müssen sie sich selbst eine Geschichte erzählen, in der entweder die andere Person ein besseres Urteilsvermögen besitzt oder über bessere Information als sie verfügt, oder sie wollen vermeiden, sich der Missbilligung auszusetzen, indem sie sich nicht anpassen (soziale Konformität). Die Menschen wollen, dass ihre Entscheidungen einheitlich sind: Dazu müssen sie Teil einer Geschichte sein, in der sich ihre unterschiedliche Entscheidungen miteinander decken. Natürlich ist die Freud'sche Psychologie voll von impliziten Geschichten, die den Menschen bewusst oder unbewusst durch den Kopf gehen.

60 Suze Orman, *The 9 Steps to Financial Freedom: Practical and Spiritual Steps So You Can Stop Worrying* (New York: Crown/Random House, 2006). Die Zahl von mehr als drei Millionen verkauften Exemplaren stammt von Suze Ormans Website, abgerufen am 4. November 2014, http://www.suzeorman.com/books-kits/books/the-9-steps-to-financial-freedom/.

61 Es ist aufschlussreich, sich eines dieser Lehrbücher anzusehen. N. Gregory Mankiws *Grundzüge der Volkswirtschaftslehre* (Stuttgart: Schäffer-Pöschel, 2012) ist eine besonders gute Einführung in die aktuelle Volkswirtschaftstheorie und eignet sich daher als Beispiel, aber wir hätten auch viele andere Bücher anführen können. Nehmen wir Kapitel 21 seines Buchs, das den Titel »Die Theorie der Konsumentscheidung« trägt. Wie die meisten modernen Autoren wählt Mankiw nicht die sprichwörtlichen Äpfel und Orangen, sondern zieht das Beispiel von Pepsi und Pizza vor. Als »Budgetbeschränkung« wird das Einkommen des hypothetischen Verbrauchers in Höhe von

1000 Dollar bezeichnet. In einem Schaubild (S. 541, Schaubild 21.1) wird gezeigt, dass die »optimale Entscheidung« des Konsumenten darin bestünde, eine Pepsi für zwei Dollar und eine Pizza für einen Dollar zu kaufen. Am Ende des Kapitels (S. 568) findet sich eine relativierende Aussage: »An dieser Stelle mögen Sie jedoch vielleicht geneigt sein, die Theorie des Verbraucherverhaltens mit einiger Skepsis zu beurteilen. [...] Und Sie wissen, dass Sie nicht mit Hilfe von Budgetgeraden und Indifferenzkurven entscheiden. Liefert dann nicht dieses Wissen über Ihren eigenen Entscheidungsprozess einen Beweis gegen die Theorie? Die Antwort lautet: nein. Die Theorie des Verbraucherverhaltens versucht nicht, genau abzubilden, wie Menschen tatsächlich Entscheidungen treffen. Es ist ein Modell. [...] [D]er Test einer Theorie liegt in ihren Anwendungen«, die in der modernen Ökonomie auch als »Voraussagen« bezeichnet werden. Das ist gut formuliert, aber der Autor enthält uns vor, dass »das Modell« Suze Ormans Klienten und Milliarden andere Menschen, die unter Geldsorgen leiden, nicht voraussagt. Das Modell mag gut geeignet sein, bestimmte Dinge vorherzusagen, aber wir erfahren nicht, wann es ungeeignet ist. Der Ökonom Alan Blinder hat erklärt, wo Modelle an ihre Grenzen stoßen. Sie sind wie Karten: Wir verwenden keine Karte unserer Nachbarschaft, um zum Südpol zu reisen, so wie wir keine Karte der Antarktis verwenden würden, um zum örtlichen Lebensmittelladen zu reisen. Mankiw erklärt auch richtigerweise, dass diese Theorie in fortgeschrittenen Volkswirtschaftskursen den Rahmen für zahlreiche ergänzende Analysen darstellt (S. 568). Er erwähnt jedoch nicht, dass der Hinweis »Dies ist nur ein Modell« im ganzen Buch kein zweites Mal auftaucht.

62 Vgl. Orman, 9 Steps to Financial Freedom, »Step 3, Being Honest with Yourself«, insbesondere S. 38 und 42. »Die meisten meiner Klienten sind schockiert, wenn sie sehen, wie sehr sie ihre Ausgaben unterschätzt haben, obwohl sie sich ehrlich bemüht haben, sie richtig zu schätzen.«

63 Board of Governors of the Federal Reserve, Current Release, Consumer Credit, Tabelle G-19 für August 2014, freigegeben am 7. Oktober

2014, abgerufen am 5. November 2014, http://www.federalreserve.
gov/releases/g19/current/.

64 Annamaria Lusardi, Daniel Schneider und Peter Tufano, »Financially Fragile Households: Evidence and Implications«, in: *Brookings
Papers on Economic Activity* (Frühjahr 2011): S. 84.

65 Greg Kaplan, Giovanni Violante und Justin Weidner, »The Wealthy Hand-to-Mouth«, *Brookings Papers on Economic Activity* (Frühjahr
2014): S. 98, Tabelle 2, »Household Income, Liquid Income, Liquid
and Illiquid Wealth Holdings, and Portfolio Composition, Sample
Countries«. Die Autoren berichten, dass gemäß der Survey of Consumer Finances im Jahr 2010 bei einem mittleren Haushaltseinkommen von 47040 USD die mittleren Haushaltsrücklagen in bar, auf
Giro- und Sparkonten und in Geldmarktkonten bei 2640 USD (etwa
zwei Drittel eines Monatseinkommens) lagen.

66 David Huffman und Matias Barenstein, »A Monthly Struggle for
Self-Control? Hyperbolic Discounting, Mental Accounting, and the
Fall in Consumption between Paydays«, *Institute for the Study of Labor
(IZA) Discussion Paper* 1430 (Dezember 2005): S. 3.

67 FINRA Investor Education Foundation, *Financial Capability in the
United States: Report of Findings from the 2012 National Financial Capability
Study*, S. 23, abgerufen am 14. Mai 2015, http://www.usfinancialcapability.org/downloads/NFCS_2012_Report_Natl_Findings.pdf.

68 Ebd., S. 26. Bis 2012 stieg dieser Anteil infolge der andauernden
Wirtschaftskrise auf 3,5 Prozent.

69 Bei einer Rate von 2,5 Prozent alle zwei Jahre müssen die Einwohner
der USA in einem Zeitraum von 50 Jahren durchschnittlich 0,625
Konkurse über sich ergehen lassen. Aber wenn jene, die einmal
pleitegehen, noch weitere zwei Male in Konkurs gehen (macht insgesamt drei Pleiten), liegt der Anteil der Bevölkerung, die einmal
pleitegeht, bei 20,83 Prozent; in diesem Fall wird es ebenfalls zwei
weitere Konkurse geben. Wir haben keine Statistik zu wiederholten
Konkursen finden können. Es gibt gesetzliche Grenzen dafür, wie
oft eine Person Konkurs anmelden und eine völlige Entschuldung
erhalten kann.

70 Matthew Desmond, »Eviction and the Reproduction of Urban Poverty«, in: *American Journal of Sociology* 118, Nr. 1 (Juli 2012): S. 88–133. Desmond stellte fest, dass in einer Stadt mit 600 000 Einwohnern in einem durchschnittlichen Jahr rund 16 000 Erwachsene und Kinder ihre Wohnung verlassen mussten (S. 91). Die Zwangsräumungsrate gemessen an den belegten Mietwohnungen lag bei 3,5 Prozent auf dem gesamten Stadtgebiet und bei 7,2 Prozent in Vierteln mit einem hohen Anteil armer Haushalte (S. 97). Desmond beschreibt die Schwierigkeiten von Personen, die eine Zwangsräumung über sich ergehen lassen müssen. Das Gerichtsurteil macht es schwer, eine neue Mietwohnung zu finden. Selbst wenn diese Zahlen aus einem unbekannten Grund zu hoch sein sollten, kann an einer Tatsache kein Zweifel bestehen: Viele Familien werden aus ihrer Wohnung geworfen und haben Probleme, eine neue Unterkunft zu finden.

71 John Maynard Keynes, »Economic Possibilities for Our Grandchildren«, in: *Essays in Persuasion* (London: Macmillan, 1931), S. 358–373.

72 Ebd., S. 365. Für die Beurteilung des Wachstums des Pro-Kopf-Einkommens in den USA zogen wir Angus Maddisons Berechnungen für die Jahre 1930 bis 2000 heran (»US Real Per Capita GDP from 1870–2001«, 24. September 2012, abgerufen am 1. Dezember 2014, http://socialdemocracy21stcentury.blogspot.com/2012/09/us-real-per-capita-gdp-from-18702001.html). Wir verwendeten die nicht verketteten gewichteten BIP-Schätzungen des Council of Economic Advisors', vgl. *Economic Report of the President 2013*, Tabelle B-2 für das Einkommenswachstum von 2000 bis 2010 und Tabelle B-34 für das Bevölkerungswachstum (abgerufen am 1. Dezember 2014, http://www.whitehouse.gov/sites/default/files/docs/erp2013/full_2013_economic_report_of_the_president.pdf). Diese Berechnung ergab ein Verhältnis von 1 zu 5,6 zwischen dem Pro-Kopf-Einkommen im Jahr 1930 und dem Einkommen von 2010.

73 Keynes, »Economic Possibilities«, S. 369.

74 Ebd., S. 366f.

75 Für eine Beschreibung des Mangels an Freizeit, unter dem die moderne amerikanische Hausfrau leidet, vgl. Arlie Russell Hochschild,

The Second Shift: Working Parents and the Revolution at Home (New York: Viking, 1989).

76 Für den Text vgl. http://www.oldielyrics.com/lyrics/patti_page/how_much_is_that_doggy_in_the_window.html. Zuletzt aufgerufen am 5. November, 2014.

77 Paco Underhill, *Warum kaufen wir? Die Psychologie des Konsums* (München: Econ, 2000), S. 86.

78 Vgl. z. B. Oren Bar-Gill und Elizabeth Warren, »Making Credit Safer«, in: *University of Pennsylvania Law Review* 157, Nr. 1 (November 2008): S. 1–101. Bar-Gill und Warren nennen zahlreiche Beispiele für die Arten von Phishing auf dem Markt für Konsumentenkredite, und zwar in Zusammenhang mit Kreditkarten, aber auch anderen Formen des Kredits.

79 Zu den makroökonomischen Zusammenhängen vgl. Alan S. Blinder, *After the Music Stopped: The Financial Crisis, The Response, and the Work Ahead* (New York: Penguin Press, 2013). Zur Finanzspekulation vgl. Roddy Boyd, *Fatal Risk: A Cautionary Tale of AIG's Corporate Suicide* (Hoboken, NJ: Wiley, 2011); William D. Cohan, *Money and Power: How Goldman Sachs Came to Rule the World* (New York: Doubleday, 2011); Greg Farrell, *Crash of the Titans: Greed, Hubris, the Fall of Merrill Lynch, and the Near-Collapse of Bank of America* (New York: Crown Business, 2010); Kate Kelly, *Street Fighters: The Last 72 Hours of Bear Stearns, the Toughest Firm on Wall Street* (New York: Penguin, 2009); Michael Lewis, *Boomerang: Europas harte Landung* (München: Goldmann, 2013); sowie *The Big Short: Wie eine Handvoll Trader die Welt verzockte* (München: Goldmann, 2011). Zu Fannie Mae und Freddie Mac vgl. Lawrence G. McDonald mit Patrick Robinson, *Dead Bank Walking: Wie Lehman Brothers zusammenbrach* (Hamburg: Hoffmann und Campe, 2010); Gretchen Morgenson Joshua A. Rosner, *Reckless Endangerment: How Outsized Ambition, Greed, and Corruption Lediglich to Economic Armageddon* (New York: Times Books/Henry Holt, 2011). Zum amerikanischen Finanzministerium vgl. Henry M. Paulson, *On the Brink: Inside the Race to Stop the Collapse of the Global Financial System* (New York: Business Plus, 2010); Robert J. Shiller, *Die Subprime Solution:*

Wie wir in die Finanzkrise hineingeraten sind – und was wir jetzt tun sollten (Kulmbach: Börsenmedien, 2008); Andrew Ross Sorkin, *Die Unfehlbaren: Wie Banker und Politiker nach der Lehman-Pleite darum kämpften, das Finanzsystem zu retten – und sich selbst* (München: Goldmann, 2012). Zum Finanzsystem vgl. Raghuram Rajan, *Fault Lines – Verwerfungen: Warum sie noch immer die Weltwirtschaft bedrohen und was jetzt zu tun ist* (München: FinanzBuch Verlag, 2012). Gillian Tett, *Fool's Gold: How the Bold Dream of a Small Tribe at J. S. Morgan Was Corrupted by Wall Street Greed* (New York: Free Press, 2009); und David Wessel, *Die große Panik: Das Wettrennen zur Rettung der Weltwirtschaft* (München: FinanzBuch Verlag, 2009). Besonders nützlich ist der bemerkenswert klare und gut dokumentierte *Financial Crisis Inquiry Report: Final Report of the National Commission on the Causes of the Financial and Economic Crisis in the United States* (Washington, DC: Government Printing Office, 2011), http://www.gpo.gov/fdsys/pkg/GPO-FCIC/pdf/GPO-FCIC.pdf. Die genannten Bücher lieferten wertvolle Hintergrundinformationen zur interpretierenden Darstellung in diesem Kapitel.

80 Carl Shapiro, »Consumer Information, Product Quality, and Seller Reputation«, in: *Bell Journal of Economics* 13, Nr. 1 (1982): S. 20–35.

81 Tobias Adrian und Hyun Song Shin, »Liquidity and Leverage«, in: *Journal of Financial Intermediation* 19, Nr. 3 (Juli 2010): S. 418–37. Adrian und Shin berechneten ab verschiedenen Zeitpunkten in den neunziger Jahren (je nach Bank unterschiedlich) bis zum ersten Quartal 2008 die durchschnittlichen Bilanzen der fünf führenden Investmentbanken Bear Stearns, Goldman Sachs, Lehman Brothers, Merrill Lynch und Morgan Stanley. Diese Banken hatten Vermögenswerte von durchschnittlich 345 Milliarden USD, durchschnittliche Verbindlichkeiten von 331 Milliarden USD und ein durchschnittliches Eigenkapital von 13,3 Milliarden USD. Vgl. Tabelle 2, »Investment Bank Summary Statistics«.

82 Vgl. u. a. Paulson, *On the Brink*, sowie Blinder, *After the Music Stopped*.

83 Vgl. Charles Ellis, *The Partnership: The Making of Goldman Sachs* (New York: Penguin Press, 2008), S. 97. Wir haben uns auf Ellis' bemerkenswert präzise und detaillierte Darstellung der Vorgänge in dieser

Finanzfirma gestützt. Derartige Darstellungen sind selten, weil die Beteiligten anonym bleiben wollen.

84 Goldman Sachs, *Annual Report* 2005, S. 65, Tabelle »Consolidated Statement of Financial Conditions«, abgerufen am 6. Dezember 2014, http://www.goldmansachs.com/investor-relations/financials/archived/annual-reports/2005-annual-report.html. Goldman hatte ein Eigenkapital von 28,002 Milliarden Dollar und hielt 706,804 Milliarden Dollar an Vermögenswerten.

85 Council of Economic Advisors, *Economic Report of the President* 2007, Tabelle B-26, http://www.gpo.gov/fdsys/pkg/ERP-2007/pdf/ERP-2007.pdf. Dieser Faktor wurde später im 2013 veröffentlichten Bericht geringfügig auf 12,2 erhöht.

86 Beschrieben von Ellis in *The Partnership*; vgl. Kap. 4, »Ford: The Largest IPO«, S. 53–72.

87 Die steuerliche Lage war problematisch, da die Familie ihr Monopol auf die Stimmrechte aufgab und die Stiftung von nun an Dividenden kassieren würde. Ebd., S. 55.

88 Ebd., S. 6of.

89 Ebd., S. 185.

90 Vgl. ebd., S. 347, wo wir auch erfahren, dass »die Regeln für die Teilnahme am Konsortium eher denen einer Studentenverbindung als denen eines geschäftlichen Zusammenschlusses ähnelten, in dem Leistung bezahlt wird«.

91 Zum Zeitpunkt des Crashs trauerte Michael M. Thomas der guten alten Zeit nach, als die bei Moody's für die Bewertung von Anleihen Verantwortlichen, Albert Esokait und Dominic de Palma, »gewissenhaft und unbestechlich« gewesen seien. Thomas, »Rated by Idiots«, in: *Forbes*, 16. September 2008.

92 Ellis, *The Partnership*, S. 103.

93 Ebd., vgl. S. 114 für die Zahlung sowie für die Einschätzung, der Zahlungsausfall hätte das Kapital der Firma aufzehren können, sowie S. 103 für die Einschätzung, dass das gesamte Kapital im Unternehmen den Partnern gehörte.

94 Ellis, *The Partnership*, S. 569f. erklärt, dass zum Zeitpunkt von Gold-

mans Börsengang viele Mitarbeiter »mehr als 85 Prozent ihres gesamten Vermögens in die Firma investiert hatten«. Daher hatten
die Partner auch dann, als die Haftung beschränkt wurde, im Fall
einer Insolvenz immer noch viel zu verlieren.

95 »Today Is Moving Day for Goldman Sachs«, in: *New York Times*, 1.
April 1957.

96 Goldman Sachs, »Who We Are«, »What We Do«, und »Our Thinking«, alle abgerufen am 1. Dezember 2014, http://www.goldman-
sachs.com/index.html.

97 Quelle für das Datum der Eröffnung: »200 West Street«, *Wikipedia*,
abgerufen am 22. Oktober 2014, http://en.wikipedia.org/wiki/200_
West_Street.

98 Paul Goldberger, »The Shadow Building: The House That Goldman
Built«, in: *New Yorker*, 17. Mai 2010, abgerufen am 22. Oktober 2014,
http://www.newyorker.com/magazine/2010/05/17/shadow-buil-
ding.

99 Wir danken Zoltan Pozsar dafür, dass er sein Wissen über die Abhängigkeit der Arrangements der Banken von der Sorge der Unternehmen, sie könnten bei einem Zahlungsausfall ihrer Geschäftsbank einen Großteil ihrer Einlagen verlieren, mit uns geteilt hat.
Quelle: Gespräche mit George Akerlof beim Internationalen Währungsfonds in den Jahren 2010–11.

100 Catherine Clifford und Chris Isidore, »The Fall of IndyMac«, Cable News Network, 13. Juli 2008, abgerufen am 1. Dezember 2014,
http://money.cnn.com/2008/07/12/news/companies/indymac_
fdic/.

101 Vgl. Ellis, *The Partnership*, S. 78.

102 Ebd., S. 5.

103 Cohan, *Money and Power*, S. 602.

104 Vgl. Moody's, »Moody's History: A Century of Market Leadership«,
abgerufen am 9. November 2014, https://www.moodys.com/Pages/
atco01.aspx. »Der Beweggrund für diese Änderung war und ist,
dass die Emittenten dafür bezahlen sollten, dass ihnen die Ratings
den Marktzugang sehr erleichterten.« Die übrigen Mitglieder der

Großen Drei verhielten sich anscheinend genauso. Christopher Alessi, Roya Wolverson und Mohammed Aly Sergie, »The Credit Rating Controversy«, Council on Foreign Relations, Backgrounder, aktualisiert am 22. Oktober 2013, abgerufen am 8. November 2014, http://www.cfr.org/financial-crises/credit-rating-controversy/p22328.

105 Die in den Senatsanhörungen zum Thema »Wall Street und die Finanzkrise« gesammelten Beweise deuten darauf hin, dass sich »der von den Investmentbanken ausgeübte Druck häufig auf die Bewertungen auswirkte, so dass die Banken eine bessere Behandlung erhielten als ansonsten der Fall gewesen wäre«. US Senate, Committee on Homeland Security and Government Affairs, Permanent Subcommittee on Investigations, Wall Street and the Financial Crisis: Anatomy of a Financial Collapse, Majority and Minority Staff Report, 13. April 2011, S. 278, http://www.hsgac.senate.gov//imo/media/doc/Financial_Crisis/FinancialCrisisReport.pdf?attempt=2.

106 Beispielsweise heißt es im Financial Crisis Inquiry Report (S. 126): »Die Ratingagenturen wurden weder von der Börsenaufsicht SEC noch von einer anderen Regulierungsbehörde ausreichend überwacht, um die Qualität und Genauigkeit ihrer Bonitätseinstufungen zu gewährleisten. Moody's, an dessen Beispiel die Branche untersucht wurde, verwendete mangelhafte und veraltete Modelle, bewertete hypothekenbesicherte Wertpapiere falsch, unterließ eine sorgfältige Prüfung der Vermögenswerte, auf denen diese Wertpapiere beruhten, und bediente sich dieser Modelle auch noch, als klar geworden war, dass sie fehlerhaft waren.«

107 Kristopher Gerardi, Andreas Lehnert, Shane M. Sherlund und Paul Willen, »Making Sense of the Subprime Crisis«, Brookings Papers on Economic Activity (Herbst 2008): S. 69–139. Die Autoren betrachten die Unfähigkeit, zukünftige Preisrückgänge vorauszusehen, als Hauptgrund für die überhöhten Bewertungen. Der anschließende deutliche Rückgang der Hauspreise wurde als »Kernschmelze« bezeichnet, die als ausgesprochen unwahrscheinlich betrachtet worden war (S. 142).

108 *Financial Crisis Inquiry Report*, S. xxv. Zudem wurden 80 Prozent der minderwertigen Hypotheken in Conduits gepackt, welche die Note AAA erhielten, und 95 Prozent erhielten die Bonitätseinstufung A oder höher. Vgl. Charles W. Calomiris, »The Subprime Crisis: What's Old, What's New, and What's Next«, Arbeitspapier für das Federal Reserve Bank of St. Louis Economic Symposium, »Maintaining Stability in a Changing Financial System«, Jackson Hole, WY, August 2008, S. 21. Im *Financial Crisis Inquiry Report* (S. xxv) heißt es:»Sie werden auch über die Faktoren lesen, die dem Zusammenbruch bei Moody's zu Grunde lagen, darunter fehlerhafte Computermodelle, der Druck der Finanzfirmen, die für die Ratings bezahlten, der unablässige Kampf um Marktanteile, die trotz Rekordgewinnen unzureichenden Mittel für eine sorgfältige Prüfung und das Fehlen einer richtigen Aufsicht.«

109 US Senate, Committee on Homeland Security and Government Affairs, Permanent Subcommittee on Investigations, *Wall Street and the Financial Crisis*, S. 245.

110 Lewis, *The Big Short*.

111 Aufmerksam gemacht wurde er durch die großen Leerverkäufe von hypothekarisch besicherten Wertpapieren durch John Paulson. Anschließend führte er anhand eines von ihm selbst entwickelten Modells eine Analyse durch. Cohan, *Money and Power*, S. 493ff.

112 Ebd., S. 567.

113 Ebd., S. 595.

114 Associated Press, »Timeline of United Airlines' Bankruptcy«, in: *USA Today*, 1. Februar 2006, abgerufen am 9. November 2014, http://usatoday30.usatoday.com/travel/flights/2006-02-01-united-timeline_x.htm; BloombergNews, »United Airlines Financial Plan Gains Approval from Creditors«, in: *New York Times*, 31. Dezember 2005; und Micheline Maynard, »United Air Wins Right to Default on Its Employee Pension Plans«, in: *New York Times*, 11. Mai 2005.

115 Vgl. Ellis, *The Partnership*, S. 2, Fußnote.

116 Bloomberg News, »Cuomo Announces Reform Agreements with 3 Credit Rating Agencies«, 2. Juni 2008, http://www.bloomberg.

com/apps/news?pid=newsarchive&sid=a1N1TUVbL2bQ. Die Vereinbarung galt 42 Monate lang, vgl. Michael Virtanen,»NY Attorney General Looks at Ratings Agencies«, Associated Press, 8. Februar 2013, abgerufen am 21. März 2014. http://bigstory.ap.org/article/ny-attorney-general-looks-ratings-agencies-0.

117 Danielle Carbone,»The Impact of the Dodd-Frank Act's Credit-Rating Agency Reform on Public Companies«, in: *Corporate and Securities Law Advisor* 24, Nr. 9 (September 2010): S. 1–7, http://www.shearman.com/~/media/Files/NewsInsights/Publications/2010/09/The-Impact-of-the-DoddFrank-Acts-Credit-Rating-A__/Files/View-full-article-The-Impact-of-the-DoddFrank-Ac__/FileAttachment/CM022211InsightsCarbone.pdf.

118 Boyd, *Fatal Risk.*

119 *Financial Crisis Inquiry Report*, S. 141 und 267.

120 Ebd., S. 267.

121 Ebd., S. 141.

122 Ebd.

123 Ebd.

124 Boyd, *Fatal Risk*, S. 196.

125 Ebd., S. 182.

126 *Financial Crisis Inquiry Report*, S. 347–50.

127 US Department of the Treasury,»Investment in AIG«, abgerufen am 11. März 2015, http://www.treasury.gov/initiatives/financial-stability/TARP-Programs/aig/Pages/status.aspx.

128 Diese Zahl nennt René M. Stulz für den 30. Juni 2008. Vgl. Stulz,»Credit Default Swaps and the Credit Crisis«, in: *Journal of Economic Perspectives* 24, Nr. 1 (Winter 2010): S. 80.

129 Ebd., S. 82.

130 Lemelson Center,»Edison Invents!«, Kopie in den Akten der Autoren. Ursprünglich verfügbar bei: http://invention.smithsonian.org/centerpieces/edison/000_story_02.asp.

131 Vgl. Roger C. Schank und Robert S. Abelson, *Scripts, Plans, Goals, and Understanding: An Inquiry into Human Knowledge Structures* (Hillsdale, NJ: L. Erlbaum Associates, 1977).

132 Unsere Einschätzung deckt sich mit Jerome Bruners Deutung der narrativen Psychologie: »Die Handlung beruht auf Überzeugung, Begehren und moralischem Engagement.« Und: »Um den Menschen zu verstehen, muss man verstehen, wie seine Erfahrungen und Handlungen von seinen Absichten geprägt werden.« Vgl. Bruner, *Acts of Meaning: Four Lectures on Mind and Culture* (Cambridge, MA: Harvard University Press, 1990), S. 23 und 33. Was Bruner als »sich unentwegt wandelnden Entwurf unserer Autobiographie in unserem Geist« beschreibt (S. 33), hat also großen Einfluss auf unser Handeln. Wir bezeichnen diese »Autobiographie in unserem Geist« als die »Geschichten«, die sich die Menschen selbst erzählen und die ihre Entscheidungen prägen. Bruner hebt den Einfluss der »Kultur« auf diese Geschichten hervor, während wir Kultur lediglich als eine von vielen Determinanten betrachten. Für eine Auseinandersetzung mit der »narrativen Psychologie« vgl. auch Michele L. Crossley, »Introducing Narrative Psychology«, in: Christine Horrocks, Kate Milnes, Brian Roberts und David Robinson (Hg.), *Narrative, Memory and Life Transitions*, (Huddersfield: University of Huddersfield Press, 2002), S. 1–13. Für diese Funktion von Geschichten gibt es in der Ökonomie einen Präzedenzfall. Einer der Autoren (Bob) hat sich mit der Frage beschäftigt, wie die epidemische Ausbreitung von Geschichten zur Entstehung von Spekulationsblasen beiträgt; vgl. Robert J. Shiller, *Irrationaler Überschwang* (Kulmbach: Plaassen, 2015), z. B. S. 185–187. Dieselbe Frage war auch ein wichtiges Thema in unserem gemeinsamen Buch *Animal Spirits: Wie Wirtschaft wirklich funktioniert* (Frankfurt a. M.: Campus, 2009). Geschichten stehen auch in Zusammenhang mit der Identitätsökonomie, die George gemeinsam mit Rachel Kranton beschrieben hat, vgl. »Economics and Identity«, in: *Quarterly Journal of Economics* 115, Nr. 3 (August 2000): S. 715–53, sowie *Identity Economics: How Our Identities Shape Our Work, Wages, and Well-Being* (Princeton: Princeton University Press, 2010). Im Bereich der Identitätsökonomie würde das, was Bruner als »Autobiographie in unserem Kopf« bezeichnet, die »soziale Kategorie«, die beschreibt, »wer

ein Mensch ist«, sowie die Normen beinhalten, die sich auf ihn auswirken. Und selbstverständlich wirken sich sowohl die soziale Kategorie als auch die Normen auf die Absichten eines Menschen aus. Es deckt sich mit Bruners Beschreibung der narrativen Psychologie, dass sich die »Geschichten«, die sich die Menschen selbst erzählen, auf ihre Handlungen auswirken. Wie ein Mensch seine soziale Kategorie und die dafür geltenden Normen einschätzt, kann sich teilweise sehr schnell ändern, und die Identitätsökonomie erfasst das, was Bruner als Veränderungen in diesen Narrationen bezeichnet. Mit diesen Veränderungen befassen wir uns in diesem Buch. Es gibt auch neuere Beiträge zum Einsatz der narrativen Psychologie in der Identitätsökonomie. Steven Bosworth, Tania Singer und Dennis J. Snower ordnen der Identität nicht nur die »Lebensgeschichten« zu, sondern auch Geschichten von sehr viel höherer Frequenz (»zeitlich, räumlich, situativ und in Bezug auf die soziale Rolle kontextualisierte persönliche Anpassungen«); vgl. ihre Arbeit »Cooperation, Motivation and Social Balance« (vorgelegt beim Treffen der American Economic Association, Boston, 3. Januar 2015). Sie heben also die Veränderlichkeit der Identität hervor. Paul Collier verwendet den Begriff der *Narrationen* in einem engeren Sinn für die spezifischen Geschichten an sich, behandelt jedoch denselben Gegenstand, denn er beschäftigt sich mit dem Wechselspiel zwischen »Identitäten, Narrationen und Normen« und hebt hervor, dass alle drei durch soziale Netze vermittelt werden. Vgl. Collier, »The Cultural Foundations of Economic Failure: A Conceptual Toolkit« (Mimeo, Oxford University, Februar 2015), S. 6. Collier hebt hervor, dass die »Narrationen« ebenso wichtig sein können wie die »Beobachtung« (S. 5).

133 Im führenden Marketinglehrbuch *Principles of Marketing* (Upper Saddle River: Prentice Hall, 2010) geben Philip Kotler und Gary Armstrong eine Beschreibung der Werbung, die weitgehend unserer Darstellung in diesem Kapitel entspricht. In ihrer Fallstudie über OgilvyOne schreiben sie: »In der Werbung geht es nicht darum, Preise zu gewinnen, ja nicht einmal darum, dass die Werbung

dem Publikum gefällt. Vielmehr geht es darum, die Menschen dazu zu bewegen, nach der Auseinandersetzung mit der Werbung auf eine bestimmte Art zu denken, zu fühlen oder zu handeln. Egal, wie unterhaltsam oder künstlerisch wertvoll Werbung ist, ist sie nur dann kreativ, wenn man das Produkt damit verkaufen kann.« (S. 460) Es sollte auch erwähnt werden, dass die Werbung nur einer von mehreren Teilen des umfassenderen Gebiets des Marketing ist, wie Kotler und Armstrong es definieren. Das Kapitel, in dem sich diese Autoren mit Werbung und PR beschäftigen, macht nur knapp fünf Prozent des Buchs aus.

134 Hier die zweite Strophe:
I must take a trip to California
And leave my poor sweetheart alone
If he has a dog he won't be lonesome
And the doggie will have a good home.
Anschließend wird der Nutzen des Hündchens für ihren »Schatz« beschrieben, denn das Bellen des Tiers wird Einbrecher abschrecken. http://www.oldielyrics.com/lyrics/patti_page/how_much_is _that_doggy_in_the_window.html.

135 Jane Austen, Stolz und Vorurteil (Berlin: Insel, 2011), Kap. 57.

136 Verschiedene Statistiken vermitteln einen Eindruck von der wirtschaftlichen Bedeutung der Werbung und von ihrer Verbreitung, obwohl die verschiedenen Schätzungen voneinander abweichen. Gemäß dem Coen Structured Advertising Expenditure Dataset (www.galbithink.org/cs-ad-dataset.xls), das auf einer langjährigen historischen Reihe beruht, lagen die Gesamtausgaben für Werbung im Jahr 1970 bei 19,55 Milliarden USD, was etwa 1,9 Prozent des BIP von 1,0383 Billion USD entsprach. Bis 2007 stiegen die Ausgaben für Werbung auf 279,612 Milliarden USD oder 2,0 Prozent des BIP (14,0287 Billionen USD). Das bedeutet, dass der Anteil der Werbeausgaben am Bruttoinlandsprodukt gestiegen ist, wenn auch nicht dramatisch, sondern lediglich um etwa fünf Prozent. Aber die Verteilung auf die verschiedenen Werbeträger hat sich sehr wohl dramatisch geändert, vor allem zu Lasten der

Printmedien. Anhand der einschlägigen Abschnitte des Datensatzes stellten wir Folgendes fest: Zeitungen und Zeitschriften, auf die im Jahr 1970 noch 35,79 Prozent der Werbeausgaben entfielen, hatten im Jahr 2007 nur noch einen Anteil von 20 Prozent, was bedeutet, dass ihr Anteil um fast 45 Prozent gesunken war. Auf der anderen Seite hatten Radio und TV ihren Anteil im selben Zeitraum von 25,1 Prozent auf 32,2 Prozent erhöht. Auch der Marktanteil der Postwurfsendungen war um mehr als 50 Prozent von 14,1 auf 21,5 Prozent gestiegen. (Im weiteren Verlauf des Kapitels werden wir sehen, worauf dieser Zuwachs der Direktwerbung zurückzuführen ist.) Aus den Daten geht hervor, dass im Jahr 2007 noch weniger als vier Prozent der Werbeeinnahmen (10,5 Mrd. USD) auf das Internet entfielen, aber seit damals hat sich die Situation rasant gewandelt. Die von uns beschriebenen Veränderungen und eine Gesamtschätzung des Umfangs der Werbung gemessen am BIP dürften ein weitgehend zutreffendes Gesamtbild liefern, aber die genauen Zahlen sollten mit Vorsicht betrachtet werden. Beispielsweise wird der Umfang der Internetwerbung im Jahr 2007 in einer anderen Quelle mit 21,2 Mrd. USD doppelt so hoch eingeschätzt. Vgl. Interactive Advertising Bureau, *Internet Advertising Revenue Report: 2013 Full-Year Results*, Studie von PricewaterhouseCoopers (PwC), abgerufen am 7. März 2015, http://www. iab.net/media/file/IAB_Internet_Advertising_Revenue_Report_ FY_2013.pdf. Seit damals sind die Einnahmen aus Internetwerbung derselben Quelle zufolge bis 2013 auf 42,8 Mrd. USD gestiegen und haben sich damit mehr als verdoppelt. Diese Einnahmen sind höher als die im Jahr 2007 mit Zeitungswerbung erzielten (42,1 Mrd. USD); vgl. Coen Structured Advertising Expenditure Dataset. Für eine andere Quelle zu den Einnahmen mit Zeitungswerbung vgl. Newspaper Association of America, »The American Newspaper Media Industry Revenue Profile 2012«, 8. April 2013, abgerufen am 7. März 2015, http://www.naa.org/trends-and-numbers/newspaper-revenue/newspaper-media-industry-revenue-profile-2012.aspx.

137 Jeffrey L. Cruikshank und Arthur W. Schultz, *The Man Who Sold America* (Boston: Harvard Business Review Press, 2010), S. 17.

138 »The Personal Reminiscences of Albert Lasker«, in: *American Heritage* 6, Nr. 1 (Dezember 1954), abgerufen am 21. Mai 2015. http://www.americanheritage.com/content/personal-reminiscences-albert-lasker?page=2.

139 Cruikshank und Schultz, *The Man Who Sold America*, S. 31–32.

140 Ebd., S. 33.

141 Für eine spätere Variante der Anzeige vgl. ebd., Bild zwischen S. 152 und 153.

142 Ebd., S. 52.

143 »The Propaganda for Reform«, in: *Journal of the American Medical Association* 61, Nr. 18 (November 1, 1913): S. 1648.

144 Claude Hopkins, *My Life in Advertising and Scientific Advertising: Two Works by Claude C. Hopkins* (New York: McGraw Hill, 1997), S. 20.

145 Ebd., S. 43f.

146 Ebd., S. 46f.

147 Ebd., S. 61.

148 Cruikshank und Schultz, *The Man Who Sold America*, S. 95.

149 Ebd., S. 91f.

150 Ebd., S. 97.

151 Stephen R. Fox, *The Mirror Makers: A History of American Advertising and Its Creators* (Urbana: University of Illinois Press, 1984), S. 192.

152 Cruikshank und Schultz, *The Man Who Sold America*, S. 100.

153 Ebd., S. 106.

154 In *Scientific Advertising* erläutert Hopkins den Einsatz von Kupons und die Anwendung der wissenschaftlichen Methode im Allgemeinen (*My Life in Advertising and Scientific Advertising*, S. 215f.).

155 Cruikshank und Schultz, *The Man Who Sold America*, S. 115–21.

156 David Ogilvy, *Geständnisse eines Werbemannes* (München: Econ, 1991), S. 10.

157 Ebd., S. 39f.

158 Ebd., S. 35 und 41.

159 Ebd., S. 35.

160 Vgl. David Ogilvy, *Ogilvy über Werbung* (Düsseldorf, Wien: Econ, 1984), S. 10f.

161 Ebd., S. 59 und 79.

162 Fox, *The Mirror Makers*, S. 231.

163 Ogilvy, *Geständnisse eines Werbemanns*, S. 16of. Ogilvy spricht hier vom »story appeal«: »Harold Rudolph bezeichnet dieses wunderbare Element in der Werbung als ›story appeal‹ und weist nach, dass mehr Leute Ihre Anzeige aufmerksam betrachten, je mehr von diesem ›story appeal‹ darin enthalten ist.« (S. 160).

164 Hopkins, *My Life in Advertising and Scientific Advertising*, S. 34.

165 Ogilvy, *Geständnisse eines Werbemanns*, S. 7.

166 Er stellte fest: »Das wichtigste Wort im Vokabular der Werbung ist TEST.« Ebd., S. 116.

167 Zwei neuere Arbeiten – Song Han, Benjamin Keys, und Geng Li, »Credit Supply to Bankruptcy Filers: Evidence from Credit Card Mailings« (U.S. Federal Reserve Board, Finance and Economics Discussion Paper Series Paper No. 2011-29, 2011), http://www.federalreserve.gov/pubs/feds/2011/201129/201129pap.pdf, sowie Hong Ru und Antoinette Schoar, »Do Credit Card Companies Screen for Behavioral Biases?« (vorgelegt beim Treffen der American Finance Association, Januar 2014) – illustrieren, wie die Privatwirtschaft Big Data einsetzt. Kreditkartenfirmen nehmen mit ihren Angeboten gezielt verschiedene Konsumenten ins Visier. Beispielsweise bieten sie geringe Einstiegszinsen (die in den Angeboten hervorgehoben werden) mit späteren Anstiegen (die im Kleingedruckten erwähnt werden) systematisch ärmeren und weniger gebildeten Konsumenten an, weil bei dieser Kundengruppe die Wahrscheinlichkeit geringer ist, dass sie versteht, was sie unterschreibt. Ru und Schoar berichten auch, dass die Kreditkartenfirmen in den Vereinigten Staaten im Jahr 2006, also kurz vor der Finanzkrise, jeden Monat 600 Millionen Kreditkartenangebote verschickten. Der durchschnittliche Erwachsene in den Vereinigten Staaten hätte jedes Jahr 36 neue Kreditkarten bekommen können. Dieses Überangebot trug zu den Gesamtkosten der Kreditkarten bei, mit

denen wir uns im nächsten Kapitel befassen werden. Die Kosten für das Verschicken von hunderten Millionen Angeboten mussten die Unternehmen bei den übrigen Kunden hereinholen.

168 Vgl. John A. Morello, *Selling the President, 1920: Albert D. Lasker, Advertising and the Election of Warren G. Harding* (Westport, CT: Praeger, 2001), Kindle-Positionen 831–48 von 1801.

169 Ebd., Kindle-Positionen 1074–84.

170 Ebd., Kindle-Positionen 942–90.

171 Sasha Issenberg, *The Victory Lab: The Secret Science of Winning Campaigns* (New York: Crown/Random House, 2012), S. 244ff. Die Zahl von 100 Millionen Wählern stammt aus dem vorhergehenden Präsidentschaftswahlkampf im Jahr 2008; im Jahr 2012 war sie erneut gestiegen.

172 Issenberg beschreibt, wie die Daten verwendet wurden. Er erklärt, dass das Verhalten der nicht befragten Wähler »simuliert« wurde. Ebd., S. 248.

173 Issenberg erklärt diese Technik. Ebd., S. 129f.

174 Ronald B. Tobias, *20 Masterplots: Woraus Geschichten gemacht sind* (Frankfurt a. M.: Zweitausendeins, 1999), S. 174.

175 Wie bereits erwähnt (Vorwort, Anm. 20), verwenden wir den Terminus *Abzocke*, um Transaktionen zu beschreiben, in denen die Konsumenten einen überhöhten Preis für Dienstleistungen bezahlen.

176 Zahl der verkauften Autos (Gebrauchtwagen) geteilt durch die Zahl der Haushalte. Im Jahr 2013 verkaufte Neuwagen: 15,6 Mio. (Zacks Equity Research, »Strong U.S. Auto Sales for 2013«, 6. Januar 2014, abgerufen am 1. Dezember 2014, http://www.zacks.com/stock/news/118754/strong-us-auto-sales-for-2013). Im Jahr 2013 verkaufte Gebrauchtwagen: 41 Mio. (Keith Griffin, »Used Car Sales Figures from 2000 to 2014«, abgerufen am 1. Dezember 2014, http://used-cars.about.com/od/research/a/Used-Car-Sales-Figures-From-2000-To-2014.htm). Zahl der US-Haushalte (einschließlich von Einpersonenhaushalten), 2013: 122,5 Mio. (US Census Bureau, »America's Families and Living Arrangements: 2013«, Tabelle H1, abgerufen

am 1. Dezember 2014, https://www.census.gov/hhes/families/data/
cps2013.html).

177 Ian Ayres und Peter Siegelman, »Race and Gender Discrimination
in Bargaining for a New Car«, American Economic Review 85, Nr. 3
(Juni 1995): S. 304–21.

178 Ebd., S. 309, Tabelle 2. Die Dollarangaben beruhen auf den Preisen
von 1989, die an das Jahr 2014 angepasst wurden. Wir nehmen an,
dass die Studie im Jahr 1989 durchgeführt wurde. Wir haben den be-
reinigten Verbraucherpreisindex des Bureau of Labor Statistics herangezogen: http://data.bls.gov/cgi-bin/cpicalc.pl?cost1=635.6&ye-
ar1=1989&year2=2014. Abgerufen am am 25. März 2014. Wir geben
die linearen Gewinnzahlen an.

179 Ayres und Siegelman, »Race and Gender Discrimination«, Tabelle
2.

180 Ibid, S. 317.

181 Wir nahmen an, dass die Verteilung der endgültigen angebotenen
Preise eine verkürzte Normalverteilung war, wobei der Preis exakt
am Null-Profit-Punkt liegt, unterhalb dessen der Händler auf einen
Geschäftsabschluss verzichten würde.

182 Ian Ayres, »Fair Driving: Gender and Race Discrimination in Retail
Car Negotiations«, in: Harvard Law Review 104, Nr. 4 (Februar 1991):
S. 854.

183 Wir wollen einmal mehr betonen, dass wir unter Abzocke verstehen, dass die Konsumenten einen überhöhten Preis für Güter und
Dienstleistungen bezahlen.

184 Vgl. US Census Bureau, Statistical Abstracts of the United States, 2012,
Tabelle 992, »Homeownership Rates by Age of Householder and
Household Type: 1990 to 2010«, abgerufen am 22. Mai 2015, https://
www.census.gov/compendia/statab/2012/tables/12s0992.pdf.   Im
Jahr 2010 besaßen 80,4 Prozent der Amerikaner zwischen 60 und
64 Jahren ihr eigenes Haus.

185 Der Zeitraum von 24 Jahren kann überraschend lang scheinen, da
es eine sehr viel besser bekannte Statistik gibt, die etwas ganz anderes besagt. Sie vermittelt den falschen Eindruck, dass die Ame-

rikaner sehr viel mobiler sind. Wie gesagt, besagt diese Zahl nicht, wie lange die *Hauseigentümer* im Durchschnitt in ihrem gegenwärtigen Haus bleiben, sondern wie lange die gegenwärtigen *Käufer* in dem Haus bleiben werden, das sie kaufen. Die beiden Zahlen sind aus gutem Grund sehr unterschiedlich: Die Aufenthaltsdauer jener, die häufiger Häuser *kaufen*, wird größeren Einfluss auf die durchschnittliche Verweildauer der *Käufer* haben. Beispielsweise werden Personen, die alle zwei Jahre ein Haus kaufen, ein zwölfmal höheres Gewicht haben als solche, die nur alle 24 Jahre ein Haus kaufen; der einfache Grund dafür ist, dass sie zwölfmal öfter ein Haus kaufen. Aber um uns ein Bild davon machen zu können, wie oft die Menschen umziehen, hat es keinen Sinn, uns anzusehen, wie lange die *Käufer* in einem gekauften Haus bleiben. Vielmehr wollen wir wissen, wie lange typische *Menschen* (oder typische Hauseigentümer) in dem Haus bleiben, das sie bewohnen. Daher ist es richtig, die durchschnittliche Verweildauer der gegenwärtigen Bewohner zum Zeitpunkt des Auszugs zu messen. Wir berechneten den Wert von »mehr als 24 Jahren« anhand der Verteilung der gegenwärtigen Verweildauer bei vom Eigentümer bewohnten Häusern, von der Peter Mateyka und Matthew Marlay berichten. Vgl. Mateyka und Marlay, »Residential Duration by Race and Ethnicity: 2009« (beim Jahrestreffen der American Sociological Association vorgelegtes Papier, Las Vegas, 2011), S. 29, Tabelle 3. Zur Berechnung wurde die mittlere Verweildauer der gegenwärtigen Bewohner herangezogen. Durch die Verdopplung kommt man auf einen guten Annäherungswert für die Verweildauer zum Zeitpunkt des Auszugs: Im stationären Zustand werden die Hauseigentümer im Durchschnitt nach der Hälfte ihres Aufenthalts in einem Haus in einer Stichprobe erfasst. (Dieser Näherungswert unterschätzt die erwartete Verweildauer, da er die wachsende Zahl von Hauseigentümern außer Acht lässt, aber diese Abweichung wird gering sein, da der Anteil der Hauseigentümer langsam wächst.) Die Länge des Zeitraums, den Käufer in einem gerade gekauften Einfamilienhaus verbringen werden, wird anhand einer anderen Methode geschätzt. Wir schätzten diesen Zeitraum auf 13,1 Jahre. Auf diesen Wert kamen wir, indem wir den Bestand an Einfamilienhäusern im Jahr 2000 (76,313 Mio.; Quelle: US Census Bureau, »Historical Census of Housing Tables«, 31. Oktober 2011, abgerufen am 1. Dezember 2014, https://www.census.gov/hhes/www/housing/census/historic/units.html) durch die geschätzte Zahl der Verkäufe von Einfamilienhäusern im selben Jahr (5,840 Mio.) teilten. Quelle: Addition der Verkäufe von vorhandenen Eigenheimen und der Verkäufe von neuen Einfamilienhäusern (US Census Bureau, *Statistical Abstracts of the United States*, 2012, abgerufen am 1. Dezember 2014, https://www.census.gov/prod/www/statistical_abstract.html, Tabellen 979 und 974), von denen die Verkäufe von Eigentumswohnungen abgezogen wurden (Tabelle 980). Es gibt noch einen weiteren Maßstab, nämlich den der Verweildauer aller Personen, die umziehen, einschließlich derer, die zur Miete wohnen. Zieht man diesen Maßstab heran, so beträgt die durchschnittliche Verweildauer der Amerikaner in neu gemieteten oder neu gekauften Häusern 8,3 Jahre. Aber auch diese Statistik ist irreführend, wenn es um die Frage geht, wie oft *Menschen* umziehen, da die Verweildauer der Personen auch hier proportional dazu gemessen wird, wie oft sie umziehen. (Wir haben für unsere Schätzung die Gesamtbevölkerung durch die Zahl derer geteilt, die in einem Jahr umziehen. Die Quelle für die nationale Rate der Umzüge: US Census Bureau, »Census Bureau Reports National Mover Rates Increases after a Record Low in 2011«, 10. Dezember 2012, abgerufen am 1. Dezember 2014, https://www.census.gov/newsroom/releases/archives/mobility_of_the_population/cb12-240.html.)

186 Susan E. Woodward, *A Study of Closing Costs for FHA Mortgages*, durchgeführt im Auftrag des US Department of Housing and Urban Development, Office of Policy Development and Research, Mai 2008, http://www.urban.org/UploadedPDF/411682_fha_mortgages.pdf.

187 Die Erklärung ist einfach. Es ist für Käufer und Verkäufer unerheblich, ob der Preis eines Hauses bei 300 000 USD liegt und der Käufer eine Maklergebühr von 18 000 USD bezahlen muss oder ob

das Haus für 318 000 USD verkauft wird und der Verkäufer die Maklergebühr von 18 000 USD bezahlen muss. In beiden Fällen nimmt
der Verkäufer 300 000 USD ein, und der Käufer zahlt 318 000 USD.
Wenn beide Seiten mit einer Transaktion einverstanden sind, bei
der der Verkäufer die Maklergebühr zahlt, sollten sie auch beide
damit einverstanden sein, dass der Käufer die Gebühr zahlt.

188 Schon vor der Lockerung der Kreditkriterien waren die durchschnittlich von den Käufern aufzubringenden Eigenmittel gering.
Normalerweise zahlten sie Anfang der achtziger Jahre etwa 15 Prozent an, und dieser Durchschnittswert sank bis 2007 schrittweise
auf unter zehn Prozent. John V. Duca, John Muellbauer und Anthony
Murphy, »House Prices and Credit Constraints: Making Sense of the
US Experience«, in: *Economic Journal* 121 (Mai 2011): S. 534, Abb. 1.

189 Die Ökonomen zerbrechen sich den Kopf über die Frage, warum
die Maklergebühren in den Vereinigten Staaten so hoch sind und
zwischen 1,5 und 2,5 Prozent über den durchschnittlichen Gebühren in anderen entwickelten Ländern liegen. Robert W. Hahn,
Robert E. Litan, und Jesse Gurman, »Bringing More Competition
to Real Estate Brokerage«, in: *Real Estate Law Journal* 34 (Sommer
2006): S. 89. Anscheinend bleiben die Gebühren trotz der möglichen Konkurrenz durch das Internet hoch. Vgl. Alex Tabarrok,
»The Real Estate Commission Puzzle«, 12. April 2013, abgerufen
am 1. Dezember 2014, http://marginalrevolution.com/marginal-
revolution/2013/04/the-real-estate-commission-puzzle.html.

190 Gemäß Woodwards Stichprobe von Ende der neunziger Jahre/An-
fang des 21. Jahrhunderts betrugen die Gebühren für die Hypothe-
kenerrichtung durchschnittlich 3400 USD (*A Study of Closing Costs for
FHA Mortgages*, S. VIII) und die Gebühren für die Übertragung des
Eigentumstitels durchschnittlich 1200 USD (S. XII). Da die Kredite
eine durchschnittliche Höhe von 105 000 USD hatten, machten die
Gebühren durchschnittlich 4,4 Prozent des Werts der Hypothek
aus (S. VIII).

191 Für die endgültige Entscheidung vgl. US Bureau of Financial Protection, »Loan Originator Compensation Requirements under the

Truth in Lending Act« (Regulation Z), 12 CFR Part 1026, Dokument Nr. CFPB—2012-0037, RIN 3170-AA132, abgerufen am 11. November 2014, http://files.consumerfinance.gov/f/201301_cfpb_final-rule_loan-originator-compensation.pdf. Wesentlich ist, dass die Entscheidung, »um Anreize zur erhöhten Belastung der Konsumenten durch die Kredite zu verhindern, verbietet, dass die Urheber der Kredite abhängig von der Rentabilität einer Transaktion oder einer Gruppe von Transaktionen entschädigt werden« (S. 4).

192 Susan E. Woodward und Robert E. Hall, »Consumer Confusion in the Mortgage Market: Evidence of Less Than a Perfectly Transparent and Competitive Market«, in: *American Economic Review* 100, Nr. 2 (Mai 2010): S. 511–15.

193 Ebd., S. 513. 93 Prozent sind der gewichtete Durchschnitt von 88 Prozent in der Stichprobe von 2600 Kreditnehmern und 95 Prozent in der FHA-Stichprobe von 6300 Kreditnehmern (Tabelle 2).

194 Das Agio ist die Bezeichnung für den Betrag, den die Bank an den Immobilienmakler zahlt, wenn der Kredit höher verzinst ist.

195 Carolyn Warren, *Mortgage Rip-offs and Money Savers: An Industry Insider Explains How to Save Thousands on Your Mortgage and Re-Finance* (Hoboken, NJ: Wiley, 2007), S. XVIII–XIX.

196 In Alaska lebt nur ein Viertelprozent der US-Bevölkerung. Sehr viel wahrscheinlicher wäre es, dass potentielle Käufer aus dem nahegelegenen Pennsylvania oder aus New York kommen.

197 Richard A. Feinberg, »Credit Cards as Spending Facilitating Stimuli: A Conditioning Interpretation«, in: *Journal of Consumer Research* 13, Nr. 3 (Dezember 1986): S. 349, Tabelle 1. Insgesamt betrug das Trinkgeld 16,95 Prozent des Rechnungsbetrags, wenn mit Kreditkarte gezahlt wurde, und nur 14,95 Prozent, wenn bar gezahlt wurde.

198 Elizabeth C. Hirschman, »Differences in Consumer Purchase Behavior by Credit Card Payment System«, in: *Journal of Consumer Research* 6, Nr. 1 (Juni 1979): S. 58–66. Vgl. insbesondere die Resultate für Hypothese 2a, S. 62.

199 Matias F. Barenstein stellte fest, dass das durchschnittliche Einkommen von Kreditkartenbesitzern 43 396 USD betrug, während

Personen, die keine Karte besaßen, durchschnittlich 25155 USD verdienten. Seine Quelle war die Federal Reserve Consumer Expenditure Survey von 1988 bis 1999. Vgl. Barenstein, »Credit Cards and Consumption: An Urge to Splurge?«, in: ders., *Essays on Household Consumption* (Doktorarbeit, University of California, Berkeley, 2004), S. 44, Tabelle A2.

200 Anscheinend wurde das Experiment im Jahr 1982, vielleicht auch etwas früher durchgeführt, da sich Feinberg auf die Präsentationen in diesem Jahr bezieht. Wir haben dieses Jahr herangezogen, um die Werte zu laufenden Preisen zu berechnen.

201 Feinberg, »Credit Cards as Spending Facilitating Stimuli«, S. 352, Tabelle 1.

202 Drazen Prelec und Duncan Simester, »Always Leave Home without It: A Further Investigation«, in: *Marketing Letters* 12, Nr. 1 (2001): S. 8.

203 Vgl. die Antwort auf die Frage »Kann der Händler von Käufern, die mit Kreditkarte zahlen, für denselben Artikel einen höheren Preis verlangen als von Käufern, die bar zahlen?«. In: »Making Purchases with Credit Cards – The Best Credit Cards to Use«, 26. August 2014, abgerufen am 14. November 2014, http://www.creditinfocenter. com/cards/crcd_buy.shtmlQuestion6.

204 FINRA Investor Education Foundation, *Financial Capability in the United States: Report of Findings from the 2012 National Financial Capability Study*, Mai 2013, S. 21, abgerufen am am 14. Mai 2015, http://www. usfinancialcapability.org/downloads/NFCS_2012_Report_Natl_ Findings.pdf.

205 Robin Sidel, »Credit Card Issuers Are Charging Higher«, in: *Wall Street Journal*, 12. Oktober 2014.

206 Die Hypothekenzinsen für von Eigentümern oder Mietern bewohnte Unterkünfte beliefen sich im Jahr 2012 auf 421 Mrd. USD. Vgl. Bureau of Economic Analysis, »Mortgage Interest Paid, Owner- and Tenant-Occupied Residential Housing«, abgerufen am 29. Oktober 2014,   https://www.google.com/«q=BEA+mortgage+interest+payments+2010.

207 Im Jahr 2012 beliefen sich die Ausgaben für nicht vor Ort kon-

sumierte Lebensmittel und Getränke auf 855 Mrd. USD; die persönlichen Konsumausgaben für Kfz und Ersatzteile lagen bei 395 Mrd. USD. Bureau of Economic Analysis, »National Income and Product Accounts«, Tabelle 2.3.5, »Personal Consumption Expenditures by Major Type of Product«, 2012, abgerufen am 15. November 2014, http://www.bea.gov/iTable/iTable.cfm?ReqID=9&step=1«reqid=9&step=3&isuri=1&904=2010&903=65&906=a&905=2011&910-=x&911=0.

208 Auf diese grobe Aufteilung kommen wir durch Auswertung verschiedener Quellen. Für das Jahr 2010 gelangen wir zu einer groben Schätzung der gesamten Kreditkartenausgaben für Zinsen anhand der Daten des US Census Bureau, *Statistical Abstracts of the United States, 2012*. Die gesamten Kreditkartenschulden beliefen sich im Jahr 2009 für Visa, MasterCard, Discover und American Express auf 774 Mrd. USD (Tabelle 1188). Der Zinssatz auf sich erneuernde Kredite beträgt 0,1340 (*Statistical Abstracts*, Tabelle 1190). Das ergibt 103,7 Mrd. USD an Zinsausgaben. Für 2009 hat die *New York Times* Strafgebühren von 20,5 Mrd. USD gemeldet (Ron Lieber und Andrew Martin, »Overspending on Debit Cards Is a Boon for Banks«, in: *New York Times*, 8. September 2009, abgerufen am 2. Mai 2015, http://www.nytimes.com/2009/09/09/your-money/credit-and-debit-cards/09debit.html?pagewanted=all&_r=0). Die Zahl von 48 Mrd. USD an Abwicklungsgebühren stammt aus John Tozzi, »Merchants Seek Lower Credit Card Interchange Fees«, in: *Businessweek Archives*, 6. Oktober 2009, abgerufen am 2. Mai 2015, http://www.bloomberg.com/bw/stories/2009-10-06/merchants-seek-lower-credit-card-interchange-fees. Diese drei Beträge summieren sich zu 171 Mrd. USD, einer Summe, die sich in der Größenordnung der Gesamtschätzung von 167 Mrd. USD bewegt, die Robin Sidel für das Jahr 2009 angibt; vgl. Sidel, »Credit Card Issuers Are Charging Higher«. Wenn man davon ausgeht, dass Säumniszuschläge und Abwicklungsgebühren weitgehend konstant, Zinsgebühren jedoch variabel sind, gelangt man zu unserer Aufteilung (der Einnahmen von 150 Mrd. USD im Jahr 2012).

209 http://truecostofcredit.com/400926. Die Website ist mittlerweile geschlossen. Harper gründete später eine Beratungsfirma (die später übernommen wurde), die Händlern dabei half, ihre Abwicklungsgebühren zu senken. Angesichts der von ihm dokumentierten hohen Gebühren scheint dies eine nützliche Dienstleistung zu sein. Harpers Beispiele für solche Gebühren findet man immer noch an verschiedenen Orten im Internet. Die Autoren haben auch eine Kopie seines ursprünglichen Blogs in ihren Akten.

210 Aus Branchenstudien von Integra Information Systems geht hervor, dass die durchschnittlichen Bruttomargen in Lebensmittelmärkten bei 10,47 Prozent liegen, womit der Aufschlag auf die Kosten weniger als zwölf Prozent ausmacht. Vgl. Tim Berry, »On Average, How Much Do Stores Mark Up Products?«, 2. Dezember 2008, abgerufen am 23. Oktober 2014, http://www.entrepreneur. com/answer/221767.

211 Michelle J. White, »Bankruptcy Reform and Credit Cards«, in: *Journal of Economic Perspectives 21*, Nr. 4 (Herbst 2007): S. 178.

212 Ebd., S. 177.

213 Ebd., S. 179.

214 Unser unparteiisches Bekenntnis zum Dienst an der Allgemeinheit verlangt von uns, dass wir jeden beraten, der sich um ein öffentliches Amt bewirbt und uns um Rat bittet. Das schließt auch die Eltern ehemaliger Studenten ein.

215 Iowa Legislature, »Legislators«, abgerufen am 1. Dezember 2014, https://www.legis.iowa.gov/legislators/legislator/legislatorAllYears?personID=116.

216 Sue Morris, »Small Runs for Senate«, in: *Le Mars Daily Sentinel*, 24. März 2004.

217 Für die geschätzten Kosten der Steuersenkungen von 2001 vgl. Joint Committee on Taxation, »Estimated Budget Effects of the Conference Agreement for H.R. 1836«, 26. Mai 2001, S. 8, abgerufen am 1. Dezember 2014, https://www.jct.gov/publications. html?func=startdown&id=2001. Für die geschätzten Kosten der Steuersenkungen von 2003 vgl. »Estimated Budget Effects of the

Conference Agreement for H.R. 2, the ›Jobs and Growth Tax Relief Reconciliation Act of 2003‹«, 22. Mai 2003, S. 2, abgerufen am am 1. Dezember 2014, https://www.jct.gov/publications.html?func=startdown&id=1746. Vgl. auch Glen Kessler, »Revisiting the Cost of the Bush Tax Cuts«, in: *Washington Post*, 10. Mai 2011, http://www.washingtonpost.com/blogs/fact-checker/post/revisiting-the-cost-of-the-bush-tax-cuts/2011/05/09/AFxTFtbG_blog.html.

218 Nach unserer Berechnung hätte man mit dem Geld, das man durch einen Verzicht auf die Steuersenkungen der Regierung Bush eingespart hätte, die Auswirkungen der Finanzkrise in den Jahren 2009 bis 2012 deutlich verringern können. Nicht der gesamte Betrag von 1,7 Billionen USD wirkte sich in den Jahren vor 2008 aus. Rund 600 Mrd. USD der Kosten wirkten sich nach 2008 aus. (Quellen für die Gesamtkosten und den Zeitpunkt ihrer Wirkung sind die beiden in Anm. 4 genannten Veröffentlichungen des Joint Committee on Taxation.) Als Faustregel gilt, dass der Multiplikator der Staatsausgaben bei Nullzinsen etwa zwei beträgt. (Internationaler Währungsfonds, *World Economic Outlook*, April 2012, abgerufen am 1. Dezember 2014, http://www.imf.org/external/pubs/ft/weo/2012/01/, Kap. 1, Teil 3.) Das leuchtet ein, da der Steuermultiplikator etwa bei eins und der Multiplikator eines ausgeglichenen Haushalts ebenfalls nahe eins liegt. Das bedeutet, dass eine Erhöhung der Staatsausgaben um 100 Mrd. USD das BIP um etwa 200 Mrd. USD erhöhen wird. Das Bruttoinlandsprodukt der USA lag 2008 bei 14,3 Billionen USD (Council of Economic Advisors, *Economic Report of the President 2013*, Tabelle B-1, abgerufen am 1. Dezember 2014, http://www.whitehouse.gov/sites/default/files/docs/erp2013/full_2013_economic_report_of_the_president.pdf), weshalb eine Erhöhung der Staatsausgaben um 100 Mrd. USD das BIP um etwa 1,4 Prozent anheben würde. Die Faustregel gemäß dem Okunschen Gesetz, die anscheinend weiterhin gilt (vgl. Laurence Ball, João Tovar Jalles und Prakash Loungani, »Do Forecasters Believe in Okun's Law? An Assessment of Unemployment and Output Forecasts«, IMF *Working Paper* 14/24 [Februar 2014]: S. 7, Tabelle 1) lautet, dass eine Erhö-

hung des BIP um zwei Prozent die Arbeitslosigkeit um ein Prozent verringert. Diese 1,1 Billionen USD hätten verwendet werden können, um die Arbeitslosenrate, die von 2009 bis 2012 durchschnittlich bei knapp neun Prozent lag, auf etwas mehr als sieben Prozent zu senken.

219 Center for Responsive Politics, »Sen. Chuck Grassley«, abgerufen am 16. November 2014, http://www.opensecrets.org/politicians/summatry.php?cycle=2004&type=I&cid=n00001758&newMem=N.

220 Jessica Miller, »Ads Prove Grassley's Greener on His Side of the Ballot«, in: *Waterloo–Cedar Falls Courier*, 25. Oktober 2004, abgerufen am 16. November 2014, http://wcfcourier.com/news/metro/article_fdd73608-4f6d-54be-aa34-28f3417273e9.html.

221 Für das Wahlergebnis vgl. »Statistics of the Presidential and Congressional Election of November 2, 2004«, 7. Juni 2005, abgerufen am 16. November 2014, http://clerk.house.gov/member_info/electionInfo/2004election.pdf.

222 Berechnungen anhand von Daten des US Census Bureau, *Statistical Abstracts of the United States*, 2012, Tabelle 426, »Congressional Campaign Finances – Receipts and Disbursements«, abgerufen am 1. Dezember 2014, https://www.census.gov/prod/www/statistical_abstract.html, sowie Daten zur Zahl der umkämpften Mandate.

223 Anthony Downs, »An Economic Theory of Political Action in a Democracy«, in: *Journal of Political Economy* 65, Nr. 2 (April 1957): 135–50. Das Medianwählertheorem wurde von Duncan Black entwickelt, vgl. Black, »On the Rationale of Group Decision-making«, in: *Journal of Political Economy* 56, Nr. 1 (Februar 1948): S. 23–34.

224 Dieses Resultat setzt auch die Annahme voraus, dass es sich um Single-Peaked-Präferenzen handelt, was bedeutet, dass die Wähler um so unzufriedener sein werden, je weiter das Ergebnis nach rechts oder links von ihrem bevorzugten Ergebnis abweicht.

225 Lawrence Lessig, *Republic Lost: How Money Corrupts Congress – And a Plan to Stop It* (New York: Hachette Book Group, 2011) gibt die treffendste Beschreibung, die wir in der Literatur finden konnten. Die Politikwissenschaftler betonen die Rolle der uninformierten Wäh-

ler. Arthur Lupia, »Busy Voters, Agenda Control, and the Power of Information«, in *American Political Science Review* 86, Nr. 2 (Juni 1992): S. 390–403, erklärt, dass Wähler mit unvollkommenen Informationen und Interessen irreführende Information verbreiten. In dem gemeinsam mit Mathew D. McCubbins verfassten Buch *The Democratic Dilemma: Can Citizens Learn What They Really Need to Know?* (New York: Cambridge University Press, 1998) zeigt Lupia auch, wie schwierig es für die Bürger ist, sich die Information zu beschaffen, die sie brauchen, um die richtigen Entscheidungen fällen zu können, und dass sich jene, die diese Entscheidungen fällen müssen, täuschender Praktiken bedienen. Gene M. Grossman und Elhanan Helpman, *Special Interest Politics* (Cambridge, MA: MIT Press, 2001) entwickeln ebenfalls Modelle für Wahlkampfspenden bei Wählern, die nicht über vollständige Informationen verfügen.

226 James R. Healey, »Government Sells Last of Its GM Shares«, in: *USA Today*, 10. Dezember 2013.

227 Emergency Economic Stabilization Act of 2008, H.R. 1424, 110th US Congress, zugänglich unter: https://www.govtrack.us/congress/bills/110/hr1424/text. Die vollständige Präambel lautet: »Die Bundesregierung wird ermächtigt, bestimmte notleidende Wertpapiere zu kaufen und zu versichern, um die Wirtschaft und das Finanzsystem zu stabilisieren, Störungen zu verhindern und die Steuerzahler zu schützen, den Internal Revenue Code von 1986 zu ergänzen, um Anreize für die Energieerzeugung und -einsparung zu schaffen, die Gültigkeitsdauer bestimmter auslaufender Bestimmungen zu verlängern, die Einkommenssteuer zu verringern, sowie für andere Zwecke.«

228 Wir schulden Phillip Swagel Dank für eine genaue Interpretation der verschiedenen Befugnisse und des Gesetzes. E-Mail an George Akerlof, 2. April 2012.

229 In jener dramatischen Versammlung im Finanzministerium eröffnete Finanzminister Henry Paulson den Geschäftsführern der neun Großbanken, dass sie auf einer Liste von Instituten standen, die nach Maßgabe des TARP eine Kapitalspritze erhalten sollten.

Der Finanzminister sprach gegenüber Richard Kovacevich, dem Chef von Wells Fargo, eine wenig verhüllte Drohung aus: Sollte er nicht unterschreiben, werde er am nächsten Tag einen Anruf von der Aufsichtsbehörde erhalten, die ihm mitteilen werde, dass seine Bank die Kapitalerfordernisse nicht erfülle, und Wells Fargo würde nicht in der Lage sein, sich auf dem Finanzmarkt Geld zu beschaffen. Vgl. Alan S. Blinder, *After the Music Stopped: The Financial Crisis, the Response, and the Work Ahead* (New York: Penguin Press, 2013), S. 201. Citicorp, Wells Fargo, und JP Morgan Chase erhielten jeweils 25 Mrd. USD, die Bank of America 15 Mrd. USD, Goldman Sachs, Merrill Lynch und Morgan Stanley je zehn Mrd. USD, die Bank of New York Mellon drei Mrd. USD und State Street zwei Mrd. USD – insgesamt 125 Mrd. USD. Vgl. Henry M. Paulson, *On the Brink: Inside the Race to Stop the Collapse of the Global Financial System* (New York: Business Plus, 2010), S. 364.

230 Emergency Economic Stabilization Act, H.R. 1424, S. 3, https://www.govtrack.us/congress/bills/110/hr1424/text.

231 Ebd.

232 Center for Responsive Politics, »Lobbying Database«, abgerufen am 1. Dezember 2014, https://www.opensecrets.org/lobby/.

233 De Figueiredo wechselte später in die rechtswissenschaftliche Fakultät der Duke University und von dort aus in die Fuqua School of Business.

234 Center for Responsive Politics, »Lobbying Database«. Unsere Zahlen beziehen sich auf den Wahlzyklus 1999–2000 und stammen aus Stephen Ansolabehere, John M. de Figueiredo und James M. Snyder, »Why Is There So Little Money in U.S. Politics?« in: *Journal of Economic Perspectives* 17, Nr. 1 (Winter 2003): S. 105–30.

235 Ansolabehere, de Figueiredo und Snyder, »Why Is There So Little Money in U.S. Politics?«, S. 108. Sie haben herausgefunden, dass für die Kongress- und Präsidentenwahlen im Zyklus 1999–2000 drei Mrd. USD ausgegeben wurden. Davon wurden nur 380 Mio. USD von Unternehmen, Gewerkschaften und anderen Einrichtungen bezahlt.

236 Robert G. Kaiser, *So Damn Much Money: The Triumph of Lobbying and the Corrosion of American Government* (New York: Vintage Books/Random House, 2010).

237 Steven V. Roberts, »House Votes Funds Permitting Study on MX to Continue«, in: *New York Times*, 9. Dezember 1982. Aspin bezog sich mit seiner denkwürdigen Bemerkung auf eine Abstimmung in den achtziger Jahren, in der sich der Kongress gegen die Bereitstellung zusätzlicher Mittel für die MX-Rakete entschlossen, gleichzeitig aber ihre weitere Erforschung genehmigt hatte. Aspin hatte zuvor gesagt: »Es war eine wichtige Abstimmung. Aber das bedeutet nicht, dass die MX tot ist.«

238 MoJo News Team, »Full Transcript of the Mitt Romney Secret Video«, in: *Mother Jones*, September 19, 2012, abgerufen am 1. Dezember 2014, http://www.motherjones.com/politics/2012/09/full-transcript-mitt-romney-secret-video.

239 Mayhill Fowler, »Obama: No Surprise That Hard-Pressed Pennsylvanians Turn Bitter«, in: *Huffington Post*, 17. November 2008, abgerufen am 30. April 2015, http://www.huffingtonpost.com/mayhill-fowler/obama-no-surprise-that-ha_b_96188.html.

240 Marianne Bertrand, Matilde Bombardini und Francesco Trebbi, »Is It Whom You Know or What You Know? An Empirical Assessment of the Lobbying Process«, in: *American Economic Review 104*, Nr. 12 (Dezember 2014): S. 3885–3920, gelangen zu dem Schluss, dass es beim Lobbying weniger darauf ankommt, was man weiß, sondern eher darauf, wen man kennt. Zu einem ähnlichen Ergebnis gelangen Jordi Blanes i Vidal, Mirko Draca und Christian Fons-Rosen, »Revolving Door Lobbyists«, in: *American Economic Review 102*, Nr. 7 (Dezember 2012): S. 3731–48, die berichten, dass Lobbyisten, die über Verbindungen zu US-Senatoren verfügen, 24 Prozent weniger Einnahmen erzielen, wenn ihre Kontaktpersonen aus dem Amt ausscheiden (S. 3731).

241 Vgl. auch unsere Diskussion der höchstgerichtlichen Entscheidung im Fall *Citizens United gegen Federal Elections Commission*. In der Politikwissenschaft kommt die Einschätzung, dass es den Wählern an »In-

formation« mangeln kann, implizit in der üblichen Unterscheidung zwischen *informierten* und *uninformierten* Wählern zum Ausdruck.

242 Elliot Gerson, »To Make America Great Again, We Need to Leave the Country«, in: *Atlantic Monthly*, 10. Juli 2012, abgerufen am 22. Mai 2015, http://www.theatlantic.com/national/archive/2012/07/to-make-america-great-again-we-need-to-leave-the-country/259653/.

243 Jeff Connaughton, *The Payoff: Why Wall Street Always Wins* (Westport, CT: Prospecta Press, 2012), Kindle-Positionen 304–5 von 2996.

244 Ebd., Kindle-Positionen 343–45.

245 Ebd., Kindle-Positionen 408–12.

246 Die Bundesausgaben im Haushaltsjahr 2013 beliefen sich auf rund 3,8 Billionen USD. Vgl. Council of Economic Advisors, *Economic Report of the President 2013*, Tabelle B-78.

247 Kaiser, *So Damn Much Money*.

248 Ebd., S. 238.

249 Ebd., S. 228 und 232.

250 Raquel Meyer Alexander, Stephen W. Mazza und Susan Scholz, »Measuring Rates of Return for Lobbying Expenditures: An Empirical Case Study of Tax Breaks for Multinational Corporations«, in: *Journal of Law and Politics* 25, Nr. 401 (2009): S. 401–57. Für den normalen Steuersatz von 35 Prozent und die Verringerung auf 5,25 Prozent dank der Steueramnestie vgl. S. 412.

251 Ebd., S. 427, Tabelle 1. Bei den Firmen, die Lobbying betrieben, sich jedoch keiner Koalition anschlossen, waren die Ersparnisse gemessen an den Lobbyingkosten geringer, aber das Verhältnis betrug immer noch 154 zu 1. Jason Farrell vom Center for Competitive Politics ist jedoch der Ansicht, dass die Erträge nicht so hoch sind, wie diese Zahlen vermuten lassen. Er könnte Recht mit dem Einwand haben, dass es keinen Beleg dafür gibt, dass das zum Lobbying eingesetzte Geld auch nur ein einziges Kongressmitglied dazu bewegt hat, sein Abstimmungsverhalten zu ändern. Und selbstverständlich ist es möglich, dass den Unternehmen, die ihre Gewinne repatriierten, auch ohne Lobbying ein anderer Steuersatz als die üblichen 35 Prozent zugestanden worden wäre. Vgl. Farrell, »Return

on Lobbying Overstated by Report«, 23. August 2011, abgerufen am 18. November 2014, http://www.campaignfreedom.org/2011/08/23/ return-on-lobbying-overstated-by-report/. Aber in anderen Fällen gibt es zahlreiche Belege dafür, dass sich das Lobbying sehr wohl auf das Abstimmungsverhalten auswirkt. Und wenn das Lobbying der Auslöser für dieses Geschenk war, könnte das Verhältnis zwischen Erträgen und Kosten noch höher sein als 255 zu 1, denn diese 180 Millionen Dollar machten die Gesamtkosten der an der Koalition beteiligten Unternehmen aus, womit ein Großteil des Geldes anderen Lobbyingprojekten abseits des AJCA zugeflossen wäre.

252 Kaiser, *So Damn Much Money4*, S. 227.

253 Ebd., S. 228.

254 Sonia Reyes,»Ocean Spray Rides Diet Wave«, in: *Adweek*, 6. Februar 2006, abgerufen am 18. November 2014, http://www.adweek.com/ news/advertising/ocean-spray-rides-diet-wave-83901.

255 Cassidy und Kollegen waren Vorreiter des Lobbying für die Zweckbindung von Geldern für Universitäten. John de Figueiredo und Brian Silverman haben eine ökonometrische Studie zu den Erträgen durchgeführt. Sie schätzen, dass Universitäten, die von einem Senator im für die Zuteilung von Geldern zuständigen Appropriations Committee vertreten werden, mit einer Erhöhung der Lobbyingausgaben um einen USD eine Erhöhung der zugewiesenen Mittel um 5,24 USD erreichen können; Universitäten, die im Appropriations Committee des Repräsentantenhauses von einem Abgeordneten vertreten werden, erreichen mit einer Erhöhung der Lobbyingausgaben um einen USD eine Erhöhung der zugewiesenen Mittel um 4,52 USD. Den Ertrag von Universitäten, die keine solche Vertretung in den Ausschüssen haben, schätzen die Autoren auf 1,57 USD. Figueiredo und Silverman,»Academic Earmarks and the Returns to Lobbying«, *Journal of Law and Economics* 49, Nr. 2 (2006): S. 597–625.

256 Stephen Pizzo, Mary Fricker und Paul Muolo, *Inside Job: The Looting of America's Savings and Loans* (New York: Harper Perennial, 1991), S. 410.

257 Diese Äußerung stammt aus der einleitenden Bemerkung von Senator Dennis DeConcini. Ebd., S. 416.

258 Nathaniel C. Nash, »Savings Institution Milked by Its Chief, Regulators Say«, in: New York Times, 1. November 1989.

259 Jason Linkins, »Wall Street Cash Rules Everything around the House Financial Services Committee, Apparently«, in: Huffington Post, 22. Juli 2013, abgerufen am 22. Mai 2015, http://www.huffingtonpost.com/2013/07/22/wall-street-lobbyists_n_3635759.html.

260 US Internal Revenue Service, »Tax Gap for Tax Year 2006: Overview«, Tabelle 1, Net Tax Gap for Tax-Year 2006. 6. Januar 2012, abgerufen am 18. November 2014, http://www.irs.gov/pub/irs-soi/06-rastg12overvw.pdf.

261 Anthony Arthur, Radical Innocent: Upton Sinclair (New York: Random House, 2006), Kindle-Positionen (»Locations«) 883–86 von 7719; auch 912–16.

262 Als J. Ogden Armour, der Inhaber eines fleischverarbeitenden Konzerns, Sinclair mit einer Klage drohte, reagierte er mit einem Brief an die New York Times. Er schrieb, mit eigenen Augen habe er gesehen: »Den Verkauf von Rinder- und Schweinekadavern, die für Tuberkulose, Aktinomykose und Wundbrand verantwortlich gemacht werden, als Lebensmittel für den menschlichen Verzehr; die Weiterverarbeitung dieser Kadaver zu Würsten und Schmalz; die Konservierung verdorbener Schinken mit Bor- und Salicylsäure; die Färbung von Dosen- und Schmalzfleisch mit Anilinfarben; das Haltbarmachen und Panschen von Würsten mit chemischen Zusätzen – all diese Dinge bedeuten, dass hunderten und tausenden Männern, Frauen und Kindern ein jäher, entsetzlicher und qualvoller Tod gebracht wird.« Und dann fügte Sinclair, ein Freund deutlicher Worte, noch hinzu: »Ein Hundertstel dessen, was ich an Anschuldigungen vorgebracht habe, sollte, falls es wahr ist, ausreichen, um den Schuldigen an den Galgen zu bringen. Ein Hundertstel dessen, was ich an Anschuldigungen vorbrachte, sollte, falls es unwahr ist, ausreichen, um mich ins Gefängnis zu bringen.« New York Times, 6. Mai 1906.

263 Upton Sinclair, *Der Dschungel* (Zürich 2014, das Original *The Jungle* erschien 1906), für vergiftete Ratten in Würsten vgl. S. 157; für menschliche Überreste in Schmalz vgl. S. 140.

264 Young, *Toadstool Millionaires* S. 239.

265 Ebd., S. 59

266 Ebd, S. 65–66.

267 James Harvey Young, *Quacksalber: Geschichte des Kurpfuschertums in den USA im 20. Jahrhundert* (Lempp, 1972), S. 38.

268 Die vollständige Liste sechs verschiedener Typen von Zusatzstoffen lautet: Borsäure und Borax; Salicylsäure und Salicylate; schweflige Säure und Sulfite; Benzoesäure und Benzoate; Formaldehyd; und Kupfer- und Salpetersulfat. Harvey W. Wiley, *An Autobiography* (Indianapolis: Bobbs-Merrill, 1930), S. 220.

269 Ebd. S. 215–220.

270 Wie im Vorwort erwähnt, verweisen wir den Leser insbesondere an Michael Moss, *Das Salz-Zucker-Fett-Komplott: Wie die Lebensmittelkonzerne uns süchtig machen* (München: Ludwig Verlag 2014).

271 Garret A. FitzGerald, »How Super Are the ›Super Aspirins‹? New COX-2 Inhibitors May Elevate Cardiovascular Risk«, University of Pennsylvania Health System, Pressemitteilung, 14. Januar 1999.

272 Gurkirpal Singh, »Recent Considerations in Nonsteroidal Anti-Inflammatory Drug Gastropathy«, *American Journal of Medicine* 105, Nr. 1, Ergänzungsband 2 (27. Juli 1998): 31S–38S. Laut Singhs vorsichtiger Schätzung verursachten durch NSARs ausgelöste gastrointestinale Komplikationen 16 500 Todesfälle pro Jahr, die, wenn sie eigens ausgewiesen würden, unter den häufigsten Todesursachen in den Vereinigten Staaten an 15. Stelle stehen würden.

273 John Abramson, *Overdosed America: The Broken Promise of American Medicine*, 3. Aufl. (New York: Harper Perennial, 2008), S. 25. Vgl. auch Tom Nesi, *Poison Pills: The Untold Story of the Vioxx Scandal* (New York: Thomas Dunne Books, 2008), S. 25–28.

274 Vgl. Nesi, *Poison Pills*, S. 134.

275 Abramson, *Overdosed America*, S. 106.

276 Justin E. Bekelman, Yan Li, and Cary P. Gross, »Scope and Impact

of Financial Conflicts of Interest in Biomedical Research: A Systematic Review«, *Journal of the American Medical Association* 289, Nr. 4 (22. Januar 2003): S. 454–65; Joel Lexchin, Lisa A. Bero, Benjamin Djulbegovic und Otavio Clark, »Pharmaceutical Industry Sponsorship and Research Outcome and Quality: Systematic Review«, *British Medical Journal* 326, Nr. 7400 (31. Mai 2003): 1167. Bekelman, Li und Gross berichten ebenfalls von zwei Studien, die zeigen, dass »über Studien mit positiven Ergebnissen öfter berichtet wird, was die tendenziöse Berichterstattung verstärkt«.

277 Bob Grant, »Elsevier Published 6 Fake Journals«, *The Scientist*, 7. Mai 2009, abgerufen am 24. November 2014, http://classic.the-scientist.com/blog/display/55679/. Vgl. auch Ben Goldacre, *Bad Pharma: How Drug Companies Mislead Doctors and Harm Patients* (New York: Faber and Faber/Farrar, Straus and Giroux, 2012), S. 309–10.

278 Claire Bombardier et al., »Comparison of Upper Gastrointestinal Toxicity of Rofecoxib and Naproxen in Patients with Rheumatoid Arthritis«, *New England Journal of Medicine* 343, Nr. 21 (23. November 2000): S. 1520–28.

279 Ebd. S. 1522

280 Ebd. S. 1525, Tabelle 4.

281 Die Zahlen 17 und 4 kommen in dem ursprünglichen Artikel nicht vor; vielmehr lassen sie sich nur näherungsweise aus den Quotienten der Personen erschließen, die in der Vioxx-Gruppe und der Naproxen-Gruppe einen Herzinfarkt erlitten. Die Zahlen wurden später veröffentlicht in Tabelle 1 des darauf Bezug nehmenden Herausgeberkommentars im *New England Journal of Medicine*: Gregory D. Curfman, Stephen Morrissey und Jeffrey M. Drazen, »Expression of Concern: Bombardier et al., ›Comparison of Upper Gastrointestinal Toxicity of Rofecoxib and Naproxen in Patients with Rheumatoid Arthritis‹, N Engl J Med 2000; 343: 1520–8«, *New England Journal of Medicine* 353, Nr. 26 (29. Dezember 2005): S. 2813–14. Eine weitere Unklarheit betraf die drei zusätzlichen akuten Herzinfarkte und einen Schlaganfall in der Vioxx-Gruppe der VIGOR-Studie. Zum Zeitpunkt der Veröffentlichung hatte Merck Kenntnis davon; aber

sie kamen zu den 17 Herzinfarkten dazu, die berücksichtigt worden waren. Die Autoren behaupteten in ihrer Erwiderung, diese Ereignisse hätten sich nach dem Stichtag für das Studienende zugetragen und seien daher weggelassen worden.

282 Bombardier et al. (»Comparison of Upper Gastrointestinal Toxicity of Rofecoxib and Naproxen in Patients with Rheumatoid Arthritis«, S. 1527 und 1526) schreiben, Naproxen habe eine vergleichbare Wirkung auf Herzinfarkte wie Aspirin. Diese Behauptung ist erstaunlich, weil diejenigen, die Aleve vermarkteten, nie damit geworben hatten.

283 Gregory D. Curfman, Stephen Morrissey und Jeffrey M. Drazen, »Expression of Concern Reaffirmed«, New England Journal of Medicine 354, Nr. 11 (16. März 2006): 1193, ergänzender Anhang 1, Tabelle 3, »Summary of Adjudicated Cardiovascular Serious Adverse Experience«.

284 Nesi, Poison Pills, S. 109–110.

285 Merck hatte die Arbeiten von FitzGerald und seiner Mitautoren finanziert und »zögerte [deren] Veröffentlichung jahrelang hinaus«. Ebd., S. 110.

286 FitzGerald, »How Super Are the ›Super Aspirins‹?«

287 Nesi, Poison Pills, S. 96–97. Celebrex wurde von Searle entwickelt, aber zu dem Zeitpunkt, als VIGOR abgeschlossen wurde, hatte Searle mit Pfizer fusioniert.

288 Ebd. Führende Schmerzforscher eingeladen: S. 35; sechzig: S. 41; Kapalua Ritz-Carlton: S. 34.

289 Ebd. S. 22–23.

290 Carolyn B. Sufrin und Joseph S. Ross, »Pharmaceutical Industry Marketing: Understanding Its Impact on Women's Health«, Obstetrical and Gynecological Survey 63, Nr. 9 (2008): S. 585–96. Diese Zahl ist seit der Veröffentlichung dieses Artikels möglicherweise gesunken, da Ärzte heute Informationen vermehrt über das Internet beziehen.

291 US-Kongress, Abgeordneter Henry A. Waxman, Memorandum an demokratische Mitglieder des Ausschusses zur Reform der Re-

gierungsarbeit, betr.: Die Vermarktung von Vioxx an Ärzte, 5. Mai 2005, mit Begleitdokumenten, S. 3, http://oversight-archive.waxman.house.gov/documents/20050505114932-41272.pdf.

292 Ebd. S. 17.

293 Ebd. S. 18.

294 Eric J. Topol, »Failing the Public Health—Rofecoxib, Merck, and the FDA«, *New England Journal of Medicine* 351, Nr. 17 (21. Oktober 2004): S. 1707–9.

295 Nesi, *Poison Pills*, S. 155.

296 Topol, »Failing the Public Health«, S. 1707.

297 David J. Graham et al., »Risk of Acute Myocardial Infarction and Sudden Cardiac Death in Patients Treated with Cyclo-oxygenase 2 Selective and Non-selective Non-steroidal Anti-inflammatory Drugs: Nested Case-Control Study«, *Lancet* 365, Nr. 9458 (5.–11. Februar 2005): S. 475–81. In dieser Studie wurden die Ergebnisse von Patienten, denen Vioxx verschrieben wurde, mit den Ergebnissen statistisch vergleichbarer Patienten verglichen, die kein Vioxx bekamen. Der Anteil der Personen, die einen Herzinfarkt erlitten, war unter den Vioxx-Probanden deutlich höher als in der Kontrollgruppe. Bezeichnend ist, dass die Häufigkeit von Infarkten mit steigender Vioxx-Dosierung deutlich zunahm. Obgleich die Studie erst im Februar 2005 publiziert wurde, bezogen sich die Daten auf Patienten, die zwischen dem 1. Januar 1999 und dem 31. Dezember 2001 bei Kaiser Permanente behandelt wurden. Da Graham bei der FDA arbeitete, müssen die Ergebnisse vor dem Publikationsdatum – und folglich bevor Merck Vioxx vom Markt nahm – bekannt gewesen sein.

298 Nesi, *Poison Pills*, S. 11.

299 Topol, »Failing the Public Health«, S. 1707.

300 Vgl. Grahams Aussage vor dem Finanzausschuss des Senats, 18. November 2004, http://www.finance.senate.gov/imo/media/doc/111804dgtest.pdf.

301 US Food and Drug Administration, Center for Drug Evaluation and Research (CDER), *Guidance for Industry Providing Clinical Evidence of Ef-*

fectiveness for Human Drugs and Biological Products, Mai 1998, abgerufen am 1. Dezember 2014, http://www.fda.gov/downloads/Drugs/.../Guidances/ucm078749.pdf. Dort heißt es: »Was die Quantität betrifft, so steht die FDA auf dem Standpunkt, dass der Gesetzgeber im Allgemeinen wenigstens zwei angemessene und gut kontrollierte Studien verlangt, die jeweils für sich genommen einen hinreichend überzeugenden Wirksamkeitsnachweis erbringen.« (S.3) Vgl. David Healy, *Pharmageddon* (Berkeley: University of California Press, 2012), S. 77.

302 Nesi, *Poison Pills*, S. 14.

303 Curfman, Morrissey und Drazen, »Expression of Concern Reaffirmed«, S. 1193. Sie schreiben missbilligend: »Dieses Datum, das der Sponsor kurz vor Ende der Studie auswählte, lag einen Monat vor dem Stichtag für die Berichterstattung über unerwünschte gastrointestinale Ereignisse. Dieses nicht vertretbare Merkmal des Studiendesigns, das zwangsläufig die Ergebnisse verzerrte, wurde den Herausgebern beziehungsweise den akademischen Autoren der Studie nicht mitgeteilt.«

304 Bombardier et al., »Comparison of Upper Gastrointestinal Toxicity of Rofecoxib and Naproxen in Patients with Rheumatoid Arthritis«, S. 1526.

305 Abramson, *Overdosed America*, S. 102, berichtet über eine Studie, bei der das Schmerzmittel OxyContin mit einem Placebo verglichen wurde. Wie nicht weiter erstaunlich, erwies sich OxyContin als wirksam, da die Patienten, die OxyContin erhielten, weniger Schmerzen empfanden als diejenigen, die gar kein Schmerzmittel erhielten. Aber natürlich hätte man ihnen ein anderes Schmerzmittel verabreichen können.

306 Zitat aus Nesi, *Poison Pills*, S. 163.

307 Goldacre, *Bad Pharma*, S. 113.

308 Adriane Fugh-Berman, »Prescription Tracking and Public Health«, *Journal of General Internal Medicine 23*, Nr. 8 (August 2008): S. 1277–80, online veröffentlicht am 13. Mai 2008, abgerufen am 24. Mai 2015, http://www.ncbi.nlm.nih.gov/pmc/articles/PMC2517975/. Diese In-

formation ist für den Pharmareferenten nützlich, der schon im Vorfeld von Besuchen bei Ärzten deren Verschreibungsverhalten kennt; sie ist auch nützlich bei der Planung ärztlicher Fortbildungs-veranstaltungen.

309 Siehe Vorwort, Anm. 26.

310 Susanna N. Visser et al., »Trends in the Parent-Report of Health CareProvider–Diagnosed and Medicated Attention-Deficit / Hyper-activity Disorder: United States, 2003–2011«, *Journal of the American Academy of Child and Adolescent Psychiatry* 53, Nr. 1 (Januar 2014): 34–46. Vgl. Schaubild 1 für die Unterschiede zwischen Bundesstaaten. Die von Eltern berichteten Medikationsraten sind erheblich nie-driger als die von Eltern berichteten Diagnosen, aber es gibt eine hohe Korrelation zwischen Diagnosen und Medikation je Bundes-staat. Vgl. Schaubild 2.

311 Center for Responsive Politics, »Lobbying: Top Industries«, abge-rufen am 30. April 2014, https://www.opensecrets.org/lobby/top. php?showYear=1998&indexType=i. Sämtliche Jahre, 1998–2015. Der Gesamtbetrag für den Gesundheitssektor belief sich auf über drei Mrd. Dollar.

312 Robert Pear, »Bill to Let Medicare Negotiate Drug Prices Is Block-ed«, *New York Times*, 18. April 2007, zuletzt abgerufen am 30. April 2015, http://www.nytimes.com/2007/04/18/washington/18cnd-me-dicare.html?_r=0. Außerdem wurde die Arzneimittelversicherung für 6,5 Mio. Personen von Medicaid auf Medicare verschoben, wo die Zahlungen für Medikamente deutlich höher liegen, was den Pharmaunternehmen einen zusätzlichen Marktlagengewinn be-scherte. Vgl. Milt Freudenheim, »Market Place: A Windfall from Shifts to Medicare«, *New York Times*, 18. Juli 2006, abgerufen am 4. November 2014, http://www.nytimes.com/2006/07/18/business/18-place.html?_r=1&pagewanted=print.

313 http://www.amazon.com/Principles-Economics-N-Gregory-Mankiw/dp/0538453052, zuletzt abgerufen am 30. April 2015. (Die Preise werden sich höchstwahrscheinlich ändern.) Es gibt eine weitere Ähnlichkeit zwischen Lehrbüchern und Medikamenten.

So wie Lehrbücher urheberrechtlich geschützt sind, sind Medikamente durch Patente geschützt. Allerdings gibt es keinen Markt für bereits geschluckte Medikamente, während es einen Markt für gebrauchte Lehrbücher gibt. Aber die Pharmaunternehmen haben das Problem, dass Arzneimittelpatente nach zwanzig Jahren auslaufen. Sie versuchen mit diesem Problem in der gleichen Weise fertigzuwerden, in der Lehrbuchverlage mit dem Markt für gebrauchte Bücher umgehen. Die Pharmakonzerne bringen »Neuauflagen« mit geringfügigen Änderungen auf den Markt. Der Fall Prilosec/Nexium ist ein besonders deutliches Beispiel. Unmittelbar bevor Prilosec seinen Patentschutz verlor und durch Nachahmerpräparate verdrängt werden konnte, brachte der Hersteller Astra Zeneca ein neues Medikament, Nexium, auf den Markt. Manche Moleküle besitzen eine »Chiralität«: Sie liegen entweder in »rechtshändiger« oder in »linkshändiger« Form vor. Der einzige Unterschied zwischen Nexium und Prilosec liegt in der Chiralität einiger ihrer Moleküle. (Vgl. Goldacre, Bad Pharma, S. 146–48.) Der Marketingabteilung wurde dann die Aufgabe übertragen, Ärzte davon zu überzeugen, das neue Produkt zu verschreiben, so wie der gewissenhafte Lehrer seinen Schülern die neueste Auflage eines Lehrbuchs empfiehlt.

314 Laut US Census lag die Zahl der erwachsenen (über 20-jährigen) Menschen auf der Erde Mitte 2014 bei 4,725 Milliarden. US Census Bureau, »World Population by Age and Sex«, abgerufen am am 1. Dezember 2014, http://www.census.gov/cgi-bin/broker. (Für unsere Berechnung der Käufer/Verkäufer-Paare haben wir diese Zahl auf fünf Milliarden aufgerundet.)

315 Ausgehend von einer durchschnittlichen erwachsenen Weltbevölkerung von etwa drei Milliarden. Die Berechnung beruht auf einer Gesamtbevölkerung von 1,8 Milliarden Menschen im Jahr 1915. Zur Berechnung der erwachsenen Bevölkerung wurde der gegenwärtige Anteil von Erwachsenen herangezogen und ein konstantes Bevölkerungswachstum in diesem Zeitraum angenommen.

316 Das entspricht einem Anstieg des Pro-Kopf-Einkommens von

wenig mehr als 2,2 Prozent unter der Annahme, dass die durchschnittliche Lebenserwartung in den entwickelten Ländern gegenwärtig bei 80 Jahren liegt.

317 Nach Angabe von Angus Maddison lag das Pro-Kopf-Bruttoinlandsprodukt der USA noch im Jahr 1940 bei 6838 USD (in internationalen Geary-Khamis-Dollar von 1990). Gemessen am selben Maßstab lag das Pro-Kopf-BIP in Mexiko im Jahr 2008 bei 7919 USD. Maddison,»Historical Statistics of the World Economy: Per Capita GDP«, abgerufen am 26. November 2014, http://www.google.com/url?sa=t&rct=j&q=&esrc=s&source=web&cd=6&-ved=0CEIQFjAF&url=http%3A%2F%2Fwww.ggdc.net%2Fmaddison%2FHistorical_Statistics%2Fhorizontal-file_02-2010.xls&ei=4t11VJfsG4uZN0G9gGA&usg=AFQjCNFFKKZiUysTOut-lY4NsZF9qwdu2Hg&bvm=bv.80642063,d.eXY. Zwischen 2008 und 2013 veränderte sich das mexikanische Pro-Kopf-Einkommen in inflationsbereinigten USD kaum. Weltbank,»GDP Per Capita (Current US$)«, abgerufen am 26. November 2014, http://data.worldbank.org/indicator/NY.GDP.PCAP.CD.

318 Leider hat das Wort *Kapital* in der Wirtschaftswissenschaft zahlreiche Bedeutungen. Auf Investopedia findet man zwei Definitionen von Kapital:»1. Finanzielle Vermögenswerte oder der finanzielle Wert von Vermögenswerten wie Bargeld. 2. Fabriken, Maschinen und Ausrüstung, die sich im Besitz eines Unternehmens befinden und für die Produktion genutzt werden.« Investopedia,»Definition of Capital«, abgerufen am 25. Mai 2015, http://www.investopedia.com/terms/c/capital.asp. Wie bei Wirtschaftswissenschaftlern, die Jahrhunderte in die Vergangenheit blicken, üblich, beziehen wir uns anders als Finanzexperten auf die zweite Definition und auf die Gesamtheit dieses Kapitals in sämtlichen Unternehmen eines Landes.

319 Robert M. Solow,»Technical Change and the Aggregate Production Function«, in: *Review of Economics and Statistics* 39, Nr. 3 (August 1957): S. 312–20. Solow studierte den Zeitraum 1909 bis 1949 in den Vereinigten Staaten. Er wandte seine eigene Methode an, um zu

schätzen, um wie viel der Kapitalzuwachs die Produktivität erhöht hatte. Der Kapitaleinsatz pro Arbeitsstunde war um rund 31 Prozent gestiegen. Der Anteil der Kapitalerträge an der Gesamtproduktion (das heißt von Dividenden zuzüglich wirtschaftlichen Renten zuzüglich nicht ausgeschütteten Gewinnen usw.) betrug etwa ein Drittel. Solow ging von der groben Annahme aus, dass dieser »Kapitalanteil« dem Beitrag des Kapitals zur Produktion entsprach (was der Fall wäre, wenn auf dem Markt ein vollkommener Wettbewerb herrschte). Anhand einer subtilen Berechnung zeigte er, dass die Produktion pro Personenstunde in Ermangelung einer Veränderung des Kapitals um 80 Prozent gestiegen wäre. Daher bewirkte die Veränderung des Kapitals pro Arbeitsstunde um 31 Prozent eine Veränderung der Produktion pro Personenstunde um zehn Prozent, was einem Achtel der gesamten Veränderung im Untersuchungszeitraum entsprach.

320 Die Rolle der indianischen und afroamerikanischen Musik ist ein wichtiges Thema in Joseph Horowitz, *Dvořák in America: In Search of the New World* (Chicago: Cricket Books, 2003).

321 Hanna Krasnova, Helena Wenninger, Thomas Widjaja und Peter Buxmann, »Envy on Facebook: A Hidden Threat to Users' Life Satisfaction?« in: *Wirtschaftsinformatik Proceedings* 2013, Paper 92, S. 4, Tabelle 1, sowie S. 5, Tabelle 2, http://aisel.aisnet.org/wi2013/92. Die Befragten duften mehr als einen Grund für »Frustration« angeben. In Tabelle 2 wird jener Teil der Befragten aufgelistet, die verschiedene »soziale Gründe« für »Frustration« nannten. Leider machen die Autoren keine Angaben dazu, wie die verschiedenen Antworten auf die »sozialen Gründe« verteilt waren, sondern nennen nur den Gesamtanteil. 80,7 Prozent der Befragten nannten nur einen Grund für »Frustration«, 17,3 Prozent nannten zwei, und 2,0 Prozent nannten drei Gründe. Anhand dieser Anteile schätzen wir, dass etwa 60 Prozent einen oder mehr »soziale Gründe« nannten.

322 Steve Annear, »The ›Pavlov Poke‹ Shocks People Who Spend Too Much Time on Facebook: It's Meant to Condition Social Media

›Addicts‹ to Step Away from the Screen and Enjoy the Real World«, in: *Boston Daily*, 23. August 2013, abgerufen am 26. November 2014, http://www.bostonmagazine.com/news/blog/2013/08/23/pavlov-poke-shocks-people-who-spend-too-much-time-on-facebook/.

323 Auf der Website von United Airlines findet man die folgende Beschreibung des Boardingprozesses:
Das Pre-Boardinig beginnt [nachdem Passagiere mit Behinderungen abgefertigt sind]. Diese Gruppe umfasst Mitglieder von Global ServicesSM und Militärangehörige in Uniform.
Nach Abschluss des Pre-Boarding warten Sie bitte, bis Ihre Boarding-Gruppe aufgerufen wird. Um Ihnen eine Vorstellung davon zu vermitteln, welches Ihre Gruppennummer sein wird, folgt eine Liste für ein Flugzeug mit zwei Kabinen – organisiert nach Premier AccessSM-Mitgliedsniveau.
Gruppe 1 – Premier Access Boarding
• Global AccessSM (für jene Kunden, die nicht während des Pre-Boarding an Bord gegangen sind)
• Premier 1K®
• Premier® Platinum
• Premium-Kabinen einschließlich United First®
Hinweis: Bei Flugzeugen mit drei Kabinen gehen Mitglieder von United Business® in dieser Gruppe an Bord. (Bei Flugzeugen mit drei Kabinen wird United First auf bestimmten internationalen Routen als United Global First® bezeichnet, und United Business® wird als United BusinessFirst® bezeichnet.)
Gruppe 2 – Premier Access Boarding
• Premier® Gold
• Star Alliance™ Gold
• Premier® Silver
• Inhaber der MileagePlus® Club Card
• Inhaber der Presidential PlusSM Card
• Inhaber der MileagePlus® Explorer Card
• Inhaber der MileagePlus® Awards Card
Gruppen 3, 4, 5 – Allgemeines Boarding

Hinweis: Familien mit Babys oder Kindern unter vier Jahren können an Bord gehen, wenn die Nummer ihrer Gruppe aufgerufen wird. (»Arriving at a Single Boarding Process«, 22. April 2013, abgerufen am 26. November 2014, https://hub.united.com/en-us/news/company-operations/pages/arriving-at-a-single-boarding-process.aspx.)

324 Dies erinnert uns auch an ein Experiment, das Jeffrey Butler für seine Doktorarbeit in Berkeley durchführte. Butler untersuchte, ob es möglich war, unter experimentellen Bedingungen bei Versuchspersonen Statusgefühle zu wecken. Die Versuchspersonen wurden abhängig davon, ob sie aus einem Sack einen orangenen oder lilafarbenen Pokerchip zogen, einer von zwei Gruppen zugeteilt. Die eine Gruppe hatte einen »hohen«, die andere einen »geringen Status«. Die Versuchspersonen mit »hohem Status« nahmen jeweils zu dritt in einer Reihe auf Stühlen Platz und wurden mit schmackhaften Imbissen versorgt. Die Versuchspersonen mit »geringem Status« wurden angewiesen, zu fünft in einer Reihe Platz zu nehmen und die langweilige Aufgabe zu bewältigen, Namen in einer Liste alphabetisch zu ordnen. Es sollte uns nicht überraschen, dass sich diese Statuszuweisungen auswirkten, als die Versuchsteilnehmer anschließend das »Vertrauensspiel« und das »Wahrheitsspiel« spielten. Jene, die einen »hohen Status« hatten, waren eher bereit, Vertrauensbrüche sowohl von Angehörigen ihrer eigenen Gruppe als auch von Mitgliedern der Gruppe mit »niedrigem Status« zu bestrafen. Vgl. Jeffrey Vincent Butler, »Status and Confidence«, in: *Essays on Identity and Economics* (Doktorarbeit, University of California, Berkeley, 2008).

325 Nicholas Lemann, *The Big Test: The Secret History of the American Meritocracy* (New York: Farrar, Straus and Giroux, 2000).

326 Ebd., S. 7f.

327 Garey Ramey und Valerie A. Ramey, »The Rug Rat Race«, in: *Brookings Papers on Economic Activity* (Frühjahr 2010): S. 129–99. Der Titel ist dem der amerikanischen Zeichentrickserie *Rugrats* (1991–2004) entlehnt, welche die Eskapaden einer Gruppe schlauer Krabbel-

kinder schildert (*rug rats* bedeutet so viel wie »Hosenscheißer« im Sinne von »Windelkind«), und kombiniert diesen Begriff mit dem Ausdruck *rat race*, der ein end- und sinnloses Unterfangen wie das der Laborratte beschreibt, die von einem Forscher in ein Labyrinth oder ein Laufrad gesetzt wird. Thema des Artikels ist der Erfolgsdruck, dem Kinder in der modernen Gesellschaft ausgesetzt sind.

328 Die vermutlich bekanntesten stammen aus US *News and World Report*. Vgl. http://colleges.usnews.rankingsandreviews.com/bestcolleges.

329 Es gibt sogar eine Website, auf der die Fachzeitschriften anhand von fünf Kriterien gereiht werden. Dies sind: Themenbereich, Themenkategorie, Region oder Land, verschiedene Kriterien für die Anordnung, sowie die Zahl der Zitierungen der Publikation. SCImago Journal and Country Rank, »Journal Rankings«, abgerufen am 26. November 2014, http://www.scimagojr.com/journalrank.php?country=US.

330 Beispielsweise werden Professoren im »h-index« danach gereiht, wie häufig ihre Artikel zitiert werden.

331 Thom Patterson, »United Airlines Ends Coach Preboarding for Children«, CNN, 23. Mai 2012, abgerufen am 30. April 2015, http://www.cnn.com/2012/05/23/travel/united-children-preboarding/.

332 Prosper Mérimée, *Carmen and Other Stories* (Oxford: Oxford University Press, 1989).

333 Allan M. Brandt, *The Cigarette Century: The Rise, Fall, and Deadly Persistence of the Product That Defined America* (New York: Basic Books, 2007), S. 27.

334 Das bestätigen neurologische Erkenntnisse über Suchtverhalten. Für diesen Standpunkt und eine Bewertung der entsprechenden Belege vgl. B. Douglas Bernheim und Antonio Rangel, »Addiction and Cue-Triggered Decision Processes«, in: *American Economic Review* 94, Nr. 5 (Dezember 2004): S. 1558–90. Die Autoren schreiben: »Die neurowissenschaftliche Forschung zum Suchtverhalten hat spezifische Merkmale des Gehirns identifiziert, die anscheinend

systematisch zu fehlerhaften Entscheidungen über den Konsum von Suchtstoffen führen« (S. 1562).

335 Centers for Disease Control and Prevention, »Smoking and Tobacco Use: Fast Facts«, abgerufen am 9. Dezember 2014, http://www.cdc.gov/tobacco/data_statistics/fact_sheets/fast_facts/.

336 Allan M. Brandt, The Cigarette Century: The Rise, Fall, and Deadly Persistence of the Product That Defined America (New York: Basic Books, 2007), Foto zwischen S. 184 und 185.

337 US Surgeon General, Smoking and Health: Report of the Advisory Committee to the Surgeon General of the Public Health Service (1964), S. 5, abgerufen am 28. November 2014, http://www.surgeongeneral.gov/library/reports/.

338 Pro-Kopf-Konsum von Personen im Alter von 15 Jahren und darüber: ebd., Kap. 5, S. 45, Tabelle 1.

339 Ebd., S. 25. 1955 waren es fast 27 000, 1962 bereits mehr als 41 000.

340 Brandt, The Cigarette Century, S. 131–34.

341 Ernst L. Wynder und Evarts A. Graham, »Tobacco Smoking as a Possible Etiologic Factor in Bronchogenic Carcinoma Study of Six Hundred and Eighty-Four Proved Cases«, in: Journal of the American Medical Association 143, Nr. 4 (27. Mai 1950): S. 329–36. Sie stellten fest, dass nur 3,5 Prozent der Krebskranken keine »langjährigen gewohnheitsmäßigen oder Kettenraucher« waren. Der Vergleichswert der entsprechenden männlichen Krankenhauspatienten lag bei 26,3 Prozent (S. 336).

342 Brandt, The Cigarette Century, S. 131f.

343 Ebd., S. 157. Leider hatte Graham zu lange geraucht. Er starb später an Lungenkrebs.

344 Bei Männern betrug das Verhältnis zwischen denen aus der Lungenkrebsstichprobe und denen in der strukturgleichen Stichprobe bei der Gruppe jener, die 0 Zigaretten rauchten, 0,075, bei Personen, die zwischen eine und vier Zigaretten am Tag rauchten, 0,56, bei Personen, die zwischen fünf und 14 Zigaretten am Tag rauchten, 0,87, bei Personen, die zwischen 15 und 24 Zigaretten am Tag rauchten, 1,03, bei Personen, die zwischen 25 und 49 Ziga-

retten am Tag rauchten, 0,91, und bei denen, die mehr als 50 Zigaretten am Tag rauchten, 2,5. Richard Doll und A. Bradford Hill, »Smoking and Carcinoma of the Lung: Preliminary Report«, in: British Medical Journal 2, Nr. 4682 (September 30, 1950): 742, Abb. 1. Bei Frauen war ein ähnlicher, wenn auch etwas deutlicherer Anstieg zu beobachten, was zu erwarten war, da sie nur sechs Prozent der Lungenkrebspatienten stellten. In der Stichprobe von 688 Lungenkrebspatienten fanden sich nur 41 Frauen (S. 742, Tabelle 5).

345 Ernst L. Wynder, Evarts A. Graham und Adele B. Croninger, »Experimental Production of Carcinoma with Cigarette Tar«, in: Cancer Research 13, Nr. 12 (1953): S. 863.

346 Oscar Auerbach et al., »Changes in the Bronchial Epithelium in Relation to Smoking and Cancer of the Lung: A Report of Progress«, in: New England Journal of Medicine 256, Nr. 3 (17. Januar 1957): S. 97–104.

347 Jeffrey K. Cruikshank und Arthur W. Schultz, The Man Who Sold America (Boston: Harvard Business Review Press, 2010), S. 354ff.

348 Roman, Ogilvy: Leben für die Werbung, S. 323.

349 Brandt, The Cigarette Century, S. 165; Naomi Oreskes und Erik M. Conway, Die Machiavellis der Wissenschaft: Das Netzwerk des Leugnens (Wiley-VCH, 2014), S. 7. Oreskes und Conway dokumentieren die Erzeugung von Zweifeln nicht nur in Bezug auf die Auswirkungen des Rauchens, sondern auch in Bezug auf sauren Regen, das Ozonloch, die Erderwärmung und das Insektizid DDT. Sie zeigen, dass es bemerkenswert einfach war, in Bezug auf all diese Fragen in der Öffentlichkeit strategisch Zweifel auszustreuen.

350 Brandt, The Cigarette Century, S. 171 und 175.

351 »Little, Clarence Cook, Sc.D. (CTR Scientific Director, 1954–1971)«, abgerufen am 28. November 2014, http://tobaccodocuments.org/profiles/little_clarence_cook.html. Im Internet nicht mehr zugänglich. Kopie in den Akten der Autoren.

352 Ebd.; Time Magazine, »Clarence Cook Little«: Titelgeschichte, 22. April 1937; George D. Snell, »Clarence D. Little, 1888–1971: A Bio-

graphical Memoir by George D. Snell« (Washington, DC: National
Academy of Sciences, 1971).

353 Brandt, *The Cigarette Century*, S. 176.

354 Ebd., S. 175.

355 Ebd., S. 177.

356 Dies ist natürlich der Warnhinweis, der seit 1970 auf jeder Zigarettenschachtel stehen muss (gesetzlich vorgeschrieben durch den
Public Health Cigarette Smoking Act). Vgl. »Public Health Cigarette Smoking Act«, *Wikipedia*, abgerufen am 28. März 2015, http://
en.wikipedia.org/wiki/Public_Health_Cigarette_Smoking_Act.

357 US Surgeon General, *The Health Consequences of Smoking – 50 Years of
Progress* (2014), S. 21f., abgerufen am 6. März 2015, http://www.surgeongeneral.gov/library/reports/50-years-of-progress/full-report.
pdf.

358 US Surgeon General, *Smoking and Health* (1964), S. 102, Tabelle 19.

359 Jason Bardi, »Cigarette Pack Health Warning Labels in US Lag behind World: Internal Tobacco Company Documents Reveal Multinational Effort to Block Strong Warnings to Smokers«, University
of California at San Francisco, 16. November 2012, abgerufen am
8. Dezember 2014, http://www.ucsf.edu/news/2012/11/13151/cigarette-pack-health-warning-labels-us-lag-behind-world. Für die
Vereinigten vgl. auch Mark Joseph Stern, »The FDA's New Cigarette
Labels Go Up in Smoke«, in: *Wall Street Journal*, 9. September 2012,
abgerufen am 28. März 2015, http://www.wsj.com/articles/SB100
0087239639044381940457763358000955609, sowie US Food and
Drug Administration, »Tobacco Products: Final Rule ›Required
Warnings for Cigarette Packages and Advertisements‹«, abgerufen
am 28. März 2015, http://www.fda.gov/TobaccoProducts/Labeling/
Labeling/CigaretteWarningLabels/ucm259953.htm. Für Australien
vgl. Tobacco Labelling Resource Center, »Australia: Health Warnings, 2012 to Present«, abgerufen am 28. März 2015, http://www.
tobaccolabels.ca/countries/australia/.

360 Zigarettenwerbung in Fernsehen und Radio wurde mit dem Public
Health Smoking Act von 1970 verboten. Dieses Gesetz wurde seit-

dem ergänzt. Mit dem Tobacco Control Act von 2009 wurden zusätzliche Beschränkungen eingeführt. Vgl. »Tobacco Advertising«, *Wikipedia*, abgerufen am 8. März 2014, http://en.wikipedia.org/wiki/Tobacco_advertising.

361 Brandt, *The Cigarette Century*, S. 432–37. Zusätzlich zur Einigung mit 47 Staaten wurden Vergleiche mit Mississippi, Florida, Texas und Minnesota geschlossen, in denen sich die Tabakkonzerne zur Zahlung weiterer 40 Mrd. USD verpflichteten.

362 Ebd., S. 267ff.

363 Ebd., S. 271.

364 Ebd., S. 288.

365 US Surgeon General, *Smoking and Health: A Report of the Surgeon General* (1979), »Appendix: Cigarette Smoking in the United States, 1950–1978«, S. A-10, Tabelle 2, abgerufen am 28. November 2014, http://www.surgeongeneral.gov/library/reports/.

366 Zahlen für 2014, Centers for Disease Control and Prevention, »Cigarette Smoking in the United States: Current Cigarette Smoking among U.S. Adults 18 Years and Older«, abgerufen am 28. November 2015, http://www.cdc.gov/tobacco/campaign/tips/resources/data/cigarette-smoking-in-united-states.html.

367 Centers for Disease Control and Prevention, »Trends in Current Cigarette Smoking among High School Students and Adults, United States, 1965–2011«, 14. November 2013, abgerufen am 9. Dezember 2014, http://www.cdc.gov/tobacco/data_statistics/tables/trends/cig_smoking/.

368 Tabelle 2 in http://www.lung.org/finding-cures/our-research/trend-reports/Tobacco-Trend-Report.pdf zeigt, dass der durchschnittliche jährliche Pro-Kopf-Zigarettenkonsum (von Personen im Alter von 18 oder mehr Jahren) zwischen 1965 und 2011 von 4259 auf 1232 Stück sank. Aus Tabelle 4 in http://www.lung.org/finding-cures/our-research/trend-reports/Tobacco-Trend-Report.pdf geht hervor, dass der Anteil der Raucher an der erwachsenen Bevölkerung zwischen 1965 und 2011 von 42,4 Prozent auf 19,0 Prozent sank (http://www.cdc.gov/tobacco/data_statistics/tables/

trends/cig_smoking/). Im Jahr 1965 konsumierte der durchschnitt-liche Raucher also 27,52 Zigaretten (1,375 Schachteln) am Tag. Bis 2011 sank der Konsum auf 17,76 Zigaretten (0,89 Schachteln) täglich.

Die Weltgesundheitsorganisation schätzt, dass in Brasilien 15,2 Prozent der über 15-Jährigen rauchen; in China sind es 26,3 Prozent, in Frankreich 24,7 Prozent, in Deutschland 26,2 Prozent und in Russland 37,3 Prozent (Zahlen für 2015).

369 Centers for Disease Control and Prevention, »Smoking and Tobacco Use: Tobacco-Related Mortality«, abgerufen am 28. März 2015, http://www.cdc.gov/tobacco/data_statistics/fact_sheets/health_effects/tobacco_related_mortality/. Die Schätzungen beziehen sich auf die durchschnittliche jährliche Zahl der Todesfälle infolge von Zigarettenkonsum in den Jahren 2005–2009. Die Gesamtzahl der durch das Rauchen verursachten Todesfälle beläuft sich demnach auf 480 317. Das Rauchen verursachte 127 700 direkte Todesfälle durch Lungenkrebs, 113 100 Todesfälle durch Atemwegserkrankungen und 160 000 Todesfälle durch Herz-Kreislauf- sowie Stoffwechselerkrankungen. 41 300 Todesfälle waren auf Passivrauchen zurückzuführen, darunter 7300 durch Lungenkrebs und 34 000 durch koronare Herzkrankheit.

370 Bridget F. Grant et al., »The 12-Month Prevalence and Trends in DSM-IV Alcohol Abuse and Dependence: United States, 1991–1992 and 2001–2002«, in: *Drug and Alcohol Dependence* 74, Nr. 3 (2004): S. 228, Tabelle 2.

371 Mandy Stahre et al., »Contribution of Excessive Alcohol Consumption to Deaths and Years of Potential Life Lost in the United States«, in: *Preventing Chronic Disease* 11 (2014), abgerufen am 28. März 2014, http://www.cdc.gov/pcd/issues/2014/13_0293.htm. Wir teilten die Gesamtzahl der Todesfälle im Vergleichszeitraum durch Stahres Schätzung der durch Alkohol verursachten Todesfälle.

372 George E. Vaillant, *Triumphs of Experience: The Men of the Harvard Grant Study* (Cambridge, MA: Harvard University Press, 2012), S. 54f.

373 Ebd., S. 67: Diese jungen Männer wurden ausgewählt, weil die

Wahrscheinlichkeit, dass sie ein »erfolgreiches« Leben führen würden, besonders groß war.

374 Ebd., S. 66.

375 Ebd., S. 54.

376 Ebd., S. 296.

377 Ebd., S. 298. Diese 23 Prozent beinhalten sowohl die Personen, die übermäßig viel trinken, als auch die Alkoholabhängigen. Ermittelt wurde dieser Prozentsatz ausgehend von der Zahl der Befragten, die im Programm blieben (242), nicht jener, die ursprünglich befragt wurden (268).

378 Ebd., S. 301.

379 Ebd., S. 303–7.

380 In 57 Prozent der Fälle, in denen Teilnehmer an der Grant-Studie geschieden wurden, war mindestens einer der Ehepartner Alkoholiker (ebd., S. 358). Da Alkoholismus bei Männern deutlich häufiger auftritt als bei Frauen (was wir zum Beispiel aus der NE-SARC-Erhebung wissen) und da der Anteil jener, bei denen Alkoholmissbrauch oder Alkoholabhängigkeit festgestellt wurde, in der Gruppe der Harvard-Absolventen etwa 23 Prozent betrug, ist dies ein ungewöhnlich hoher Prozentsatz. Vgl. Fred Arne Thorberg und Michael Lyvers, »Attachment, Fear of Intimacy and Differentiation of Self among Clients in Substance Disorder Treatment Facilities«, in: Addictive Behaviors 31, Nr. 4 (April 2006): S. 732–37; sowie Frank P. Troise, »The Capacity for Experiencing Intimacy in Wives of Alcoholics or Codependents«, in: Alcohol Treatment Quarterly 9, Nr. 3 (Oktober 2008): S. 39–55.

381 Vaillant, Triumphs of Experience, S. 321–26.

382 Dave Newhouse, Old Bears: The Class of 1956 Reaches Its Fiftieth Reunion, Reflecting on the Happy Days and the Unhappy Days (Berkeley: North Atlantic Books, 2007).

383 Ebd., S. 17–31.

384 Ebd., S. 33–39.

385 Ebd., S. 290f.

386 Ebd., S. 127f.

387 Ebd., S. 57 und 316.

388 National Institutes of Health, National Institute on Alcohol Abuse and Alcoholism, *Alcohol Use and Alcohol Use Disorders in the United States: Main Findings from the 2001–2002 National Epidemiologic Survey on Alcohol and Related Conditions* (NESARC), Januar 2006, »Exhibit 2, National Epidemiologic Survey on Alcohol and Related Conditions (Section 2B): DSM-IV Alcohol Abuse and Dependence Diagnostic Criteria and Associated Questionnaire Items«, S. 8f, abgerufen am 12. November 2014, http://pubs.niaaa.nih.gov/publications/NESARC_DRM/NESARCDRM.pdf.

389 Philip J. Cook, *Paying the Tab: The Costs and Benefits of Alcohol Control* (Princeton: Princeton University Press, 2007), S. 210, Anm. 14.

390 Ebd., S. 71.

391 Ebd., S. 72f.

392 Ebd., S. 103ff. sowie Tabellen 6.4 und 6.5.

393 US Department of the Treasury, Alcohol and Tobacco Tax and Trade Bureau, »Tax and Fee Rates«, abgerufen am 30. April 2015, www.ttb.govtax_audit/atftaxes.shtml.

394 Urban Institute and the Brookings Institution, Tax Policy Center, »State Alcohol Excise Tax Rates 2014«, abgerufen am 13. Dezember 2014, http://www.taxpolicycenter.org/taxfacts/displayafact.cfm?Docid=349.

395 Jeanette DeForge, »Ballot Question to Revoke Sales Tax on Alcohol Approved by Massachusetts Voters«, in: *Republican*, 3. November 2010, abgerufen am 13. Dezember 2014, http://www.masslive.com/news/index.ssf/2010/11/ballot_question_to_revoke_sale.html; sowie Dan Ring, »Massachusetts Senate Approves State Sales Tax Increase to 6.25 Percent as Part of $ 1 Billion Tax Hike«, in: *Republican*, 20. Mai 2009, abgerufen am 13. Dezember 2014, http://www.masslive.com/news/index.ssf/2009/05/massachusetts_senate_approves.html.

396 Vgl. Mothers against Drunk Driving, »History and Mission Statement«, abgerufen am 28. März 2015, http://www.madd.org.

397 »Drunk Driving Statistics«, abgerufen am 13. Dezember 2014,

http://www.alcoholalert.com/drunk-driving-statistics.html. Der Vergleichszeitraum ist 1982 bis 2011. Die nicht alkoholisierten Fahrer legten am Ende dieses Zeitraums deutlich größere Strecken zurück, da die insgesamt gefahrenen Kilometer sehr viel schneller als die Bevölkerung gewachsen waren. Daher dürfte es auch für diese Gruppe keine schlechte Entwicklung der Sicherheit sein. Die Bevölkerungsstatistik stammt vom Council of Economic Advisors, Economic Report of the President 2013, S. 365, Tabelle B-34, abgerufen am 1. Dezember 2014, http://www.whitehouse.gov/sites/default/files/docs/erp2013/full_2013_economic_report_of_the_president.pdf.

398 US Department of Transportation, National Highway Traffic Safety Administration, »Traffic Safety Facts, 2011: Alcohol Impaired Driving«, Dezember 2012, abgerufen am 25. Mai 2015, http://wwwnrd.nhtsa.dot.gov/Pubs/811700.pdf.

399 Vgl. »Voices of Victims«, MADD-Website, abgerufen am 13. Dezember 2014, http://www.madd.org/drunk-driving/voices-of-victims/.

400 National Institutes of Health, National Institute on Alcohol Abuse and Alcoholism, Surveillance Report »95 Apparent Per Capita Ethanol Consumption, United States, 1850–2010 (August 2012), Tabelle 1, http://pubs.niaaa.nih.gov/publications/Surveillance95/CONS10.htm.

401 George A. Akerlof und Paul M. Romer, »Looting: The Economic Underworld of Bankruptcy for Profit«, in: Brookings Papers on Economic Activity 2 (1993): S. 36. Eine alternative Schätzung der Kosten durch die National Commission on Financial Institution Reform, Recovery and Enforcement fällt sieben bis elf Prozent höher aus.

402 James H. Stock und Mark W. Watson, »Forecasting Output and Inflation: The Role of Asset Prices«, in: Journal of Economic Literature 41 (2003): S. 797. Für Daten zum Konjunkturzyklus vgl. National Bureau of Economic Research, »U.S. Business Cycle Expansions and Contractions«, abgerufen am 13. Januar 2015, http://www.nber.org/cycles.html.

403 Akerlof und Romer, »Looting«.

404 Für die Verwendung des Konzepts des »Tunneling« vgl. Simon

Johnson, Rafael La Porta, Florencio López de Silanes und Andrei Shleifer, »Tunneling«, in: *American Economic Review* 90, Nr. 2 (Mai 2000): S. 22–27.

405 Council of Economic Advisors, *Economic Report of the President* 2013, Tabelle B-64, »Year-to-Year Inflation of the Consumer Price Index«, abgerufen am 1. Dezember 2014, http://www.whitehouse.gov/sites/default/files/docs/erp2013/full_2013_economic_report_of_the_president.pdf.

406 Ebd., Tabelle B-73, »Bond Yields and Interest Rates, 1942–2012«, Spalte 1.

407 US Department of Labor, Bureau of Labor Statistics, Tables and Calculators by Subject; Unemployment Rates by Month, http://data.bls.gov/pdq/SurveyOutputServlet.

408 Council of Economic Advisors, *Economic Report of the President* 2013, Tabelle B-73, Spalte 9.

409 Die Geldmarktfonds hatten im Jahr 1980 praktisch keine Assets. Vgl. Diagramm in »The Future of Money Market Funds«, 24. September 2012, http://www.winthropcm.com/TheFutureofMoney-MarketFunds.pdf. Die Zahlen in diesem Diagramm decken sich mit den Daten des Fact Book 2014 des Investment Company Institute. Es gibt keine Daten für die Jahre 1980 bis 1984, aber die Daten zeigen, dass die Vermögenswerte der Geldmarktfonds bis 1990 auf 498 Mrd. USD stiegen. http://www.icifactbook.org/fb_data.html. Abgerufen am 1. Januar 2015.

410 Akerlof und Romer, »Looting«, S. 23.

411 Ebd., S. 34, Berechnung der Kosten von 20 bis 30 Mrd. Dollar zum Geldwert von 1993, umgelegt auf heutige Dollar.

412 Für eine Beschreibung der Immobilienblase und des Zusammenbruchs in Dallas, Texas, vgl. ebd., S. 39–42.

413 Ebd., S. 23f.

414 R. Alton Gilbert, »Requiem for Regulation Q: What It Did and Why It Passed Away«, in: *Federal Reserve Bank of St. Louis Review* (February 1986): S. 22–37. Die Zinsgrenze für die Sparkassen lag geringfügig höher als die Obergrenze für die Verzinsung von Spareinlagen bei

Banken. Die Obergrenze für die Banken lag im Jahr 1980 bei etwa 5½ Prozent. Vgl. S. 29, Diagramm 3.

415 Akerlof und Romer, »Looting«, S. 24.

416 Für die 10-Prozent-Grenze nach Maßgabe des Garn–St. Germain Act vgl. Carl Felsenfeld und David L. Glass, *Banking Regulation in the United States* (New York: Juris, 2011), S. 424f. Für die großzügige Handhabung dieser Begrenzung bei der Bewertung von Vermögenswerten, welche die Sparkassen als Sicherheiten für Kredite heranzogen, vgl. »Top Ten U.S. Banking Laws of the 20th Century«, abgerufen am 1. Dezember 2014, http://www.oswego.edu/~dighe/topten.htm.

417 Akerlof und Romer, »Looting«, S. 27. Der Bauunternehmer konnte eine schöne Dividende einstreichen, indem er für die Gestaltung des Projekts eine »Gebühr« (von z. B. 2,5 Prozent) erhob.

418 James E. O'Shea, *The Daisy Chain: How Borrowed Billions Sank a Texas S & L* (New York: Pocket Books, 1991), insbesondere S. 29–34. Im hier beschriebenen Beispiel wurde das Geld auf andere Art herausgeschleust.

419 Im von O'Shea beschriebenen Fall kauften die Bauunternehmer den Eigentümern der Sparkasse Material zu überhöhten Preisen ab.

420 Stephen Pizzo, Mary Fricker und Paul Muolo, *Inside Job: The Looting of America's Savings and Loans* (New York: Harper Perennial, 1991), S. 108.

421 Ebd., S. 14.

422 Akerlof und Romer, »Looting«, S. 40, Tabelle 11.2. Natürlich ging die Bautätigkeit auch in Dallas zurück, aber sehr viel langsamer und weniger deutlich als in Houston.

423 Steve Brown, »Office Market Outlook: Dallas«, in: *National Real Estate Investor News*, Juni 1982, S. 46.

424 Steve Brown, »City Review: Dallas«, in: *National Real Estate Investor News*, Oktober 1983, S. 127.

425 Steve Brown, »City Review: Dallas«, in: *National Real Estate Investor News*, Oktober 1984, S. 183 und 192.

426 Steve Brown, »City Review: Dallas«, in: *National Real Estate Investor News*, Juni 1985, S. 98ff.

427 Pizzo, Fricker, und Muolo, *Inside Job*.

428 Bryan Burrough und John Helyar, *Die Nabisco Story: Ein Unternehmen wird geplündert* (Ullstein, 1991), S. 544.

429 Johnson verdiente Berichten zufolge mehr als 50 Millionen Dollar mit der Übernahme. Vgl. Bryan Burrough, »RJR Nabisco: An Epilogue«, in: *New York Times*, 12. März 1999, http://www.nytimes.com/1999/03/12/opinion/rjr-nabisco-an-epilogue.html.

430 Graef S. Crystal, *In Search of Excess: The Overcompensation of American Executives* (New York: W. W. Norton, 1991), insbesondere S. 46f. Jenny Chu, Jonathan Faasse und S. Raghavendra Rau haben gezeigt, dass vom Management engagierte Berater (im Gegensatz zu vom Board engagierten Berater) die Managergehälter deutlich in die Höhe treiben. Vgl. Chu, Faasse, und Rau, »Do Compensation Consultants Enable Higher CEO Pay? New Evidence from Recent Disclosure Rule Changes« (23. September 2014), S. 23, abgerufen am 27. Mai 2015, http://papers.ssrn.com/sol3/Papers.cfm?abstract_id=2500054.

431 W. Braddock Hickman, *Corporate Bond Quality and Investor Experience* (Princeton: National Bureau of Economic Research and Princeton University Press, 1958). Die Tabelle 1 findet sich auf S. 10.

432 George Anders und Constance Mitchell, »Junk King's Legacy: Milken Sales Pitch on High-Yield Bonds Is Contradicted by Data«, in: *Wall Street Journal*, 20. November 1990, S. A1.

433 Lindley B. Richert, »One Man's Junk Is Another's Bonanza in the Bond Marketing«, in: *Wall Street Journal*, 27. März 1975.

434 John Locke, *Versuch über den menschlichen Verstand*, Bd I: Buch I und II (Hamburg: Felix Meiner Verlag, 1981): »Ich suche mich so weit wie möglich von den Täuschungen frei zu machen, in die wir uns selbst zu versetzen geneigt sind, indem wir die Wörter für die Dinge nehmen.« (S. 200).

435 Gary Smith, *Standard Deviations: Flawed Assumptions, Tortured Data, and Other Ways to Lie with Statistics* (New York: Duckworth Overlook, 2014).

436 Jesse Kornbluth, *Highly Confident: The Crime and Punishment of Michael Milken* (New York: William Morrow, 1992), S. 45.

437 Hickman, *Corporate Bond Quality and Investor Experience*, S. 10.

438 Jeremy J. Siegel und Richard H. Thaler, »Anomalies: The Equity Premium Puzzle«, in: *Journal of Economic Perspectives* 11, Nr. 1 (Winter 1997): S. 191.

439 United States Federal Deposit Insurance Corporation et al. v. Michael R. Milken et al. (1991), Southern District of New York (18. Januar), Amended Complaint Class Action, Civ. No. 91-0433 (MP), S. 70f.

440 Vgl. James B. Stewart, *Club der Diebe* (Ullstein, 1993), S. 269, sowie Benjamin Stein, *A License to Steal: The Untold Story of Michael Milken and the Conspiracy to Bilk the Nation* (New York: Simon and Schuster, 1992).

441 Kornbluth, *Highly Confident*, S. 64. Später trieb Drexel innerhalb weniger Stunden fünf Mrd. USD für die Übernahme von RJR Nabisco auf. Vgl. Burrough und Helyar, *Barbarians at the Gate*, Kindle-Positionen 10069–72.

442 FDIC v. Milken, S. 146f.

443 Ebd., S. 149f.

444 Stein, *License to Steal*, S. 89–92.

445 Das Urteil gegen Keating wurde von einem Berufungsgericht aufgehoben, nachdem er eine viereinhalbjährige Haftstrafe verbüßt hatte. Später bekannte er sich in anderen Anklagepunkten schuldig. Vgl. Robert D. McFadden, »Charles Keating, 90, Key Figure in '80s Savings and Loan Crisis, Dies«, in: *New York Times*, 2. April 2014, abgerufen am 27. Mai 2015, http://www.nytimes.com/2014/04/02/business/charles-keating-key-figure-in-the-1980s-savings-and-loan-crisis-dies-at-90.html?_r=0. Spiegel musste sich wegen zahlreicher Vergehen vor Gericht verantworten, wurde jedoch nach einem siebenwöchigen Prozess freigesprochen. Vgl. Thomas S. Mulligan, »Spiegel Found Not Guilty of Looting S & L«, in: *Los Angeles Times*, 13. Dezember 1994, abgerufen am am 1. Mai 2015, http://articles.latimes.com/1994-12-13/news/mn-8437_1_

thomas-spiegel. Gegen Carr wurde ermittelt, aber er wurde nie angeklagt. Vgl. Scot J. Paltrow, »Executive Life Seizure: The Costly Comeuppance of Fred Carr«, in: Los Angeles Times, 12. April 1991, abgerufen am 1. Mai 2015, http://articles.latimes.com/1991-04-12/business/fi-342_1_executive-life.

446 Dieses Problem wurde von Sanford J. Grossman und Oliver D. Hart beschrieben, in: »Takeover Bids, the Free-Rider Problem, and the Theory of the Corporation«, in: Bell Journal of Economics 11, Nr. 1 (1980): S. 42–64.

447 Connie Bruck, The Predators' Ball: The Inside Story of Drexel Burnham and the Rise of the Junk Bond Raiders (New York: Penguin Books, 1989), S. 193–240; Robert J. Cole, »Pantry Pride Revlon Bid Raised by $ 1.75 a Share«, in: New York Times, 19. Oktober 1985, abgerufen am 17. März 2015, http://www.nytimes.com/1985/10/19/business/pantry-pride-revlon-bid-raised-by-1.75-a-share.html.

448 Paul Asquith, David W. Mullins Jr. und Eric D. Wolff, »Original Issue High Yield Bonds: Aging Analyses of Defaults, Exchanges and Calls«, in: Journal of Finance 44, Nr. 4 (1989): S. 924.

449 Bruck, The Predators' Ball, S. 76.

450 Asquith, Mullins und Wolff, »Original Issue High Yield Bonds«, S. 929, Tabelle 2: gewichteter Durchschnitt der ersten vier Zahlen in der rechten Spalte.

451 Ebd. Zahl der zwischen 1977 und 1980 neu begebenen und erfolgreich getauschten Anleihen, die ausfielen (16 in Tabelle 7, S. 935) (155 in Tabelle 1, S. 928).

452 Bruck, The Predators' Ball, S. 10.

453 Stewart, Club der Diebe, S. 253.

454 Laut Kurt Eichenwald, »Wages Even Wall St. Can't Stomach«, in: New York Times, 3. April 1989, bezog Milken das höchste Jahreseinkommen in der Geschichte der Vereinigten Staaten.

455 Vgl. z. B. Michael C. Jensen, »Takeovers: Their Causes and Consequences«, in: Journal of Economic Perspectives 2, Nr. 1 (Winter 1988): S. 21–48.

456 Diese Kehrseite der Medaille untersuchen Andrei Shleifer und

Lawrence H. Summers in »Breach of Trust in Hostile Takeovers«, in: Alan J. Auerbach (Hg.), *Corporate Takeovers: Causes and Consequences* (Chicago: University of Chicago Press, 1988), S. 33–68.

457 Brian Hindo und Moira Herbst, »Personal Best Timeline, 1986: ›Greed Is Good‹«, in: *BusinessWeek*, http://www.bloomberg.com/ss/06/08/personalbest_timeline/source/7.htm.

458 Bruck, *The Predators' Ball*, S. 320.

459 Bruck, *The Predators' Ball*.

460 *FDIC v. Milken*, S. 70f.

461 Alison Leigh Cowan, »F.D.I.C. Backs Deal by Milken«, in: *New York Times*, 10. März 1992.

462 Vgl. Thomas Piketty, *Das Kapital im 21. Jahrhundert* (München: C.H. Beck, 2014), S. 384, Abb. 8.5, sowie S. 385, Abb. 8.6.

463 Andrei Shleifer und Robert W. Vishny, »The Takeover Wave of the 1980s«, in: *Science* 249, Nr. 4970 (1990): S. 745–49.

464 Zahlen für das Jahr 2013. World Bank, »Life Expectancy at Birth, Male (Years)« and »Life Expectancy at Birth, Female (Years)«, abgerufen am 29. März 2015, http://data.worldbank.org/indicator/SP.DYN.LE00.MA.IN/countries and http://data.worldbank.org/indicator/SP.DYN.LE00.FE.IN/countries.

465 Ralph Nader, »*Unsafe at Any Speed: The Designed-In Dangers of the American Automobile*« (New York: Grossman, 1965).

466 Jad Mouawad und Christopher Drew, »Airline Industry at Its Safest since the Dawn of the Jet Age«, in: *New York Times*, 11. Februar 2013, http://www.nytimes.com/2013/02/12/business/2012-was-the-safest-year-for-airlines-globally-since1945.html?pagewanted=all&_r=0.

467 US Food and Drug Administration, »About FDA: Commissioner's Page. Harvey Washington Wiley, MD«, http://www.fda.gov/AboutFDA/CommissionersPage/ucm113692.htm. Wiley called it the Imperial Health Laboratory in his autobiography: Harvey W. Wiley, »*An Autobiography*« (Indianapolis: Bobbs-Merrill, 1930), S. 150.

468 Stuart Chase und Frederick J. Schlink, »*Your Money's Worth: A Study*

of the Waste of the Consumer's Dollar« (New York: Macmillan, 1927), S. 4f.

469 Ebd.

470 US Department of Agriculture, Grain Inspection, Packing, and Stockyard Administration, »Subpart M—United States Standards for Wheat«, abgerufen am 1. Mai 2015, http://www.gipsa.usda.gov/fgis/standards/81owheat.pdf.

471 Interview mit Anthony Goodeman von der GIPSA, Januar 2015; US Department of Agriculture, Grain Inspection, Packing, and Stockyards Administration, »Explanatory Notes«, Tabelle 5, »Inspection and Weighing Program Overview«, S. 20–33, abgerufen am 1. Mai 2015, http://www.obpa.usda.gov/exnotes/FY2014/20gipsa2014notes.pdf. Aus der Tabelle geht nicht ganz klar hervor, wie viel Getreide inspiziert wird, da ein Teil, insbesondere der für den Export bestimmte, möglicherweise zweimal geprüft wird.

472 Interview mit Anthony Goodeman von der GIPSA.

473 US Department of Agriculture, Farm Service Administration, »Commodity Operations: United States Warehouse Act«, abgerufen am 14. März 2015, http://www.fsa.usda.gov/FSA/webapp?area=home&subject=coop&topic=was-ua; *Kansas Statutes Annotated* (2009), Kap. 34, »Grain and Forage«, Artikel 2, »Inspecting, Sampling, Storing, Weighing and Grading Grain; Terminal and Local Warehouses, S. 34-228: Warehouseman's License; Application; Financial Statement; Waiver; Qualifications; License Fee; Examination of Warehouse«, abgerufen am 1. Mai 2015, http://law.justia.com/codes/kansas/2011/Chapter34/Article2/34-228.html.

474 Underwriters Laboratories, »Our History« und »What We Do«, abgerufen am 3. März 2015, http://ul.com/aboutul/history/, sowie http://ul.com/aboutul/what-we-do/.

475 American National Standards Institute, »About ANSI« und »ANSI: Historical Overview«, abgerufen am 14. März 2015, http://www.ansi.org/about_ansi/overview/overview.aspx?menuid=1, sowie http://www.ansi.org/about_ansi/introduction/history.aspx?menuid=1.

476 Lawrence B. Glickman, »Buying Power: A History of Consumer Activism in America« (Chicago: University of Chicago Press, 2009), S. 195.

477 Ebd., S. 212.

478 Gwendolyn Bounds, »Meet the Sticklers: New Demands Test Consumer Reports«, in: Wall Street Journal, 5. Mai 2010, abgerufen am 14. März 2015, http://www.wsj.com/articles/SB10001424052748703866 704575224093017379202«mod=todays_us_personal_journal. Diese Zahl beinhaltet die elektronischen Abonnements.

479 Consumer Federation of America, »Membership«, abgerufen am 14. März 2015, http://www.consumerfed.org/about-cfa/membership.

480 Glickman, »Buying Power«, S. 31ff., sowie S. 69ff.

481 Kathryn Kish Sklar (Hg.) »Notes of Sixty Years: The Autobiography of Florence Kelley« (Chicago: Illinois Labor History Society, 1986).

482 Glickman, »Buying Power«, S. 182f.

483 National Consumers League, »Our Issues: Outrage! End Child Labor in American Tobacco Fields«, 14. November 2014, abgerufen am 15. März 2015, http://www.nclnet.org/outrage_end_child_labor_in_american_tobacco_fields.

484 The Guardians, or Society for the Protection of Trade against Swindlers and Sharpers (vermutlich London, 1776), https://library.villanova.edu/Find/Record/1027765.

485 David Owen, »The Pay Problem«, in: New Yorker, 12. Oktober 2009, abgerufen am 12. März 2015, http://www.newyorker.com/magazine/2009/10/12/the-pay-problem; David A. Skeel Jr., »Shaming in Corporate Law«, in: University of Pennsylvania Law Review 149, Nr. 6 (Juni 2001): S. 1811–68.

486 Skeel, »Shaming in Corporate Law«, S. 1812.

487 National Association of Realtors, »Code of Ethics«, abgerufen am 15. März 2015, http://www.realtor.org/governance/governing.

488 M. H. Hoeflich, »Laidlaw v. Organ, Gulian C. Verplanck, and the Shaping of Early Nineteenth Century Contract Law: A Tale of a Case and a Commentary«, in: University of Illinois Law Review (Winter 1991): S. 55–66. Vgl. auch den Fall selbst: Laidlaw v. Organ,

15 U.S. 178, 4 L. Ed. 214, 1817 U.S. LEXIS 396 (Supreme Court 1817).

489 Diese Interpretation folgt Hoeflichs subtiler Einschätzung, dass Verplanck, ein einflussreicher zeitgenössischer Jurist, »nicht glaubte, dass es Marshall versäumt hatte, die moralische Funktion des Gesetzes zu berücksichtigen, sondern dass er in diesem spezifischen Fall nicht richtig verstanden hatte, inwieweit die Verschleierung faktisch und gemäß dem Gesetz einen Betrug darstellte. ›Die Verschleierung war also unehrlich und betrügerisch; folglich war das Geschäft unwirksam, wenn der Verkäufer Einwand erhob‹« (Hoeflich, »Laidlaw v. Organ«, S. 62) Ein Betrug hätte auch Organs Anspruch ungültig gemacht. Die Rolle des Betrugs in der Formulierung von Marshalls Entscheidung geht aus folgendem Satz hervor: »Jede Partei muss darauf achten, nichts zu sagen, was darauf zielt, der anderen Seite etwas aufzuzwingen« (*Laidlaw v. Organ*).

490 Sally H. Clarke, »Unmanageable Risks: MacPherson v. Buick and the Emergence of a Mass Consumer Market«, in: *Law and History Review* 23, Nr. 1 (2005): S. 1.

491 Ebd., S. 2.

492 *MacPherson v. Buick Motor Co.*, New York Court of Appeals, abgerufen am 15. März 2015 http://www.courts.state.ny.us/reporter/archives/macpherson_buick.htm.

493 US Legal Inc., »U.S. Commercial Code«, abgerufen am 15. März 2015, http://uniformcommercialcode.uslegal.com/.

494 Ebd.

495 LawInfo, »Legal Resource Library: What Is the U.C.C.?«, abgerufen am 15. März 2015, http://resources.lawinfo.com/business-law/uniform-commercial-code/does-article-2-treat-merchants-the-same-as-no.html.

496 DealBook, »Goldman Settles with S.E.C. for $ 550 Million«, in: *New York Times*, 15. Juli 2010.

497 Knowledge@Wharton, »Goldman Sachs and Abacus 2007-AC1: A Look beyond the Numbers«, 28. April 2010, abgerufen am 15.

März 2015, http://knowledge.wharton.upenn.edu/article/goldman-sachs-and-abacus-2007-ac1-a-look-beyond-the-numbers/.

498 Ebd.

499 US Securities and Exchange Commission, »Goldman Sachs to Pay Record $ 550 Million to Settle SEC Charges Related to Subprime Mortgage CDO«, 15. Juli 2010, abgerufen am 15. März 2015, http://www.sec.gov/news/press/2010/2010-123.htm.

500 Christine Harper, »Goldman's Tourre E-Mail Describes ›Frankenstein‹ Derivatives«, in: Bloomberg Business, 25. April 2010, abgerufen am 15. März 2015, http://www.bloomberg.com/news/articles/2010-04-24/-frankenstein   -derivatives-described-in-e-mail-by-goldman-s-fabrice-tourre.

501 Justin Baer, Chad Bray und Jean Eaglesham, »›Fab‹ Trader Liable in Fraud: Jury Finds Ex-Goldman Employee Tourre Misled Investors in Mortgage Security«, in: Wall Street Journal, 2. August 2013, abgerufen am 15. März 2015, http://www.wsj.com/articles/SB10001424127887323368190457864184328445004.

502 Nate Raymond und Jonathan Stempel, »Big Fine Imposed on Ex-Goldman Trader Tourre in SEC Case«, Reuters, 12. März 2014, abgerufen am 15. März 2015, http://www.reuters.com/article/2014/03/12/us-goldmansachs-sec-tourre-idUSBREA2B11220140312.

503 Karen Freifeld, »Fraud Claims Versus Goldman over Abacus CDO Are Dismissed«, Reuters, 14. Mai 2013, abgerufen am 15. März 2015. http://www.reuters.com/article/2013/05/14/us-goldman-abacus-idUSBRE94D01020130514.

504 Joshua Bernhardt, »Interstate Commerce Commission: Its History, Activities and Organization« (Baltimore: Johns Hopkins University Press, 1923).

505 Christine Bauer-Ramazani, BU113: Critical Thinking and Communication in Business, »Major U.S. Regulatory Agencies«, abgerufen am 15. März 2015, http://academics.smcvt.edu/cbauer-ramazani/BU113/fed_agencies.htm.

506 Marver H. Bernstein, »Regulating Business by Independent Commission« (Princeton: Princeton University Press, 1955).

507 George J. Stigler, »The Theory of Economic Regulation«, in: *Bell Journal of Economics and Management Science* 2, Nr. 1 (1971): S. 3; Richard A. Posner, »Theories of Economic Regulation«, in: *Bell Journal of Economics and Management Science* 5, Nr. 2 (1974): S. 335.

508 »Eine zentrale These dieser Arbeit lautet, dass die Regulierungsbehörden in der Regel von der Wirtschaft vereinnahmt werden, die durchsetzt, dass die Vorschriften in erster Linie zu ihrem Vorteil gestaltet und angewandt werden. Es gibt Vorschriften, die den regulierten Wirtschaftszweig zweifellos belasten; ein einfaches Beispiel sind die hohen Steuern auf die Erzeugnisse eines Wirtschaftszweigs (Whiskey, Spielkarten). Aber solche belastenden Vorschriften sind die Ausnahme und können mit derselben Theorie erklärt werden, die zur Erklärung der vorteilhaften (wir könnten auch sagen: »vereinnahmten«) Vorschriften dient.« Stigler, »The Theory of Economic Regulation«, S. 3.

509 Daniel Carpenter und David A. Moss, »Introduction,« S. 5–8, sowie Carpenter, »Detecting and Measuring Capture«, S. 57–70, in: Carpenter und Moss (Hg.), *Preventing Regulatory Capture: Special Interest Influence and How to Limit It* (New York: Cambridge University Press/ The Tobin Project, 2014).

510 Carpenter und Moss, »Introduction«, S. 9.

511 Ebd., S. 5. Carpenter und Moss schreiben: »Die entscheidende Frage ist, ob die Vereinnahmung dort, wo sie stattfindet, beschränkt oder verhindert werden kann. Unserer Meinung nach deuten die Fakten darauf hin, dass die Frage mit Ja beantwortet werden kann.« Die verschiedenen Aufsätze in dem Buch enthalten Beispiele für Erfolge im Kampf gegen die Vereinnahmung der Regulierungsbehörden. Diese Erfolge wurden ohne Deregulierung auf verschiedene Arten erzielt, darunter: »Einbindung subnationaler Beamter in Bekanntmachung und Stellungnahmen auf Bundesebene, Einrichtung von an die Regulierungsbehörden gebundenen Programmen zur Förderung der Autonomie der Konsumenten, Konsultation vielfältiger und unabhängiger Experten, Institutionalisierung von Advokaten des Teufels in Behörden sowie erweiterte

Überprüfung von Tätigkeit sowie *Untätigkeit* von Behörden durch die OIRA« (»Conclusion«, S. 453, in: Carpenter und Moss (Hg.), *Preventing Regulatory Capture*). (OIRA steht für Office of Information and Regulatory Affairs, eine Behörde des Präsidialamts, die der US-Kongress im Jahr 1980 einrichtete.) Eines von vielen in dem Buch untersuchten Beispielen ist das Texas Office of Public Insurance Counsel (OPIC), das im Jahr 1991 nicht als Aufsichtsbehörde (es ist vollkommen unabhängig vom Texas Department of Insurance), sondern als Vertreter der Konsumenten in den Verhandlungen zwischen Regulierungsbehörden und Regulierten eingerichtet wurde. Das OPIC hat einige Erfolge im Kampf gegen die Vereinnahmung von Regulierungsbehörden erzielt; beispielsweise hat es sich erfolgreich für ein Verbot von Bestimmungen eingesetzt, die es den Versicherungen erlaubt hätten, mit beschränkter juristischer Prüfung über Ansprüche von Versicherten zu entscheiden, und einige Gesetze verhindert, welche die Konsumenten verpflichtet hätten, sich bindenden Schiedssprüchen zu unterwerfen. Vgl. Daniel Schwarcz, »Preventing Capture through Consumer Empowerment Programs: Some Evidence from Insurance Regulation«, S. 365–96, in: Carpenter und Moss (Hg.), *Preventing Regulatory Capture*.

512 Benjamin N. Cardozo, »The Altruist in Politics« (Abschlussrede, Columbia University, 1889), https://www.gutenberg.org/files/1341 /1341-h/1341-h.htm.

513 In einem Leitartikel im *American Journal of Psychiatry* wird empfohlen, Internetsucht als psychische Störung in den Diagnostic and Statistical Manual of Mental Disorders aufzunehmen. Vgl. Jerald J. Block, »Issues for DSM-V: Internet Addiction«, in: *American Journal of Psychiatry* 165, Nr. 3 (2008): S. 306f. Besonders gut untersucht wurde die Internet-Abhängigkeit in Südkorea, wo Sekundarschüler durchschnittlich 23 Stunden in der Woche mit Online-Spielen verbringen. Erwähnenswert ist, dass die südkoreanischen Behörden mehr als tausend Therapeuten in der Behandlung dieses Suchtverhaltens ausgebildet, Krankenhäuser und Therapiezentren in den Kampf gegen die Internet-Abhängigkeit eingebunden und

Präventionsprogramme in den Schulen gestartet haben haben. Für China wird geschätzt, dass 13,7 Prozent der halbwüchsigen Internetnutzer »die Kriterien für die Diagnose Internet-Abhängigkeit erfüllen«.

514 Vgl. z. B. Richard Hofstadter, *The Age of Reform: From Bryan to FDR* (New York: Random House, 1955). Für den Zeitraum des New Deal vgl. William E. Leuchtenburg, *Franklin D. Roosevelt and the New Deal* (New York: Harper and Row, 1963).

515 David E. Rosenbaum, »The Supreme Court: News Analysis; Presidents May Disagree, but Justices Are Generally Loyal to Them«, in: *New York Times*, 7. April 1994. Es heißt, Eisenhower habe die Ernennung von Earl Warren (und William J. Brennan Jr.) zu seinen »größten Fehlern« gezählt.

516 Social Security Perspectives, »President 6: Richard M. Nixon (1969–1974)«, 8. Mai 2011, http://socialsecurityperspectives.blogspot.com/2011/05/president-6-richard-m-nixon-1969-1974.html.

517 Bruno Boccara beschreibt in einem faszinierenden Buch die Rolle der psychoanalytischen Kräfte bei der Gestaltung nationaler Narrationen, die ihrerseits politische Zielsetzungen bremsen. Vgl. Boccara, *Socio-Analytic Dialogue: Incorporating Psychosocial Dynamics into Public Policies* (Lanham, MD: Lexington Books, 2014).

518 James T. Patterson erklärt in seinem Beitrag zur Oxford History of the United States (der die Jahre 1974 bis 2001 abdeckt), Reagan habe »wieder und wieder erklärt«, der Staat sei »nicht die Lösung, sondern das Problem«. Patterson, »*Restless Giant: The United States from Watergate to Bush v. Gore*« (New York: Oxford University Press, 2005), S. 162. Das vielleicht aufschlussreichste Zitat zu dieser Frage stammt aus einer Pressekonferenz, die Reagan im Jahr 1986 gab: »Die beängstigendste Aussage in englischer Sprache lautet: Ich bin von der Regierung und will helfen.« Es gibt viele weitere Variationen dieser Aussage. Ray Hennessey, »The 15 Ronald Reagan Quotes Every Business Leader Must Know«, abgerufen am 16. Januar 2015, http://www.entrepreneur.com/article/234547.

519 Elizabeth Warren und Amelia Warren Tyagi, *All Your Worth: The Ul-*

timate Lifetime Money Plan (New York: Simon and Schuster, 2005), S. 26.

520 Stephen Miller, »Income Subject to FICA Payroll Tax Increases in 2015«, in: Society for Human Resource Management, 23. Oktober 2014, abgerufen am 16. Januar 2015, http://www.shrm.org/hrdisciplines/compensation/articles/pages/fica-social-security-tax-2015. aspx.

521 US Census Bureau, »Historical Poverty Tables – People«, Tabelle 3, »Poverty Status, by Age, Race, and Hispanic Origin: 1959 to 2013«, abgerufen am 1. Dezember 2014, https://www.census.gov/hhes/www/poverty/data/historical/people.html.

522 Ke Bin Wu, »Sources of Income for Older Americans, 2012« (Washington, DC: AARP Public Policy Institute, Dezember 2013), S. 4.

523 Ebd., S. 1.

524 Vgl. Kapitel 4, Anm. 10.

525 Robert J. Shiller, »Life-Cycle Personal Accounts Proposal for Social Security: An Evaluation of President Bush's Proposal«, in: *Journal of Policy Modeling* 28, Nr. 4 (2006): S. 428.

526 Ebd., S. 428f.

527 Ebd. Die Ergebnisse der Simulation sind in Tabelle 2, S. 438f. dargestellt.

528 Congressional Budget Office, »Long Term Analysis of a Budget Proposal by Chairman Ryan«, 5. April 2011, S. 2ff., abgerufen am 1. Dezember 2014, http://www.cbo.gov/publication/22085. Der Ryan-Plan sah auch vor, den Bundesstaaten Medicaid als Blockzuschuss zur Verfügung zu stellen. Ein ausgeglichener Haushalt sollte nicht nur durch eine Senkung der Ausgaben für Medicare und Medicaid erreicht werden, sondern auch durch eine Erhöhung der Staatseinnahmen aus nicht spezifizierten Quellen. Es war unklar, mit welchen politischen Eingriffen diese deutliche Erhöhung der Einnahmen erreicht werden sollte. Zu diesem letzten Punkt vgl. Paul Krugman, »What's in the Ryan Plan?«, in: *New York Times*, 16. August 2012; sowie »The Path to Prosperity«, in: *Wikipedia*, abgerufen am 15. Dezember 2014, http://en.wikipedia.org/wiki/The_Path_to_Prosperity.

529 Das Budget für das Haushaltsjahr 2013 lag bei 1,417 Mrd. USD. US Securities and Exchange Commission, FY 2014 Congressional Budget Justification, S. 16, http://www.sec.gov/about/reports/secfy14cong-budgjust.pdf. Budget Request Tables: »FY 2014 Budget Request by Strategic Goal and Program.« Im Januar 2013 beaufsichtigte die Behörde Wertpapiere im Wert von schätzungsweise 49,6 Billionen USD (S. 93).

530 Halah Touryalai, »10 Wall Street Expenses That Make the SEC's Budget Look Pathetic«, in: Forbes, 17. Februar 2011, abgerufen am 16. Januar 2015, http://www.forbes.com/fdc/welcome_mjx.shtml. Dasselbe kann über die Marketing- und Werbeausgaben von Citigroup gesagt werden: Sie waren höher als das Gesamtbudget der SEC.

531 Vanguard, »See the Difference Low-Cost Mutual Funds Can Make«, abgerufen am 7. Januar 2015, https://investor.vanguard.com/mutual-funds/low-cost.

532 Edward Wyatt, »Judge Blocks Citigroup Settlement With S.E.C.«, in: New York Times, 28. November 2011, abgerufen am 10. Juni 2015, http://www.nytimes.com/2011/11/29/business/judge-rejects-sec-accord-with-citi.html?pagewanted=all.

533 Jed S. Rakoff, »The Financial Crisis: Why Have No High-Level Executives Been Prosecuted?«, in: New York Review of Books, 9. Januar 2014.

534 Harry Markopolos, No One Would Listen: A True Financial Thriller (Hoboken, NJ: Wiley, 2010), Kindle-Position 587.

535 Verluste wurden durch den Kauf von Put-Optionen eingedämmt (die es dem Käufer erlauben, Aktien zu verkaufen, wenn ihr Kurs unter den »Ausübungskurs« fiel); diese Puts wurden mit dem Verkauf von Call-Optionen bezahlt (die es dem Käufer erlauben, Aktien zu kaufen, wenn der Kurs über den »Ausübungspreis« steigt).

536 Markopolos, No One Would Listen, Kindle-Positionen 850–52.

537 David Kotz, »Investigation of Failure of the SEC to Uncover Bernard Madoff's Ponzi Scheme«, in: Report of Investigation Case No. OIG-509, United States Securities and Exchange Commission,

Office of Inspector General (2011), S. 61–77, abgerufen am 29. Mai 2015, https://www.sec.gov/news/studies/2009/oig-509.pdf.

538 James B. Stewart, »How They Failed to Catch Madoff«, in: *Fortune*, 10. Mai 2011, abgerufen am 2. Mai 2015. http://fortune. com/2011/05/10/how-they-failed-to-catch-madoff/.

539 Kotz, »Investigation of Failure of the SEC to Uncover Bernard Madoff's Ponzi Scheme«, S. 249.

540 Ebd., S. 247.

541 Ebd., S. 250. Markopolos schildert das Gespräch sehr anschaulich aus seiner Sicht: *No One Would Listen*, Kindle-Position 2585 und folgende. Vgl. auch Suhs Darstellung in: Kotz, »Investigation of Failure of the SEC to Uncover Bernard Madoff's Ponzi Scheme«, S. 251.

542 Lorena Mongelli, »The SEC Watchdog Who Missed Madoff«, in: *New York Post*, 7. Januar 2009.

543 Jeffrey Toobin, »Annals of Law: Money Unlimited: How Chief Justice John Roberts Orchestrated the Citizens United Decision«, in: *New Yorker*, 21. Mai 2012.

544 Cornell University Law School, Legal Information Institute, *Citizens United v. Federal Election Commission* (08-205), abgerufen am 16. Januar 2015, http://www.law.cornell.edu/supct/cert/08-205. Vgl. auch Toobin, *Annals of Law*.

545 Toobin, *Annals of Law*; Oyez, *Citizens United v. Federal Election Commission*, abgerufen am 18. März 2005, http://www.oyez.org/cases/2000-2009/2008/2008_08_205.

546 *Citizens United v. Federal Election Commission*, 130 S. Ct. 876, 558 U.S. 310, 175 L. Ed. 2d 753 (2010).

547 Ebd.

548 Legal Institute, *Citizens United v. Federal Election Commission* (No. 08-205), abgerufen am 10. Juni 2015, https://www.law.cornell.edu/supct/html/08-205.ZX.html.

549 Ebd.

550 Lawrence Lessig, *Republic Lost: How Money Corrupts Congress – And a Plan to Stop It* (New York: Hachette Book Group, 2011), S. 266.

551 Ebd., S. 268.

552 Natürlich gibt es auch einige Ökonomen, die diese herkömmliche Deutung nicht akzeptiert haben. Zwei klassische Vertreter dieser kritischen Position sind Thorstein Veblen, *Theorie der feinen Leute. Eine ökonomische Untersuchung der Institutionen* (Frankfurt a. M.: Fischer, 1997), sowie John Kenneth Galbraith, *Gesellschaft im Überfluss* (München: Droemer Knaur, 1973). In jüngerer Zeit haben Jon Hanson und Douglas Kysar in zwei Artikeln gezeigt, dass eine Lösung von der wirtschaftlichen Vernunft (insbesondere in der von der Verhaltensökonomie beschriebenen Form) eine Einladung zur »Manipulation« darstellt. Sie untersuchen die rechtlichen Auswirkungen und beschreiben detailliert die Implikationen für die Tabakindustrie. Vgl. Hanson und Kysar, »Taking Behavioralism Seriously: The Problem of Market Manipulation«, in: *New York University Law Review* 74, Nr. 3 (Juni 1999): S. 630–749, sowie »Taking Behavioralism Seriously: Some Evidence of Market Manipulation«, in: *Harvard Law Review* 112, Nr. 7 (Mai 1999): S. 1420–1572.

553 Eine Liste von Personen, die anscheinend die Finanzkrise des Jahres 2008 voraussagten, findet man bei Dirk J. Bezemer, »»No One Saw This Coming«: Understanding Financial Crisis through Accounting Models«, in: *Munich Personal RePEc Archive Paper* 15892 (Juni 2009): S. 9, Tabelle 1, http://mpra.ub.uni-muenchen.de/15892/1/ MPRA_paper_15892.pdf. Leider sind mündliche und unpräzise Voraussagen schwer zu beurteilen, und die Prognosen wurden sehr unterschiedlich begründet und enthielten sehr verschiedene Zeitrahmen für die Krise. Einer von uns schrieb im Jahr 2005: »Ein schlechtes Ergebnis wäre, wenn Wertverluste nach dem Boom [an der Börse und auf dem Immobilienmarkt] die Zahl der Privatinsolvenzen deutlich in die Höhe treiben würden, was zu einer nachgeordneten Kette von Insolvenzen von Finanzinstituten führen könnte. Eine weitere mögliche langfristige Konsequenz könnte ein Rückgang des Verbrauchervertrauens und der Zuversicht der Unternehmen und damit eine möglicherweise weltumspannende Rezession sein.« (S. XIII) »Zu einer Spekulationsblase gehören

auch Aktivitäten, die eindeutig dazu dienen, Menschen zu täuschen, das heißt gezielte Versuche, Denkfehler der Investoren auszunutzen. Um das erfolgreich tun zu können, muss man in vielen Fällen das Gesetz brechen. Aber in Anbetracht der Langsamkeit unserer Justiz besteht die Möglichkeit, dass die Urheber solcher Täuschungen viele Jahre unentdeckt bleiben. Dies ist ebenfalls Teil des Entstehens einer Spekulationsblase.« (S. 76) Vgl. auch Robert J. Shiller, *Irrationaler Überschwang* (Kulmbach: Plassen, 2015).

554 Bei Google Scholar ist eine Unterteilung in Untersuchungsgebiete nicht mehr möglich. Aber wir konnten die Zahl der Artikel ermitteln, welche die Worte »economics« oder »finance« enthielten. Das waren 2 270 000 (Stand: 15. Dezember 2014, um 00:22 Uhr Eastern Standard Time). Selbstverständlich sind darunter zahlreiche Doppelnennungen. Dies entspricht den Zahlen, die George aus der Zeit in Erinnerung hat, als man bei Google Scholar das Untersuchungsgebiet »Ökonomie und Finanzmarkttheorie« wählen konnte.

555 Siddhartha Mukherjee, *Der König aller Krankheiten: Krebs – eine Biographie* (Köln: DuMont, 2012).

556 Das Zitat stammt von Präsident Richard Nixon, »Remarks on Signing of the National Cancer Act of 1971«, 23. Dezember 1971, The American Presidency Project, abgerufen am 17. Januar 2015, http://www.presidency.ucsb.edu/ws/?pid=3275.

557 Mukherjee, *König aller Krankheiten*, S. 231–240.

558 Stefano DellaVigna und Ulrike Malmendier, »Contract Design and Self-Control: Theory and Evidence«, in: *Quarterly Journal of Economics* 119, Nr. 2 (Mai 2004), S. 354.

559 Xavier Gabaix und David Laibson, »Shrouded Attributes, Consumer Myopia, and Information Suppression in Competitive Markets«, in: *Quarterly Journal of Economics* 121, Nr. 2 (Mai 2006): S. 505–40.

560 Robert E. Hall, »The Inkjet Aftermarket: An Economic Analysis«, im Auftrag von Nu-kote International, Stanford University, 8. August 1997, S. 2. Dieser Anteil entspricht dem ungefähren Verhältnis zwischen dem Absatz an Tintenpatronen und dem Absatz an neuen Druckern.

561 Zitat von Hall in: Gabaix und Laibson, »Shrouded Attributes, Consumer Myopia, and Information Suppression in Competitive Markets«, S. 506.

562 Hall, »The Inkjet Aftermarket«, S. 21f.; Gabaix und Laibson, »Shrouded Attributes, Consumer Myopia, and Information Suppression in Competitive Markets«, S. 507.

563 In einer späteren Arbeit untersuchten Gabaix und Laibson gemeinsam mit Sumit Agarwal und John C. Driscoll unterschiedliche finanzielle Fähigkeiten abhängig vom Alter und stellten fest, dass diese Fähigkeiten bei jüngeren Menschen schlecht ausgeprägt sind: Sie sind unerfahren. Ältere Menschen wiederum haben geringe finanzielle Fähigkeiten, weil ihre Kompetenz schwindet. Dazwischen liegt das »Alter der Vernunft«. Aber natürlich sollte das nicht die wichtigste Erkenntnis sein, die man aus dieser Arbeit zieht. Die wichtigste Erkenntnis ist, dass wir denen, die uns übervorteilen wollen, in jedem Alter zum Opfer fallen können (obwohl wir in manchen Lebensphasen anfälliger sind als in anderen). Dies ist ein allgemeines Problem auf freien Märkten, auf denen Wettbewerb herrscht, aber die Autoren weisen darauf hin, dass es insbesondere für ältere Personen ein Problem ist. Agarwal, Driscoll, Gabaix und Laibson, »The Age of Reason: Financial Decisions over the Life Cycle and Implications for Regulation«, in: Brookings Papers on Economic Activity (Herbst 2009): S. 51–101.

564 Wie alle Eltern eines zweijährigen Kindes wissen, wäre der Geschmack natürlich nicht mehr verschleiert, wenn Lightning sprechen könnte.

565 Vgl. z. B. Robert J. Shiller, »Do Stock Prices Move Too Much to Be Justified by Subsequent Changes in Dividends?«, in: American Economic Review 71, Nr. 3 (Juni 1981): S. 421–36; sowie John Y. Campbell und Robert J. Shiller, »Cointegration and Tests of Present Value Models«, in: Journal of Political Economy 95, Nr. 5 (Oktober 1987): S. 1062–88.

566 J. Bradford De Long, Andrei Shleifer, Lawrence H. Summers und Robert J. Waldmann, »Noise Trader Risk in Financial Markets«, in: Journal of Political Economy 98, Nr. 4 (August 1990): S. 703–38.

567 In anderen Versionen der auf zwei Menschentypen beruhenden Finanztheorie werden die uninformierten Investoren durch solche ersetzt, die sich gelegentlich aufgrund eines dringenden, unvorhergesehenen Liquiditätsbedarfs gezwungen sehen, ihre Aktien ungeachtet der erwarteten zukünftigen Erträge abzustoßen. Mit der Einführung dieser Figur wird das Problem der Finanzwirtschaftler gelöst, die sich nicht zu der Vorstellung durchringen können, dass es möglicherweise uninformierte oder sogar, was noch schlimmer wäre, irrationale Investoren gibt.

568 Vgl. De Long, Shleifer, Summers und Waldmann, »Noise Trader Risk in Financial Markets«.

569 Vgl. die Formeln 21 und 25 in: J. Bradford De Long, Andrei Shleifer, Lawrence H. Summers und Robert J. Waldmann, »The Size and Incidence of the Losses from Noise Trading«, in: Journal of Finance 44, Nr. 3 (1989): S. 688 und 690.

570 Gabaix und Laibson, »Shrouded Attributes, Consumer Myopia, and Information Suppression in Competitive Markets«, S. 514.

571 Paul Samuelson vom MIT, der das maßgebliche volkswirtschaftliche Lehrbuch geschrieben hat und nach dem Zweiten Weltkrieg den Ton in der herkömmlichen Wirtschaftstheorie angab, rückte die »offenbarten Präferenzen« in den Mittelpunkt der Konsumtheorie. Er schrieb über eine daraus abgeleitete Formel: »Die Bedeutung dieses Resultats ist kaum zu überschätzen. Diese einfache Formel beinhaltet fast alle sinnvollen empirischen Implikationen der Theorie der Konsumentenentscheidungen.« Samuelson, Foundations of Economic Analysis (Cambridge, MA: Harvard University Press, 1947), S. 111. Vgl. auch den Zeitschriftenartikel, auf dem diese Behauptung beruht: Samuelson, »Consumption Theory in Terms of Revealed Preference«, in: Economica 15, Nr. 60 (November 1948): S. 243–53. Natürlich sind es die Präferenzen des Affen auf der Schulter, die »offenbart« werden.

Register

Joseph E. Stiglitz
Bruce C. Greenwald

Die innovative Gesellschaft

Wie Fortschritt gelingt
und grenzenloser
Freihandel die Wirtschaft
bremst

Aus dem Amerikanischen von
Stephan Gebauer.
Gebunden mit Schutzumschlag.
Auch als E-Book erhältlich.
www.econ.de

Fortschritt statt Freihandel.

Das weltweite Wirtschaftswachstum stagniert. Was lässt sich dagegen tun? Neue Exportmärkte durch mehr Freihandel schaffen? Ganz falsch! Der Nobelpreisträger Joseph E. Stiglitz zeigt zusammen mit Bruce C. Greenwald, dass Wachstum durch Innovation entsteht. Hohe soziale und ökologische Standards können Industriestaaten zu so einem Ort machen. Entwicklungsländer brauchen sogar noch mehr Schutz. Damit Fortschritt gelingt, müssen wir deshalb statt neuer Freihandelsabkommen eine innovative Gesellschaft möglich machen!

Econ